U0681840

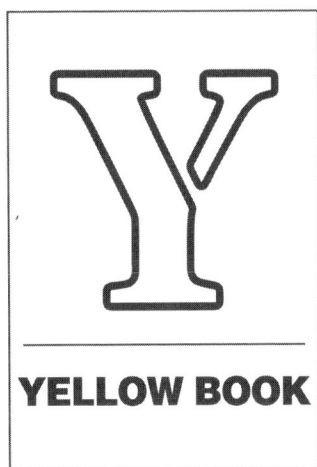

阿拉伯黄皮书
YELLOW BOOK OF ARAB

阿拉伯发展报告 (2022)

ANNUAL REPORT ON DEVELOPMENT OF ARAB (2022)

教育部国别和区域研究培育基地
北京语言大学阿拉伯研究中心
主　编／罗　林
副主编／田文林　涂龙德

社会科学文献出版社
SOCIAL SCIENCES ACADEMIC PRESS (CHINA)

图书在版编目（CIP）数据

阿拉伯发展报告 . 2022 / 罗林主编 . --北京：社
会科学文献出版社，2023. 5
（阿拉伯黄皮书）
ISBN 978-7-5228-1895-5

Ⅰ.①阿…　Ⅱ.①罗…　Ⅲ.①区域经济发展-研究报
告-阿拉伯国家-2022②社会发展-研究报告-阿拉伯国
家-2022　Ⅳ.①F137.14

中国国家版本馆 CIP 数据核字（2023）第 095237 号

阿拉伯黄皮书

阿拉伯发展报告（2022）

主　　编 / 罗　林
副 主 编 / 田文林　涂龙德

出 版 人 / 王利民
责任编辑 / 李明伟
责任印制 / 王京美

出　　版 / 社会科学文献出版社·国别区域分社（010）59367078
　　　　　地址：北京市北三环中路甲 29 号院华龙大厦　邮编：100029
　　　　　网址：www. ssap. com. cn
发　　行 / 社会科学文献出版社（010）59367028
印　　装 / 三河市东方印刷有限公司

规　　格 / 开　本：787mm×1092mm　1/16
　　　　　印　张：28　字　数：422 千字
版　　次 / 2023 年 5 月第 1 版　2023 年 5 月第 1 次印刷
书　　号 / ISBN 978-7-5228-1895-5
定　　价 / 189.00 元

读者服务电话：4008918866

主要编撰者简介

罗　林　文学博士，教授，博士生导师，博士后合作导师，先后毕业于北京大学、北京外国语大学，主要研究领域为阿拉伯-伊斯兰文化和中东问题等。国家重大人才工程特聘教授（2020~2025）；国家级教学名师（2022）；北京语言大学学术委员会副主任委员、国别和区域研究院院长、外国语学部党委书记兼中东学院院长；工信部基地北京语言大学中国工业文化国际交流中心主任；教育部国别和区域研究基地北京语言大学阿拉伯研究中心主任；北京市高精尖学科国别区域学学科带头人；北京语言大学外国语言文学一级学科博士点带头人兼国别和区域研究二级学科博士点负责人。教育部外国语言文学类教学指导委员会副主任委员、阿拉伯语分委会主任委员、高校国别和区域研究工作秘书处主任；中国中东学会副会长；中国亚非学会常务理事；中国阿拉伯文学研究会副会长；中国中东欧国家智库交流与合作网络理事长。国家社科基金重大项目——阿拉伯史学经典《历史大全》的汉译与研究首席专家；《阿拉伯发展报告》（黄皮书）主编，《国别和区域研究》（CSSCI 核心集刊；AMI 核心集刊）主编。获"北京市优秀教师"（2006）、"北京市高等学校教学名师"（2014）、"国务院政府特殊津贴"（2016）；2021 年入选"建党 100 周年"北京市优秀共产党员。

田文林　法学博士，中国人民大学国际关系学院教授，博士生导师，中国人民大学"杰出学者"，兼任中东学会常务理事，中信改革发展研究基金会资深研究员、中国世界政治研究会特邀研究员、北京语言大学中东学院客座教授、西北大学叙利亚研究中心特邀研究员，主要研究中东政治、民族宗教和国际战略问题，曾在《世界经济与政治》《现代国际关系》《当代世界与社会主义》《马克思主义研究》《国际问题研究》《世界民族》《西亚非洲》《阿拉伯世界研究》《求是》等核心期刊发表学术论文上百篇，著有《困顿与突围：变化世界中的中东政治》《走出依附性陷阱：第三世界的发展困境与道路选择》等专著，主持参与多项国家社科课题，担任多家媒体特约评论员，在《人民日报》《光明日报》《环球时报》《世界知识》《瞭望》等时政媒体上发表评论数百篇。

涂龙德　北京语言大学中东学院教授，阿拉伯语译审。1991 年毕业于上海外国语大学阿拉伯语系，同年进入中国国际广播电台（现中央广播电视总台）阿拉伯语部工作，曾任中国国际广播电台中东问题首席专家，2011 年被确定为全国宣传文化系统"四个一批"人才，享受国务院政府特殊津贴。2018 年调入北京语言大学中东学院任教。长期从事与中东地区相关的新闻工作和学术研究，著有《伊斯兰激进组织》（合著），发表相关学术论文若干篇。

摘　要

　　《阿拉伯发展报告（2022）》主要对 2021 年中东形势进行系统分析和探讨。2011 年中东剧变是中东遭遇的百年未有之大剧变，近年又遭遇百年不遇之大疫情。在多重危机的共同作用下，中东地区始终难以实现稳定与发展。2021 年，中东地区仍在困顿中寻求突围。

　　首先，经济形势处在萧条期。时至今日，中东经济状况并未出现根本性好转迹象。2020 年以来全球疫情蔓延，以及全球经济低迷导致的油价暴跌，使中东地区原本疲弱的经济形势雪上加霜。2021 年后半年，受油价回升和疫情控制等利好影响，中东经济开始触底反弹。由于结构性危机、周期性危机和疫情危机并未解决且诸多不利因素相互叠加，中东国家整体经济状况仍处在萧条震荡期。

　　其次，中东治理模式仍处在探索期。中东地区面临至今没有各国公认的样板和模式，中东政治转型仍处在艰难探索期。一则，世俗化与伊斯兰化的方向之争仍无定论。二则，集权化与分权化趋势并行不悖，中东政治转型左右摇摆。

　　再次，中东地区格局处在"缓和与动荡并存"的转型期。在经历了长达十年的激烈博弈后，地区大国普遍出现扩张政策后劲不足的倾向。2021年中东出现了难得的缓和趋势。但中东许多地区仍深陷人道主义灾难，极端恐怖组织威胁也不容小觑。

　　最后，美国中东政策处在调适期。2021 年拜登政府上台后，美国中东政策看似与特朗普政府的截然不同，实则换汤不换药，主旋律仍是战略收缩，只不过策略和手段存在较大差异。

《阿拉伯发展报告（2022）》内容主要分为六部分。第一部分是总报告，主要探讨2021年阿拉伯国家的政治经济处境、地区博弈态势、美国中东政策等主要问题。第二部分是国别报告，主要对阿富汗、伊拉克、突尼斯、也门、埃及等国的年度形势进行了评估。第三部分是专题报告，主要就中东地区格局阵营化问题、阿拉伯油气市场、中东经济复苏问题、"什叶派新月地带"与伊朗地区政策、巴以问题进程与前景展望、阿尔及利亚与摩洛哥的领土争端、塔利班在阿富汗重新掌权等进行专题探讨。第四部分是大国与中东，分别探讨美国、俄罗斯域外大国在中东地区的竞争与博弈态势。第五部分是中阿关系，主要围绕中阿经贸合作、中国与海合会合作问题进行探讨。第六部分是附录，整理了阿拉伯国家2021年度大事记。

关键词： 阿拉伯国家　政治转型　阵营化　地区博弈　经济形势

目 录 ↖

I 总报告

II 国别报告

III 专题报告

Ⅳ 大国与中东

Ⅴ 中阿关系

VI　附录

皮书数据库阅读使用指南

总 报 告
General Report

Y.1
在困顿中寻求突围：2021年中东形势

田文林*

摘　要： 当今世界正处于百年未有之大变局，中东遭遇百年未有之大剧变，近两年又出现百年不遇之大疫情。在多重危机的共同作用下，中东地区始终难以实现稳定与发展。2021年，中东形势呈现若干新趋势。首先，中东治理模式仍处在探索期。表现为世俗化与伊斯兰化的方向之争仍无定论，集权化与分权化趋势并行不悖。其次，中东经济形势处在萧条期。表现为转型国家经济绩效不佳，部分国家爆发严重的经济危机。再次，地区格局处在"缓和与动荡并存"的转型期。表现为地区局势缓和趋势明显，动荡因素不容忽视。最后，美国中东政策处在适应期。拜登政府的中东政策看似与特朗普政府的截然不同，主旋律仍是战略收缩。美国战略收缩产生多重影响。一则，伊朗核问题存在核武化危险；二则，美国从阿富汗撤军演变为全面溃败，盟友离心倾向增强。

---

* 田文林，中国人民大学国际关系学院教授，博士生导师，主要从事中东政治、民族宗教和国际战略问题研究。

关键词： 中东　治理模式　经济形势　地区格局　美国

当今世界正处于百年未有之大变局，中东遭遇百年未有之大剧变，近两年又出现百年不遇之大疫情。在多重危机的共同作用下，中东地区始终难以实现稳定与发展。2021年，中东地区仍在困顿中寻求突围：经济形势处在萧条期、治理模式仍处在探索期、地区格局处在转型期、美国的中东政策处在调适期。

一　中东经济仍处在萧条期

中东经济长期处于全球产业链的边缘位置，相关国家要么是非工业化国家，要么是原料生产国。2011年中东剧变（"阿拉伯之春"）的发生，很大程度上就与中东经济的贫困化和边缘化有关。然而，时至今日，中东经济状况并未出现根本性好转迹象。2020年以来新冠疫情蔓延，以及全球经济低迷导致的油价暴跌，使中东地区原本疲弱的经济形势雪上加霜。2021年后半年，受油价回升和疫情控制等利好影响，中东经济开始触底反弹。有统计显示，2020年全球经济萎缩3.3%，但2021年预计增长6.6%。西亚和北非地区在2020年收缩3.4%后，预计2021年将实现4%的增长。根据国际货币基金组织的数据：2020年埃及经济增长3.6%，预计2021年将增长2.5%；伊朗2020年经济增长1.5%，预计2021年将增长2.5%。国际货币基金组织估计摩洛哥2021年的经济增长率为4.5%，这是该地区预测的最快增速。另据阿拉伯货币基金组织报告预计，2021年阿拉伯国家经济增长率为2.7%。预计2022年经济增长率将达到5.2%。2021年该地区通货膨胀率为13.2%，2022年将降到6.1%。[①] 然而，由于结构性危机、周期性危机和疫情危机并未解决且诸多不利因素相互叠加，中东国家整体经济状况仍处在萧条震荡期。

---

① 安国章：《阿拉伯货币基金组织将该地区2022年经济增长率上调至5.2%》，人民网，2021年11月5日，http://world.people.com.cn/n1/2021/1105/c1002-32274987.html，最后访问日期：2021年12月9日。

（一）转型国家经济绩效不佳

中东经济状况不佳，其中很重要的一点，就是中东国家的经济发展战略深受新自由主义影响，盲目对外开放导致相关国家在全球经济体系中处于附庸地位。2011年中东剧变后，这种过度依赖外部世界的经济路线并未得到根本调整，由此导致相关国家的经济状况难言好转。

在埃及，2011年穆巴拉克倒台引发资本外逃、经济萧条、失业率飙升等诸多不利情况。2013年塞西掌权后，随着政局恢复稳定，相关经济指标（如增长率、外汇储备、失业率等）明显好转。但总体来看，埃及经济仍相当脆弱。尤其2020年新冠疫情蔓延，使正在缓慢恢复的埃及经济遭受重挫。据世界银行估计，多达60%的埃及人生活在贫困线附近，同时，疫情导致生产部门萎缩，加之埃及新首都建设耗资巨大（据估计至少580亿美元），由此导致埃及债务负担沉重。埃及政府不得不再次向国际货币基金组织求助，以获得80亿美元的额外融资。[①] 要想从世界银行或国际货币基金组织获得贷款和援助，埃及只能继续推行市场化、私有化、减少补贴等新自由主义政策。但以往的事实表明，当年的埃及正是推行新自由主义经济路线，才使其经济状况每况愈下。有学者指出，埃及以往就存在的人口过剩、基础设施落后、军民关系不平衡等问题自"阿拉伯之春"以来持续恶化，这些问题很可能持续下去。[②]

突尼斯一度被视为中东剧变的"成功"案例，但该国经济状况始终十分糟糕。2011年本·阿里政权垮台后，突尼斯经济增长明显放缓、失业率飙升、外汇日渐枯竭。据统计，2010~2019年，突尼斯GDP从440.5亿美

---

① Timothy E. Kaldas, "The Road to (in) Stability: The Impact of COVID-19 on the Egyptian Economy," https://www.ispionline.it/en/pubblicazione/road-instability-impact-covid-19-egyptian-economy-27495, accessed: 2021-12-29.

② "Egypt after the Arab Spring: A Legacy of No Advancement," https://www.giga-hamburg.de/en/publications/22643032-egypt-after-arab-spring-a-legacy-advancement/, accessed: 2021-12-07.

元降至 388 亿美元，人均收入从 4130 美元降至 3370 美元。[1] 据国际货币基金组织统计，突尼斯经济增长率需达到 5% 才能将失业率降至 11%。但 2010~2017 年，突尼斯年均经济增长率只有 1.7%，远低于 2011 年中东剧变前。[2] 突尼斯年龄在 24~39 岁的年轻人 30% 没有工作，2020 年 GDP 下降 11.5%。[3] 盖洛普民调显示，64% 的突尼斯人不信任本国政府，79% 的受访者认为当前政府比本·阿里时期更加腐败，76% 的受访者认为难以找到工作。[4] 英国《卫报》调查数据显示，84% 的突尼斯人认为"阿拉伯之春"后贫富差距扩大，59% 的人"不会原谅当时的革命者"。[5] 许多突尼斯人甚至迁怒于引发"茉莉花革命"的自焚小贩布瓦吉吉，认为是他毁掉了突尼斯民众的正常生活。[6] 近年来，几乎每年"茉莉花革命"周年之际，突尼斯都会出现大规模民众抗议活动。[7]

2021 年突尼斯经济状况依旧难言改善。因防疫举措不力，突尼斯已经成为西亚北非地区疫情最严重的国家之一。截至 2021 年 12 月 26 日，突尼斯总人口为 1200 万人，已有 72 万人感染，死亡 2.5 万人。疫情失控导致突尼斯经济雪上加霜。突尼斯的失业率从 2021 年第一季度的 17.8% 上升到第

---

[1] Gamal Abdel-Gawwad Soltan, "The Arab Spring: Opportunity Missed or Disaster Averted?" https://english.ahram.org.eg/NewsContent/50/1216/399202/AlAhram-Weekly/Special/Opportunity-missed-or-disaster-averted.aspx, accessed: 2021-12-05.

[2] Andrew England, "The Lost Decade: Voices of the Arab Spring on What Happened Next," https://www.ft.com/content/b914d4e6-7b90-411c-a378-8252b3f47797? sharetype=gift%3Ftoken%3Dae17841e-ac67-4616-9c8b-13ad8c68f590, accessed: 2021-12-05.

[3] G. Dunkel, "Tunisia's Arab Spring 10 Years Old, People again in the Streets," https://www.workers.org/2021/01/54108/, accessed: 2021-12-05.

[4] John R. Bradley, "Ten Years on, the Arab Spring Has Only Benefited the Islamists," https://spectator.codeandsilver.com/middle-east/ten-years-arab-spring-benefited-islamists/, accessed: 2021-12-05.

[5] 肖天祎：《"阿拉伯之春"：沦为美式民主试验品的悲剧十年》，《光明日报》2020 年 12 月 18 日，第 12 版。

[6] James Joyner, "The Arab Spring at 10," https://www.outsidethebeltway.com/the-arab-spring-at-10/, accessed: 2021-12-07.

[7] Georges Fahmi, "The Arab Spring 10 Years on," https://www.chathamhouse.org/2021/01/arab-spring-10-years, accessed: 2021-10-18.

二季度的17.9%。突尼斯的贸易赤字在2021年7月达到31亿美元，而2020年全年为26亿美元。2021年突尼斯经济萎缩8.8%，财政赤字占GDP的11.4%（2020年为7.1%）。① 国际货币基金组织2021年10月12日发布的《世界经济展望》显示，2021年突尼斯经济增长率预期为3%，2022年为3.3%。2020年突尼斯外债达到480亿美元，折合1359.47亿突尼斯第纳尔。② 在此背景下，突尼斯主权信用等级持续下降。2021年7月8日，惠誉宣布将突尼斯主权债务等级降级为B-，前景展望为负面；2021年2月，穆迪宣布将突尼斯信用等级从B2降至B3，前景展望为负面，2021年10月14日又将突尼斯主权信用等级从B3降至Caa1，前景展望为负面。

（二）部分国家爆发严重经济危机

世界经济低迷和疫情蔓延，导致中东国家的经济更加糟糕。这其中，黎巴嫩经济形势最为严峻。黎巴嫩正面临1975～1990年以来最严重的经济和财政危机。世界银行认为，黎巴嫩正面临过去150年来全球最严重的危机之一。2019年爆发经济危机以来，黎巴嫩经济状况每况愈下。2020年新冠疫情蔓延，2020年8月4日贝鲁特港大爆炸，以及由此引发的政府组阁危机，使黎巴嫩原本严峻的社会经济状况雪上加霜。受新冠疫情影响，2020年建筑业、酒店和餐饮业及制造业受挫严重。2020年黎巴嫩经济增长率为-25%，通胀率为137%。2021年黎巴嫩经济危机丝毫没有缓解。世界银行2021年6月发布的《黎巴嫩经济监测报告》，副标题就是"黎巴嫩正在沉没"。该报告称，黎巴嫩GDP总量已从2018年的550亿美元，下降至2020

---

① Mohamed Ali Ltifi, "Absence of Government, Parliament Negatively Affects Tunisia's Economy," https：//www. al-monitor. com/originals/2021/09/absence-government-parliament-negatively-affects-tunisias-economy, accessed：2021-12-07.

② Mohamed Ali Ltifi, "Tunisia's Political Crisis Forewarns Economic Collapse," https：//www. al-monitor. com/originals/2021/10/tunisias-political-crisis-forewarns-economic-collapse#ixzz79einZR8a, accessed：2021-12-07.

年的 330 亿美元。该报告还预测，2021 年黎巴嫩经济将萎缩近 10%。①

经济崩溃导致黎巴嫩镑急剧贬值。黎巴嫩自 1997 年宣布实行与美元挂钩并实现固定汇率制以来，黎镑与美元汇率长期维持在 1500 黎镑兑 1 美元的水平。但 2019 年黎巴嫩金融危机以来，黎镑不断贬值。到 2021 年 11 月 25 日，美元与黎镑黑市汇率已高达 1：24000。黎镑贬值导致燃料、小麦等基本供应品进口价格飙升。据联合国经社理事会报告，2021 年黎巴嫩货币贬值超过 90%，55% 的人口陷入贫困。黎巴嫩燃料价格上升到 7 万黎镑，大小面包束分别上涨 22.74% 和 17.56%。② 截至 2021 年 7 月 10 日，黎巴嫩一年里已 7 次上调面包价格。因电厂燃料用尽，黎巴嫩全国最大的两座电厂分别于 10 月 8 日和 10 月 9 日停止运转。2021 年 10 月 29 日，因黎巴嫩新闻部部长乔治·库尔达希上任前曾指责沙特入侵也门，沙特政府不仅驱逐黎巴嫩驻沙特大使，并召回沙特驻黎巴嫩大使，还暂停进口黎巴嫩商品。此举无疑将进一步加剧黎巴嫩的经济危机。③

此外，土耳其经济也在 2021 年遭遇严重困难。土耳其是 G20 成员，经济发展增速一度在新兴经济体中名列前茅。然而，近两年来，土耳其经济状况持续下滑。进入 2021 年后，该国经济形势更加严峻。土耳其原定的 2021 年通胀目标为 5%，但实际通胀率高达 20%。在通胀率超过 20% 的情况下，土耳其央行 19% 的基准利率变得无关紧要。土耳其政府一直渴望降息，但高通胀率阻碍了这一进程。与此同时，2018 年 6 月埃尔多安就任总统以来，里拉一直在贬值。汇率从 3 年前的 1 美元兑换 5.8 里拉变为 1 美元兑换 8.6

---

① 《大爆炸后快一年，这个国家陷入 170 年来少见的经济危机》，百家号，2021 年 7 月 15 日，https：//baijiahao.baidu.com/s？id=1705315398630475827&wfr=spider&for=pc，最后访问日期：2021 年 12 月 7 日。

② Dario Sabaghi, "Lebanon Implements Ration Card Program as Economic Crisis Worsens," https：//www.al-monitor.com/originals/2021/07/lebanon-implements-ration-card-program-economic-crisis-worsens, accessed：2021-12-21。

③ 沈敏：《不满"侵略也门"说 沙特、巴林驱逐黎巴嫩大使》，人民网，2021 年 10 月 31 日，http：//world.people.com.cn/n1/2021/1031/c1002-32269479.html，最后访问日期：2021 年 12 月 22 日。

里拉左右。同期生产者价格飙升近 90%，消费者价格飙升了约 53%。① 2021 年 11 月以来，美元与里拉汇率从 1∶9 变为 1∶17，短短两个月里拉贬值近一半。2021 年 12 月 17 日，土耳其股市单日暴跌 8.5%，连续两次触发熔断。

土耳其经济严重依赖进口，里拉大幅贬值意味着该国很容易受到全球大宗商品价格飙升和全球供应链中断的影响。外国投资者对土耳其经济缺乏信心，外资流入大幅下降乃至资本外逃，导致外汇供应萎缩，外汇价格上涨。本国货币大幅度贬值还使持有大量外债的土耳其企业面临巨大的还款压力。此外，里拉贬值导致以里拉计价的土耳其资产大幅缩水，境外买家蜂拥而至，抢购土耳其的廉价资产。根据土耳其国家统计局的数据，2021 年 10 月土耳其出售给外国人的房屋数量跃升近 50%，11 月约有 7363 套住房出售给外国人，创历史新高，而 2020 年 11 月的这一数字为 4962 套。②

需要指出的是，在中东诸国中，中东产油国的经济状况相对较好。据国际货币基金组织统计，截至 2021 年 11 月，全球大宗商品价格相对 2020 年 1 月上涨 54%，其中能源类价格上涨 87%。受油价上涨影响，沙特等中东产油国财政状况明显好转，经济活动转趋活跃。沙特、阿联酋等积极发展上游油气行业，同时沙特等斥巨资谋求经济多元化。8 月 23 日消息，沙特将建造两座 600 兆瓦太阳能发电厂，阿布扎比国家石油公司则与中东地区最大的氮气生产商合作。

二 中东治理模式仍处在艰难探索期

2021 年是中东剧变十周年，但中东地区面临至今没有各国公认的样板和模式，中东政治转型仍处在艰难的探索期。

---

① Mustafa Sonmez, "Turkey's Inflation Spirals out of Control," https://www.al-monitor.com/originals/2021/07/turkeys-inflation-spirals-out-control, accessed: 2021-11-07.

② Amberin Zaman, "Tumbling Lira Favors Foreigners Seeking Real Estate in Turkey," https://www.al-monitor.com/originals/2021/12/tumbling-lira-favors-foreigners-seeking-real-estate-turkey, accessed: 2021-12-17.

（一）世俗化与伊斯兰化的方向之争仍无定论

中东地区深受伊斯兰教影响，政教合一传统根深蒂固。近代以来，受西方政教分离和世俗化思潮影响，实行世俗化和政教分离日渐成为中东地区的大趋势。20世纪五六十年代，在民族解放运动中兴起的中东民族主义政权，基本采取的都是基于世俗化原则的共和制政体。但与此同时，以"穆斯林兄弟会"（以下简称"穆兄会"）为代表的政治伊斯兰势力始终存在，其在社会经济领域深耕，随时准备接管政权，并实现"伊斯兰化"政治理想。2011年中东剧变后，随着中东地区世俗共和制国家政府纷纷垮台，中东地区的政治伊斯兰化势力重新活跃，埃及、突尼斯还一度出现伊斯兰势力执政掌权的情况。但实践表明，穆兄会等政治伊斯兰势力缺乏摆脱发展困境的正确经济路线，同时也无力恢复政局稳定，由此使埃及等再度出现世俗化力量上台的情况。甚至连沙特这种深受瓦哈比派影响的传统君主制国家，也出现了淡化宗教氛围、放松社会管制的倾向。

值得思考的是，长期奉行世俗化原则、实行西式民主制度的土耳其，对内政策却出现"U形"转弯，伊斯兰化倾向不断增强。自2003年埃尔多安执政以来，土耳其的伊斯兰化色彩日益浓重。这些年来，土耳其大力推行伊斯兰化教育。2012年，土耳其颁布教育改革法案，将普通高中改造为专业院校、职业学院和宗教学校等，宗教学校的数量明显增加。2012年，土耳其有宗教初中1099所、宗教高中708所；到2016年9月，分别增加到1961所和1149所。宗教学校学生人数由2002年的6.5万人，骤增至2016年的120万人，增加了17.5倍。尤其2016年7月15日未遂政变后，埃尔多安借机对军队、警察和公务员队伍等世俗派大本营进行大规模清洗，军方2839人被捕，司法系统2745名法官和检察官被解职，8000名安全人员、2000多名教师、近520名政府任命的宗教事务主管被解职。随着土耳其亲世俗化道路日渐衰落，埃尔多安推行伊斯兰化政策阻力大为减轻。2017年1月13日，土耳其教育部公布新的中小学教材草案，删除了达尔文的生物进化论，"凯末尔主义"被彻底从社会课程中删除。2020年7月24日，土耳其又将具有 1500 年历史的圣索菲亚大教堂改为清真寺，埃尔多安还出席了 24 日的首次礼拜活动。2021 年 3 月 20 日，土耳其宣布退出《欧洲委员会预防和打击暴力侵害妇女行为及家庭暴力公约》（又称《伊斯坦布尔公约》），引起国内外舆论一片哗然。

重新掌权的塔利班同样沿袭了此前奉行的伊斯兰化政策。2021 年 8 月美国从阿富汗仓皇撤军后，深受宗教熏陶的塔利班重新执政，它恢复了 1996~2001 年执政期间使用的"阿富汗伊斯兰酋长国"国号，并继续实行政教合一政体模式。在社会经济方面，塔利班同样延续了当年的"伊斯兰化"做法：9 月 13 日宣布大学课堂实行性别隔离，同时要求女生必须戴头巾；9 月 17 日，宣布撤销阿富汗女性事务部，代之以"劝善惩恶部"，该机构主要职能是负责惩罚不服当局限制政策的女性；9 月 20 日，以"创造安全的环境"为由，禁止女中学生返校上课；9 月 27 日，以违反伊斯兰教法为由，禁止理发师剃须或修剪胡须；11 月 22 日，宣布所有电视媒体必须控制其节目内容不违反伊斯兰教法和道德规范。不过，塔利班也采取了一些保护妇女合法权益的举措。12 月 3 日，塔利班最高领导人阿洪扎达颁布一项保护妇女权益特别法令，规定：成年女性有婚姻自由；不得将女性视为私人财物；寡妇有权决定是否再婚，并按照份额继承家人财产。①

世俗化抑或伊斯兰化看似事小，实则事关国家的发展方向。中东国家在这一方向性问题上举棋不定，各行其是，只能说明中东国家仍未找到适合自身的治理模式，中东国家未来仍需艰难探索。

（二）集权化与分权化趋势并行不悖，中东政治转型左右摇摆

分权与集权作为权力运转的不同方式，原本各有优缺点。对大多数发展中国家来说，由于国内存在发展经济、稳定政局、整合国族、加强国防等多

---

① 史先涛：《阿富汗塔利班最高领导人颁布保护妇女权益特别法令》，中国青年网，2021 年 12 月 4 日，http://news.youth.cn/gj/202112/t20211204_13337318.htm，最后访问日期：2021 年 12 月 7 日。

重任务，一般倾向于采取集权政体，以便更好地进行社会政治动员，以及汲取和分配资源。中东地区也是如此。在 20 世纪五六十年代民族解放运动兴起后建立的中东民族主义政权，大多实行的一党集权或强人政治。但 2011 年中东剧变将中东集权政体为主的"超稳定状态"彻底打破，并由此开启从中央集权到分权民主的转型尝试。

2021 年是中东剧变 10 周年，表面看，中东"民主化"进程卓有成效。2021 年正好是中东"选举年"，多个中东国家进行换届大选：以色列自 2019 年 4 月起先后举行 4 次议会选举，最终在 2021 年 3 月举行的第 4 次选举后确定"统一右翼联盟"领导人员内特出任总理，由此"告别"内塔尼亚胡时代；叙利亚 5 月 26 日举行总统选举，巴沙尔顺利当选并继续执政；伊朗 6 月 18 日举行第 13 届总统选举，强硬派领导人莱希以压倒性优势获胜上台，伊朗顺利完成权力交接；卡塔尔 10 月 2 日首次举行议会选举；伊拉克 10 月 10 日举行国民议会选举，什叶派教士萨德尔所属的"萨德尔运动"成为最大赢家。

然而，透过现象看本质，中东政治转型质量不高、政局不稳的弊端暴露无遗。以色列自诩为中东"民主样板"，但该国两年内连续举行 4 次议会选举，才最终勉强组阁；伊拉克国民议会选举投票率创历次选举新低（41%），且这次选举还导致舞弊指责，总理卡迪米宅邸遭无人机袭击；苏丹继 2018 年 11 月政变推翻巴希尔政权后，2021 年 10 月 25 日再次发生政变，过渡政府总理阿卜杜拉·哈姆杜克及其他多名官员遭到苏丹武装部队的软禁；黎巴嫩在 2020 年 8 月港口爆炸案导致总理哈桑·迪亚卜辞职后，直到 2021 年 7 月才确立吉布·米卡提为新总理。总之，那些仍在民主化轨道上运转的中东国家，政局动荡已是家常便饭。

正是在此背景下，埃及、突尼斯乃至沙特、土耳其等国家都不同程度地出现"再集权化"趋势。

埃及在 2013 年就开始重建军人政权。2013 年，埃及国防部部长塞西推翻穆尔西政府，并重新建立了类似穆巴拉克的威权政体和强人政权。为镇压抗议者和穆兄会，埃及恢复了 1958 年制定并在穆巴拉克时期长期实行的国家紧急状态法。2019 年埃及修改宪法，将总统任期从 4 年延长至 6 年，并允许再竞选一届总统，这意味着塞西总统可以干到 2030 年。2020 年 12 月欧盟警告称，埃及人权状况急剧恶化，包括任意拘留公民、强迫政治对手失踪、严重侵犯生命权等。[1] 普通埃及人没有政治自由、缺乏经济机会，生存状态比 2011 年更加糟糕。[2]

突尼斯一直被西方媒体视为"民主改革"成功的案例，但 2021 年以来，该国同样出现总统个人集权倾向。2021 年 7 月 25 日，突尼斯总统赛义德宣布，根据宪法第 80 条规定，冻结议会职权、免去议员豁免权并解除总理迈希希的职务。7 月 29 日又宣布解职 20 多名高级官员职务。9 月 22 日，赛义德决定延长暂停议会的权力，剥夺议会议员的起诉豁免权，废除审查法律草案合宪性的临时委员会，并宣布将在总统设立的委员会的协助下，准备关于政治改革的修正案草案。12 月 8 日，赛义德宣布废除 2014 年宪法，称"突尼斯当前问题源自 2014 年宪法"。[3]

当前中东同时存在集权化与分权化两种截然相反的运动方向，表明中东国家仍未真正摆脱"制度迷茫"。进一步看，造成上述问题的根源是多方面的，其中重要一点就是中东国家的政治改革的主要参照系是弊端丛生的西式民主制度，由此导致中东的政治发展忽略了诸多更为重要的东西。

三 中东地区格局处在"缓和与动荡并存"的转型期

2011 年中东剧变使中东原有地缘格局被彻底打碎，政权更替和热点骤

---

[1] Stephanie Dornschneider, "Safety First? Considering Protest Reasoning 10 Years on from the Arab Spring," https：//blog. oup. com/2021/01/safety-first-considering-protest-reasoning-10-years-on-from-the-arab-spring/, accessed：2021-12-07.

[2] Nathan W. Toronto, "Egypt's 'Populocracy'," https：//www. me - policy. org/2021/01/25/egypts-populocracy/, accessed：2021-11-16.

[3] "Current Tunisian Constitution No Longer Valid, Presidency Says," https：//www. thestar. com. my/news/world/2021/12/10/current - tunisian - constitution - no - longer - valid - presidency - says, accessed：2021-12-12.

增导致中东出现诸多"权力真空"。与此同时，随着美国战略收缩，美国在中东投入力度明显下降。地区大国在谋求自助和地区争霸的双重驱动下，纷纷采取进攻性地区政策。数年来，中东地区国家博弈激烈，无论是沙特、伊朗还是土耳其，都在地区事务中纵横捭阖，导致地缘博弈空前激烈，国家间关系空前紧张。然而，在经历了长达十年的激烈博弈后，地区大国普遍面临扩张政策后劲不足的问题。2021年，中东出现了难得的缓和趋势，中东主题正从"动荡与冲突"转向"和平与发展"。但必须指出的是，中东许多地区仍深陷人道主义灾难，极端恐怖组织威胁也不容小觑。

（一）地区局势缓和趋向明显

1. 地区国家竞相缓和紧张关系

一是土耳其主动与邻国缓和关系。2011年中东剧变后，随着阿拉伯世界动荡加剧和地区影响力下降，土耳其明显加大对中东事务的介入力度：全力支持埃及穆兄会掌权；参与推翻利比亚卡扎菲政权并向该国派兵；谋求颠覆叙利亚巴沙尔政府并占领该国西北部；武力介入阿塞拜疆与亚美尼亚冲突。所有这些，不仅导致土耳其国力透支，还使其从"与邻国零问题"变成了"与邻国零朋友"，土耳其几乎与所有中东国家的关系都十分紧张。

进入2021年后，土耳其开始有意识地缓和与地区国家的关系。在与埃及关系上，土耳其主动向埃及塞西政府示好。土耳其与埃及此前互为重要贸易伙伴，但土耳其与埃及交恶导致双方经贸合作明显降温。鉴于土耳其已失去沙特、叙利亚、利比亚和也门等多个阿拉伯国家的市场，加之土耳其与欧美关系紧张，土耳其开始关注非洲市场，而埃及又是土耳其通往阿拉伯和非洲市场的门户，因此与埃及缓和关系势在必行。"土耳其押注于通过埃及进入非洲市场。这将为两国带来双赢的机会。"[①] 正是在这种背景下，土耳其主动与埃及缓和关系。2021年初，土耳其国防部部长胡卢西·阿卡尔

---

① Ahmed Elleithy, "Why Turkey Is Wooing Egypt," https://marsad-egypt.info/en/2021/04/03/why-turkey-is-wooing-egypt/? doing_wp_cron = 1682405270.3239419460296636089375, accessed: 2021-08-09.

（Hulusi Akar）表示，土耳其"与埃及有许多共同的历史和文化价值"。同年3月8日，土耳其总统发言人易卜拉欣·卡林（Ibrahim Kalin）表示，土耳其希望与埃及翻开新的一页。5月初，土耳其向埃及派出代表团，就地区问题进行"坦率和深入"的讨论。6月1日，土耳其总统埃尔多安公开表示："我们与埃及在许多领域都有合作潜力，包括利比亚问题和东地中海（油气开发）。"埃尔多安说："他'热爱'埃及人民，因此决定重启这一过程（外交关系）。"① 土耳其采取的种种友好姿态，使一度剑拔弩张的土埃关系明显缓和下来。

此外，土耳其还主动与其他阿拉伯国家加强双边关系。2020年11月以来，埃尔多安与沙特国王萨勒曼多次通话；2021年5月11日，土耳其外交部部长恰武什奥卢近年来首次访沙。6月1日，埃尔多安在接受采访时，土耳其向海湾国家和埃及抛出"橄榄枝"，表示愿在双赢基础上与各方进行"最大化"合作。② 2021年12月7日，土耳其总统埃尔多安访问卡塔尔，使双方原本密切的关系更上一层楼。

二是沙特主动缓和与邻国关系。2011年中东剧变后，埃及作为阿拉伯世界"领头羊"因政局动荡和经济萧条而元气大伤，地区影响力大幅减弱。相反，沙特等海湾国家则平稳度过"政权更替潮"，明显加大了对地区事务的干预力度。例如，与伊朗进行全方位对抗，谋求颠覆叙利亚政权，出兵也门打击胡塞武装，与卡塔尔断交，等等。沙伊矛盾一度取代美伊矛盾，成为中东地区的主要矛盾。然而，几年来的实践表明，沙特的进取型对外政策效果不彰，沙特国力反而被严重透支。在这种情况下，沙特在2021年出现了与地区国家缓和关系的势头。

这其中，最令人瞩目的表现就是沙特主动谋求与伊朗改善关系。2021

---

① 王宏彬：《土耳其：示好海湾国家和埃及 意欲打破外交孤立》，人民网，2021年6月3日，http://world.people.com.cn/n1/2021/0603/c1002-32121365.html，最后访问日期：2021年8月7日。

② Amberin Zaman, "After Jordan, Will Turkey Take the Plunge with Assad?" https://www.al-monitor.com/originals/2021/10/after-jordan-will-turkey-take-plunge-assad, accessed: 2021-12-07.

年4月28日，沙特王储穆罕默德·本·萨勒曼在电视采访中公开表示，沙特正致力与其主要竞争对手伊朗建立"良好而积极的关系"，"伊朗是邻国，我们所渴望的就是与伊朗建立良好而特殊的关系"，"我们不希望伊朗的情况变得困难。相反，我们希望伊朗不断发展并推动该地区和世界走向繁荣"①。伊朗对沙特方面的善意也积极回应。随后，双方在巴格达举行2016年两国断交以来的首次双边会谈。截至2021年9月21日，双方已进行了四轮会谈。

与此同时，沙特还加强与海湾国家合作。这其中，最主动的举措就是恢复了与卡塔尔的外交关系。2021年5月10日，卡塔尔埃米尔塔米姆应邀访问沙特，并与沙特国王和王储会谈，讨论双边关系和地区事务，此举标志着双方关系恢复正常化。12月6日以来，沙特王储穆罕默德·本·萨勒曼先后到访阿曼、阿联酋、巴林、卡塔尔、科威特等海合会国家，一度分崩离析的海合会重新出现整合趋势。

三是阿联酋、卡塔尔等海湾国家大幅调整对外政策。阿联酋的地区政策长期追随沙特，近年来随着沙特政策调整，卡塔尔也相应调整了外交政策。2021年10月，阿联酋王储穆罕默德·本·扎耶德与叙利亚总统巴沙尔通电话，双方冻结了10年的双边关系开始解封；同年11月，阿联酋王储扎耶德访问土耳其，并会见土耳其总统埃尔多安，标志着两个昔日对手恢复正常化；12月6日，阿联酋国家安全顾问谢赫·塔赫农·本·扎耶德·阿勒纳哈扬访问伊朗，标志着阿联酋与伊朗关系逐渐缓和；12月12日，以色列总理贝内特正式访问阿联酋，这也是以色列建国73年来以色列总理首次正式访问阿联酋。在海合会中一向特立独行的卡塔尔也开始亲穆兄会政策，主动改善与埃及关系。2021年3月8日，卡塔尔外交部法律事务司司长穆罕默德·本·哈马德（Mohammed bin Hamad）率团访问埃及，由此将两国关系恢复到2017年卡沙断交前的水平。4月12日，卡塔尔埃米尔塔米姆同埃及

---

① "Saudi Arabia Seeks 'Good' Relationship with Iran, Says Crown Prince," https：//www.al-monitor.com/originals/2021/04/saudi-arabia-seeks-good-relationship-iran-says-crown-prince，accessed：2021-11-22.

总统塞西通电话，这是自卡塔尔与海湾邻国断交以来两国领导人首次接触，结束了2017年出现的外交裂痕。①

2. 地区热点出现降温趋势

在地区大国大幅调整外交政策的背景下，地区热点出现降温趋势。

一是叙利亚外交孤立处境明显改善。自2011年叙利亚危机爆发后，多个阿拉伯国家与叙利亚断交，并中止叙利亚阿盟成员国的资格。然而，随着巴沙尔政权重新稳固，阿拉伯国家开始主动与叙利亚修好，多国重开驻叙使馆或与叙利亚接壤的边境口岸。埃及、黎巴嫩、阿联酋等国呼吁阿盟恢复叙利亚成员国资格。沙特王储穆罕默德·本·萨勒曼2021年3月首次承认巴沙尔"仍在执政"这一事实并转而与叙利亚缓和关系。5月3日，沙特派遣代表团访问叙利亚，寻求恢复两国中断近10年的外交关系。埃及在中东剧变后也与叙利亚关系疏远，双方官方往来基本断绝。但2021年9月24日，埃及外长舒凯里与叙利亚外长梅克达德在联合国大会期间举行近10年来两国外长首次会晤。阿联酋过去也是反叙急先锋，但2021年10月，阿联酋王储扎耶德与叙利亚总统巴沙尔通话。一个月后，阿联酋外交与国际合作部部长阿卜杜拉率团访问叙利亚，表明阿叙关系正迅速和解。约旦此前支持叙利亚政权更迭，并允许通过约旦把武器输送给反对派。2021年10月3日，约旦国王阿卜杜拉二世与巴沙尔通话。这是叙利亚内战爆发以来两人首次沟通。约旦重新开放与叙利亚的边界，这是巴沙尔·阿萨德在被视为"战犯"后两国关系正在修复的最新迹象。② 甚至连土耳其也谋求与叙利亚改善关系。土耳其主要反对党"共和人民党"等一直主张与叙利亚恢复关系，土耳其民众也赞成这点。民意调查显示，"大多数人认为，与巴沙尔·阿萨德

① Mohammed Magdy, "Egypt, Qatar Rapprochement Picks up Momentum," https：//www. al-monitor. com/originals/2021/04/egypt - qatar - rapprochement - picks - momentum, accessed：2021-11-22.

② Amberin Zaman, "After Jordan, Will Turkey Take the Plunge with Assad?" https：//www. al-monitor. com/originals/2021/10/after-jordan-will-turkey-take-plunge-assad, accessed：2021-11-12.

坐下来是解决问题的关键，很多正发党支持者也有同感"①。在这种背景下，叙利亚外交孤立的处境得到极大改善，叙利亚危机持续缓解。

二是利比亚冲突明显降温。2011年10月卡扎菲政权被推翻后，利比亚很快陷入全面内战。2014年8月以来，利比亚出现两个政府同时存在、相互竞争的局面：总部设在的黎波里、被联合国承认为唯一合法政府的"民族团结政府"，以及总部设在东部贝达（al-Bayda），但未得到其他国家承认的利比亚政府。在联合国的斡旋下，2020年10月以来，利比亚内战双方举行多轮谈判，并于当年10月23日在日内瓦签署停火协议。这对双方以及经历了10年内战和混乱的利比亚人民来说无疑是个双赢局面。② 同年11月，利比亚各方在突尼斯举行政治对话，同意于2021年12月24日举行总统和议会选举。2021年2月，利比亚选举产生新的过渡政府。受政治原因和司法判决等不可抗力因素影响，原定于2021年12月24日举行的全国大选推迟到2022年1月举行，但从总体看利比亚政治和解进程进入快车道。

三是巴以在冲突中谋求缓和。2011年中东剧变后，随着阿拉伯世界整体实力下降以及热点问题增多，巴以问题日益被边缘化，以色列在巴以冲突中的相对优势更加明显。2017年特朗普上台后，美国抛出明显偏袒以色列的"世纪协议"，并将使馆从特拉维夫迁到耶路撒冷。在这种背景下，巴以冲突近乎无解，以色列多次入侵加沙，造成大量人员伤亡。2021年5月10日以来，以色列与巴勒斯坦冲突持续升温。哈马斯向以色列发射上千枚火箭弹，以色列则进行大规模报复，造成多名哈马斯高官死亡和平民伤亡，加沙地带大量的建筑被毁。

即便在这种背景下，巴以之间仍未放弃和谈努力。2021年8月29日，巴勒斯坦总统阿巴斯与以色列国防部部长甘茨举行会谈，针对巴以问题的多

① Amberin Zaman, "After Jordan, Will Turkey Take the Plunge with Assad?" https：//www.al-monitor.com/originals/2021/10/after-jordan-will-turkey-take-plunge-assad，accessed：2021-11-12.

② Mustafa Fetouri, "Winners and Losers in Libya's Political Deal," https：//www.al-monitor.com/originals/2021/02/libya-presidential-council-winners-losers-hifter-tripoli.html，accessed：2021-11-22.

个领域（如安全、外交、经济等）进行了讨论。这是 2010 年阿巴斯与以色列总理内塔尼亚胡会晤后双方高官首次接触。9 月 12 日，以色列外交部长拉皮德提出一项重建加沙地带的计划，该计划分为两个阶段。第一阶段是恢复加沙地带的电力、医疗系统和交通设施。作为交换，哈马斯必须长期保持停火维持局势平静。在该阶段，巴勒斯坦民族权力机构将恢复对加沙地带各个口岸的控制。第二阶段是在加沙地带实施大规模基础设施建设项目，包括建立工业区、将加沙地带与约旦河西岸连接起来、鼓励海外投资等。巴勒斯坦民族权力机构将重新完全控制加沙地带。[①] 种种迹象表明，以色列正在改变此前"土地换和平"的原则，谋求与巴勒斯坦"经济换和平"。此外，阿拉伯国家也开始重新关注巴以问题。2021 年 9 月 2 日，埃及、约旦和巴勒斯坦领导人举行会议，商讨恢复巴以和平进程、推动解决双方冲突等事宜。

总体看，当前中东国家调整外交政策及地区热点降温，与美国战略收缩导致中东动荡烈度减轻，以及新冠疫情蔓延直接相关，但其中最主要原因还是中东国家国力有限，中东强国称霸扩张非但没有带来相应好处，反而出现实力透支、经济发展滞后等一系列问题，最终不得不通过与邻国缓和关系来缓解自身压力。中东国家越来越认识到，最关键的还是要把自己国内的事情搞好。国内建设搞不好，在地区事务中发挥更大影响力就成了空话。在这种背景下，中东国家参与地区对抗的热度下降，对国内治理的关注度上升。从中长远看，美国不会放弃对中东事务的干预和制造事端，同时中东国家间的结构性矛盾依旧存在，由此决定了中东国家间的缓和是有限的。

（二）动荡因素不容忽视

1. 中东粮食危机持续加重

近年来，美国为缓解自身危机，持续增发货币，由此导致国际大宗商品

---

① 吕迎旭、尚昊：《以色列外长提出重建加沙地带计划》，人民网，2021 年 9 月 13 日，http://world.people.com.cn/n1/2021/0913/c1002-32225461.html，最后访问日期：2021 年 10 月 2 日。

价格（尤其是粮食价格）大幅上涨。这种状况对中东国家，特别是对动荡贫困的中东国家影响最大。

截至 2021 年，叙利亚危机已持续整整 10 年，尽管战场形势有所缓和，但战争造成的经济破坏和人道主义灾难依然深重。联合国秘书长古特雷斯称，叙利亚战争导致 40 多万人死亡，50 多万人被迫逃离叙利亚。根据联合国儿童基金会 2021 年 3 月发布的报告，叙利亚内战即使立即结束，到 2035 年，战争造成的经济损失也将相当于现在的 1.4 万亿美元。如果考虑到教育和医疗保健的损害，叙利亚儿童成年工作后对 GDP 的贡献将会降低，这一损失将上升到约 1.7 万亿美元。[①]

当前，因战争破坏、腐败、西方制裁和新冠疫情，叙利亚经济面临严重危机。2021 年，约有 60%叙利亚人面临饥饿危险。[②] 根据世界银行数据，2010 年以来，叙利亚经济萎缩 60%以上，叙镑更是持续暴跌。内战前美元兑叙镑汇率接近 1∶50，但截至 2021 年 12 月 27 日，美元与叙镑汇率已达到 1∶2510，叙镑贬值惊人。另据国际红十字会称，"约有 1240 万人（占叙利亚人口的 60%）无法经常获得足够的食品，90%以上的人口生活在贫困线以下，600 万人在国内流离失所，年轻人大批离开这个国家"[③]。有统计表明，叙利亚食用油价格比上年上涨 440%，比 2011 年之前增加 29 倍。叙利亚 1240 万人面临食品短缺问题，比 2020 年增加 450 万人。[④]

以美国为首的外部势力积极插手叙利亚内战，是导致叙利亚经济困难的

① "UNICEF: 12000 Children Killed, Injured in 10 - year Syria War," https：//www. middleeastmonitor. com/20210311-unicef - 12000 - children - killed - injured - in - 10 - year - syria - war/，accessed：2022-01-02.

② "Ten Years on, Syrian Crisis 'Remains a Living Nightmare'：UN Secretary-General," https：// news. un. org/en/story/2021/03/1086872, accessed：2021-10-02.

③ Barrett Alexander, "Syria's Economic Collapse and Its Impact on the Most Vulnerable," https：// www. wvi. org/opinion/view/syrias - economic - collapse - and - its - impact - most - vulnerable, accessed：2021-10-02.

④ "World Food Programme Sounds Alarm as Food Prices Rise in MidEast," https：//www. al - monitor. com/originals/2021/07/world-food-programme-sounds-alarm-food-prices-rise-mideast, accessed：2021-12-07.

主要原因。在过去的 10 年中，美国资助和支持的叙利亚内战，导致该国经济元气大伤，设施严重损毁。在武力推翻巴沙尔政权无果后，美国转而对叙利亚进行经济绞杀战。2020 年 6 月，美国出台《凯撒法案》（Caesar Act），旨在制裁所有与叙利亚进行生意往来的外国企业，由此极大影响了叙利亚经济重建进程。此外，叙利亚的邻国黎巴嫩严重经济危机引发的商品和服务价格飙升，也间接加深了叙利亚的贫困和粮食不安全问题。

也门同样面临极为严重的人道主义灾难。也门原本就是中东最贫困的阿拉伯国家之一，2011 年也门政局动荡，以及 2015 年沙特入侵也门，导致也门出现前所未有的人道主义灾难。在沙特联军的狂轰滥炸之下，也门超过一半的医疗设施因受损严重而被迫关闭；沙特联军对也门实施全面封锁，极大阻碍了也门获取食物、燃料、药品和医疗设备。据联合国 2020 年发布的《全球人道主义概览》（Global Humanity Review），也门战争造成约 23.3 万人死亡，其中包括 13.1 万人死于缺乏食物、医疗服务和基础设施等间接原因。那些在战争中幸存下来的也门人则面临前所未有的人道主义灾难。根据联合国数据，也门近 80% 人口（2400 多万人）依靠人道主义援助生存，10 万名 5 岁以下儿童面临死于急性营养不良风险。[1] 联合国报告还表示，也门仍处于世界上最严重的人道主义危机之中，全国有 2070 万人（占总人口 71%）需要人道主义援助。2021 年前 9 个月，也门局势加剧又造成 6.1 万人流离失所。联合国驻也门人道主义协调员办公室指出，目前也门有 400 多万人流离失所，其中 2/3 人生活条件极为恶劣。在需要住房和非食品援助的 730 万名也门人中，近 290 万人生活在极其差的环境中，其中 75% 是妇女和儿童。[2] 据估计，也门有 120 万名孕妇或哺乳妇女，以及 230 万名 5 岁以下儿

---

① Azza Rojbi, "Yemen, a Quagmire for Saudi Coalition and Imperialists," https：//www.globalresearch.ca/yemen-a-quagmire-for-saudi-coalition-and-imperialists/5733697, accessed：2021-12-08.

② 安国章：《也门境内三分之二的难民生活条件极为恶劣》，人民网，2021 年 10 月 9 日，http：//world.people.com.cn/n1/2021/1009/c1002-32248334.html，最后访问日期：2021 年 11 月 22 日。

童面临严重的营养不良问题。①

需要指出的是，在中东局势整体缓和的背景下，2021 年中东仍出现不少新的潜在冲突点。一是埃及与埃塞俄比亚围绕复兴大坝问题争端持续发酵，2021 年 3 月 31 日，埃及总统塞西扬言："没人能从埃及水域取走一滴水。谁想试，就让他试试，但这将会破坏整个地区的稳定。"② 二是摩洛哥与阿尔及利亚围绕西撒哈拉问题冲突升级。2021 年 8 月两国宣布断交。三是土耳其武力介入阿塞拜疆与亚美尼亚冲突。这些冲突表明，中东国家间关系矛盾重重，不稳定因素和"黑天鹅事件"无处不在。

2. 极端恐怖势力威胁不容小觑

2011 年中东剧变后，中东出现政治伊斯兰势力抬头的趋势。以穆兄会为代表的温和伊斯兰势力证明，政治伊斯兰势力没有能力解决自身问题，所以它在随后的政治生活中影响力日渐式微。在此之后出现了以"伊斯兰国"为代表的极端势力。在国际社会联手打击下，该组织元气大伤，伊拉克早在2017 年 12 月就宣布战胜"伊斯兰国"，但该组织的残余势力仍高达 1.8 万人，对中东和平稳定仍能构成极大威胁。2021 年 7 月 1 日，美国打击"伊斯兰国"特使约翰·戈德弗雷（John Godfrey）表示，"伊斯兰国"正试图利用伊拉克和叙利亚不断恶化的经济状况来恢复自身，"贫困、不平等和被认为不公正的现象继续驱使许多年轻人加入恐怖组织，包括'伊斯兰国'"，该极端组织正"积极寻求利用这种经济形势，在受经济低迷打击最严重的地区重建，或试图恢复影响力"③。根据美国中情局的说法，"伊斯兰国"仍保持凝聚力，并在叙利亚和伊拉克偏远地区进行"低烈度"和"根

① "World Food Programme Sounds Alarm as Food Prices Rise in MidEast," https：//www. al-monitor. com/originals/2021/07/world-food-programme-sounds-alarm-food-prices-rise-mideast, accessed：2021-12-08.
② "Sudan Takes Center Stage in US Regional Strategy," https：//www. al-monitor. com/originals/2021/04/sudan-takes-center-stage-us-regional-strategy, accessed：2021-12-08.
③ "Islamic State Exploits Economic Downturn in Iraq, Syria, US Envoy Says," https：//www. al-monitor. com/originals/2021/07/islamic-state-exploits-economic-downturn-iraq-syria-us-envoy-says, accessed：2021-09-22.

深蒂固"的运转。根据五角大楼 2021 年 6 月的报告，"伊斯兰国"的战略就是"维持该组织的恶名，重建在当地民众中的影响力，并在该地区重建一个自称的'哈里发国'"①。

2021 年 8 月以来，阿富汗塔利班重新掌权，无疑将进一步助长极端宗教势力的气焰。这是因为，从历史经验看，阿富汗与阿拉伯伊斯兰世界互动频繁，交互影响。阿富汗抗苏战争时有很多阿拉伯圣战分子参加，"基地"组织、"伊斯兰国"也都是在阿富汗战场上孕育产生的。尤其是塔利班在两场阿富汗战争中越战越勇，先后赶走苏联和美国两个超级大国，这一事实会使中东地区的部分极端分子很自然地将塔利班的胜利归因于宗教，并由此认为只有"复兴伊斯兰"才能使中东国家摆脱困境。"基地"组织也门分支在一份声明中祝贺塔利班接管阿富汗，并誓言将继续自己的军事行动。"这次胜利向我们表明，圣战和战斗代表着以伊斯兰法为基础的、合法和现实的恢复权利以及驱逐入侵者和占领者的方式。"② 因此，在可见的未来，宗教极端势力的活动可能会变得更加猖獗。

四　美国中东政策仍处在调试期

冷战结束后，美国一直是塑造中东政治的最大外部力量。近年来，随着美国反恐战争陷入困境，以及中国崛起进程加快，美国急于从中东脱身，将战略重心转向应对中国崛起，因此美国从奥巴马政府时期就明显加大了在中东的战略收缩步伐。2017 年特朗普上任后，美国在中东践行"美国第一"口号，以实用主义态度对待地区盟友，同时继续从叙利亚、伊拉克和阿富汗撤军。2021 年拜登政府上台后，美国中东政策看似与特朗普政府的截然不

---

① "Are Syrian Jihadis Ready to Take the Fight to Afghanistan?" https：//www. al - monitor. com/originals/2021/08/are-syrian-jihadis-ready-take-fight-afghanistan，accessed：2021-11-27.

② "Al-Qaeda-linked Groups in Syria, Yemen Welcome Taliban Victory," https：//www. thearabweekly. com/al-qaeda-linked-groups-syria-yemen-welcome-taliban-victory，accessed：2021-12-08.

同，实则换汤不换药，主旋律仍是战略收缩，只不过策略和手段存在较大差异。

（一）换汤不换药：战略收缩仍是主旋律

从表面看，拜登政府的中东政策与特朗普时期具有较大差异。一是政策理念不同，特朗普强调"美国第一"，拜登强调价值观外交，注重用价值观增强美国在中东的威望。二是对待盟友的政策不同。特朗普对中东盟友是有差别的友好，对以色列不遗余力予以支持，对沙特等阿拉伯盟友则当成出售军火从中渔利的对象。相比之下，拜登的地区政策则注重平衡，对以色列、沙特等地区盟友态度有所保留。如拜登政府一直抓住卡舒吉事件不放，借该事件敲打和冷落沙特王储。三是处理地区热点问题做法不同。在伊朗核问题上，特朗普的做法是撕毁伊核协议，并对伊朗进行"极限施压"，拜登政府则是重启核谈判。在巴以问题上，特朗普竭力偏袒以色列，拜登则力求在巴以双方扮演"诚实掮客"角色。在也门问题上，特朗普热衷向沙特出售武器，客观上纵容沙特在也门的军事行动；拜登政府则限制向沙特出售武器，并撤销对胡塞武装的恐怖组织认定，还任命也门事务特别代表以推动也门和谈进程。

然而，透过现象看本质，拜登政府与特朗普政府的中东政策并无本质差异，二者的主旋律都是战略收缩。这主要体现在以下方面。

一是继续谋求从伊拉克、阿富汗撤军。特朗普政府一上台就宣布将把驻伊美军人数从5200人减至3000人，2021年1月（也就是特朗普离任前）又将这一数字削减到2500人。2021年1月拜登政府上台后，在伊拉克撤军问题上沿袭了特朗普政府的政策。2021年7月22日，美国与伊拉克达成协议，美军于2021年底撤离伊拉克，此后美军只为伊拉克军队提供训练和空中支援等。12月9日，伊拉克国家安全顾问卡西姆·阿拉吉宣布，驻伊外国军队作战人员已经结束并将全部撤离伊拉克。在阿富汗问题上，拜登政府同样沿用了特朗普时期制定的撤军计划。2021年4月14日，美国总统拜登宣布，将于2021年9月11日前撤回所有驻阿富汗美军，结束这场"美国最漫长的战争"。8月30日，美国宣布已完成从阿富汗的撤军行动，由此结束了在阿富汗进行的长达近20年的反恐战争。

二是在巴以问题上继续坚持偏袒以色列。在巴以问题上，拜登政府看似做了不少有利于巴勒斯坦的事情，如承诺恢复对巴勒斯坦数亿美元经济和人道主义援助，恢复与巴勒斯坦外交使团关系，支持"两国方案"等，但总体看，拜登政府并未修正特朗普政府过分偏袒以色列造成的诸多既成事实（如驻美使馆迁至耶路撒冷、承认戈兰高地为以色列领土等）。而且，在巴以发生冲突的关键时刻，拜登政府明显站在以色列一边。例如，2021年5月以色列与哈马斯发生军事冲突后，美国积极为以色列提供武器装备，并在联合国否决了谴责以色列的决议。

三是竭力阻碍和破坏叙利亚的经济重建进程。特朗普政府时期，美国为削弱巴沙尔政府，美国国会曾专门通过《凯撒法案》借以阻挡叙利亚重建进程，美国还大量从叙利亚偷窃石油，并动用直升机大面积烧毁即将成熟的麦田，人为加剧叙利亚的粮食危机。拜登政府上台后，某种程度上沿袭了特朗普时期摧毁叙利亚经济的做法。据媒体2021年11月25日报道，驻叙利亚美军近期通过美国国际开发署向叙利亚哈赛克省"援助"了3000吨小麦种子，但后经叙利亚农业与土地改革部检测发现，这批小麦种子的线虫率超过40%。换言之，美国将这批"带毒"的小麦种子送给叙利亚，目的就是要让叙利亚小麦大面积绝收，并极大破坏土壤肥力。

从总体看，拜登政府既希望回到奥巴马时期的中东政策轨道（如与伊朗缓和关系、推动巴以和平等），又不肯完全放弃特朗普政府在中东开拓出来的既得筹码（如对伊朗极限施压，偏袒以色列的诸多既成事实）。美国在整体战略收缩与局部加大投入、加强管控和离岸平衡之间不断徘徊，由此拜登政府中东政策左右摇摆，模糊不定，很难用一两句话准确概括。拜登政府中东政策的最终目标，就是低成本维系其在中东的霸权。

（二）美国战略收缩产生多重影响

美国既要摆脱中东泥潭，又不愿放弃其在中东的既得利益，但种种迹象表明，美国谋求低成本维系在其中东霸权利益的做法根本是不可能的。

首先，伊朗核问题存在核武化危险。自 2015 年伊朗与六国达成伊核协议后，伊朗核问题一度出现"软着陆"迹象。然而，2017 年特朗普上台后公然撕毁伊核协议，并重启对伊单边制裁，导致伊核问题重新凸显，美伊矛盾再次升级。2021 年拜登上台后，一方面谋求与伊朗恢复核谈判，借机尽快从中东脱身；另一方面，又试图保持特朗普时期的对伊制裁措施。事实上，美国不可能在保留对伊朗制裁的前提下，与伊朗实现关系缓和。就此而言，拜登政府的对伊政策明显是一厢情愿。从伊朗方面看，鲁哈尼政府从一开始就将与美国进行"放弃核能力换取解除制裁"谈判作为对外政策目标，为此竭力与西方国家达成伊核协议。即使在特朗普撕毁核协议后，鲁哈尼政府为保住这一最大外交遗产，竭力谋求恢复伊核协议。然而，对 2021 年新上任的莱希总统来说，伊核协议只是前任政府的外交遗产，对莱希政府则是可有可无，因此新一届伊朗政府不可能将恢复伊核协议作为主要外交目标，因此其对美政策立场将更加强硬。2021 年 9 月 4 日，莱希在谈到伊核问题时表示，谈判是一种外交选项，但在压力和威胁下进行谈判是"完全不可接受的"。2021 年 10 月 25 发布的一项民调显示，67% 的伊朗人认为美国拜登政府的对伊朗政策是敌对的，85% 受访者对美国持负面看法，超过半数受访者对中国和俄罗斯持好感，近 90% 的人对沙特持负面看法。民调结果还显示，人们对伊核协议缺乏热情。约 73% 的人认同"全面和平协议的经验表明，伊朗不值得做出让步，因为伊朗不能相信，如果它做出让步，世界大国会履行它们在协议中表明的立场"[①]。

在这种情况下，美国要想与伊朗重新达成伊核协议，就必须在之前对待鲁哈尼政府的强硬立场上做出大幅度让步，但对当前民意支持率持续下降的拜登政府来说，这种对伊朗的单方面让步，很可能引起国内民众强烈反对，同时会引发以色列等地区盟友强烈不满。反过来看，如果美国不肯主动让

---

① "Poll：Iranians Blame Economic Woes on Corruption, not Sanctions," https：//www. al - monitor. com/originals/2021/10/poll-iranians-blame-economic-woes-corruption-not-sanctions, accessed：2021 - 11 - 22.

步，而伊朗立场又极为强硬，伊核问题的前景很可能是伊核协议恢复希望渺茫。从中长期看，美国继续保持对伊朗制裁，伊朗继续发展核能力，将使双方达成核协议的"时间窗口"彻底关闭。在摆脱了伊核协议束缚和国际原子能机构监督的情况下，伊朗很可能走上核武化道路。这将使美国（包括以色列）与伊朗面临军事对抗的可能性大增。

其次，美国从阿富汗撤军演变为全面溃败，盟友离心倾向增强。

拜登政府在中东加大战略收缩力度，热衷于"价值观外交"，已经与中东传统盟友离心离德。而拜登政府急于从中东撤军，让地区盟友深感美国"靠不住"，同时也暴露出美国在大中东地区全面溃败的本质。2001年阿富汗战争和2003年伊拉克战争原本是美国国力巅峰状态下谋求称霸中东的重大决策，但殊不知这两场"反恐战争"也是美国国力由盛转衰的转折点。美国在阿富汗花费2.4万亿美元，造成2万多人伤亡，花费约20年时间，最终以失败告终。2021年8月美国仓皇从阿富汗撤离，其狼狈状况堪比当年从越南撤军的"西贡时刻"。从本质上，美国从阿富汗撤军是美国全球扩张遭遇失败的真实写照。

美国从阿富汗仓皇撤军，导致美国的国际信誉和威望严重受损。此前拜登政府在国际社会一直倡导多边主义，承诺将强化北约合作。然而，在阿富汗撤军问题上，美国在未与北约盟国协商的情况下，自行仓皇从阿富汗撤军。这种做法让美国的地区盟友倍感寒心。捷克总统泽曼称："通过从阿富汗撤军，美国人已经失去了他们的全球领导人地位。"法国国会议员，前欧洲事务部部长纳塔莉·卢瓦索表示："我们有点生活在巨大的幻想中，我们以为美国回来了，然而实际上，美国撤退了。"[1] 英国议会下院外交委员会主席汤姆·图根达特说："在驻军近20年并投入了如此多人力和努力之后突然从阿富汗撤军，将让全世界的盟友和潜在盟友怀疑，并意识到某些国家不再有持久力。"曾在奥巴马政府任职的前外交官布雷特·布鲁恩说："阿富汗灾难性的崩溃所造成的附带损害将对美国的信誉造成无法弥补的破坏，

---

① 刘骞：《欧洲盟友很失望：我们以为美国回来了，实际上是美国撤退了》，观察者网，2021年8月21日，https：//www.guancha.cn/internation/2021_08_21_603853.shtml，最后访问日期：2021年12月24日。

尤其是在我们的盟国那里。"①

美国从阿富汗撤军同样让美国的中东盟友离心离德，并加速各国自谋出路的趋势。约旦政府前高官穆罕默德·阿布·拉姆曼（Mohammad Abu Rumman）表示，美国仓皇从阿富汗撤军强化了许多阿拉伯政权的信念，即美国在阿拉伯和伊斯兰世界的作用正在弱化。"现在是时候减少对华盛顿的战略依赖了。"黎巴嫩真主党认为，当年美国从黎巴嫩撤军应该给黎巴嫩的美国盟友一个教训，让它们不要依赖华盛顿。② 总之，美国在阿富汗撤军极大损害了美国在全球安全伙伴心目中的可信度，包括在中东国家。③ 当前中东各国竞相与对手缓和关系，这与美国在中东加紧战略收缩直接相关。

结 论

当前，无论国内层面、地区层面，还是国际层面，中东地区均出现了许多看似相反的趋势和倾向，这表明中东政局变动仍处在调整震荡期。

从更长历史时段看，现代中东诞生以来，中东国家始终在西方国际体系主导之下，践行的是西方式治理模式。但越来越多的事实表明，这种外部力量塑造和治理模式给中东地区带来的负面影响远多于正面影响。从地缘政治看，它加剧了地区间国家的相互对抗和地缘碎片化趋势；从经济角度看，中东国家融入西方主导的新自由主义全球秩序，导致中东国家日趋贫困化和边缘化；从政治角度看，西方国家推销的西式民主制度非但没有给中东国家带来繁荣稳定，反而导致中东国家动荡加剧、中央政府行动能力下降等一系列问题。

---

① 《美国人，靠不住》，北晚在线百家号，2021 年 8 月 15 日，https：bajiahao. baidu. com/s? id=1708170082486335184&wfr=spider&for=PC，最后访问日期：2021 年 12 月20 日。

② Hams Rabah, "In Middle East, Taliban Victory Seen as Sign of US Unreliability," https：// www. reuters. com/article/us-afghanistan-conflict-mideast-idAFKBN2FJ1HA, accessed：2021-12-08.

③ "Three Institute Scholars Discuss the Fallout from Kabul, with Special Focus on the Consequences for Global Jihadism, Iranian Policy, and Regional Responses," https：//www. washingtoninstitute. org/ policy-analysis/afghanistan-middle-east-implications-us-withdrawal-and-taliban-victory, accessed：2021-11-24.

国 别 报 告
Country Reports

Y.2

阿富汗"后美国时代"的局势走向[*]

王 震^{**}

摘　要： 2021年8月美军从阿富汗撤离无疑是"9·11"事件以来全球反恐战争的里程碑事件。它不仅意味着美国全球反恐战争和阿富汗战略的重大调整，还意味着塔利班重新掌权后的阿富汗进入"后美国时代"或"后美军时代"，过去20年来全球反恐战争及其在中亚地区形成的地缘政治格局随之发生改变。塔利班重新掌权后，不少国家基于历史惯性、文化偏见、对外政策及国内政治掣肘等因素，对塔利班在阿富汗执政前景心存疑虑。尽管当前阿富汗在政治、经济、外交和安全等方面面临一系列困难，但这些困难并非源自塔利班重新执政后的政策失误，而与当前面临的严重自然灾害、外援中断、常年兵祸等相关。从长远看，随着塔利

　＊　本文为国家社科基金重大专项委托课题（项目编号：20VMG040）及"浦江学者"计划（项目编号：2020PJC090）阶段性成果，特此说明并致谢。

＊＊　王震，上海社会科学院西亚北非研究中心研究员、博士生导师，主要从事国际安全与中东问题研究。

班逐步恢复其国内秩序并履行其对国际社会的反恐承诺，未来阿富汗有望进入一个真正的和平与重建时期。

关键词： 阿富汗　塔利班　"后美国时代"　中亚局势

2021 年 8 月，美军宣布已从阿富汗撤出全部军队。经过 20 年反恐战争后，美军彻底离开了被称为"帝国坟场"的阿富汗。塔利班①也在 20 年艰苦鏖战之后重新掌控了阿富汗政权，但国际社会对塔利班重新执政后的阿富汗发展前景仍然存在着诸多疑虑和担心。本文将着重分析阿富汗进入"后美国时代"的具体含义，以及未来阿富汗在政治、经济和安全等领域的发展前景及其影响要素。

一　阿富汗进入"后美国时代"的含义

2001 年美军入侵阿富汗并推翻塔利班统治后，其在阿富汗的使命逐渐从报复性"反恐战争"转向"国家重建"。无论小布什政府是否有意，为了维持所谓的反恐战争成果，美国都不得不事实上担起阿富汗重建的任务。正如阿富汗裔美国学者塔米姆·安萨利所说："至少，美军要保证一部分阿富汗女性摆脱束缚，获得自由，保证民主政体得到巩固，让阿富汗出现恢复的迹象。"② 小布什在 2006 年的一次讲话中也表示："在进驻阿富汗之后，我们开始了帮助阿富汗人民重建国家的艰巨工作，在塔利班暴政的废墟上建立一个自由的国家。……我们要帮助阿富汗人民，帮助他们建立一个自由的国

---

① 除非另有说明，本文所提及的"塔利班"均为"阿富汗塔利班"。
② 〔美〕塔米姆·安萨利：《无规则游戏：阿富汗屡被中断的历史》，钟鹰翔译，浙江人民出版社，2018，第 320~321 页。

家。我们将帮助他们成功地用希望的意识形态打败仇恨的意识形态。"①但美国主导下的阿富汗重建却举步维艰。于是，奥巴马主政后美国开始寻求从阿富汗撤军，并致力于为撤军营造有利条件。

到特朗普政府时期为止，美国主导下的阿富汗治理架构主要有以下几方面特征。①政治上，在选举制民主的外衣下，由美国精心挑选的城市精英作为美国/西方代理人进行统治。从卡尔扎伊到加尼总统，莫不如是。这些代理政府一方面试图在阿富汗国内寻求民族和解，另一方面却刻意将塔利班完全排除在外，从而造成其国内武装冲突始终得不到有效解决，国内政治和解等同于虚设。②经济上，"9·11"事件后阿富汗逐渐形成西方支持下的外援经济和自给自足的本土农村经济相结合的二元体制。据世界银行统计，西方经济援助一度占到阿富汗政府财政预算的70%以上。巨大的外部援助一方面支撑了阿富汗政府的日常运转，另一方面也为各级政府官员和承包商中饱私囊提供了机会。③安全上，美国扶植阿富汗新政府，协助其建立了数十万人的阿富汗安全与警察部队，但其主要装备、训练、指挥以及包括武装人员薪饷在内的资金无不来自美国与西方社会支持，这是一支完全依赖美国支持而存在的武装力量。④外交上，完全依赖西方支持而存在的阿富汗政府毫无独立性可言。它一方面完全倒向西方，对于美军无人机袭击屡屡造成的各种伤亡听之任之；另一方面，对于中国和俄罗斯等周边大国则保持了若即若离的态度。由于缺少扎实的社会基础，喀布尔政权的影响力一直颇为受限，只能依赖西方国家的支持而苟延残喘。

美军撤出阿富汗后，过去20年来所形成的阿富汗政治局势和中亚地缘政治格局发生了根本性变化。对阿富汗来说，美军撤出不仅意味着在其支持下的阿富汗亲美政权彻底瓦解，还意味着阿富汗进入"后美军时代"或"后美国时代"。一方面，外部大国在阿富汗的利益格局将会重新洗牌；另一方面，阿富汗未来的政治、经济和安全局势将会出现新变数，这些变化也

---

① "President Bush Discusses Global War on Terror," https：//georgewbush-whitehouse.archives.gov/news/releases/2006/04/20060410-1.html, accessed：2021-12-08.

会在很大程度上影响中亚乃至全球地缘政治发展走向。政治上，新当权的塔利班已经明确拒绝了西方的选举制民主政治，而是采用了更具伊斯兰特色和阿富汗传统的"伊斯兰酋长国"制度；经济上，西方国家停止了对阿富汗的主要援助（部分人道主义援助除外），甚至冻结并挪用阿富汗政府的大量海外资产，从而造成阿富汗外援结构和经济重心出现重大转变；安全上，塔利班迄今并未得到西方国家的普遍支持与合作，这会促使其进一步转向构建更加独立的本土化武装力量；外交上，由于中短期内塔利班政权很难与西方国家建立较为正常的外交关系，其未来外交重心正在不可避免地进一步转向伊斯兰世界和周边国家。

由此可见，随着美军撤离阿富汗，前述阿富汗治理架构已经不复存在。不仅美国对阿富汗和周边地区局势的各种影响力正在迅速消解，阿富汗自身也出现了与"9·11"事件以来完全不同的政治与社会治理架构。二者共同构成了当前阿富汗局势发展的重要变量，这也是我们理解"后美国时代"阿富汗局势走向的关键所在。

阿富汗进入"后美国时代"并不意味着美国彻底放弃干预阿富汗事务。事实上，美国仍然对阿富汗及其周边地区保持着高度关注，而且拥有继续干预阿富汗局势走向的"政策工具"。比如，对阿富汗人道主义援助，外交承认，借助阿富汗周边国家或联合国等参与阿富汗事务，乃至在必要时直接对阿富汗进行远程军事打击等，这同样是我们分析"后美国时代"阿富汗局势走向时不能忽视的重要外部因素。

二 阿富汗政治发展前景

塔利班在重新执政过程中，采取了较为成功的政治策略：一方面积极寻求与各部落武装之间的和解与合作；另一方面宣布对前政府武装人员进行赦免，这一做法成功地瓦解了后者的抵抗意志，为其顺利夺权创造了有利条件。塔利班在 2021 年 8 月重新掌控喀布尔后，先是在 8 月下旬宣布建立"伊斯兰酋长国"，继而公布了关于部长理事会的临时内阁提名。9月7日，塔利班正式公布了代理内阁提名，11月初塔利班又任命了一批省级官员和警察首脑。2022年初，塔利班又陆续任命了一批新的内阁成员。政府职能机构的相继建立和完善，以及各级官员的任命，标志着塔利班主导下的阿富汗正在现代国家治理的道路上稳步前进。

（一）阿富汗塔利班临时政府主要内阁官员

截至2022年3月，塔利班公布的内阁名单如下。[①]

最高领导人：希巴图拉·阿洪扎达（Hibatullah Akhundzada）

总理：穆罕默德·哈桑·阿洪德（Mohammad Hassan Akhund）

国防部部长：阿卜杜勒·卡尤姆·扎基尔（Abdul Qayyum Zakir，2021年8月24日～9月7日在任）；穆罕默德·雅古布（Mohammad Yaqoob）

内政部部长：易卜拉欣·萨德尔（Ibrahim Sadr，2021年8月24日～9月7日在任）；西拉贾丁·哈卡尼（Sirajuddin Haqqani）

外交部部长：阿米尔·汗·穆塔奇（Amir Khan Muttaqi）

财政部部长：赫达亚图拉·巴德里（Hedayatullah Badri）

教育部部长：赫马特·阿洪扎达（Hemat Akhundzada，2021年8月24日～9月7日在任）；诺鲁拉·穆尼尔（Noorullah Munir）

高等教育部部长：阿卜杜勒·巴奇·哈卡尼（Abdul Baqi Haqqani）

信息与文化部部长：海鲁拉·凯尔赫瓦（Khairullah Khairkhah）

经济部部长：卡里·丁·哈尼夫（Qari Din Hanif）

宗教与朝觐事务部部长：努尔·穆罕默德·萨奇布（Noor Mohammad Saqib）

司法部部长：阿卜杜勒·哈基姆·沙里（Abdul Hakim Sharie）

边境与部落事务部部长：诺鲁拉·诺里（Noorullah Noori）

---

① 此处信息截至2022年3月，参见维基百科网站和其他媒体来源等，https：//en. wikipedia. org/wiki/Cabinet_ of_ Afghanistan。

农村复兴与发展部部长：穆罕默德·尤努斯·阿洪扎达（Mohammad Younus Akhundzada）

公共工作部部长：阿卜杜勒·马南·奥马里（Abdul Manan Omari）

矿业与石油部部长：穆罕默德·伊萨·阿洪德（Mohammed Isa Akhund，2021年9月7日~11月23日在任）；沙哈布丁·特拉华（Shahabuddin Delawar，11月23日起）

水利能源部部长：阿卜杜勒·拉蒂夫·曼苏尔（Abdul Latif Mansoor）

民航与交通部部长：哈米杜拉·阿洪扎达（Hamidullah Akhundzada）

电信部部长：纳吉布拉·哈卡尼（Najibullah Haqqani）

难民事务部部长：哈利勒·哈卡尼（Khalil Haqqani）

情报总监：阿卜杜勒·哈克·瓦西克（Abdul Haq Wasiq）

中央银行行长：哈吉·穆罕默德·伊德里斯（Haji Mohammad Idris，2021年8~10月）；沙基尔·贾拉利（Shakir Jalali，2021年10月起）

总统行政办公室主任：艾哈迈德·扬·艾哈迈迪（Ahmad Jan Ahmady）

劝善惩恶部部长：谢赫·穆罕默德·哈立德（Sheikh Mohammad Khalid）

公共卫生部部长：卡兰达尔·伊巴德（Qalandar Ibad）；毛尔维·穆罕默德·伊沙克·阿西姆（Maulvi Muhammad Ishaq Asim，2022年以来）

工商部部长：努鲁丁·阿齐兹（Nooruddin Azizi）

中央国家统计局局长：卢特富拉·凯尔赫瓦（Mohammad Faqeer）

阿富汗核能署署长：纳吉布拉（Najibullah）

农业、灌溉与畜牧业部部长：阿卜杜勒·拉赫曼·拉希德（Abdul Rahman Rashid）

烈士与残疾人事务部部长：阿卜杜勒·马吉德·阿洪德（Abdul Majeed Akhund）

灾害管理部部长：穆罕默德·阿巴斯·阿洪德（Mohammad Abbas Akhund）

劳工和社会事务部部长：阿卜杜勒·瓦利（Abdul Wali，2022年起）

中央统计局局长：穆罕默德·法克尔（Mohammad Faqeer）

首席大法官：阿卜杜勒·哈基姆·伊沙克扎伊（Abdul Hakim Ishaqzai）

（二）阿富汗塔利班执政的特征与前景

塔利班重新执政以来，具有四个较为明显的特征。一是非常强调内部团结，作为一个初创政权，任何导致其内部组织分裂的政策或外部压力都是不可逾越的"红线"。二是塔利班初步接受了一个较为现代化的治理框架。尽管塔利班不断指责前政府，但基本上已经接受了后者所建立的现代世俗治理架构，而不是恢复其在20世纪90年代的极端主义做法。三是当前其社会治理中的"军事化色彩"仍然比较明显。这一方面源于根植在塔利班长期反叛行为当中的行为习惯和"威胁认知"①，另一方面，在目前的秩序恢复和稳定过程中，塔利班军事人员发挥了更大作用。比如，国防部部长穆罕默德·雅古布曾宣称，塔利班军队将会保护从土库曼斯坦到南亚的油气线路（TAPI Line）。事实上，此类工作本应属于新政府内政部的职责。四是塔利班在国内外政策上都保持着一定的"模糊性"，尤其是对困扰近代阿富汗国家建设的一些主要问题。比如，对激进伊斯兰意识形态在阿富汗国家治理中的地位和作用，塔利班至今没有"清晰和明确"的表述。② 这既是塔利班的一贯做法，也可视为塔利班领导人通过模糊化处理来回避社会争议的一种政治智慧。

目前，国际社会对塔利班的疑虑主要体现在四个方面。一是关于妇女的政治和社会地位问题，以及未来对妇女就业和教育方面的政策。比如，塔利班公布内阁名单后，有媒体认为其内阁官员只限于男性，因而是"不完整的"。③ 二是塔利班政治体制问题。塔利班已经明确拒绝西方式的民主选举

---

① Andrew H. Watkins, "An Assessment of Taliban Rule at Three Months," *CTC Sentinel*, Vol. 4, No. 9, November 2021, pp. 3-4.

② Andrew H. Watkins, "An Assessment of Taliban Rule at Three Months," *CTC Sentinel*, Vol. 4, No. 9, November 2021, pp. 3-4.

③ "A Future Afghan Govt 'Not Complete' Without Women: Koofi," https://tolonews.com/afghanistan-174371, accessed: 2022-01-08.

体制，宣布建立"伊斯兰酋长国"。对此，有人指责其"比之前强加的领导人在政治和权力方面更具垄断性和极端主义"，而阿塔·穆罕默德·努尔（Atta Muhammad Nur）则将其视为"霸权、垄断和回归过去的标志"。① 三是政治包容性问题，特别是塔利班是否会违背承诺，进行政治清算。塔利班曾宣布将会对全部前政府武装人员进行"大赦"，并将整编前政府的军队，但迄今并未公布具体细节或采取具体行动。② 四是对塔利班执政能力的质疑，即塔利班领导人是否能够有效应对境内严重的人道主义危机，并以现代化方式治理一个人口超过 4000 万人的国家。由于塔利班官员常年忙于游击战争，普遍缺乏现代社会治理的经验，重新执政后又面临着西方国家的经济封锁和制裁，未来是否能有效地化解严峻的人道主义危机并治理整个国家还需要进一步观察。③

未来，塔利班执政前景将主要取决于三方面因素。

第一，阿富汗内部政治和解的前景。尽管塔利班在建立"更具包容性"的政府方面一直面临各种指责，但国际社会并未就"包容性政府"给出明确定义或标准。对教派、族群关系复杂的阿富汗来说，要想建立一个各方都满意的"包容性"政府并不容易。但由于塔利班成员主要来自阿富汗境内最大的主体民族——普什图族，该民族占全国总人口的 44% 左右，而且"在国家政治体系中居于主导地位"④，塔利班从阿富汗最大的反对派武装转变为执政者，其国内政治格局发生了根本性改变，任何新的反对派都不太可能具备当年塔利班的影响力。与此同时，在目睹了美国从阿富汗仓皇撤退之后，周边国家和域外大国也很难有兴趣继续介入阿富汗内部冲突。从历史上

---

① Ziar Khan Yaad, "Political Party Leaders Protest Cabinet Choices," https：//www. foxbusiness. com/politics/left-behind-us-withdrawal-afghan-spies-soldiers-islamic-state, accessed：2021-12-08.

② Andrew H. Watkins, "An Assessment of Taliban Rule at Three Months," *CTC Sentinel*, Vol. 4, No. 9, November 2021, pp. 6-7.

③ Vanda Felbab-Brown, "Will the Taliban Regime Survive?" https：//www. brookings. edu/blog/order-from-chaos/2021/08/31/will-the-taliban-regime-survive/, accessed：2022-01-08.

④ 钱雪梅：《普什图社会的政治生活》，中国社会科学出版社，2019，第 1 页。

看，如果没有外部势力支持，阿富汗内部各种矛盾很难升级为全面内战或大规模武装冲突。

第二，国际社会承认的前景。对任何一个新生政权来说，争取国际承认既是其获得执政合法性的重要来源，也是获得外部援助和发展对外关系的重要条件。但在中短期内，美国为首的西方国家和绝大多数国际社会成员不太可能直接承认塔利班政权。这一方面基于其对20世纪90年代塔利班激进执政经历的历史认识，另一方面源自"9·11"事件后全球反恐战争所形成的政治障碍。但包括西方国家在内的大多数国际社会成员基于自身利益考虑，又不得不在人道主义救助和反恐等问题上与塔利班进行务实交往。比如，美国从阿富汗撤军后也与塔利班继续保持接触，并在2021年11月底认定塔利班的敌人——"伊斯兰国呼罗珊分支"（IS-K）主要头目萨那拉·加法里（Sanaullah Ghafari）、苏丹·阿齐兹·阿扎姆（Sultan Aziz Azam）、毛拉维·拉贾布（Maulawi Rajab）三人为"国际恐怖分子"。[1] 此外，塔利班建立的"伊斯兰酋长国"虽然不同于美国在"9·11"事件后主张的西方民主选举制度，但却更适合阿富汗自身的国情和历史传统。对此，国内学者钱雪梅曾一针见血地指出："普什图部落社会也是民主的。……阿富汗当前遭遇的政治挑战的关键不是有无民主土壤的问题，而是'特定形式的民主制度'是否适宜于当地传统的政治文化，以及如何医治数十年战火的创伤，如何在复杂的世界政治环境中重建阿富汗社会的问题。"[2]

第三，塔利班国内平叛及安全局势的发展前景。塔利班执政后，一直面临以"伊斯兰国呼罗珊分支"为代表的跨国"圣战"武装组织的挑战。塔利班重新执政后，阿富汗经济面临全面崩溃，甚至一些士兵的军饷也无法及时支付。但"伊斯兰国呼罗珊分支"则可以为新兵提供300~1000美元的薪酬，这在阿富汗是"非常诱人的收入"。因此，一些"受过美国训练的前情

---

[1] "U. S. Designates Three IS-K Leaders in Afghanistan as Global Terrorists," https：// gandhara. rferl. org/a/afghanistan-is-k-global-terrorist-leaders/31574555. html, accessed：2022 – 01–08.

[2] 钱雪梅：《普什图社会的政治生活》，中国社会科学出版社，2019，第462~463页。

报部门和精锐军事部队成员",乃至塔利班成员也开始加入"伊斯兰国呼罗珊分支"。有媒体认为,这些新成员为该组织带来了重要的人力资源和军事知识,加强了其对抗塔利班的军事能力。① 联合国2022年初的一份报告指出,"伊斯兰国呼罗珊分支"目前的数量接近4000人,其中近半数为来自其他国家的恐怖分子,他们主要活动在阿富汗东部地区。② 不过,由于"伊斯兰国呼罗珊分支"在阿富汗境内缺乏稳定的活动基地和群众基础,其在阿富汗境内的发展空间将会随着塔利班逐步控制国内局势而不断被压缩。但如果塔利班不能妥善安置前政府武装人员,或无法成功解决当前面临的饥荒和经济危机,未来不排除阿富汗会重蹈当年伊拉克的覆辙,也就是大批训练有素的前政府武装人员倒向反对派,最终使整个国家陷入严重的政治、安全与社会危机。③

三 阿富汗经济发展前景

对塔利班而言,当前面临的最大挑战已不再是军事或政治问题,而是国内面临的严峻的经济挑战。如果塔利班不能妥善应对国内目前出现的经济危机和人道主义灾难,其执政威信和国际影响力都会受到严重影响。众所周知,阿富汗是一个传统的农业国,农业经济在其国民生产总值当中一度占到50%以上。④ 联合国粮农组织的报告也指出,"农业是阿富汗生计的支柱,对阿富汗经济至关重要。"据联合国粮农组织统计:大约70%的阿富汗人生

① "Left Behind after U. S. Withdrawal, Some Former Afghan Spies and Soldiers Turn to Islamic State," https: //www. foxbusiness. com/politics/left - behind - us - withdrawal - afghan - spies - soldiers-islamic-state, accessed: 2021-12-08; Oved Lobel, "The Taliban Are Losing the Fight Against Islamic State," https: //www. aspistrategist. org. au/the - taliban - are - losing - the - fight - against-islamic-state/, accessed: 2021-12-10.
② Security Council, UN, S/2022/63, Fourteenth Report of the Secretary-General on the Threat Posed by ISIL (Da'esh) to International Peace and Security and the Range of United Nations Efforts in Support of Member States in Countering the Threat, January 28, 2022.
③ Andrew H. Watkins, "An Assessment of Taliban Rule at Three Months," *CTC Sentinel*, Vol. 4, No. 9, 2021 November, p. 9.
④ 彭树智、黄杨文:《中东国家通史:阿富汗卷》,商务印书馆,2000,第317~318页。

活在农村地区，农业产值占总 GDP 的 25%，所有民众生计的 80% 直接或间接依赖于农业。① 农业对阿富汗经济和民众生计的重要性可见一斑。由于常年战火、民不聊生，阿富汗农业经济非常落后，经济结构也比较单一。在天灾和人祸叠加的双重影响下，阿富汗正面临着前所未有的人道主义危机。

当前阿富汗出现的粮食和农业危机，主要源自三个方面。

一是战乱造成部分土地荒废和对外联系中断，使传统农产品出口停滞。比如，位于阿富汗西部的赫拉特省是著名的藏红花生产中心，以前每公斤藏红花可以卖到 1000 美元左右，如今价格不到 1 美元。2021 年阿富汗藏红花出口减少的一个重要原因是，战乱造成阿富汗和巴基斯坦边境关闭，通往外部的国际航班也被中断，使得阿富汗藏红花失去了出口市场。②

二是由于战乱带来的不确定因素，一些国际组织和西方国家的农业援助项目和资助被迫停止，加剧了阿富汗面临的农业危机。阿富汗前农业和畜牧业部副部长哈姆杜拉·哈姆达德（Hamdullah Hamdard）曾表示，它们（国际组织和援助机构）过去常常提供种子和肥料，并在某些地区启动流域管理项目。塔利班掌权后，这一工作已陷入停顿，无人问津。一位阿富汗农民说道："我们的财产和牲畜都被摧毁了，由于缺乏改良的种子以及化肥和水，我们无法收获任何小麦。"③

三是大旱对农业生产造成巨大打击。由于 2020 年底太平洋地区出现拉尼娜现象，阿富汗与邻国在 2020 年 10 月到 2021 年 5 月经历了比往常更干燥、更温暖的雨季。阿富汗分析师网络（AAN）水资源管理专家穆罕默德·阿西姆·马亚尔（Mohammad Assem Mayar）指出，"阿富汗正在经历过

---

① "Afghanistan-to Avert a Catastrophe, Agricultural Assistance Is Urgently Needed," Kabul/Rome, The Food and Agriculture Organization of the United Nations （FAO）, https://www.fao.org/newsroom/detail/afghanistan--agricultural-assistance-farmers-drought/en, accessed: 2021-12-10.

② Peter Kenyon, "How Turmoil in Afghanistan Has Impacted Agriculture—A Vital Part of Its Livelihood," https://www.npr.org/2021/10/25/1049092924/how-turmoil-in-afghanistan-has-impacted-agriculture-a-vital-part-of-its-liveliho, accessed: 2021-12-10.

③ "Afghanistan-to Avert a Catastrophe, Agricultural Assistance Is Urgently Needed," Kabul/Rome, The Food and Agriculture Organization of the United Nations （FAO）, https://www.fao.org/newsroom/detail/afghanistan--agricultural-assistance-farmers-drought/en, accessed: 2021-12-10.

去 20 年来最严重的干旱之一，该国南部、西部和西北部地区的情况尤其严重。……目前的干旱比 2018 年的干旱更为严重、范围也更广"①。干旱引起的缺水严重影响了农业生产、畜牧生产、饮用水供应和水力发电厂的发电。2021 年以来，阿富汗北方大部分地区的主要粮食作物——小麦歉收，水电大坝的性能也远低于通常水平。联合国粮农组织曾发出警告称，由于干旱和全国小麦减产 25% 以上，阿富汗 2021 年需要进口 265 万吨小麦，比上年高出 125 万吨。而且，由于地下水位下降，喀布尔地区许多饮用水井已经干涸，人们不得不在远离住处的深井排队数小时取水。②

2001 年美军占领阿富汗后，外援一度是阿富汗财政收入的最主要来源。在塔利班重新执政前，西方国家和国际援助机构每年向阿富汗提供数十亿美元的人道主义和发展援助，这些资金占阿富汗全年 GDP 总额的 40% 以上，占其全部公共支出的 75% 以上。③ 2019 年，仅美国对阿富汗的直接援助就高达 49 亿美元，占美国对外援助总额的 10%，阿富汗超过以色列（7%）成为最大的受援助国。④ 在 2020 年 11 月 23~24 日举行的阿富汗国际捐助者会议上，来自大约 70 个国家的部长和人道主义组织的官员承诺，将在未来 4 年内向这个饱受战争蹂躏的国家提供总计 120 亿美元的援助。其中，德国承诺提供 5.1 亿美元的民事援助，英国承诺提供 2.27 亿美元的民事和粮食援助，挪威承诺提供 7200 万美元的发展援助和人道主义援助，美国则承诺提供约 6 亿美元的民事援助。但所有捐助者都强调："只有当阿富汗表明它致力于和平进

① Mohammad Assem Mayar, "Global Warming and Afghanistan: Drought, Hunger and Thirst Expected to Worsen," The Afghanistan Analysts Network (AAN), https://www.afghanistan-analysts.org/en/reports/economy-development-environment/global-warming-and-afghanistan-drought-hunger-and-thirst-expected-to-worsen/, accessed: 2021-12-11.

② Mohammad Assem Mayar, "Global Warming and Afghanistan: Drought, Hunger and Thirst Expected to Worsen," The Afghanistan Analysts Network (AAN), https://www.afghanistan-analysts.org/en/reports/economy-development-environment/global-warming-and-afghanistan-drought-hunger-and-thirst-expected-to-worsen/, accessed: 2021-12-11.

③ P. Michael McKinley, "Afghanistan's Looming Catastrophe," https://www.foreignaffairs.com/articles/afghanistan/2021-12-03/afghanistans-looming-catastrophe, accessed: 2021-12-11.

④ Esther Fleming, "How much Foreign Aid Does Afghanistan Receive?" https://www.sidmartinbio.org/how-much-foreign-aid-does-afghanistan-receive/, accessed: 2021-12-11.

程，并且阿富汗冲突各方必须尊重人权时，它们才会兑现这些援助承诺。"①

2021 年塔利班掌权后，阿富汗外援随之中断。美国财政部、国际捐助者和组织冻结了数十亿美元的阿富汗资产，包括阿富汗政府存放在美国的 90 多亿美元储备。2022 年 2 月，拜登政府签署文件，宣称将解冻 70 亿美元的阿富汗资产，其中部分资金将分配给"9·11"事件受害者和用于战后阿富汗的人道主义援助。②

由于国际援助渠道被切断，银行体系基本冻结，国际货币基金组织估计，到 2021 年底，阿富汗经济将萎缩 30%以上。塔利班政府至今没有提出一个连贯的经济运行计划，而且为了维护军队稳定不得不将大部分现金收入用于支付塔利班武装人员的工资，从而加剧了金融崩溃。③ 国际援助的急剧减少导致基本卫生和教育服务崩溃，公共部门活动的突然丧失，反过来又会对整个经济产生负面影响。外部赠款减少加上无法获得新的外汇，导致阿富汗出现严重的国际收支危机。由于阿富汗约 80%的电力、20%~40%的小麦以及几乎所有燃料油都依赖进口，外汇短缺造成的收支失衡等进一步加剧了其境内的人道主义危机。④

在加尼政府垮台前，阿富汗就面临着巨大的经济和发展挑战，包括经济增长缓慢、旱情不断加剧、经济信心下降等。从 2021 年 4 月开始，阿富汗又经历了第三次新冠疫情浪潮。感染率创下历史新高，全国只有不到 5%的人口接种了疫苗。与此同时，通货膨胀在 2021 年上半年逐渐加速，能源价格上涨 12%。随着塔利班逐渐控制全境，一些供应链被中断，包括食品和燃料在内的基本家庭用品的价格大幅上涨，通货膨胀进一步加剧。在塔利班接管之前，阿富汗商业银行和中央银行的流动性都被大幅侵蚀，原因就是从

---

① Alyssa McGrail, "Facts on Foregn Aid Efforts in Afghanistan," https://borgenproject.org/ foreign-aid-efforts-in-afghanistan/, accessed：2021-12-11.

② Kevin Liptak and Natasha Bertrand "Biden Unfreezes Afghan Funds for in-country Relief and 9/11 Legal Fight," https://www.cbs58.com/news/biden-to-split-7-billion-in-frozen-funds-between-9-11-victims-and-afghan-humanitarian-aid, accessed：2022-03-11.

③ P. Michael McKinley, "Afghanistan's Looming Catastrophe," https://www.foreignaffairs.com/ articles/afghanistan/2021-12-03/afghanistans-looming-catastrophe, accessed：2021-12-11.

④ "Afghanistan Overview：Development News, Research, Data," https://www.worldbank.org/en/ country/afghanistan/overview#1, accessed：2021-12-11.

商业银行提取的大量现金和美元拍卖活动加剧。塔利班接管后，银行一度停止运营。银行重新开放后，由于中央银行限制资本流出，以及因担心相关制裁而不愿离岸银行从事交易，阿富汗银行在处理国际交易方面仍面临重大困难。由于中央银行对提取美元和当地货币存款施加了严格限制，企业和家庭一直无法提取银行中的存款。严重的不确定性和预期捐助流入量减少对汇率构成压力，造成阿富汗尼兑美元大幅贬值。中央银行通过增加美元干预来应对，导致阿富汗的国际储备进一步枯竭。①

当前，阿富汗正面临着严峻的人道主义危机，而且在中短期内难以得到根本性缓解。一位联合国官员在 2021 年 12 月 1 日表示，"阿富汗可能正面临着现代史上最迅速的经济崩溃"。自 2021 年 8 月下旬塔利班接管后，财政收入几乎消失殆尽，政府公共部门的工作人员已数月没有领到工资。世界粮食计划署估计，多达 2300 万名阿富汗人（占人口的一半以上）面临饥饿或吃不饱状况，多达 300 万名 5 岁以下儿童严重营养不良。② 尽管一些伊斯兰国家承诺"为阿富汗设立一个人道主义信托基金"③，部分西方国家也正在恢复对阿富汗的人道主义援助，但阿富汗农业干旱的影响会持续到 2022 年，西方国家短期内不会承认塔利班并解冻阿富汗美元资产，更遑论建立正常的经贸关系。因此，阿富汗目前的经济困难和人道主义危机仍将持续一段时间。事实上，塔利班也在为其面临的经济困难做中长期准备。比如宣布新的"伊斯兰税"，以便为针对穷人和孤儿的援助项目提供资金，同时压缩新的政府预算。有报道称，塔利班正在制定失去外援情况下的政府预算，其2022 年预算仅为 2021 年的 1/4。④

① "Afghanistan Overview: Development News, Research, Data," https://www.worldbank.org/en/country/afghanistan/overview#1, accessed: 2021-12-12.
② P. Michael McKinley, "Afghanistan's Looming Catastrophe," https://www.foreignaffairs.com/articles/afghanistan/2021-12-03/afghanistans-looming-catastrophe, accessed: 2021-12-11.
③ Asif Shahzad, "Islamic Countries to Aid Afghanistan," https://thewest.com.au/politics/foreign-aid/islamic-countries-to-aid-afghanistan-c-5014242, accessed: 2021-12-22.
④ "Taliban Prepare Afghanistan Budget Free of Foreign Aid," https://www.dawn.com/news/1664446, accessed: 2021-12-22.

四 阿富汗反恐与安全前景

冷战结束后，阿富汗一度成了全球跨国恐怖活动的天堂，包括本·拉登领导下的"基地"组织等，大都以阿富汗作为跨国恐怖活动的基地。2001 年春，中情局在其评估中，称阿富汗为国际恐怖主义的"孵化器"，认为其在庇护、训练和资助包括本·拉登在内的国际恐怖主义方面扮演了"关键角色"。在地理上，阿富汗位于中东、南亚和中亚的十字路口，靠近大多数伊斯兰国家，是训练这些武装分子在其他国家开展行动的理想之所。而且，阿富汗地形多山，可以为其应对反恐和执法行动提供天然屏障。此外，阿富汗境内拥有 20 多个抗苏战争时期遗留下来的训练营旧址，这些基础设施可以提供轻型武器使用方面的军事训练和游击战术训练，或用于"圣战"思想培训。从 20 世纪 80 年代起，阿富汗就成了国际恐怖分子的避难所，并在抗苏战争期间逐渐形成了一个非正式的人员、物资和装备的跨国集散网络。[1]

"9·11"事件后，美国通过在阿富汗进行"持久自由"军事行动，不仅推翻了塔利班在阿富汗的统治，也打垮了潜藏在阿富汗境内的一批跨国恐怖组织。但这些恐怖组织并未消失，仍在利用其跨国网络寻求恢复势力，并继续开展活动。除传统恐怖组织外，阿富汗境内又出现了一批包括"伊斯兰国呼罗珊分支"、巴基斯坦"塔利班"、"伊玛目布哈里"组织（Khatiba Imam al-Bukhari，KIB）等在内的新型跨国"圣战"组织。联合国塔利班制裁监测与分析小组在 2019 年的一份报告中指出："阿富汗境内活跃着超过 20 个地区性或全球性'反政府恐怖组织'，这些'外国武装分子'有 8000~10000 人，主要活动在阿富汗边境地区。"[2]

---

① DCI Counterterrorist Center, CIA, Intelligence Report, Central Intelligence Agency Analytic Report, "Afghanistan: An Incubator for International Terrorism," CTC 01-40004, March 27, 2001.

② The Security Council Committee, UN, Tenth Report of the Analytical Support and Sanctions Monitoring Team Submitted Pursuant to Resolution 2255 (2015) Concerning the Taliban and Other Associated in Dividuals and Entities Constituting a Threat to the Peace, Stability and Security of Afghanistan, S/2019/48, June 19, 2019, pp. 17-18.

　　美军撤离对阿富汗反恐的影响主要体现在两个层面。一是阿富汗境内跨国"圣战"组织面临的军事压力将会大幅减轻。"9·11"事件以来，美国一方面大力扶植阿富汗政权恢复当地社会秩序和治理，另一方面，美军还对阿富汗、巴基斯坦境内的各种跨国"圣战"武装组织保持高压态势，这一军事压力极大地压缩和降低了这些暴力恐怖组织的活动空间和影响力。美军撤出后，其对这些极端恐怖组织的军事高压会大大减弱乃至不复存在。这将使阿富汗境内的跨国"圣战"武装和国际恐怖组织获得千载难逢的喘息机会。二是美军撤出后，短期内阿富汗政府的反恐能力将会受到一定的影响。"9·11"事件后，阿富汗政府的反恐和平叛活动在很大程度上依赖于美国所提供的军事支持，尤其是美军所提供的空中侦察和战术支援，这已经成为阿富汗政府在国内反恐过程中不可或缺的关键因素。美军撤出后，一方面阿富汗塔利班与西方国家分享国际恐怖组织情报的机制将不复存在，其对于跨国恐怖分子的情报来源将会大受影响；另一方面，美军利用直升机、无人机、远程打击等为其提供的战术性反恐支援也不复存在，这无疑会加大刚刚执政的塔利班政府在国内进行反恐的难度。

　　塔利班重新执政后，无论是其国内外环境还是塔利班的政策都出现了巨大变化。受此影响，阿富汗境内的跨国恐怖势力也出现了"快速分化"。①我们知道，全球跨国"圣战"势力从来就不是铁板一块，阿富汗境内的"圣战"组织也是如此。塔利班重新执政后，少数与塔利班关系密切的极端组织已经改变了以往的激进立场，以维系其与塔利班之间的历史联系，继续在阿富汗藏身。比如，与塔利班关系密切的"哈卡尼网络"成员等已经参与塔利班新政府创建并担任要职。此外，少数曾经受到塔利班庇护的跨国恐怖组织，因为担心塔利班履行对国际社会的反恐承诺而遭受打击和排挤，要么选择离开阿富汗，要么转而投靠其他跨国"圣战"恐怖组织。

　　塔利班执政以来，坚定履行了其对国际社会的承诺，严厉打击并限制阿

---

① 《美国撤军后阿富汗反恐何去何从?》，中美聚焦网站，2021 年 9 月 8 日，http：//cn. chinausfocus. com/peace-security/20210908/42396. html，最后访问时间：2021 年 12 月 10 日。

富汗境内的跨国 "圣战" 势力,阿富汗国内安全形势出现明显好转。比如,"伊斯兰国呼罗珊分支",以及与之结盟的 "乌兹别克伊斯兰运动"(IMU,以下简称 "乌伊运")等都遭到沉重打击。截至 2021 年底,塔利班向楠格哈尔省增派了 1000 多名战斗人员,数百名疑似 "伊斯兰国呼罗珊分支" 的人员被击毙或抓捕,有些人被斩首后扔在街上或在公共场合被绞死。仅在楠格哈尔省,就有大约 1500 人被拘留和失踪。① 2021 年 11 月中旬,塔利班发言人表示,临时政府执政近 3 个月以来,已经捣毁 "伊斯兰国" 在喀布尔省、楠格哈尔省和赫拉特省等地的 21 处据点,逮捕了该组织 600 名武装分子。② 联合国在 2022 年初的报告中指出:"2021 年 8 月 19 日至 12 月 31 日,联合国记录到 985 起与安全有关的事件,与 2020 年同期相比减少 91%。8 月 15 日之后,阿富汗境内安全事件从每周 600 起降至不到 100 起。现有数据表明,武装冲突减少 98%,从 7430 起降至 148 起;空袭减少 99%,从 501 次降至 3 次;简易爆炸装置引起的爆炸减少 91%,从 1118 起降至 101 起;暗杀事件减少 51%,从 424 起降至 207 起。不过,由于经济和人道主义局势迅速恶化,阿富汗境内普通犯罪等其他类别的安全事件有所增加。"③

由于塔利班以往与一些跨国 "圣战" 武装结盟并为其提供庇护的历史,部分国家对塔利班的反恐政策仍心存疑虑。这些国家担心塔利班采取 "选择性反恐" 政策,即只打击那些与自己为敌的国际恐怖组织,对于和自己联系密切的恐怖组织则网开一面。如果塔利班选择性地履行其国际承诺,将很难化解国际社会的猜疑,更无助于其获得国际承认和外部援助。对阿富汗塔利班来说,它或许可以约束这些恐怖组织不再利用阿富汗作为基地发起攻击,但这些恐怖组织庞大的全球网络和劣迹斑斑的血腥历史,无一不决定了

---

① Oved Lobel, "The Taliban Are Losing the Fight Against Islamic State," https://www.aspistrategist.org.au/the-taliban-are-losing-the-fight-against-islamic-state/, accessed: 2021-12-12.
② 《阿富汗塔利班宣布已逮捕 600 名 "伊斯兰国" 武装分子》,新华网,2021 年 11 月 10 日,http://www.xinhuanet.com/photo/2021-11/11/c_1128053666.htm,最后访问时间:2021 年 12 月 12 日。
③ 联合国大会第 76 届会议,议程项目 39,《阿富汗局势及其对国际和平与安全的影响》(A/76/667-S/2022/64),2022 年 1 月 28 日。

其未来仍将是塔利班手中的一块烫手山芋。

我们也要看到,塔利班重新执政后,西方国家在阿富汗反恐问题上首鼠两端、自相矛盾的立场或会使阿富汗境内的恐怖活动增多。这些西方国家一方面要求塔利班完全履行其对国际社会的反恐承诺,消除其境内恐怖势力;另一方面又以各种借口继续对塔利班进行制裁,冻结其海外资产,并拒绝对其进行援助和支持。在现代反恐战争中,空中打击、情报共享等往往是取胜的关键,而这恰恰是塔利班依靠自身难以实现的薄弱环节。这不能不使人警惕,"反恐"或会成为未来西方国家继续制裁或遏制塔利班的重要借口,使其可以通过各种"莫须有"的指控迫使塔利班按照西方国家的意志行事。

总的来说,中短期内阿富汗仍将面临一定的恐怖袭击活动,各类跨国恐怖活动也不会在阿富汗境内销声匿迹,甚至不排除阿富汗境内恐怖活动因前政府武装人员的加入和各类报复性恐怖袭击而出现局部升级。但无论是"伊斯兰国呼罗珊分支"还是其他跨国恐怖组织,都不足以对塔利班执政构成根本性威胁。中长期来看,随着塔利班逐步控制阿富汗局势,其境内恐怖活动也将会趋于平息。但是,无论塔利班还是其他政治力量,要想根除阿富汗境内的各类跨国"圣战"势力也绝非易事。

结语:如何面对"后美国时代"的阿富汗

美军撤出阿富汗后,过去20年来所形成的阿富汗政治局势和中亚地缘政治格局发生了根本性变化。阿富汗正式进入"后美军时代"或"后美国时代"。对阿富汗民众来说,进入"后美国时代"不仅意味着过去20年来美国所推行的西方式民主的破产,更意味着阿富汗人民重新开始了自己当家作主的新时代。无论美国还是其他周边国家,都需要充分尊重阿富汗人民的选择,并根据这一基本事实发展与阿富汗的关系。尽管当前阿富汗在政治、经济、外交、安全等方面仍面临一系列困难,但这些困难并不是由塔利班重新执政后的政策失误所致。从长远看,随着塔利班逐步恢复国内秩序并履行其反恐承诺,阿富汗有望进入一个真正的和平与重建时期,使这个历史悠久的丝路明珠重新焕发勃勃生机。

中国是阿富汗的重要邻国,阿富汗局势势必会对中国产生直接或间接影响,拜登总统更是将美国从阿富汗撤军的借口归为与中国开展"大国竞争"。一些美国战略界人士认为,美军撤出后将无法对中国西北地区这一战略后方形成直接的战略威慑。在他们看来,一旦失去在阿富汗及其周边地区的军事基地,美国将无法对中国、俄罗斯和伊朗等国形成直接战略威慑。由于美军在阿富汗有助于美国"在中国西面开辟第二条战线",因此失去靠近中国和伊朗的这些军事基地,将会损害美国"威慑"其对手的能力。[①] 一些西方媒体还认为,美国撤出阿富汗无疑将有助于扩大中国在中亚地区的战略影响力,"破坏美国领导下的世界秩序"。[②]

事实上,美军从阿富汗撤出后,未来美国将不会对阿富汗局势承担任何直接责任,阿富汗将会从美国的"战略包袱"转变为其对外战略中的"政策工具"。与此同时,美国撤军还将彻底改变过去 20 年来作为中国周边战略缓冲区的阿富汗的战略稳定,增加中国周边地区战略环境的不确定性。未来阿富汗局势的动荡并不会直接影响到美国,但却可以轻易地外溢到包括中国在内的周边各国。

---

① Lucas Y. Tomlinson, Jennifer Griffin, "Concerns over Leaving US Bases in Afghanistan on China's 'Western Flank'," https://www.foxnews.com/politics/concern-leaving-us-bases-afghanistan-china-western-flank, accessed: 2021-12-12.

② Lt. Gen. Richard P. Mills (ret.) and Erielle Davidson, "How the Afghan Withdrawal Impacts US-China Competition," https://www.defensenews.com/opinion/commentary/2021/09/17/how-the-afghan-withdrawal-impacts-us-china-competition/? msclkid=1c7bc6d7bca511ecb06f2bda17527d5d, accessed: 2021-12-12.

Y.3
2021年伊拉克形势评估*

史廪霏**

摘　要： 为缓解 2019 年 10 月爆发的大规模抗议运动的压力，伊拉克于 2021 年 10 月提前举行国民议会大选。此次大选中，穆克塔达·萨德尔领导的"萨德尔运动"赢得最多的席位，凸显伊拉克国内民族主义情绪高涨；逊尼派力量有所崛起，亲伊朗的什叶派政党选举受挫；政坛力量碎片化趋势明显，各党派之间分歧严重，新政府组建困难重重。与此同时，伊拉克国内抗议运动频发，提前大选并未使局面有根本性改变，部分败选政党对选举结果不满而诉诸暴力活动并引发新动乱。最后，美国宣布 2021 年底前结束在伊拉克的作战行动，在美国减少投入和伊朗影响力有所下降的背景下，伊拉克对外政策出现新动向。

关键词： 伊拉克　议会大选　抗议运动　"萨德尔运动"

　　2021 年伊拉克国内局势未见好转。卡迪米政府上台以来，伊拉克国内教派分权、政府治理能力低下的痼疾难以改变，涉及民生的基础设施建设停滞不前，抗议运动时有发生。10 月国民议会大选后国内政局混乱，新政府组建遥遥无期，部分败选政党对选举结果不满而诉诸暴力活动，并引发新的动乱。

　＊　本文系 2021 年高校国别和区域研究年度课题（课题批准号：2021-G28）的阶段性成果。
　＊＊　史廪霏，北京语言大学中东学院讲师，博士，主要从事阿拉伯区域国别研究。

一　大选后伊拉克政坛变化的主要趋势

为应对 2019 年 10 月以来国内抗议运动的压力，兑现对抗议民众的承诺，伊拉克国民议会于 2021 年 10 月提前进行大选。根据伊拉克独立高等选举委员会 10 月 17 日宣布的统计结果，什叶派宗教领袖穆克塔达·萨德尔（Muqtada al-Sadr）领导的政党赢得全部 329 个席位中的 73 个，获得优先组阁权。国民议会议长穆罕默德·哈布希（Mohamed al-Halbousi）领导的逊尼派政治团体"进步联盟"获 37 席，位列第二。前总理努里·马利基（Nouri al-Maliki）领导的"法治国家联盟"获 34 席，排名第三。库尔德地区的主要政党库尔德民主党（KDP）紧随其后，获得 32 席。[①] 此外，选举结果还显示，亲伊朗的什叶派政党法塔赫联盟获得 17 席，库尔德爱国联盟（PUK）获得 16 席，逊尼派政党阿扎姆联盟（Azem Alliance）获得 12 席，首次参加选举的"伊姆提达德运动"（Imtidad Movement）和库尔德反对党新一代运动（New Generation Movement）各获得 9 席，无党派人士获得 40 席。[②] 此次议会大选反映出伊拉克政坛变化的如下主要趋势。

（一）穆克塔达·萨德尔领导的"萨德尔运动"持续领跑，反映出伊拉克国内民族主义情绪高涨

此次大选中，"萨德尔运动"获得的席位相较于 2018 年大选时增加 19 席，成为最大赢家。穆克塔达·萨德尔出身于伊拉克政治宗教界著名的萨德尔家族，他的父亲是伊拉克什叶派著名宗教和政治领袖穆罕默德·萨迪克·

[①] 伊拉克大选初步结果公布后，部分败选政党投诉大选存在舞弊现象。伊拉克独立高等选举委员会对全部上诉进行处理后，认定埃尔比勒省、尼尼微省、基尔库克省、巴格达省和巴士拉省的 5 个议会席位发生改变，于 11 月 30 日宣布最终结果。部分政党的席位稍有变化，例如"法治国家联盟"获 33 席，库尔德民主党获 31 席，但不影响整体排名。伊拉克联邦最高法院于 12 月 27 日对国民议会选举最终结果予以批准。

[②] "Full Results of Iraqi Parliamentary Elections Announced," https://menaaffairs.com/full-results-of-iraqi-parliamentary-elections-announced/, accessed：2021-11-01.

萨德尔（Mohammed Sadiq al-Sadr），在世时建立了一个由他的忠实追随者组成的秘密网络，通过帮助贫苦的什叶派穆斯林以获得什叶派广泛支持，公开反抗萨达姆政权和复兴党统治。1999 年，萨迪克和他的两个儿子在纳杰夫遭遇暗杀身亡后，穆克塔达继承了其父在政治宗教领域的遗产。2003 年后，随着美国的军事入侵和萨达姆政权的倒台，伊拉克什叶派内部出现权力纷争，穆克塔达抓住机会迅速扩充实力，在巴格达郊区建立基地，并将其命名为"萨德尔城"，以此纪念他的父亲。① 他严厉批评与前政权或伊朗合作的什叶派领导人，并强烈反对美国占领伊拉克。由于其既反美又与伊朗保持一定距离的立场，穆克塔达的"萨德尔运动"在伊拉克众多什叶派政治力量中独树一帜。穆克塔达还建立了名为"迈赫迪军"（the Mahdi Army）的民兵组织，武力对抗驻伊美军。② 在遭到美军镇压之后，"迈赫迪军"的影响力有所下降。2008 年后，穆克塔达逐渐放弃使用暴力，开始寻求通过融入国家政治重建进程重新获得影响力。他善于组织抗议游行来发动民众达到政治目的，植根于基层进行政治动员，伊拉克近年来大规模抗议运动都有他的身影。此外，穆克塔达还于 2014 年将麾下的军事力量重组为"和平旅"（the Peace Companies），加入抗击"伊斯兰国"的作战行动中，其实力得到进一步增长。

"萨德尔运动"在 2010 年、2014 年伊拉克国民议会大选中都有不俗表现，并在 2018 年大选中联合左翼力量伊拉克共产党组成"沙戎联盟"（Sairoon Coalition）赢得最多席位，成为议会第一大党团。虽然穆克塔达本人并不直接参与政治，但他是萨德尔派的精神领袖，控制着与萨德尔派有关的庞大慈善机构、学校和宗教网络。

2019 年 10 月，伊拉克爆发大规模抗议运动，此次抗议运动相较以往伊拉克的民众抗议运动持续时间更长，伤亡更加惨重，抗议民众与政府之间的矛盾进一步升级，且出现强烈的反美反伊朗色彩。抗议者不满于美国、伊朗

---

① Patrick Cockburn, *Muqtada Al-Sadr and the Battle for the Future of Iraq*, New York: Scribner Cockburn, 2008, p. 112.

② Laurence Louër, *Shiism and Politics in the Middle East*, London: Hurst & Company, 2012, p. 92.

势力对伊拉克内政的长期干涉，认为外国势力的过渡干涉是伊拉克战后重建陷入困局的重要原因。伊拉克国旗也广泛出现在抗议运动中，体现出不同教派、不同民族的伊拉克抗议者对国民身份的认同，以及伊拉克国内泛起的民族主义情绪。为平息抗议者的愤怒，伊拉克于 2021 年 10 月提前进行了国民议会大选。在这种局面下，反对任何外国势力干涉伊拉克的"萨德尔运动"被视为抵御外侮的象征，穆克塔达利用伊拉克国内高涨的民族主义情绪成为选举中的最大赢家也是大势所趋。

（二）逊尼派力量崛起，亲伊朗的什叶派政党选举受挫

2003 年伊拉克战争结束后，随着萨达姆政权的倒台，复兴党成员被禁止参政，逊尼派政治力量被打压，领导层出现断层现象，仅有国民议会前议长萨利姆·朱布里（Salim al-Jabouri）等少数在政坛具有一定影响力的人物。在伊拉克战后形成的议会制权力体系中，总理由什叶派人士担任，总统由库尔德人担任，议长由逊尼派人士担任，再加上战后逊尼派普遍对这种权力划分体系感到不满，从而对参与国家政治重建进程的逊尼派政治家存在敌视情绪，逊尼派领导人的影响力远不如什叶派和库尔德领导人。逊尼派内部也不能形成合力，难以在议会选举中取得佳绩，甚至在 2014 年议会选举中，逊尼派分裂为 10 余个参选团体。[①] 不同于以往逊尼派力量在选举中的不佳表现，本次议会大选中，现任国民议会议长哈布希领导的逊尼派政治团体"进步联盟"一举成为议会第二大党团。

哈布希是一位年轻的逊尼派政治家，出生于 1981 年。他于 2014 年当选为伊拉克国民议会议员，正式步入政坛，2017 年 8 月开始担任安巴尔省省长，并于 2018 年 9 月开始担任伊拉克国民议会议长。[②]哈布希在此次选举中表现亮眼，一是由于他在加强与各地逊尼派部落领袖的关系上投入了大量

---

① Faleh A. Jabar, "The Iraqi Protest Movement: From Identity Politics to Issue Politics," LSE Middle East Centre Paper Series, No. 25, London, 2018 June, p. 12.

② "About: Mohamed Al-Halbousi," https://dbpedia.org/page/Mohamed_Al-Halbousi, accessed: 2022-01-05.

资金，二是得益于民众对老牌政客的普遍不满，以及逊尼派占多数的地区的低投票率。此外，尼尼微省和萨拉赫丁省的逊尼派投票支持哈布希的原因则是他为安巴尔省重建工作吸引投资所付出的努力，希望他能在他们的地区产生类似的影响。

与逊尼派力量崛起相反的是，亲伊朗的什叶派政党法塔赫联盟在此次选举中表现不佳。作为上届议会选举的第二大党团，法塔赫联盟获得的席位相比上届减少了接近 2/3。法塔赫联盟选举失利的直接原因是选举制度的改变和什叶派内部竞争。根据 2020 年制定的新选举法，伊拉克采用了单一不可转让投票制度，即一票、一名候选人、每个选区多个席位，将伊拉克 18 个省划分为 83 个多议席选区，选民从这些选区中选举出 320 名候选人和 9 名少数民族席位候选人。[1] 虽然候选人可能是政党成员，但他们是以个人身份参与竞争，不能将多余的选票转移给本党的其他候选人。选区根据规模大小有 3~6 个席位，在每个选区获得最多选票的候选人将赢得可用席位。[2] 而之前选举采用的是省级名单制度，选民是在全省范围内的选区中选择政党名单。省级名单制度有利于较大的政党，使它们能够获得得不到足够支持的个人候选人的选票。

在新选举制度下，萨德尔运动的选票数本身并没有增加，甚至在一些省份，其获得的选票低于 2018 年。但受益于低投票率和对新选区的细致研究，萨德尔运动能够确保其候选人不会争夺相同的选民。与萨德尔运动不同的是，法塔赫联盟派出了许多候选人，他们在相同的选区相互竞争，争夺相同的选票。此外，法塔赫联盟还与同属一个阵营的新成立政党——什叶派民兵组织权利运动竞争席位。因此，失败的竞选策略是法塔赫联盟在本次大选中未能取得理想成绩的重要因素。

---

① Christopher M. Blanchard, "Iraq's October 2021 Election," https：//crsreports. congress. gov, accessed：2022-01-05.

② Lahib Higel, "Iraq's Surprise Election Results," https：//www. crisisgroup. org/middle - east - north-africa/gulf-and-arabian-peninsula/iraq/iraqs-surprise-election-results, accessed：2022- 01-06.

法塔赫联盟选举失利的深层次原因则要归结为近年来伊拉克民众对伊朗过度干涉的不满，以及对法塔赫联盟本身腐败和执政不佳的失望。2003年伊拉克战后，由于伊朗天然的地缘和宗教优势，再加上美国在伊拉克治理策略上的失误，伊朗在伊拉克的影响力直线上升。但近年来，伊拉克国内的反伊朗情绪有所上涨，数次抗议运动中都有反对伊朗的呼声。尤其是在什叶派聚居地，出现了在伊朗领事馆纵火、焚烧伊朗国旗等激进行为。

究其原因，一方面，亲伊朗的什叶派民兵组织已成为伊拉克国内安全稳定的巨大威胁。以"巴尔德旅"为代表的亲伊朗什叶派民兵组织发展壮大于打击"伊斯兰国"期间，在战后受到什叶派穆斯林支持，通过议会选举进入政坛，法塔赫联盟即由"巴尔德旅"的领导人哈迪·阿米里（Hadi al-Ameri）组建。政府无力掌控数量众多的什叶派民兵组织，在2019年大规模的抗议潮中，伊拉克武装力量的失控是冲突升级、大规模死伤的重要原因之一。民兵势力的强大，导致伊拉克难以在国家层面上合法垄断暴力。[1] 另一方面，伊拉克一直是伊朗最大的出口目的国，伊朗出口伊拉克的大量廉价商品削弱了伊拉克本土的农业和制造业，引发伊拉克人的不满。再加上许多原本支持阿米里的选民因不满于其政党的腐败和不佳表现，将选票投给了马利基领导的"法治国家联盟"，起到了分化选票的作用。"法治国家联盟"主要联合了伊斯兰达瓦党、一些较小的什叶派阿拉伯和土库曼政党，这些政党普遍反对美国与伊拉克的伙伴关系。[2]

（三）政坛力量碎片化趋势明显，各党派间分歧严重

此次选举结果宣布后，萨德尔运动虽然是最大赢家，但其所获席位远未达到半数，需要联合其他政党才能组建新政府。而伊拉克政坛力量近年来碎片化趋势明显，政党林立，根据所属民族、教派和群体的不同各自代表不同的利益，其诉求众口难调，很难形成一个稳固的政治联盟。再加上法塔赫联

---

[1]　唐恬波：《美国"角色转变"后，伊拉克困境会有所改变吗》，《世界知识》2022年第5期。

[2]　Christopher M. Blanchard, "Iraq's October 2021 Election," https://crsreports.congress.gov/product/pdf/IN/IN11769, accessed：2022-01-05.

盟等败选政党声称此次选举存在舞弊行为，试图改变选举结果，由此加剧了大选之后的混乱局面。2019 年爆发的抗议运动使伊拉克各政治和社会团体，包括政党、民兵、神职人员、部落、抗议民众都参与到伊拉克国内政治中。此次大选，共有代表 21 个竞选联盟和 109 个政党的 3249 名候选人角逐议会席位①，伊拉克政坛进一步凸显碎片化趋势。值得注意的是，除了萨德尔、马利基等政坛老面孔以外，与 2019~2021 年抗议运动相关的新政党和无党派人士的选举成功，未来可能改变伊拉克的部分政治格局。

首先，什叶派政党间竞争激烈，新政府组建困难重重。什叶派政党在选举后出现了严重分歧，虽然萨德尔领导的政党获得最多席位，但议会中最大的集团也可能不包括赢得最多席位的联盟或政党。因此萨德尔的什叶派对手并没有善罢甘休，法塔赫联盟、"法治国家联盟"、政治宗教领袖阿马尔·哈基姆（Ammar al-Hakim）的政党以及前总理海德尔·阿巴迪（Haider al-Abadi）领导的政党等都在呼吁建立"协商政府"。这些政党都以"协调框架"（Coordination Framework）的名义活动，共有 59 个席位。② 萨德尔和协调框架组织之间的主要分歧在于前者希望排除这些什叶派政党，与库尔德和逊尼派盟友组成政府，而后者则希望继续掌权，并在新政府中获得有利地位。

在此局面下，萨德尔通过与哈布希及库民党组成联盟，以及吸纳其他一些较小党派和无党派议员，已手握组阁所需的 165 个席位。③ 而法塔赫联盟和"法治国家联盟"则在大选后新议会第一次会议上提交了一份文件，要

---

① "Full Results of Iraqi Parliamentary Elections Announced," https：//menaaffairs. com/full - results-of-iraqi-parliamentary-elections-announced/, accessed：2021-11-01.

② Hassan al-Saeed, "Iraq's Speaker Re-elected with Backing of Muqtada al-Sadr," https：// www. al-monitor. com/originals/2022/01/iraqs-speaker-re-elected-backing-muqtada-al-sadr# ixzz7XUtliGZw, accessed：2022-01-18.

③ Hassan al-Saeed, "Iraq's Speaker Re-elected with Backing of Muqtada al-Sadr," https：// www. al-monitor. com/originals/2022/01/iraqs-speaker-re-elected-backing-muqtada-al-sadr# ixzz7XUtliGZw, accessed：2022-01-18.

求组成联盟成为议会中最大的集团。① 萨德尔运动议员则强烈反对这一要求，什叶派政党之间就议会中哪个集团最大的问题展开激烈辩论，迫使会议短暂休会。最终，在萨德尔运动的支持下，哈布希成功击败"协调框架"支持的对手，于 2022 年 1 月 9 日连任议长②，伊拉克向组建新政府迈出重要一步。

然而，这只是新政府组建道路上的第一步，接下来还要面临选举总统的挑战，需要 2/3 的议会成员同意。但最大的挑战是在选出总统后的总理选举，这更是各方利益集团争夺的焦点。因此，虽然萨达尔掌握组阁的有利条件，但反对派力量仍然强大，鉴于目前的复杂局势和近年来伊拉克大选后各派漫长较量的传统，新政府的最终组建依然会困难重重，前景难言乐观。

其次，新政党和无党派人士的竞选成功可能对伊拉克政治格局产生影响。其中，新政党"伊姆提达德运动"在选举中表现亮眼，表明了公众对伊拉克政坛新面孔的渴望。"伊姆提达德运动"于 2019 年成立，是一个由青年领导的非宗派政党，主要由对伊拉克政治体制腐败严重和政府工作效率低下强烈不满的伊拉克人组成，领导人是 2019 年抗议活动的重要人物阿拉·里卡比（Alaa al-Rikabi）。该党诞生于 2019~2021 年大规模抗议运动中，它挑战和反对 2003 年美国占领伊拉克以来建立的政府。③ 该党在选举中受到年轻人的支持，在中南部省份共赢得 9 个席位。在该党的大本营济加尔省的 5 个选区，该党派出的 5 名候选人都排名第一，以明显优势击败了萨德尔运动候选人。④ 虽然在选举前很多抗议民众对此次选举抱有抵触情绪，因为选举帮助形成了他们所抗议的政治体制，以至于本次选举的投票率在 2003 年后历次议会选举中再创新低，但是"伊姆提达德运动"的成功还是

① "Mohammed al-Halbusi Re-elected as Iraqi Parliament Speaker," https://ekurd.net/mohammed-al-halbusi-re-elected-2022-01-09, accessed：2022-01-18.
② 《穆罕默德·哈勒布西担任众议院第五届议长》（阿文），伊拉克通讯社，2022 年 1 月 9 日，https://www.ina.iq/145868--.html，最后访问日期：2022 年 1 月 18 日。
③ Tatheer Tariq, "The Imtidad Movement：A New Player in Iraqi Politics," https://spheresof influence.ca/the-imtidad-movement-a-new-player-in-iraqi-politics/, accessed：2022-01-20.
④ Lahib Higel, "Iraq's Surprise Election Results," https://www.crisisgroup.org/middle-east-north-africa/gulf-and-arabian-peninsula/iraq/iraqs-surprise-election-results, accessed：2022-01-06.

有助于恢复抗议民众的信心，他们看到了新政党和无党派人士可以通过选举进入议会，因此民众对 2003 年后的伊拉克民主进程恢复了一定的耐心。

二 伊拉克国内安全局势持续恶化

（一）抗议运动频发，提前大选并未使局面根本改变

近年来伊拉克深陷抗议运动泥潭，大大小小的抗议运动一波未平一波又起，国内安全局势堪忧。爆发于 2019 年 10 月的全国性大规模抗议运动更是极大地加剧了局面的混乱，这场抗议运动造成的死伤数量远超之前的历次抗议，后来又被称为"十月抗议运动"，其核心目标是彻底改革政治体系，结束以民族和宗派为基础的配额制度，其影响延续至今。"十月抗议运动"迫使时任总理迈赫迪下台，总理职位空缺了长达半年的时间。虽然 2020 年 5 月新上台的卡迪米政府在短时间内采取了一定的措施，但伊拉克国内教派分权、政府治理能力低下的痼疾难以改变，经济情况未有好转，涉及民生的基础设施建设停滞不前，因此并未从根本上稳定局面，街头抗议也并未完全停息。2021 年 7 月，伊拉克再次因天气炎热、水电中断爆发抗议运动，这几乎在每年夏季都会固定上演。发电厂等基础设施的缺乏使伊拉克陷入常年电力短缺的困境，有条件的居民不得不自费购买天然气发电机来提供电力。据伊拉克媒体报道，此次电力中断的原因主要包括天然气供应不足和"伊斯兰国"对输电线路的攻击。①

2021 年 10 月大选之前，大约 1000 名抗议者在巴格达市中心游行，纪念"十月抗议运动"两周年。② 许多抗议民众呼吁抵制 10 月 10 日举行的

---

① "Power Cuts in Scorching Iraqi Heat Prompt Protests," https：//www. al-monitor. com/originals/2021/07/power-cuts-scorching-iraqi-heat-prompt-protests#ixzz7Xf6Nt6uW，accessed：2022-01-06.

② "Hundreds of Iraqi Protesters March in Baghdad Ahead of Vote," https：//apnews. com/article/middle-east-boycotts-iraq-baghdad-b642869fe4d1e6af25be4d5c6c9d6eea，accessed：2022-01-06.

选举，他们相信一切都不会改变。他们尤其抗议 2019 年以来针对公民社会团体和活动人士的一系列暗杀活动没有人为此负责。频发的暗杀活动造成的恐怖氛围和抗议民众对政治体制的失望共同造成了 10 月大选的低投票率，仅有 36% 的选民和 44% 的登记选民参加了投票，为 2003 年以来最低。①

（二）部分政党对选举结果不满，由此引发新的动乱

大选过后，以法塔赫联盟为首的部分表现不佳的什叶派政党拒不接受大选结果，它们一方面声称大选存在舞弊现象，要求重新计票；另一方面，部分激进力量则试图通过暴力活动挽回在大选中失去的影响力。大选结果公布后，法塔赫联盟的支持者在巴格达"绿区"附近举行抗议示威活动，最初示威活动是和平进行的，但 11 月 5 日数百名示威者冲击"绿区"，与伊安全部队人员发生冲突，造成 2 名示威者死亡，另有数十人不同程度受伤。② 11 月 7 日，总理卡迪米位于"绿区"内的住所遭无人机袭击，卡迪米本人未在袭击中受伤。伊拉克媒体分析认为此次袭击或与示威者连日来举行抗议活动、示威者与安全部队发生冲突有关。同时，也有媒体认为，袭击可能与伊拉克民兵组织有关。③ 此次袭击事件凸显出大选后伊拉克政局动荡，紧张形势升级。

袭击事件发生后，虽然包括马利基、哈迪·阿米里和伊朗在内的各方都对此强烈谴责，但局势并未有所好转，针对政治和军事人物的暗杀活动时有发生。2022 年 1 月，就在伊拉克联邦最高法院确认哈布希再次当选议长数

---

① Lahib Higel, "Iraq's Surprise Election Results," https：//www.crisisgroup.org/middle–east–north–africa/gulf–and–arabian–peninsula/iraq/iraqs–surprise–election–results, accessed：2022–01–06.

② 《伊拉克首都"绿区"遭示威者冲击致 2 人死亡》，新华网，2021 年 11 月 6 日，http：//www.xinhuanet.com/world/2021–11/06/c_1128036632.htm，最后访问日期：2022 年 1 月 7 日。

③ 《总理官邸遇袭凸显伊拉克政局动荡加剧》，新华网，2021 年 11 月 9 日，http：//www.news.cn/world/2021–11/09/c_1128047665.htm，最后访问日期：2022 年 1 月 7 日。

小时后，他位于安巴尔省的住所遭到 3 枚火箭弹袭击。① 萨德尔曾在多个场合表示，他打算控制民兵组织，并将所有武器都置于国家掌控之下。但鉴于伊拉克新政府组建是一场漫长的拉锯战，这一目标将很难实现，伊拉克国内安全局势在未来相当长一段时间内仍不容乐观。

（三）大选后伊拉克政坛的混乱将会为"伊斯兰国"提供喘息机会

2017 年 12 月伊拉克政府宣布对"伊斯兰国"作战取得胜利后，"伊斯兰国"残余势力主要存在于伊拉克与叙利亚接壤的边境地带。据美国情报部门估计，"伊斯兰国"武装分子数量仍有 10000 人左右。② 在美国减少在伊驻军的趋势下，"伊斯兰国"极端分子在管理不善的农村地区重新集结，频频发动恐怖袭击，给伊拉克国家安全带来挑战。大选后的政治混乱使伊拉克各派武装力量陷入内部争斗，导致国家层面反恐力量的削弱。"伊斯兰国"伺机而动，就连近年来较少发生恐怖袭击的石油输出港巴士拉也遭遇爆炸事件，造成平民死伤。"伊斯兰国"还于 2022 年 1 月在伊拉克东部迪亚拉省发动袭击，攻击了一处军事哨所，导致 11 名伊拉克军人死亡。③ 未来伊拉克如在反恐方面有所松懈，极端组织仍有可能继续坐大。

三 美国撤军背景下伊拉克外交新动向

2021 年 7 月，伊拉克总理卡迪米访美期间，美国与伊拉克达成协议，

---

① "Two Children Wounded by Rockets Fired at Iraq Parliament Speaker Halbousi's Home," https：//www. thenationalnews. com/mena/iraq/2022/01/26/two-children-wounded-by-rockets-fired-at-iraq-parliament-speaker-halbousis-home/#：~：text=Mr%20Al%20Halbousi%20was%20the%20target%20of%20the，no%20immediate%20claim%20of%20responsibility%20for%20the%20attack，accessed：2022-02-03.

② 牛新春：《在"后撤军时代"，美国的中东政策何处去》，《世界知识》2022 年第 5 期。

③ 《伊拉克东部袭击事件导致 11 名军人死亡》，新华网，2022 年 1 月 21 日，http：//www. news. cn/2022-01/21/c_1128287943. htm，最后访问日期：2022 年 2 月 7 日。

将于该年年底前从伊拉克撤出所有的作战部队。2021年12月，美国国防部宣布结束在伊拉克的作战行动，但仍将留下数千名美军人员继续为伊拉克安全部队提供咨询和培训。[①] 2003年战后，伊拉克深受美国和伊朗两大外国势力影响，在外交上自主权较小，难有作为。2021年，在美国减少投入和伊朗影响力有所下降的背景下，伊拉克赢得了一定的外交自主权。伊拉克政府也力图抓住时机，积极拓展外交新领域。

（一）力求在美国和伊朗间保持平衡外交

尽管最近两年来美国和伊朗在伊拉克的影响力有所下降，但毫无疑问，美国和伊朗仍然是对伊拉克影响最大的两个国家。因此，发展与美国、伊朗的关系仍是伊拉克外交的重中之重。但与此同时，鉴于2019年抗议运动以来伊拉克国内高涨的民族主义情绪，伊拉克政府既要保持与美国、伊朗的合作关系，又不能倒向其中一边，力图在两国之间保持微妙平衡。

2020年5月，卡迪米上任后，先后访问伊朗和美国，既表达了与伊朗加强合作的意愿，得到伊朗方面的积极回应，又缓解了此前由伊拉克议会通过要求美国撤军决议导致的伊拉克与美国关系的低迷。2021年9月，卡迪米再次访问伊朗，成为伊朗强硬派8月上台以来首位访问并会见伊朗总统易卜拉欣·莱希的外国领导人。[②] 在卡迪米住所遇袭后，伊朗方面也表达了对袭击事件的谴责和对卡迪米的支持。伊朗圣城旅司令伊斯梅尔·加尼随后访问了巴格达并与卡迪米会面，要求法塔赫联盟内部的准军事集团接受选举结果。伊朗此举的主要目的是在关键问题上保持什叶派阵营的团结，确保组建由什叶派政党领导的政府。2021年7月，

---

① 《美国防部：美军本周结束在伊拉克作战行动 但将继续驻留数千人》，新华网，2021年12月10日，http：//www.news.cn/mil/2021-12/10/c_1211481131.htm，最后访问日期：2022年2月7日。

② "Iraq's Prime Minister Becomes First Foreign Leader to Meet Iran's Raisi," https：//www.haaretz.com/middle-east-news/iraq/2021-09-12/ty-article/iraqs-prime-minister-becomes-first-foreign-leader-to-meet-irans-raisi/0000017f-db1e-db22-a17f-ffbff76f0000, accessed：2022-02-07.

卡迪米访问美国，与拜登商讨美国撤军具体时间表。这是他两年内第二次与美国总统举行会谈，同时他还是继以色列总理之后第二位接到拜登电话的中东地区领导人，这一方面表明美国对伊拉克的重视，另一方面也表明他深受美国和其他西方国家的信任，这也是卡迪米争取连任的有利因素。①

（二）通过劝和促谈增加地区话语权

伊朗和沙特长期处于对抗状态，2016 年沙特以从事恐怖主义活动的罪名处决了知名什叶派人士奈米尔，伊朗示威者随即冲击了沙特驻伊朗使领馆。作为回应，沙特宣布与伊朗断绝外交关系，但 2021 年以来双方关系有所缓和，双方在巴格达进行了五轮谈判。伊拉克总理卡迪米表示，他寻求与伊朗和沙特建立良好关系，并为促进伊朗和沙特之间关系的改善做出实质性努力。②

伊拉克积极在伊朗和沙特之间进行斡旋主要基于两点：一是不希望伊拉克成为敌对双方互相报复的战场，稳定的地区局势符合伊拉克的发展利益；二是有助于增加伊拉克的地区话语权。

2022 年 6 月，卡迪米再次访问伊朗。在飞往德黑兰前，他先前往沙特与沙特王储穆罕默德·本·萨勒曼会面，随后在德黑兰与伊朗总统莱希举行正式会谈。因此舆论普遍认为他是带着沙特的消息来到伊朗，目的是恢复双方在巴格达秘密举行的政治谈判。卡迪米随后表示，他和莱希讨论了地区面临的挑战，并同意恢复该地区的稳定。③ 此外，伊拉克还于 2021 年 8 月主办主题为阿富汗危机和反恐斗争的"巴格达峰会"，希望在邻国之间扮演调

---

① Michael Knights, "Prime Minister Kadhimi's Visit to the US," https：//www. crcouncil. org/post/prime-minister-kadhimi-s-visit-to-the-us, accessed：2022-02-07.

② "Iraqi Prime Minister Makes Another Attempt to Mediate Between Iran, Saudi Arabia," https：//allarab. news/iraqi-prime-minister-visits-iran-saudi-arabia-in-mediation-attempt/, accessed：2022-07-01.

③ "Iraqi Caretaker PM in Iran to Rekindle Talks with Saudis," https：//apnews. com/article/politics-iran-saudi-arabia-iraq-tehran-c6537f7245b93f43deab2950eb30c798, accessed：2022-07-01.

解角色。会议反响积极，埃及、约旦、卡塔尔和法国元首出席，伊朗、沙特和土耳其等国外长参会。[①]

（三）加强与阿拉伯国家的合作关系

随着外交自主权的上升，伊拉克注重加强与阿拉伯国家的合作，争取更多地区盟友。2015 年以来，沙特为抑制伊朗在伊拉克的影响力，致力于改善与伊拉克政府的关系，得到伊拉克方面的积极回应。2016 年，伊拉克重开关闭 20 余年的沙特驻巴格达大使馆，随后两国频繁进行高层访问和经济接触。2022 年 1 月，伊拉克与沙特签署电网互联谅解备忘录，允许沙特向伊拉克供电，以缓解严重的电力短缺问题。[②] 在伊拉克国内的反伊朗情绪下，未来沙特和伊拉克的合作还将进一步加大。此外，伊拉克还重视发展与埃及、约旦等国的关系，2019 年以来与埃及、约旦已举行四次三边元首峰会，试图回归自身的"阿拉伯身份"。[③]

2021 年伊拉克国民议会大选是在伊拉克国内爆发大规模抗议浪潮和美国逐步撤军的背景下，各方政治势力进行的一次重要角逐，尽管国内外学者并不认为本次大选会对伊拉克内部改革、战后重建、社会创伤弥合等方面起到重大改变作用，但选举后的政治停摆并引发的新混乱仍然让人感到悲观失望。伊拉克政坛力量的碎片化、逊尼派政治力量的崛起和政坛冲突的持续恶化伴随新政府的组建僵局将持续相当长一段时期，并对未来伊拉克政治发展产生重大影响。

结　语

通过分析选举后的伊拉克政治局势可以看出，宗派主义和外来政体结合

---

① 《阿富汗危机与反恐成主题 外媒：巴格达峰会成中东和解风向标》，参考消息，2021 年 8 月 30 日，http：//www.cankaoxiaoxi.com/world/20210830/2452502. shtml，最后访问日期：2022 年 2 月 5 日。

② 《伊拉克与沙特合作以缓解伊电力短缺》，新华网，2022 年 1 月 26 日，http：//www.news.cn/world/2022-01/26/c_1128302253. htm，最后访问日期：2022 年 2 月 5 日。

③ 秦天：《伊拉克在"夹缝中谋求自主"迎来新契机?》，《世界知识》2022 年第 5 期。

出的配额制度对国家的撕裂作用明显，运行将近 20 年的配额制度削弱了国家认同，同时加剧了政治势力碎片化，民族-宗教联盟的内部斗争日趋激烈。自 2011 年起周期性出现的民众抗议是新兴政治力量扩展政治机会的有效手段，各党派分化利用民众抗议力量的行为，推动民众抗议从反对政府贪污和争取民生改善，逐渐发展为针对现有政治体制的抗议。来源于民间的抗议运动推升民族情绪的高涨，萨德尔反美反伊朗的政治路线迎合了当前的民族主义情绪，扩大了政治机会，成为大选最大赢家。选举之后的组阁阶段，各党派在配额制度和外部势力影响的双重桎梏下，形成僵局并长时间持续无政府状态。自美国宣布撤军以来，伊拉克外部势力也形成一种"僵局"，此次大选亦是外部局势的一种反映。本次大选后的混乱政局或将持续，民众抗议可能重新兴起，形成挑战宗教配额制度和打破政治僵局的新势力。

Y.4
民主转型再陷危机：
2021年突尼斯形势评估

孙　雷[*]

摘　要： 2010年末，突尼斯爆发"茉莉花革命"，最终以时任政权倒台和总统本·阿里出走而告终。十年间，突尼斯完成了一次新宪法的颁布，经历了三次民主选举，曾一度被西方媒体誉为民主转型的"样板国家"。然而，在十年后的今天，突尼斯再度陷入政治危机，总统、总理和议长之间的权力斗争愈演愈烈，民主化进程面临着前所未有的挑战。2021年，突尼斯政坛动荡，政治危机再度爆发，民主转型前景堪忧；旅游业虽有所回暖，但整体经济发展疲软，结构性问题依然突出，经济改革力不从心；失业率居高不下，民生状况艰难，恐怖主义和犯罪事件时有发生，加之国内疫情严重，导致社会矛盾愈加突出；对外关系稳步发展，外交政策平衡多元，国际合作不断升级，在地区和国际事务中发挥着积极的作用。

关键词： 突尼斯　民主转型　政治危机　经济改革　恐怖主义

2011年以来，突尼斯已顺利颁布新宪法，先后完成三次民主选举，民主转型稳步前行。然而，在2021年"共和国日"到来之际，突尼斯再度陷

---

* 孙雷，北京语言大学国别和区域研究院博士研究生，大连外国语大学亚非语言学院、突尼斯研究中心讲师，研究方向为阿拉伯语言文化、中东问题。本文为北京语言大学研究生创新基金（中央高校基本科研业务费专项资金）项目（项目批准号：22YCX045）成果。

入政治危机，"三驾马车"间的权力斗争迅速升级，民主化进程正面临前所未有的挑战。

一 政治危机再度升级

2021 年 7 月 25 日，突尼斯主要城市爆发大规模示威游行活动，抗议政府防控疫情不力，缺乏有效措施提振经济，要求解散政府和议会。当日，突尼斯总统凯斯·赛义德宣布，根据宪法第 80 条的相关规定，决定解除总理希沙姆·迈希希的职务，同时冻结议会、取消所有议员的豁免权。

（一）政治冲突积怨已久

2021 年初，在突尼斯议长、"复兴运动"领导人拉希德·加努希的呼吁下，总理迈希希向议会提交了一份改组名单，更换了工业、司法、卫生等 11 个部门的部长，其中包括与总统赛义德关系密切的内政部部长陶菲克·夏菲迪。然而，赛义德拒绝批准改组名单，他认为内阁人员的调整破坏了应对新冠疫情及复苏经济的努力，并对一些卷入腐败案件或涉嫌有利益冲突的新任部长持保留态度，称此次改组没有征求他的意见，在程序上违反宪法。① 随后，突尼斯议会宣布通过对政府改组的信任议案，此举也加深了总统和总理之间的矛盾。

议会多数党派支持内阁改组。"复兴运动"发言人胡迈里表示，目前国内的经济、社会和卫生状况不允许推迟新任部长就职，内阁改组符合宪法和法律的要求。2 月 27 日，"复兴运动"在首都集结大批支持者进行抗议，高喊"人民要保护国家机器"和"人民要求国家统一"的口号，进一步向总统赛义德示威，试图打破内阁改组的僵持局面，进而形成由"复兴运动"和其支持的总理迈希希主导的政坛结构。同日，突尼斯工会也在首都布尔吉

---

① 《突尼斯总统认为内阁改组违反宪法》（阿文），https://www.aljazeera.net/news/2021/1/26/التونسي-البرلمان-تعديل-على-اليوم-، 最后访问日期：2021 年 1 月 26 日。

巴大街组织大规模抗议活动，呼吁涉嫌腐败的人员退出内阁，认为"复兴运动"应该对正在发生的政治、经济和社会危机负责。

与此同时，议会第一大党"复兴运动"敦促成立宪法法院以解决当前的政治纠纷。在 2014 年颁布的突尼斯宪法中规定，应在宪法颁布后的一年内成立宪法法院，法院由 12 名成员构成，总统、议会和司法机构各有权任命 4 名法官，并通过议会和总统的批准。若总统不予批准，议会则需要进行第二次投票，获得 3/5 以上议员的赞成票可通过法案，但仍需递交总统批准。

然而，由于法官任命的争议始终未得到解决，突尼斯宪法法院至今未能成立。若该法院成立，法院则有权终止共和国总统的任期，宣布总统职位空缺。[1] 反对派在议会公开指责"复兴运动"企图通过扩大立法机构在国内的权威地位攫取更多的权力，"民主潮流""人民运动""自由民主"等党派的 76 名议员和 13 名独立人士共同签署了一份请愿书，要求罢免议长加努希的职务。4 月 6 日，总统赛义德以"搁置时间过久"为由，拒绝签署关于成立宪法法院的法案。两周后，赛义德更是在总理和议长同时出席的会议上公开表示，突尼斯正在面临严重的政治危机，他作为共和国总统拥有指挥一切武装力量的权力，包括由内政部领导的内部安全部队。[2]

2021 年 7 月 25 日晚，赛义德与军队和安全部门负责人召开紧急会议，根据宪法相关条款采取一系列紧急措施，包括解除总理职务、由总统暂时领导政府直至任命新总理、暂停议会活动一个月、取消所有议员的豁免权。次日，赛义德还解除了国防部部长和司法部部长的职务，并表示突尼斯军队已经做好准备，对任何企图破坏国家安全局势的暴力行为进行严厉打击。随后，"复兴运动"称赛义德的决定违反宪法，加努希率领支持者前往议会，

---

① 《突尼斯成立宪法法院受阻》（英文），https：//thearabweekly.com/tunisian-constitutional-court-bill-hits-constitutional-snag，最后访问日期：2021 年 4 月 9 日。

② 《突尼斯总统声称在与总理的冲突中拥有安全部队指挥权》（英文），https：//thearabweekly.com/new-dispute-pm-tunisian-president-lays-claim-security-powers，最后访问日期：2021 年 4 月 19 日。

却被安全部队阻止进入。8月23日，赛义德继续延长国家实施紧急措施的时间，宣布将任命一个新的总理，在新任总理的帮助下行使行政权力，由总理负责政府运转并对总统负责，总统将根据总理的提议任命政府成员。

（二）"捍卫民主"还是"发动政变"？

尽管赛义德在接受《纽约时报》采访时表示他不可能在古稀之年开始独裁者生涯，也不会剥夺突尼斯来之不易的民主，但他的举动的确引起了国内外的关注。在突尼斯国内，势力范围广泛的工会旗帜鲜明地拥护赛义德的行为，有近九成民众选择支持赛义德，青年人也一反十年前推翻"独裁者"的态度，在各地举行庆祝集会、高唱国歌。7月28日，突尼斯民调机构发布的数据显示，与2019年赢得大选时相比，赛义德的民众支持率有增无减。①

遭受严重打击的"复兴运动"在街头和网络上掀起了巨大声势，指责总统发动"个人政变"，正在颠覆10年来取得的"民主秩序"，反对赛义德的民众呼吁回归宪法制度。加努希称，根据宪法规定，总统在启动紧急措施之前必须与总理和议长协商。他认为赛义德的行为是一场"反对革命和宪法的政变"，强调议会不会暂停活动，"复兴运动"将捍卫"革命成果"。

相比之下，各世俗党派却态度微妙，一方面指责总统的行为违反了宪法规定，另一方面认为"复兴运动"和内阁应该为国内的政治和社会危机承担全部责任。有突尼斯宪法专家表示，赛义德的举动违反了其援引的宪法第80条，因为该项条款中规定总统在国家面临紧急情况时虽拥有广泛的应急权力，但议会应继续运转。② 实施紧急措施以来，赛义德的安全部队已经对

① 《"阿拉伯之春"翻篇？ "民主样板"突尼斯时隔十年又变天》（英文），https：//m. thepaper. cn/newsDetail_forward_ 13908247，2021年8月6日，最后访问日期：2021年8月10日。
② 《突尼斯脆弱的民主是否受到威胁?》（英文），https：//www. al－monitor. com/originals/2021/07/tunisias-fragile-democracy-under-threat，2021年7月30日，最后访问日期：2021年10月31日。

数十名法官、政客和商人下达了旅行禁令，并在没有履行正当程序的情况下软禁了一些人士。① 这也引起了部分支持者对他走向"独裁"的担忧，认为赛义德有可能改变选举制度，通过修改宪法来扩大权力。

国际上，曾经支持突尼斯民主转型的美欧转持观望态度。美国表态谨慎，但仍对赛义德发出了警告。美国国务卿布林肯在与赛义德总统通话中表示，敦促其在"夺取治理权"后采取行动，让突尼斯回归"民主道路"。美国各界也有不少声音要求政府帮助捍卫突尼斯脆弱的民主。欧盟呼吁突尼斯各方尊重宪法和法治，保持冷静、避免诉诸暴力，维护国家稳定。联合国秘书长副发言人法尔汉·哈克表示，联合国正密切关注突尼斯局势，所有争端都应通过对话解决。土耳其和卡塔尔则不出意料地谴责突尼斯正在发生"政变"，表示支持总理和"复兴运动"。其实，赛义德在实施紧急措施前就下令关闭了土耳其和卡塔尔在国内的部分机构，其中包括半岛电视台驻突尼斯分社，意在切断反对力量的外部援助。② 2021 年 10 月 20 日，赛义德在会见来访的阿拉伯国家联盟秘书长盖特时表示，突尼斯反对任何形式的外来干涉。

（三）历史上的首位女总理

2021 年 9 月 29 日，突尼斯总统赛义德任命娜杰拉·布登·拉马丹为新任总理，要求她在几小时或几天内拟定新内阁成员名单，尽快组建政府。赛义德称，这一任命具有历史性的意义，是突尼斯的荣誉，也是对突尼斯妇女的礼赞。娜杰拉的上任结束了长达两个月总理职位空缺的状态，她也成为突尼斯乃至阿拉伯国家历史上的首位女总理。63 岁的娜杰拉曾留学法国，拥有地质工程学博士学位，曾任职于突尼斯高校并在高等教育与科学研究部主

---

① 《民众游行示威呼吁恢复民主进程并解除对前政府官员的软禁》（阿文），https：//www.aljazeera.net/news/politics/2021/10/10/الرئيس-التونسي-يشن-هجوما-على-معارضيه，最后访问日期：2021 年 10 月 31 日。

② 《国际社会对突尼斯的未来表示担忧》（阿文），https：//www.aljazeera.net/news/politics/2021/9/8/المجتمع-الدولي-هل-يبعثر-بيان-الـ，最后访问日期：2021 年 9 月 10 日。

管由世界银行资助的高校改革项目。娜杰拉几乎与当选时的赛义德一样是位"政坛素人"。10月11日，娜杰拉宣布组建新政府，并向总统赛义德宣誓就职。新一届政府由24名部长和1名外交国务秘书组成，其中包括9名女性。新政府的主要使命是消除政府机构存在的腐败现象，全力抗击疫情，努力实现经济复苏。

在娜杰拉领导内阁进行新一轮改革的同时，突尼斯政府决定对前任总统蒙塞夫·马尔祖基下达国际逮捕令。10月初，在巴黎举行的一次示威中，马尔祖基曾呼吁法国政府不要向赛义德提供任何支持，称其正在密谋反对革命并试图废除宪法。12月22日，突尼斯法院在马尔祖基缺席的情况下，以"破坏国家安全"和"制造外交伤害"罪判处其4年有期徒刑。马尔祖基在接受半岛电视台的采访时表示，这是由一个违宪总统所发布的指控，他拒绝接受非法的裁决。① 此前，赛义德决定继续冻结议会直到2022年举行新一轮选举为止，并计划在2022年7月25日对新宪法进行公投前，进行为期11周的"全民对话"，以制定新的宪法和其他改革草案。

2022年2月5日，总统赛义德宣布解散最高司法委员会。一周后，他又签署了一项关于设立临时最高司法委员会的法令。赛义德称，他尊重司法独立，并表示主权属于人民，有必要在此时建立一个在法律面前人人平等的、公正的司法机构。② 临时最高司法委员会的职责是清除国家所有的腐败根源，以结束有罪不罚的现象。

二 经济发展痼疾依旧

2021年突尼斯主要经济指标小幅回升，但持续蔓延的新冠疫情对各行

---

① 《马尔祖基将面临由赛义德发布的监禁》（阿文），https：//www.aljazeera.net/encyclopedia/2021/12/23/وقي-هرب-من-حكم-بن-علي-إلى منصف-المرز，最后访问日期：2021年12月23日。

② 突尼斯总统府：《赛义德总统会见总理和司法部部长》（阿文），https：//www.carthage.tn/？q = ar/قيس-سعيد-مع-رئيسة-الحكومة-و-وزيرة-العدل لقاء-رئيس-الجمهورية，最后访问日期：2022年2月13日。

业的影响程度依旧较大。2021 年第三季度突尼斯国内生产总值同比增长 0.3%，较第二季度环比增长 0.7%，12 月通货膨胀率为 6.6%，居民消费价格指数环比上涨 0.6%。①

（一）旅游产业复苏，能源自给率提高

受新冠疫情影响，突尼斯旅游业各项指标急剧下滑，入境游客人数下降 78%，旅游业收入减少 64%。与上一年度相比，2021 年突尼斯旅游业收入增长 8%，总体呈回暖态势。根据突尼斯中央银行公布的数据，2021 年前 10 个月入境游客达 194 万人次，旅游业收入增长 6%，共计约 19 亿第纳尔，约合 6.78 亿美元，成为国家外汇储备的主要来源。② 2021 年前 8 个月，突尼斯酒店入住增长率为 8.2%，国内旅游入住率增加 20 个百分点，通过陆路口岸入境的旅游人数减少 7.1%，入境游客共计 150 万人次。其中，阿拉伯马格里布地区游客减少 38.7%，欧洲游客增加 20%。此外，航空入境游客人数呈明显上升趋势，外籍游客和归国侨民分别占 32.6% 和 31.3%。③ 突尼斯旅游和手工业部表示，截至 2021 年 12 月 20 日，突尼斯旅游业收入约为 25 亿第纳尔，预计到下一年旺季时游客将超过 570 万人次，旅游业收益将不少于 35 亿第纳尔。然而，这些数据却与疫情前相去甚远，突尼斯 2019 年度曾接待游客约 950 万人次，旅游业收入达 56 亿第纳尔。未来，突尼斯旅游市场仍旧依赖阿拉伯马格里布地区游客，特别是阿尔及利亚和利比亚两国游客，并继续吸引法国、德国等欧洲国家游客。

在旅游产业向好的同时，突尼斯能源自主程度也在不断提高。2021 年，突尼斯石油和天然气产量增长 33%，达到 470 万吨石油当量。突尼斯工业、能源与矿产部的数据显示，2 月的能源产品出口额达 3.71 亿第纳尔，增长

---

① 突尼斯国家统计局，http://www.ins.tn/ar/front，最后访问日期：2022 年 2 月 1 日。
② 《突尼斯旅游业各指标有所回升》，https://aawsat.com/home/article/3301141/التونسية-تحسن-طفيف-لمؤشرات-السياحة，最后访问日期：2022 年 1 月 31 日。
③ 《突尼斯旅游业收益增长 4.7%》，https://tn.mofcom.gov.cn/article/jmxw/202110/20211003207223.shtml，最后访问日期：2021 年 10 月 12 日。

11%，进口额降至 10.26 亿第纳尔，下降 22%，国内石油需求同比降低 8%，天然气需求同比降低 2%，能源缺口同比缩减 46%。2021 年前 7 个月，突尼斯石油日产量达 4.06 万桶，超过上年同期的 3.59 万桶，能源产品出口同比增长 120%，能源自给率由上年同期的 45% 提升至 55%。①

（二）贸易逆差扩大，外国投资减少

突尼斯国家统计局的数据显示，2021 年 3 月突尼斯外贸进出口规模已基本恢复至疫情前的水平，但贸易逆差仍不断扩大。2021 年，突尼斯贸易逆差总额达 162 亿第纳尔，比上年增加了 35 亿第纳尔，与中国、土耳其、俄罗斯和阿尔及利亚的贸易逆差呈扩大趋势，同上述四国的贸易逆差额约为 120 亿第纳尔，占总额的 74%。② 2021 年第一季度，突尼斯出口额为 108.18 亿第纳尔，进口额为 144.70 亿第纳尔，贸易逆差 36.52 亿第纳尔，较前 3 个季度的平均值 28.64 亿第纳尔有所扩大，出口额同比增长 6.2%，进口额同比增长 1.5%，磷酸盐、能源、机电类产品为其主要出口商品。③

由于粮食进口增加和橄榄油出口减少，2021 年第一季度突尼斯食品贸易逆差扩大至 2.5 亿第纳尔，其中粮食进口增速超过 30%，进口额超过 5 亿第纳尔。④ 与此同时，食品出口额同比下降 4.7%，占进口额的比例从上年同期的 113.5% 降至 84.0%。尽管橄榄油价格较上年上涨 36.5%，但第一季度出口量仅 6.9 万吨，与上年同期相比大幅下降，导致食品出口额占出口总额的比例降至 12.6%。受疫情冲击和国际市场竞争加剧的影响，突尼斯椰

---

① 《突尼斯石油产量提高》（阿文），https：//aawsat.com/home/article/3213711/النفط-من-تسي，تحسن-الإنتاج-التو，最后访问日期：2021 年 12 月 15 日。

② 《世界银行预计 2022 年突尼斯经济增长率为 3.5%》（阿文），https：//aawsat.com/home/article/3415246/البنك-الدولي-يتوقع-لتونس-نمواً-اقتصادياً-بـ-35-هذه-السنة，最后访问日期：2022 年 1 月 15 日。

③ 突尼斯国家统计局，http：//www.ins.tn/comex/fr/index.php，最后访问日期：2021 年 5 月 1 日。

④ 《2021 年第一季度突尼斯食品贸易逆差 2.5 亿突第》，http：//tn.mofcom.gov.cn/article/jmxw/202105/20210503063799.shtml，最后访问日期：2021 年 7 月 20 日。

枣价格大幅下降。2020 年 10 月 1 日至 2021 年 3 月 15 日，突尼斯椰枣出口量达 8.18 万吨，出口额为 5.36 亿第纳尔，出口量同比增加 1.8%，出口额同比下降 3.7%。[①]

随着贸易逆差的扩大，突尼斯外汇储备有所减少。截至 2021 年底，突尼斯外汇储备额达 79.98 亿美元，相当于 136 天的进口额，较上年同期下降 6%。2021 年前 9 个月，突尼斯的外国直接投资额为 13.83 亿第纳尔，同比下降 2%。突尼斯外国投资促进署表示，外国直接投资额已连续 4 年下降，从 2018 年到 2021 年下降了 34.5%。2021 年，突尼斯制造业是吸引外国投资的主要领域，投资额占总投资额的 69.7%，达 6.64 亿第纳尔。[②] 由于提振经济乏力和金融市场存在不稳定因素，国际信用评级机构穆迪将突尼斯长期本外币主权信用评级由 B2 级下调至 B3 级，并继续维持负面展望。[③]

（三）经济危机严重，改革推行不力

突尼斯 2021 年财政赤字达 104 亿第纳尔，同比下降 7.2%，财政赤字率为 8.3%，低于 2020 年的 9.6%。[④] 过去 10 年间，突尼斯负债总额翻了两番，从 2010 年的 250 亿第纳尔增加到 2020 年的 1000 亿第纳尔。为摆脱日益严重的经济困境，突尼斯政府一直在协议框架下接受国际货币基金组织的援助，2016 年至 2020 年共获得 29 亿美元的贷款，但条件是需要在国际债权人支持的新自由主义框架内进行经济改革。2021 年 2 月，国际货币基金组织敦促突尼斯政府降低公共部门工资标准、限制能源补贴，以减少财政赤

---

① 《疫情导致突尼斯椰枣出口额下降》 （阿文），http：//www. akherkhabaronline. com/ar/ تراجعت-صادرات-التمور-وطنية/137879/لهذه-الأسباب-.html，最后访问日期：2021 年 5 月 16 日。

② 《突尼斯政府承诺按期偿还外债》 （阿文），https：//aawsat. com/home/article/3352926/ ارجيةتونس-ملتزمة-سداد-ديونها-الخ，最后访问日期：2021 年 12 月 20 日。

③ 《穆迪将突尼斯评级下调至 B3 并维持负面展望》（英文），https：//www. moodys. com/ researchandratings/region/middle-east/tunisia/042070？ po=5，最后访问日期：2021 年 3 月 1 日。

④ 《突尼斯 2021 年财政赤字达 37.2 亿美元》 （阿文），https：//www. aa. com. tr/ar/ 2471168/2021 اقتصاد/تونس- 372 -مليارات-دولار -عجز -ميزانية-في，最后访问日期：2022 年 1 月 31 日。

字。为此，政府制订了一项降低公职人员工资10%的改革计划，但遭到了工会的抵制和民众的不满，工会呼吁政府应维护突尼斯人民的利益。

此外，在国际油价大幅上涨之后，突尼斯政府急需资金来弥补在预算中出现的巨大财政缺口，连续多次上调油价。然而，以上两项措施的推进未能达到国际货币基金组织的要求。12月9日，总理娜杰拉在出席突尼斯第35届企业家日开幕式时表示，政府已准备与国际货币基金组织就一项新的综合改革计划达成协议草案，内容涉及提高中央银行的货币储备水平、创新投资模式并创造就业岗位、优化债务结构并创造具有吸引力的投资环境、精简行政手续、加强运用数字技术、加快太阳能发电和污水处理厂开发等项目，充分发挥对话协商凝聚共识的作用，以期向外国投资者发出积极信号，有利于提高突尼斯的主权信用评级。①

2022年2月14日，突尼斯与国际货币基金组织进行了新一轮融资谈判，计划实施《2022—2024年中短期财税体制改革》。在公共部门工资支出标准上，将按照国际货币基金组织的要求减少至国内生产总值的14%。在补贴制度上，将由价格补贴改为直接补贴，以增加资金用于公共投资，在2023年至2026年逐步施行新的基本物资补贴制度，预计到2024年，补贴支出占总支出比例将从2020年的3.8%降至2.1%。在国企改革方面，政府将重新制定战略规划，加强国企与私企间的合作关系。突尼斯政府强调，财政赤字率预计在2024年达到5.3%。②

三 社会问题愈加突出

政局动荡和政府盲目的经济政策导致突尼斯社会矛盾不断激增，"工

① 《突尼斯第35届企业家日开幕》，http://tn.mofcom.gov.cn/article/jmxw/202112/20211203232631.shtml，最后访问日期：2021年12月31日。
② 《突尼斯准备与国际货币基金组织进行视频谈判》（阿文），https://aawsat.com/home/article/3470161/لـ«محادثات-افتراضية»-مع-صندوق-النقدتونس-تستعد，最后访问日期：2022年2月12日。

作、自由和尊严"的运动目标难以兑现。与此同时，国内安全形势依旧复杂，疫情防控压力倍增。

（一）民众抗议浪潮不断

截至 2021 年 12 月，突尼斯失业率高达 18.4%，比上年同期上升 2.2 个百分点。通货膨胀率居高不下，物价飞速上涨，加之国际债权人要求政府削减预算、降低工资标准和减少补贴，这一系列改革措施严重触及了突尼斯各阶层的根本利益，早已令民众生活举步维艰。英国《卫报》调查显示，84%的突尼斯人认为"阿拉伯之春"后贫富差距扩大。[①]

2021 年 2 月 6 日，数千名抗议者在突尼斯工会的支持下在首都市中心举行多年来最大规模的示威活动，抗议警察滥用职权危及了民众在"茉莉花革命"中赢得的自由。7 月 25 日，在突尼斯"共和国日"，多个省份发生了近千人的抗议游行，要求政府下台并解散议会。抗议者谴责"复兴运动"的腐败和无能，并攻击了该党在托泽尔省的办公总部。突尼斯经济和社会权利观察论坛的报告称，8 月共发生抗议示威游行 442 起，抗议主要诉求为获得就业机会、改善工作条件和打击侵犯劳工权利的行为。9 月至 10 月，大批失业青年在突尼斯多地展开游行和静坐示威，要求总统履行《2020 年第 38 号法令》，在公共部门优先招聘失业超过 10 年的大学毕业生。盖洛普民调显示，64%的突尼斯人不信任本国政府，79%的受访者认为当前政府比本·阿里时期更加腐败，76%的受访者认为难以找到工作。[②]

（二）反恐形势依然严峻

2015 年进入紧急状态以来，突尼斯已发生多起恐袭事件。特别是随着在叙利亚、伊拉克和利比亚等国的极端主义分子回流，国内安全形势日

---

① 肖天祎：《"阿拉伯之春"：沦为"美式民主"试验品的悲剧十年》，《光明日报》2020 年 12 月 18 日，第 12 版。

② 转引自田文林《衰朽与动荡："阿拉伯之春"十周年反思》，《国际论坛》2021 年第 3 期。

益严峻。①

2021 年 2 月 3 日，位于突尼斯北部的穆加拉山脉附近发生地雷爆炸事件，导致 4 名士兵在驾车巡逻时身亡。随后，"伊斯兰国"在其刊物《纳巴报》上宣布对此负责。② 5 月 17 日，突尼斯安全部队在卡塞林省剿灭 5 名恐怖分子，缴获一批武器弹药，恐怖分子中有 4 人为突尼斯国籍，1 人为阿尔及利亚国籍。10 月 29 日，突尼斯安全部队在南部泰塔温省又挫败一起计划使用爆炸装置针对安全部队和军队的恐怖袭击。③ 近年来，一些支持"基地"组织北非分支"伊斯兰马格里布基地组织"和"伊斯兰国"的恐怖组织在突尼斯南部地区和中部省份的山区活动，主要袭击军队和警察，也残害不少平民。为遏制恐怖主义在国内蔓延，突尼斯国家反恐委员会决定将 43 名涉恐人员的财产冻结期继续延长 6 个月，并称正在修订国家反恐战略以提交国家安全委员会。11 月 20 日，突尼斯总理娜杰拉在收到上任以来的首份反恐工作报告后强调，仍需努力实施成熟有效的战略打击恐怖主义和极端主义。

由于突尼斯与欧洲特殊的地缘因素，走私犯罪和非法移民也是影响国家安全的重要隐患。截至 2021 年 8 月底，突尼斯海关总署已查获价值 1.87 亿第纳尔的走私货物。7 月 3 日，一艘从利比亚海岸出发前往欧洲的非法移民船只在突尼斯梅德宁省海域沉没，突尼斯海岸警卫队救起 96 人，另有 43 人失踪。11 月 26 日，突尼斯海岸警卫队在公海巡逻时发现了一艘载有 487 名非法移民的船只，偷渡者主要来自埃及、孟加拉国、叙利亚、摩洛哥和厄立

① 《突尼斯在"阿拉伯之春"十周年后更加自由但贫困加剧》（英文），https：//www. outsidethebeltway.com/the-arab-spring-at-10/，最后访问日期：2021 年 1 月 31 日。

② 《"伊斯兰国"宣称对发生在突尼斯的恐袭事件负责》（阿文），https：//www. mc -doualiya. com/20210219/المغرب-العربي-2021 في-شباط-وسط-تونس-أغنام-أغنام-وراعي-عسكريين-4- قتل-يتبنى-الإسلامية-الدولة-تنظيم，最后访问日期：2021 年 3 月 1 日。

③ 《突尼斯国防部称已捣毁一处位于南部泰塔温省的"伊斯兰国"据点》（阿文），https：// www. france24. com/ar//الأخبار الأمن-مهاجمة-اعتزمت-تطاوين-في-الإسلامية-الدولة-تنظيم خلية-تفكيك， عن-تعلن-التونسية-الداخلية-وزارة-المغاربية/20211029，最后访问日期：2021 年 12 月 31 日。

特里亚等国家，其中包括 13 名妇女和 93 名儿童。① 2022 年 2 月 10 日，突尼斯内政部再次发表声明强调，应与地中海国家保持良好关系，共同打击海上非法移民，确保国家海防安全。

（三）疫情防控压力增大

截至 2021 年 12 月 29 日，突尼斯累计确诊新冠肺炎病例 725842 例，死亡 25564 例。② 世界卫生组织驻突尼斯代表苏特兰称，突尼斯是非洲大陆新冠肺炎死亡病例数最多的国家之一。

2021 年 3 月 15 日，突尼斯卫生部部长迈赫迪以线上方式主持召开阿拉伯国家卫生部长理事会第 54 次会议，他在发言时呼吁制订阿拉伯国家疫情防控联合行动计划、推动新冠疫苗本土化生产、建立阿拉伯流行病监测中心，合作应对疫情给各国卫生体系带来的风险挑战。为实现 2021 年国内疫苗接种覆盖 50%人口的目标，世界银行于 3 月 26 日批准向突尼斯额外提供 1 亿美元的资金用于购买新冠疫苗和在全国范围内开展的接种行动。世界银行突尼斯负责人托尼·弗海金（Tony Verheigen）表示，持续一年多的卫生危机使突尼斯经济和社会状况雪上加霜，新冠疫苗为挽救民众生命和在未来几年重建经济发展的社会基础提供了希望。③ 与此同时，欧盟还于 4 月 14 日批准向突尼斯提供 3 亿欧元的防疫财政支持。8 月 8 日，突尼斯卫生部、内政部、国防部联合实施最大规模的新冠疫苗接种行动，在全国共设 335 个接种点，为 40 岁以上的突尼斯公民和外国居住者接种疫苗，交通部还专门为偏远地区的民众提供免费班车服务，当天接种疫苗约 100 万剂。随着新型变异毒株的出现，突尼斯于 12 月 5 日发现首例奥密克戎病例。2022 年 1 月 13 日，突尼斯政府再次实施宵禁政策控制疫情蔓延。由于奥密克戎变异病毒大范

---

① 《487 名非法移民在克尔肯纳海岸获救》（阿文），https：//www.defense.tn/شرعية-غير-جر/سواحل-قرقنة-إنقاذ-487-مها/，最后访问日期：2021 年 12 月 31 日。
② 突尼斯卫生部，http：//www.santetunisie.rns.tn/ar/，最后访问日期：2021 年 12 月 30 日。
③ 《世界银行为突尼斯疫苗接种计划提供 1 亿美元资金支持》，http：//tn.mofcom.gov.cn/article/jmxw/202105/20210503058605.shtml，最后访问日期：2021 年 5 月 15 日。

围传播，为增强医疗救治能力，突尼斯已重新启用方舱医院收治新冠肺炎患者。

四　多边外交稳步推进

突尼斯始终坚持外交为经济建设和提升国际地位服务，推行多元外交。2021年，突尼斯一如既往地重视发展与欧盟的关系，巩固与阿拉伯国家的传统友谊，致力提升与中国的多领域合作，积极参与地区和国际事务。

（一）保持与欧盟的密切来往

欧盟是突尼斯最大贸易伙伴和投资方，突尼斯同欧盟贸易占其对外贸易总额的80%。2021年6月3日，突尼斯总统赛义德抵达比利时布鲁塞尔欧盟总部出席第二届突欧领导人工作会议。其间，欧洲投资银行行长沃纳·霍耶承诺，将对突尼斯在教育、可再生能源、基础设施、数字经济等领域的项目优先提供资金，并认真考虑赛义德总统提出的合作计划。[1] 欧洲议会主席大卫·萨索利表示，将向突尼斯提供资金购买疫苗，并加强反恐和安全领域的合作。

突尼斯同时重视与欧盟成员国特别是法国的关系。2021年5月18日，赛义德总统应法国总统马克龙的邀请参加在巴黎举行的非洲经济体融资峰会，这也是赛义德上任以来第二次到访巴黎。6月2日，法国总理让·卡斯泰对突尼斯进行正式访问并参加突法合作高级委员会第三次会议。其间，两国达成多项涉及经济、文化、就业等领域的合作协议。[2] 除此之外，赛义德总统还于6月14日对意大利进行为期三天的正式访问。意大利总统塞尔吉

---

[1] 《赛义德总统与欧洲投资银行行长举行会晤》（阿文），https：//www.carthage.tn/？q＝ar/ مهورية-سمع-رئيس-البنك-الأوروبي-للاستثمارلقاء-رئيس-الج，最后访问日期：2021年7月15日。

[2] 《法国总理于6月2日至3日对突尼斯进行正式访问》（阿文），https：//www.mc-doualiya.com/ رئيس-الوزراء-الفرنسي-في-زيارة-رسمية-إلى-تونس-يومي-2-و3-يونيو 0606 2021/2021-أوروبا，最后访问日期：2021年6月6日。

奥·马塔雷拉表示，将在欧盟和国际组织中发挥作用帮助突尼斯克服疫情以来面临的经济压力、鼓励本国投资者在突尼斯投资、增加享受意大利奖学金的突尼斯留学生数量，并加强协调以联合打击非法移民和走私犯罪。最后，双方签署了《2021—2023年发展合作谅解备忘录》，意大利将根据协议拨款两亿欧元用于帮助突尼斯恢复经济。①

（二）巩固与阿拉伯国家的传统友谊

突尼斯积极推动阿拉伯马格里布联盟建设，重视睦邻友好，以维护周边安全。2021年2月17日，在庆祝阿拉伯马格里布联盟成立32周年纪念日时，突尼斯总统赛义德向所有马格里布国家领导人致贺电，强调将巩固与该地区国家的传统友谊，共同应对日益严峻的地区问题和挑战，这将是实现地区人民共同利益、稳定地区发展的重要基础。7月27日，赛义德总统在迦太基宫会见了来访的摩洛哥外交大臣布里达。布里达向赛义德总统转达摩洛哥国王穆罕默德六世的问候，表示将牢固双边合作关系，并审慎应对地区安全环境的变化。12月15日，应赛义德总统的邀请，阿尔及利亚总统特本对突尼斯进行首次国事访问，双方共同签署了27项协议和备忘录，涵盖司法、通信、媒体、工业、环境、外贸、文化、宗教事务、能源、职业培训、体育、教育和卫生健康等多个领域。②

此外，突尼斯继续加强同其他地区阿拉伯国家的关系。2021年4月10日，应埃及总统塞西的邀请，赛义德总统对埃及进行为期三天的正式访问。两国元首在记者招待会上表示，双方高级官员委员会将加快战略对接，开展多元化战略合作。同时，塞西总统宣布将2021～2022年定为突尼

---

① 《赛义德总统与意大利总统塞尔吉奥·马塔雷拉举行会晤》（阿文），https：//www.carthage.tn/？q＝ar/لقاء-رئيس-الجمهورية-مع-الرئيس-الإيطالي-سارجيو-ماتاريلا，最后访问日期：2021年6月17日。

② 《赛义德总统与阿尔及利亚总统特本举行双边会谈》（阿文），https：//www.carthage.tn/？q＝ar/الجمهورية-قيس-سعيد-يجري-محادثات-ثنائية-مع-الرئيس-الجزائري-عبد-المجيد-تبون-رئيس.，最后访问日期：2021年12月17日。

斯-埃及文化年。^① 4月12日，由沙特资助建造的凯鲁万市403套社会福利住房正式完成交接，在该市修建的苏莱曼国王医院也已进入最后的设计阶段。8月20日，赛义德总统在与沙特国王萨勒曼的通话中表示，感谢沙特在疫情期间为突尼斯提供的帮助，并重申愿与沙特进一步巩固兄弟国家的关系。

（三）拓宽与中国的合作领域

突中两国传统友好，在涉及彼此核心利益和重大关切的问题上相互理解和支持，尤其是新冠疫情以来，两国同舟共济，共克时艰。2021年7月1日，突尼斯总统赛义德致信中共中央总书记、中国国家主席习近平，热烈祝贺中国共产党成立100周年。赛义德在信中表示，历史悠久的中国共产党领导中国全面发展进程取得了辉煌成功，使中国在各领域均取得领先成就，成为世界上最繁荣的国家之一。同时，赛义德还表达了对突中友好合作关系的自豪之情，高度赞赏中国向突尼斯提供的抗疫支持。^② 7月6日，突尼斯各主要政党参加中国共产党与世界政党领导人峰会。与会人员表示，期待未来加强与中国共产党的友好合作关系，并赞赏中国共产党在不同历史时期发挥的核心作用，钦佩中国共产党带领中国人民经过艰苦奋斗取得的经济建设和社会发展成就，相信中国共产党将会为世界和平与人类发展做出更大的贡献。^③

同时，两国在各领域的合作不断升级。2021年3月15日，突尼斯外交部部长杰兰迪在视察中国援建的突尼斯外交培训学院项目时感谢中方对

---

① 《赛义德总统与塞西总统发表联合声明》（阿文版），https：//www. carthage. tn/？q=ar/بين-الرئيس-قيس-سعيد-و الرئيس-عبد-الفتاح-السيسي-بيان-صحفي-مشترك-，最后访问日期：2021年4月13日。

② 《突尼斯总统赛义德就中国共产党成立100周年向习近平总书记致贺信》，http：//tn. china-embassy. org/chn/sgxw/202107/t20210708_ 9089297. htm，最后访问日期：2021年7月10日。

③ 《突尼斯各主要政党参加中国共产党与世界政党领导人峰会》，http：//tn. china-embassy. org/chn/sgxw/202107/t20210707_ 9089292. htm，最后访问日期：2021年7月10日。

突尼斯发展外交事业提供的帮助。4 月 6 日，突尼斯工业、贸易和手工业协会、突中商务理事会、突尼斯投资局的 20 多名代表通过线上方式参加中阿合作论坛第九届企业家大会。突方代表希望两国抓住数字经济的机遇，进一步拓宽合作领域。9 月 10 日，中国驻突尼斯大使张建国会见在线上出席第九届中阿关系暨中阿文明对话研讨会的突尼斯翻译学院院长扎希娅·古罗。古罗表示，越来越多的突尼斯学生已经意识到学习汉语的重要意义，并期待同中国学术机构开展交流，为增进两国翻译事业发展和文化交流发挥作用。[①] 11 月 29 日，参加中非合作论坛第八届部长级会议的国务委员兼外长王毅在达喀尔会见突尼斯外长杰兰迪，双方就双边合作和疫情防控等问题交换意见。

（四）积极参与地区和国际事务

突尼斯坚持相互尊重国家主权、不干涉内政、睦邻友好、通过谈判解决阿拉伯国家间分歧的原则。在巴勒斯坦问题上，突尼斯支持巴人民收复被占领土，建立以耶路撒冷为首都的国家。2021 年 5 月 13 日，突尼斯、中国和挪威联合提议，要求安理会举行公开会议讨论巴勒斯坦局势。突尼斯总统府发表声明称，作为联合国安理会非常任理事国，突尼斯将继续承担责任，加强同安理会成员国和其他有影响力的兄弟国家和友好国家的联系，以推动支持巴勒斯坦事业的国际行动。12 月 8 日，赛义德总统在迦太基宫与巴勒斯坦总统阿巴斯举行会谈，阿巴斯向赛义德授予巴勒斯坦国家勋章，以表彰他在支持巴勒斯坦问题上的坚定立场，双方还共同参加了巴勒斯坦驻突尼斯大使馆新馆落成典礼。在利比亚问题上，突尼斯强调政治对话是解决危机的唯一途径。2021 年 3 月 17 日，赛义德总统对利比亚进行正式访问，这是 2012 年以来突尼斯总统对利比亚的首次出访，赛义德也是新一届利比亚过渡政府成立后首位来访的外国元首。赛义德在与利比亚总统委员会主席门菲会晤时

---

① 《张建国大使会见突尼斯翻译学院院长扎希娅·古罗》，http://tn. china-embassy. org/chn/sgxw/202110/t20211022_9611699. htm，最后访问日期：2021 年 12 月 31 日。

强调，突尼斯将继续支持利比亚民主进程，因为利比亚的安全就是突尼斯的安全。①

结　语

2021 年，曾经被西方誉为"民主转型成功典范"的突尼斯再次陷入危机。政治上，民主转型前景并不乐观。总统、总理和议长之间的权力斗争由来已久，总统屡次试图限制总理和议会的权力，与"复兴运动"和其他"政治伊斯兰"党派矛盾激化，最终决定解除总理职务并冻结议会，新任总理执政仍然面临多重挑战。经济上，自主发展空间愈加狭小。资金匮乏、外汇短缺、财政赤字扩大、外债激增等现实问题短期内无法得到有效解决，在国际金融机构指导下进行的经济改革又严重脱离民众需求，表面看似有所作为，实则缺乏成效。在这种背景下，社会矛盾激增，两极分化趋势加剧，越来越多的民众对政府感到失望，甚至有大批青年加入极端组织。未来，国内的伊斯兰力量和世俗党派能否基于国家利益达成政治共识是突尼斯民主进程走向的关键因素，总统赛义德能否通过合法的方式进行权力制衡来保卫革命成果还有待进一步观察。

---

① 《利比亚：门菲与突尼斯总统会晤商讨民主道路》（阿文），https://www.france24.com/ar/- زيارة-الرئيس-التونسي-قيس-سعيّد-إلى-ليبيا-تهدف-لمساندة-المسار-الديمقراطي-الأخبار-المغاربية/20210317，最后访问日期：2021 年 3 月 20 日。

Y.5
也门形势评估与前景展望[*]

白　野^{**}

摘　要： 2021 年是也门危机 10 周年。在此期间，也门经历了一轮又一轮的军事冲突和政治变局，逐渐沦为大国博弈的"竞技场"。目前，也门局势仍然处于全面僵局，南北分裂日益明显；参战各方继续进行"消耗战"，对境内战略要地的争夺激烈，近期停火无望。拜登上任以来，美国开始调整特朗普时期的中东政策，对沙特的支持不再高调，开始明显"转冷"，但支持沙特对抗胡塞以及伊朗的政策仍未改变；英、法、德等西方国家也保持着对沙特的武器出售。2021 年，也门面临持续战乱、自然灾害和疫情侵袭的三重打击，经济水平不断下滑，失业率持续走高，饥荒肆虐多地，全国半数以上人口遭受饥饿威胁，社会危机日益加重。

关键词： 也门危机　外部干预　消耗战　新冠疫情

从 2011 年到 2021 年，也门经历了政权过渡、国家分裂、外部势力介入这三个主要阶段。随着 2014 年胡塞武装的崛起，也门日益陷入国家分裂的泥潭，而沙特、伊朗等外部势力的介入，更让也门沦为区域甚至域外大国博弈的"竞技场"。也门似乎又回到 20 世纪 90 年代以前南北也门对立的局面，实际情况却比曾经的南北也门更为复杂。2021 年的也门依旧被国家分

　＊　本文受北京语言大学国别区域学高精尖学科建设培育项目"中东研究与反恐合作–突厥语国家组织研究"资助。
＊＊　白野，博士，北京语言大学中东学院讲师，研究方向为阿拉伯语言文化。

裂、政治混乱的阴影笼罩，经济举步维艰，民众面临着严重的人道主义危机，迟迟等不来盼望已久的和平。

一　冲突陷入僵局，国家持续分裂

危机爆发前的也门是一个形式上统一的国家，其内部却有着错综复杂的部落、教派矛盾，其中最为显著的矛盾是也门北方势力与南方势力的矛盾。南北也门1990年合并后，双方领导人因权力分配问题矛盾激化，导致也门1994年5月爆发内战，北也门领导人萨利赫仅用两个月时间击败南方势力重新统一也门，自此形成北方势力压制南方势力的局面。也门南北势力的矛盾虽属部落矛盾，却也有着浓厚的教派色彩，北方部落普遍信奉什叶派分支的宰德教派，而南方部落多为逊尼派穆斯林，政治分歧叠加教派分歧，使得南北势力更难相容。也门前总统萨利赫执政期间奉行强人政治，依靠个人权威压制各派势力的声音，但随着萨利赫的下台，也门出现了权力真空，继任者哈迪缺乏萨利赫的威信和政治手腕，对宰德派以及亲萨利赫势力的清算操之过急，导致也门国内被压制已久的部落、教派矛盾再次激化，最终酿成危机。

萨利赫下台后，并未放弃寻求东山再起的机会。2016年，萨利赫宣布与同属宰德派的胡塞武装结盟成立"救国政府"，共同对抗哈迪的"统一政府"。萨利赫与胡塞武装的结盟给哈迪政府带来了巨大压力，但萨利赫与胡塞武装的结盟本质上是相互利用，双方始终互不信任。2017年9月，萨利赫与胡塞武装的矛盾开始公开化，拒绝承认胡塞武装任命的政府官员。同年11月29日，萨利赫的拥护者与胡塞武装在萨那发生冲突，双方从盟友变为仇敌，交火不断。哈迪及多国联军为继续对抗胡塞武装，转而支持萨利赫，为其提供武器甚至空袭掩护。在联军的协助下，萨利赫曾一度占据上风，但最终落败身亡。

萨利赫死后，也门局势看似从哈迪、胡塞武装、萨利赫三足鼎立转变为哈迪与胡塞武装之间的"南北对峙"，实则哈迪一方也存在着难以调和的内部矛盾。哈迪出身南也门军官，属于南方派系，受沙特支持，但他并未获得所有南方部落及政治势力的认可，例如同属反胡塞阵营的"南方运动"（Southern Movement）就与哈迪存在诸多龃龉。

"南方运动"成立于2007年，主张"南也门独立"，目前受到阿联酋的支持。2017年5月，被哈迪罢免的亚丁省省长祖贝迪（al-Zoubaidi）联合"南方运动"势力成立"南方过渡委员会"（Southern Transitional Council），寻求南部地区独立，公然与哈迪分庭抗礼，双方更于2018年在也门的临时首都亚丁爆发冲突。在沙特的调停下，哈迪政府与"南方过渡委员会"于2019年11月在沙特首都利雅得签署《利雅得协议》，就政府内部权力分配等问题达成一致，但各方并未能切实履行这一协议。2020年4月25日，"南方过渡委员会"突然宣布南部地区实施"自治"，此举遭到哈迪强烈谴责。与此同时，反胡塞阵营控制下的南方诸省纷纷开始"选边站队"，在南方的八个省份中，舍卜瓦、哈德拉毛、迈赫拉、阿比扬、索格特拉五省表态继续支持哈迪政府，而拉赫季、达利阿和亚丁三省则声明拥护"南方过渡委员会"，反胡塞阵营几乎陷于分裂。

2020年12月，在多方斡旋之下，哈迪与"南方过渡委员会"达成协议，同意履行《利雅得协议》中的军事和安全条款，宣布组建联合政府，反胡塞阵营一方的内斗暂告一段落。但"南方运动"与哈迪的矛盾尚未得到根本解决，必然不愿与哈迪长期分享权力，因此哈迪除了要在北方面对胡塞武装的频频进攻之外，还要时刻防范同一条战线上的分离势力，其处境或将更加艰难。

2021年，也门战争的总体局势仍是冲突各方进行"消耗战"。相对于哈迪的也门政府军，胡塞武装仍是相对强势的一方，其战略重心主要集中在两个方面，一是与哈迪政府继续争夺也门中部地区，二是继续对沙特等冲突相关国家发动袭击。

2021年，也门中部的马里卜省成为胡塞武装与哈迪政府进行军事争夺的焦点，马里卜省正处于哈迪政府控制之下，是哈迪政府在也门中部的最后一个据点，更是也门石油的主产区，战略地位至关重要。胡塞武装于2月发动军事行动向马里卜省发动进攻，其间双方在该省冲突持续不断，战火还蔓延到了焦夫省等其他省份。在胡塞武装持久的攻势下，哈迪政府难以招架日益乏力，截至2021年末，胡塞武装已占领该省大部分地区。12月13日，政府军更曝出噩耗，在马里卜地区的最高指挥官纳萨尔·蒂巴尼在与胡塞武装的交火中阵亡。蒂巴尼系也门政府军老将，曾多次指挥针对胡塞武装的重大战役，其阵亡无疑让马里卜的哈迪政府军陷入更大的被动局面。

也门危机的重要特点是战争突破空间限制，即战场并不局限于也门，而是延伸至沙特、阿联酋境内。除与哈迪政府军进行正面交锋之外，胡塞武装持续加大对沙特的报复性袭击力度。2021年3月初，胡塞武装用导弹袭击了沙特境内的部分石油设施和机场。① 5月，胡塞武装宣称对毗邻也门的沙特奈季兰市"进行了大规模袭击"，使用无人机和导弹"摧毁了沙特阿美石油公司的设施和奈季兰机场，以及该市的其他重要目标"②。8月，胡塞武装又通过无人机攻击了沙特西部城市艾卜哈的机场，沙特方面宣传胡塞武装在过去的两天里还"攻击了沙特靠近也门边界的多个居民点"③。11月，胡塞武装用无人机袭击了沙特境内海米斯穆谢特市的哈立德国王空军基地、吉达市的国际机场和沙特阿美公司的炼油厂等多个目标。12月底，联军司令部发言人图尔基·马利基上校表示，也门危机爆发以来，胡塞武装已向沙特境内发射了430枚弹道导弹，在对沙特的空袭中使用了850多架无人机。④ 为回应胡塞武装的频繁袭击，沙特也继续向萨那实施空中打击，以遏制胡塞方面的无人机攻势。

胡塞武装在袭击沙特的同时，还针对沙特等多国联军背后的美国采取报

① "War in Yemen，" https：//www.cfr.org/global - conflict - tracker/conflict/war - yemen # RecentDevelopments-2，accessed：2022-05-01.
② 《也门胡塞武装称其袭击沙特奈季兰市及石油设施》，https：//sputniknews.cn/20210513/ 1033681645.html，最后访问日期：2022年6月30日。
③ 《也门胡塞武装用无人机攻击沙特西部机场造成8人受伤》，https：//sputniknews.cn/ 20210831/1034383477.html，最后访问日期：2022年6月30日。
④ 《胡塞武装在也门冲突期间向沙特发射430枚导弹》，https：//sputniknews.cn/20211227/ 430--1036829143.html，最后访问日期：2022年6月30日。

复行动。2021 年 11 月 10 日，胡塞武装袭击了首都萨那的美国驻也门大使馆，宣称在其中缴获"大量设备和文件材料"，并扣押使馆工作人员作为人质。由于美国驻也门大使馆已于 2015 年关闭，胡塞武装此次扣押的工作人员多为使馆安保人员。联合国安理会随即宣布对胡塞武装的三名领导人实施制裁，冻结了他们的资产。

也门危机爆发以来，各方曾进行一系列接触与和谈，但迄今为止并未取得任何实质进展。2018 年，交战各方达成《斯德哥尔摩协议》，但协议成果迟迟得不到落实。2021 年 3 月 22 日，沙特外交大臣费萨尔·本·法尔汉提出沙特方面有关全面结束也门危机的倡议，其内容包括在联合国主导下全面停火，恢复也门首都机场运营，取消针对荷台达港的部分限制措施，并将港口收入转入也门南北双方在中央银行开设的共同账户。但法尔汉的倡议很快遭到胡塞武装的拒绝，胡塞武装发言人穆罕默德·阿卜杜勒-萨拉姆在当天公布的声明中称沙特提出的倡议"非常不严肃，内容上完全没有新意"，他表示沙特也是也门乱局的冲突方之一，"应当立即停止空袭和海上封锁以及对也门的侵略"。

由此看来，2021 年也门的政治局势依旧难解，冲突各方陷入全面僵局。在持续不断的"消耗战"之下，不但胡塞武装与反胡塞阵营陷入实际的分裂状态，反胡塞阵营内部也有潜在的分裂趋势，为也门危机的前景增添了更多的不确定性。

二 外部干预有变，美国态度转冷

也门危机发生后，外部势力随即介入也门，影响着也门局势的走向。2014 年胡塞武装崛起以来，也门战争逐渐由内战演变为区域外部势力的较量，一些区域大国以及域外大国纷纷看准也门，企图把控也门局势，培植己方势力。2015 年 3 月 26 日，沙特主导的多国联军空袭胡塞武装以及萨利赫支持者控制的地区，标志着外部势力开始直接插手也门危机。随着也门局势的日益明朗，也门境内逐渐形成了沙特等多国联军支持哈迪政府、伊朗支持胡塞武装的总体格局，也门战争也由内战转变为沙特、伊朗在也门的"代理人战争"甚至直接较量，也门危机也由内战演变为地区危机。

沙特与阿联酋是反胡塞阵营背后的直接支持力量，它们为哈迪一方提供了大量的军事援助。也门危机爆发以来，沙特、阿联酋出动了一定规模的空中和地面部队，配合哈迪政府军以及反胡塞阵营民兵遏制了胡塞武装的进一步南下。但沙特领导的多国联军在也门的战绩仍然欠佳，其先进武器装备遭胡塞武装缴获的情况时有发生。值得注意的是，沙特与阿联酋尽管同在一条战线，但它们支持的反胡塞阵营派系却并不相同。沙特支持也门总统哈迪、副总统穆赫辛，以及二人所代表的政党——泛阿拉伯主义政党"全国人民大会党"（General People's Congress）、逊尼派伊斯兰主义政党"改革集团"（Al-Islah）。阿联酋则支持"南方运动"，但反对有穆兄会背景的"改革集团"。沙特与阿联酋的分歧导致了反胡塞阵营的分化，更导致后来哈迪政府和"南方运动"衍生的"南方过渡委员会"爆发冲突。

伊朗及其盟友是胡塞武装背后的支持者，为其提供大量武器装备以及资金支持。除直接支持外，伊朗还通过黎巴嫩真主党对胡塞武装间接实施援助，甚至有也门官员猜测，为胡塞武装提供训练和指导的真主党军事专家可能"多达一千人"，但伊朗、真主党以及胡塞武装一直对此予以否认。伊朗支持胡塞武装是其国家战略的重要一环，伊朗在中东地区主要的安全压力来自沙特，为应对这一威胁，伊朗在伊拉克、叙利亚、黎巴嫩扶持亲伊势力以组成"什叶派新月"，在也门则支持胡塞武装扩大势力，即从南北两个方向牵制沙特，并撬动沙特的盟友美国。尽管胡塞武装一直未能全面控制也门，但伊朗借此牵制沙特的目标已经达到。

域外大国对也门危机的干预也不容忽视。美国出于其维护石油安全以及遏制伊朗在中东地区扩大影响力的考量，深度介入也门危机。特朗普执政期间，美国不但在武器装备、资金等方面支持沙特主导的多国联军，更直接参与也门战事，为沙特提供有限的直接军事援助。2017 年 1 月 29 日，美军以"打击恐怖组织"为由，调集无人机和武装直升机定点空袭胡塞武装控制下的贝达省，开始了对也门的直接军事干预。2019 年，特朗普否决国会两院要求政府停止参与也门战争的决议，执意要求出兵也门。2020 年 2 月，特朗普证实美军在也门击毙阿拉伯半岛"基地"组织的创始人和领导人卡西姆·里米。除空袭之外，美国还向也门派遣了地面部队执行"突击行动"。美国在对沙特武器出售方面也十分积极，2017 年 5 月，特朗普访问沙特期间与沙特签署了高达 1100 亿美元的军火订单。2019 年，美国国会两院曾通过反对向沙特出售炸弹的决议，但遭特朗普的否决。同年 5 月，特朗普又根据《武器出口控制法案》宣布进入紧急状态，绕过国会向沙特、阿联酋以及约旦出售价值 81 亿美元的武器。

除美国外，英、法、德等欧洲国家也不同程度支持沙特，介入也门危机。英国是欧洲国家中最积极介入也门危机的国家之一，其立场与美国基本相似，在也门危机爆发以来对沙特的支持也仅次于美国。截至 2020 年，英国已向沙特出口了超过 50 亿英镑的武器。2019 年 6 月，英国反对党曾推动高等法院裁定暂停对沙特的武器出口，理由是此举可能违反国际人道主义法。但英国的所谓禁令仅限于暂停签订新的武器订单，并不包含已达成交易的执行，更没有吊销向沙特出口武器的许可证。且该项禁令仅维持了 3 个月，英国反对党就发现了英国政府多次暗中向沙特出售武器的证据。2020 年 7 月，英国正式解除对沙特的军事装备出口禁令，以"没有明显迹象表明向沙特出口武器和军事设备的活动是严重违反国际人道主义法的行为"为由，恢复对沙特的武器出售。讽刺的是，就在解除对沙特武器出口禁令前夕，英国政府还以违反人道主义为由，宣布对 20 名沙特高官进行制裁。英国恢复对沙特的武器出售，一方面是其中东政策方面追随美国的体现，即通过扶持沙特遏制伊朗；另一方面也是其国家利益使然，受"脱欧"和新冠疫情影响，英国经济增长表现持续不佳，而对沙特的武器出口为英国带来巨大收益，有利于其经济的复苏，持续对沙特武器禁售则会使其经济蒙受损失。显而易见，对美英等西方国家而言，"人道主义"的幌子远不如经济利益实在，以"人道主义"的名义制裁多名沙特高官，也不会影响其继续向沙特出售军火。

值得一提的是，俄罗斯是介入也门危机的另一个域外大国，对也门南部地区尤其关注。南也门曾是苏联的重要盟友，苏联在南也门先后建立了 3 个军事基地。苏联解体后，主张也门南部分离的"南方运动"与俄罗斯保持着密切关系，在莫斯科设有办事处。也门危机爆发以来，俄罗斯一直致力于促成也门南部跨派别对话，这更加证明俄罗斯与也门南部之间存在着牢固的关系。

2021 年，美国对也门危机的政策发生了明显变化。特朗普执政期间曾不顾国会反对，高调介入也门内战，支持以沙特为首的多国联军，并同意向沙特和阿联酋出售先进军备，以此激怒伊朗，恶化沙特伊朗关系。2021 年 1 月 10 日，特朗普政府又宣布将胡塞武装列入恐怖组织，企图在其执政结束前将胡塞武装予以"定性"。拜登上台后，对特朗普时期的外交政策进行了较大调整，从也门危机中"抽身"，对沙特、阿联酋的支持力度也明显减弱。2 月 4 日，拜登宣布美国不再支持多国联军在也门的军事行动，并停止了对沙特、阿联酋的武器出售。2 月 16 日，美国将胡塞武装从恐怖组织名单中移除，国务卿布林肯表示，这一决定取决于"也门严峻的人道主义局势"。

从多国联军中"退群"，由"参与者"转变为"调停人"。拜登政府一方面希望重塑美国在中东地区的形象，扭转特朗普中东政策对这一区域的影响；另一方面则是其将战略重心从中东逐向亚太转移的步骤之一。美国对胡塞武装的态度反映其对伊朗的态度，拜登将胡塞武装从恐怖组织名单中移除，也体现了美国对伊朗政策的调整，即从特朗普时期的"极限施压"向"再平衡"转变。

美国对也门的政策变化，可能会引起也门冲突各方的势力平衡的略微变化，但这并不能改变也门整体局势的走向，更无法主导也门危机的"调停"。首先，美国的中东政策仍以保障石油安全和遏制伊朗的地区影响力为出发点，这决定了美国在也门危机中尽管对以沙特为首的多国联军态度"转冷"，但仍未改变其支持多国联军的立场。在美国将胡塞武装从恐怖组织名单"除名"的同时，五角大楼也表示愿帮助沙特抵御胡塞武装的进攻。2021 年 11 月，拜登政府甚至改变了之前停止向沙特等国出售武器的决定，批准向沙特出售价值 6.5 亿美元的导弹和导弹发射器。其次，也门问题错综复杂，涉及部落冲突、教派矛盾以及区域大国在其中的博弈，而美国先前对多国联军的军事支持本身也十分有限，因此美国无法单方面改变也门危机现状。

三　经济濒临崩溃，饥荒肆虐全国

也门自古以来就是阿拉伯半岛农业较为发达的地区，盛产咖啡、棉花等，摩卡（Mocha）咖啡的名字即来自也门西南部港口城市穆哈，此地在历史上曾是著名的咖啡贸易中心。古代也门人民修建的马里卜水坝更是其农业水平先进的标志。也门在阿拉伯语中的含义是"右手"或"右边"，而这个词汇也被赋予了"幸福之地"的含义，因为相比于贫瘠的阿拉伯半岛腹地，也门可谓是"幸福之地"的代名词。也门独立后开始发展工业，其经济主要依赖石油出口。与半岛其他国家一样，也门也蕴藏着丰富的油气资源。1984 年，美国汉特石油公司在北也门境内发现优质油田，北也门于 1987 年加入石油输出国的行列。1987 年，苏联专家在南也门也发现了大量石油，南也门石油工业开始起步。目前，也门已探明的石油储量约 60 亿桶，天然气储量约 5000 亿立方米。

遗憾的是，多年来也门经济发展一直欠佳，是阿拉伯世界最贫穷的国家之一。尽管坐拥丰厚的油气资源，但由于经营不善以及长期政局不稳，也门的石油工业发展缓慢。2014 年以来，也门冲突各方陷入无休止的战争，让本就十分薄弱的也门经济雪上加霜。石油出口是也门的经济支柱，但从也门战局进入"消耗战"阶段后，港口、油田等经济设施愈加成为各方争夺的焦点，遭到前所未有的破坏。据世界银行统计，进入 21 世纪以来，也门国民生产总值持续增长，2014 年升至 432.3 亿美元，但受持续战乱影响，也门的国民生产总值在 2014 年后急剧下降，2021 年仅为 201.6 亿美元，同比下降 2.1%；2014 年，也门人均国民生产总值为 1674 美元，2021 年仅为

690.8 美元①，还不及危机爆发前的一半。在这样的经济形势下，也门民众生活极度贫困，国家财政入不敷出。

经济的崩溃导致也门民众的日常生活更加艰难。2019 年以来，也门失业率持续上升，2021 年升至 13.6%。根据联合国开发计划署公布的数据，2019 年也门的人类发展指数仅在全世界 189 个国家和地区中排名第 177，位列倒数。②

2021 年，也门民众仍然面临着巨大的人道主义灾难，其中最为严重的灾难是饥荒。也门人口约 3000 万人，但目前全国有 1620 万人面临严重饥饿，占总人口的一半以上。而 5 岁以下的儿童中，有 230 万人严重营养不良。根据联合国统计，截至 2021 年底，也门危机已造成超过 37 万人丧生，其中 60% 的人死于饥饿和疾病。

多年的战乱让也门难以拥有足够的能力抵御自然灾害。也门位于阿拉伯半岛南部，每年夏季受季风影响降水尤其丰沛，但这也带来了洪灾风险。2021 年 5 月至 6 月，受低气压等因素影响，也门遭遇连续强降雨天气，在多地引发洪灾，大量房屋、道路被洪水冲毁，其中以也门东部的哈德拉毛省泰里姆市受灾最为严重。但由于也门多年来经济凋敝、战乱频发，救援工作开展得十分缓慢。据联合国相关报道，也门境内至少有 2.2 万人受灾，大部分是因为战争而流离失所的人。

长期的战乱与分裂将也门的基础设施破坏殆尽，公共卫生体系难以维持，医疗资源严重缺乏。据联合国估计，也门有 1600 万人无法获得安全用水和基本卫生设施。由于安全用水的缺失，也门自危机爆发以来一直是霍乱、疟疾等传染病的重灾区，这些传染病往往与洪灾相伴而生，卫生系统的瘫痪加剧其频繁肆虐。从 2016 年 10 月到 2019 年 8 月，也门境内共发现 200 多万例疑似霍乱病例，其中约 4000 人死亡，死亡率为

---

① World Bank, https://data.worldbank.org/country/yemen-rep, accessed: 2022-06-30.

② UNDP, "Overview: Human Development Report 2019," p. 25.

0.18%。① 2019 年也门的霍乱疫情尤其严峻，截至 4 月底已发现超过 22 万例疑似霍乱病例，是上年同期数量的 3 倍，其中近 1/4 是 5 岁以下儿童。

2020 年新冠疫情在全球多地区暴发，也门也未能幸免。2020 年 4 月 10 日，也门报告首例新冠肺炎确诊病例，5 月 5 日胡塞武装控制地区也出现确诊病例，新冠疫情开始在也门境内蔓延。尽管单日新增确诊病例人数较少，但由于也门除个别大城市外几乎没有供新冠病毒感染者进行检测和治疗的场所，且也门卫生部门仅能在哈迪政府掌控的地区收集数据，因此实际的新冠病毒感染和死亡病例远比现有数据高得多。据统计，疫情期间也门全国只有一半的卫生设施能够运行，其中大多数卫生设施还缺乏个人防护装备、氧气供应和清洁水。2021 年 9 月，也门已经历第三波疫情的侵袭，全国累计确诊病例超过 8000 例，死亡病例超过 1500 例，卫生系统在疫情的一次次重创下濒临崩溃。

持续战乱也重创了也门的教育体系。截至 2021 年，也门已有超过 17 万名教师 4 年无法领到固定薪水，占也门教师总数的 2/3。和其他战乱地区一样，也门的儿童教育正在遭受着毁灭性打击。据联合国教科文组织此前的统计，2021 年也门失学儿童数量可能升至 600 万人。② 在数量庞大的失学儿童中，女童或被迫早婚，男童则可能沦为童工或被作为"娃娃兵"招募进军队，据悉也门危机爆发以来，已有超过 3600 名也门儿童进入军队。

总结与展望

2014 年至 2021 年，也门在持续内战中日益陷入国家分裂的绝境，胡塞武装与反胡塞阵营僵持不下，在马里卜省展开了近一年的拉锯战。反胡塞阵

---

① 《联合国：2016 年以来也门发现 200 多万例疑似霍乱病例》，http：//world. people. com. cn/n1/2019/1118/c1002-31461142. html，最后访问日期：2022 年 5 月 1 日。

② "The Number of Children Facing Education Disruption in Yemen Could Rise to 6 Million, UNICEF Warns," https：//www.unicef.org/press - releases/number - children - facing - education - disruption-yemen-could-rise-6-million-unicef-warns，accessed：2022-07-10。

营一方，哈迪与"南方过渡委员会"尽管名义上达成和解，但未来仍有分道扬镳的可能。2021年，拜登上台后，美国试图在沙特与伊朗之间寻求"战略平衡"，对沙特支持"转冷"，为也门局势的发展增添了些许变数，但不会改变也门危机的现状。当前，也门问题依旧十分复杂，冲突各方仍然通过军事争夺扩大势力范围，因此近期很难找到真正可行的协调方案。对于战争笼罩下的也门人民而言，2021年或许和过去的几年没有太大区别，依旧是政局混乱、和平无望、经济凋敝、民不聊生的一年。

Y.6
2021年黎巴嫩形势报告

李亚娟*

摘　要： 2021年黎巴嫩的政治稳定和经济发展受到贝鲁特爆炸、大规模经济崩溃和新冠疫情大流行复合效应的强烈冲击，再加上长期根深蒂固的政治腐败以及国家功能失调、危机应对措施管理不善，政治生态混乱持续升级。教派冲突和教俗矛盾使国家的政治局势呈现格局持续失衡、内外危机叠加的基本特征。经济方面，国家公共财政和国际收支恶化、汇率稳定性丧失，恶性通货膨胀持续爆发，银行业资不抵债，失业率和贫困率急剧上升等问题加剧了国家经济的整体崩溃。各种危机积重难返，对国家发展构成严重掣肘。经济状况恶化和政治不稳定在全国范围内引发了数千起示威活动，国内局势陷入前所未有的人道主义危机。2020年与沙特的外交危机使黎巴嫩国内的局势更加严峻，与海湾国家的外交困境成为黎巴嫩外交层面临的重大挑战。

关键词： 黎巴嫩　政治形势　经济形势　对外关系

一　2021年黎巴嫩政治形势

（一）总体政治局势

20世纪40年代独立以来，黎巴嫩不断经历重大的政治、经济和毁灭性

---

* 李亚娟，北京语言大学国别和区域研究院博士后，中国传媒大学外国语言文化学院讲师，主要从事阿拉伯国别区域研究。

战争带来的严重社会危机，再加上近年来邻国战争爆发、难民涌入伴随的各种社会问题，使这个摇摇欲坠的国家经历了一次又一次打击。2019 年 10 月 17 日爆发"whatsApp"抗议，标志着黎巴嫩国家巨大崩溃的开端。[1] 2021 年 1 月，示威者与黎安全部队在的黎波里发生冲突，抗议延长与新冠疫情相关的限制行动。7 月萨阿德·哈里里（Saad Hariri）总理在经过 9 个月的谈判无果后宣布辞职。2020 年 8 月 4 日贝鲁特港口的爆炸事件导致哈桑·迪亚卜政府辞职，黎巴嫩政坛将近一年基本上处于无政府状态。以纳吉布·米卡提（Najib Mikati）为首的新政府于 9 月成立，结束了自 2020 年上届政府垮台以来长达 13 个月的权力真空状态。10 月，什叶派真主党和阿迈勒运动的支持者与基督教派系黎巴嫩部队在贝鲁特发生武装对抗，造成 7 人死亡，至少 32 人受伤。[2] 尽管国家濒临崩溃，面对国际社会的体制改革建议，黎巴嫩的政客们却迟迟未采取任何措施[3]，世界银行更是直言不讳地指责黎巴嫩的政治精英，称当前的危机是"故意的萧条"，"是政府不作为的结果"[4]。

从本质上讲，黎巴嫩正在经历的危机是一场对于多年政治腐败、治理不善和缺乏问责制体制的清算。[5] 解决大规模的金融危机和沉重的公共债务需要国际货币基金组织和国外的大量援助，而黎巴嫩的政客们却在急需援助和改革的问题上犹豫不决。美国专业民意调查组织"阿拉伯晴雨表"（Arab

---

① 2019 年 10 月 17 日，黎巴嫩政府宣布推广使用 whatsApp，并将增值税从 11% 提高到 15%，引发民众强烈不满并爆发大规模抗议。https：//www. reuters. com/article/lebanon–economy–calls/lebanon–plans–to–charge–for–whatsapp–calls–minister–idUSL5N2724QP，最后访问日期：2021 年 10 月 20 日。

② "Lebanon：Freedom in the World 2021 Country Report，" https：//freedomhouse. org/country/lebanon/freedom–world/2021，accessed：2021–09–02.

③ "Lebanon：Assessing Political Paralysis, Economic Crisis and Challenges for U. S. Policy，" https：//www. usip. org/publications/2021/07/lebanon–assessing–political–paralysis–economic–crisis–and–challenges–us–policy，accessed：2021–11–10.

④ World Bank, "Lebanon Economic Monitor：The Deliberate Depression（Fall 2020）".

⑤ "Lebanon：Assessing Political Paralysis, Economic Crisis and Challenges for U. S. Policy，" https：//www. usip. org/publications/2021/07/lebanon–assessing–political–paralysis–economic–crisis–and–challenges–us–policy，accessed：2021–11–10.

Barometer）对黎巴嫩 2020 年至 2021 年的局势进行了 3 次单独的民意调查，结果显示相当多的黎巴嫩人不信任当前政府，迫切渴望进行政治改革，超过一半的黎巴嫩人希望国家朝着非宗派社会及世俗政权的方向发展，只有 4% 的黎巴嫩人对政府感到基本满意或完全满意，89% 的人则表示强烈不满，多数人认为腐败是当前国家面临的最严峻问题。[1] 到 2021 年，85% 的黎巴嫩人表示他们发现"很难"或"非常困难"靠自己的收入生活，其中 62% 的人表示"非常困难"。[2] 多于一半的成年人（53%）表示他们缺乏食物和资金，2018 年以来这个比例增加了近 4 倍。与此同时，表示负担不起住房的居民比例从 6% 增加到 31%。[3]

　　2021 年黎巴嫩的政治局势延续了混乱的状态，除了职位和领导层的微小变化，各教派的权力平衡没有太大改变。政治阵营仍呈现分化对立趋势，各宗派势力和政党仍在教派分权体制内不断发生冲突，甚至同一阵营内部也面临各种分歧，导致许多政党内部组建停滞不前，宪政机构仍然处于瘫痪状态。2021 年 7 月 26 日，总理纳吉布·米卡提被任命为候任总理，成为黎巴嫩政坛发展重要的节点。新政府仍面临着一系列艰巨的挑战。首先，新政府必须重新组建内阁，米卡提任命不到一年时间内三次尝试组建内阁，但均以失败告终；其次，新政府须立即采取必要措施拯救濒临崩溃的国家，包括立即恢复与国际货币基金组织的谈判，实施关键公共部门、财政和货币税制改革等。米卡提政府还必须确保目前由塔里克·比塔尔法官负责的贝鲁特港爆炸案调查能在不受干扰的情况下顺利推进；最后，米卡提内阁必须确保 2022 年的政府选举能够按时举行。

---

①　"Arab Barometer VI Lebanon Country Report，" https：//www. arabbarometer. org/wp - content/uploads/Public-Opinion-Lebanon-Country-Report-2021-En-1. pdf, accessed：2021 - 11 - 11.

②　"Leaving Lebanon：Crisis Has Most People Looking for Exit，" https：//news. gallup. com/poll/357743/leaving-lebanon-crisis-people-looking-exit. aspx, accessed：2021 - 12 - 01.

③　"Leaving Lebanon：Crisis Has Most People Looking for Exit，" https：//news. gallup. com/poll/357743/leaving-lebanon-crisis-people-looking-exit. aspx, accessed：2021 - 12 - 01.

（二）2021年政局特点

从整体来看，2021年的黎巴嫩政治局势呈现以下特点。

首先，政治存在不稳定性。对黎巴嫩来说，维持政治稳定仍是一个重大挑战。2009年以来，没有一位总理的任职时间能够超过三年，主要原因之一是黎巴嫩政治体制的宗派特性。黎巴嫩的政治制度规定了政府的三个关键职位，即总统为马龙派基督徒，总理为逊尼派穆斯林，议会议长为什叶派穆斯林。由于这些职位来自不同的宗派，政府中关键职位的配额也在18个公认的教派之间进行，各派往往为了自身的利益彼此产生矛盾，在国家决策的关键问题上异议频发。组成联盟的每个团体都有其支持者，并总是为了同一群体的利益而战，领导人和宗派团体之间也不断发生争执。2019年10月，黎巴嫩总理萨阿德·哈里里因大规模反政府抗议活动而辞职。短短两年内，黎巴嫩已经更换了4位总理。2021年，在国内和国际的巨大压力下，经过与其他合作伙伴的激烈谈判，新政府成立。虽然下一次议会选举定于2022年3月27日举行，意味着现任政府只有几个月的时间来执政，但黎巴嫩的政治仍存在极大的不稳定性。在这种情况下，新政府很难采取重大措施来解决当前面临的经济退化问题。

其次，各教派和政党团体都陷入不同程度的"危机状态"。随着国内穆斯林人口比例不断增加，教派人口比例严重失衡使潜在的政治竞争转变为宗教风险，基督徒作为黎巴嫩少数派一直面临着生存危机，教派内部在政治决策上也存在不同程度的分歧。马龙派宗主教贝沙拉·拉伊一再提到"濒临消失"的黎巴嫩，并呼吁黎巴嫩在国际联盟、政治冲突、区域及国际竞争中积极保持中立。[①] 什叶派仍面临亲伊朗和黎巴嫩国家之间的艰难抉择。真主党作为伊朗的"代理人"，近年来的社会政治影响力逐渐提升，成为黎巴

---

① Romy Haber, "Rebuilding Lebanon: Tensions Between Bkerké and Hezbollah Amplify," https://www.egic.info/bkerke-lebanon-tension-amplify, accessed: 2021-12-08.

嫩政治阶层的捍卫者。① 然而，真主党方面自决定向叙利亚派遣部队保卫巴沙尔政权，并且在 2019 年 10 月的民众抗议运动中积极维护统治阶层的利益②，就使其在国内的受欢迎程度下降。2020 年 8 月贝鲁特港发生毁灭性爆炸后，真主党被指控与爆炸案有关，政治地位和影响力进一步受到削弱。德鲁兹派则面对继续失去影响力的危机，作为少数群体一直被排挤在中央权力核心的边缘地带。逊尼派是 2021 年受影响最严重的教派，一方面，萨阿德·哈里里辞去总理职位后，政治领导层出现真空，这也是 2021 年黎巴嫩政局最大的变化，给计划于 2022 年 5 月进行的选举带来极大的不确定。

最后，政党联盟间的分歧加剧。2005 年哈里里总统去世之后，真主党与阿迈勒运动和奥恩领导下的基督教"爱国自由运动"结成"3·8"联盟，并与逊尼派、德鲁兹派和部分基督徒组成的"3·14"联盟进行对抗。"3·14"政党联盟在 2016 年米歇尔·奥恩当选总统后就基本处于解体状态，2021 年以来"3·8"联盟的分歧上升到濒临解体的地步。2021 年政党联盟之间的矛盾更是层出不穷，沟通协调机制组织不善，各政党普遍对联盟间可持续性和信任度不断降低。各政党联盟在当前国家应对危机的管理和应对方式、下一阶段的国家议会和总统选举等议题上的矛盾不断扩大。

二 2021年黎巴嫩经济形势

黎巴嫩自 2020 年起所经历的经济危机，世界银行将之列为"19 世纪中叶以来最严重的三次全球危机之一"③，以下将从债务、金融财政、银行、货币四个方面进行分析。

① Matthew Levitt，"Hezbollah's Regional Activities in Support of Iran's Proxy Networks," https：//www.mei.edu/publications/hezbollahs-regional-activities-support-irans-proxy-networks，accessed：2021-12-08.

② Helen Sullivan，"The Making of Lebanon's October Revolution," https：//www.newyorker.com/news/dispatch/the-making-of-lebanons-october-revolution，accessed：2021-12-08.

③ World Bank，"Lebanon Economic Monitor, Spring 2021：Lebanon Sinking（To the Top3），" May 31, 2021, p. 13.

1. 债务危机

从历史上来看，黎巴嫩内战（1975～1990）过后，历届政府为了战后经济复苏努力重建金融秩序，随着国外资本不断流入，国际收支状况逐渐改善，1989 年和 1990 年出现赤字之后，1991 年的国际收支实现了 10.7 亿美元的盈余。[①] 20 世纪 90 年代初，黎巴嫩的公共债务主要以黎巴嫩镑为主，但是随着电力预支和利息积累的增加，美元债务逐渐增加。由于欧元债券的利息低于黎巴嫩镑的国债利息，黎巴嫩政府开始鼓励各方通过购买欧元债券以减少公共债务的偿还，从而实现增加外币储备的目标，并最终于 1997 年正式将黎巴嫩镑与美元汇率固定为 1507.5∶1。可惜的是，黎巴嫩政府并未将借来的资金有效地引导到生产投资中，而是采取了新借款偿还旧债的方式，不断对国家的债务进行展期。其通过从国内银行大量贷款，在国际资本市场上出售债券的方式，走上了无止境的借贷和"滚雪球"般不断膨胀的负债道路。长此以往，黎巴嫩已经成为世界上债务水平最高的国家之一。

从外债的统计数据来看，公共债务可持续性的标准通常以公共债务与国内生产总值的比重为基础。根据国际标准，债务可持续性要求这一比例不超过国内生产总值的 60%～80%。而根据黎巴嫩财政部的统计数据，黎巴嫩的公共债务占国内生产总值的比重在 2019 年底就超过了 176%。[②] 2019 年出于对黎巴嫩债务风险和经济可持续性的担忧，外国投资骤减。2020 年出现外汇储备紧缺，为了将有限的外汇偿还债务并为食品和燃料进口提供资金，2020 年 3 月黎巴嫩首次出现债务违约，并宣布停止偿还外币债务。随后，政府开始与国际货币基金组织就复苏计划进行谈判，然而谈判最终因汇率、政府财政和银行改革等问题而中止。截至 2020 年 3 月违约时，黎巴嫩的公共债务超过 900 亿美元，相当于其国内生产总值的 170%，外币债务接近

[①] "Debt and Debt Markets Reports QIV 2021，" http：//www. finance. gov. lb/enus/Finance/PublicDebt，accessed：2022-01-03.

[②] "Debt and Debt Markets Reports QIV 2021，" http：//www. finance. gov. lb/enus/Finance/PublicDebt，accessed：2022-01-03.

37%。① 截止到 2021 年 12 月，黎巴嫩公共债务是 GDP 的 3 倍多，公共债务整体呈增长态势（见图 1），增长的主要原因是本币债务和外币债务的年增长率分别达到 3.89% 和 6.84%。② 更详细的数据显示，2021 年 12 月以黎巴嫩镑计价的当地货币债务为 618.6 亿美元。与此同时，同期以外币计价的债务总额达到 385.2 亿美元。到 2021 年底，国内债务占公共债务总额的 61.63%，外债占公共债务总额的 38.37%。③

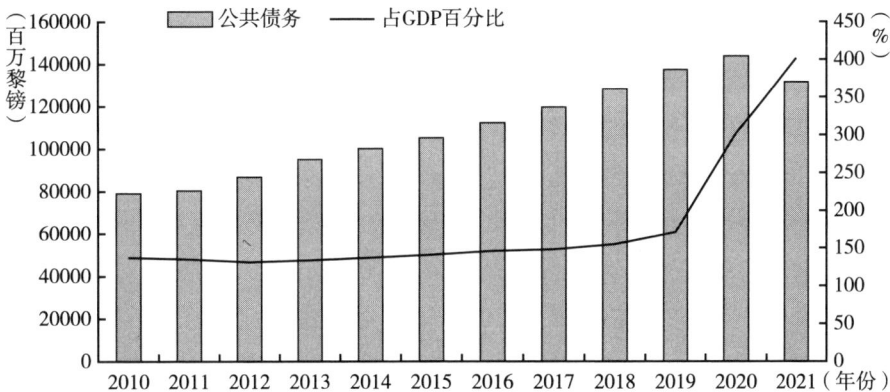

图 1　黎巴嫩公共债务（2010~2021 年）

资料来源：http://www.finance.gov.lb，最后访问日期：2022 年 1 月 3 日。

除了上述积累的历史原因，造成黎巴嫩外债违约的直接原因还有以下几点。第一，黎巴嫩商业银行以远高于黎巴嫩中央银行的利率，将海外侨民转移到国内的硬通货兑换为黎巴嫩镑，从而对主权债务进行投机。这些高利率的政府债券和银行存款严重限制了资本投资的生产性经济。

---

① "Debt and Debt Markets Reports QIV 2021," http://www.finance.gov.lb/enus/Finance/PublicDebt, accessed: 2022-01-03.

② "Debt and Debt Markets Reports QIV 2021," http://www.finance.gov.lb/enus/Finance/PublicDebt, accessed: 2022-01-03.

③ Aline Azzi, "Overview of the Worldwide and Lebanese Economy in 2021," https://blog.blominvestbank.com/wp-content/uploads/2022/05/Overview-of-the-Worldwide-and-Lebanese-Economy-in-2021.pdf, accessed: 2022-06-10.

第二，黎巴嫩金融机构普遍存在腐败现象。由于缺乏政治限制，宗派领导人能够制定出有利于其经济特权的经济模式，并与商业巨头和银行家建立牢固的联盟。据统计黎巴嫩国内 20 家顶级银行，其中多达 18 家拥有与政治精英有着密切联系的大股东，控制着黎巴嫩商业银行部门 43% 的资产①，银行业的这种"资本控制"也影响到银行贷款质量及公共债务风险。

2. 金融财政危机

2021 年黎巴嫩的经济形势受到动荡政治局势的影响，其对国家宏观经济、金融和货币产生了极大的负面影响。尽管 2021 年放宽疫情相关限制后经济逐渐开放，大部分阿拉伯国家在上一年的经济发展疲软的基础上呈现了正增长，但黎巴嫩的农业、工业、贸易和服务业在 2021 年仍面临巨大压力，这也导致实体经济在 2021 年持续收缩。据国际货币基金组织估计，黎巴嫩的实体经济在 2020 年收缩 25% 之后，到 2021 年会收缩 11%。②

金融和经济状况的不确定促使黎巴嫩人转向对冲趋势，将流动性资产转化为有形资产，防止其存款贬值。据统计，截至 2021 年底，黎巴嫩的房地产交易数目每年上升 33.93%，达到 110094 宗，可再生能源交易总额为 155.5046 亿元，较上年同期的 143.8658 亿元上升 8.09%。③同时，汽车行业也面临着重大挑战。除了黎巴嫩镑兑美元的汇率大跌，本币急剧贬值削弱了个人收入和购买力外，加强对进口汽车的限制、限制为进口新汽车和零部件开放跟单信用证，也影响了汽车销售。黎巴嫩的新车登记量从 2016 年开始

① Jad Chaaban, "I've Got the Power: Mapping Connections between Lebanon's Banking Sector and the Ruling Class," Economic Research Forum Working Paper Series, No. 1059, http://www.erf.org.eg/publications/ive-got-the-power-mapping-connections-between-lebanons-banking-sector-and-the-ruling-class, accessed: 2022-06-05.

② "What Is the IMF's Current Position on Lebanon?" https://www.imf.org/en/Countries/LBN/faq, accessed: 2022-06-05.

③ Sam Heller, "The Ponzi Scheme that Broke Lebanon," https://www.foreignaffairs.com/articles/lebanon/2022-04-18/ponzi-scheme-broke-lebanon, accessed: 2022-06-05.

持续下降，2021 年与 2015 年同期相比下降了 88%，到 2021 年底，黎巴嫩新车登记量下降了 23.57%，达到 4702 辆。[①]

与此同时，由于国家内部政治和经济环境普遍存在不确定性，投资比重持续下降，2021 年的投资总额占 GDP 的比重达到内战以来的最低水平。[②] 2020 年的国际收支逆差为 106 亿美元，2021 年黎巴嫩国际收支逆差收窄为 20 亿美元，同期银行净资产为 26 亿美元。[③] 国际收支逆差的改善其中最重要的是国家进口下降、国际货币基金组织向黎巴嫩转移特别提款权。

从整体财政情况来看，黎巴嫩政府多年来一直存在巨大的财政预算赤字，根据黎财政部的统计数据，截止到 2020 年，黎巴嫩的财政赤字为 27.1 亿美元，低于 2019 年的 58.4 亿美元。[④] 黎巴嫩财政赤字在 2021 年逐渐减少，财政出现盈余，这也反映了政府采取的紧缩政策的程度，其特点是支出减少，税收增加。具体而言，财政赤字较 2020 年减少 111.55%，至 2021 年 9 月财政取得 3.021 亿元盈余。政府支出每年下降 7.32%，至 89.1921 亿美元，而收入每年增加 31.59%，至 2021 年 9 月达到 92.2131 亿美元。[⑤]

3. 银行危机

黎巴嫩的银行业长期以来一直是国家经济增长的重要引擎。黎巴嫩银行通过为以美元计价的账户提供高利率（高达 14%）的方式，从本地客户和海外的黎巴嫩侨民那里吸引美元存款。银行再利用这些存款以更高的利率向黎巴嫩政府提供贷款，从而获得可观的利润。此外，银行还是政府债券的主要持有者，由于黎巴嫩政府债务违约，银行的财务状况变得更加不稳定。一些经济专家将黎巴嫩经济制度描绘为"庞氏骗局"，即依靠借新债还旧债、

---

① Sam Heller, "The Ponzi Scheme that Broke Lebanon," https://www. foreignaffairs.com/ articles/lebanon/2022-04-18/ponzi-scheme-broke-lebanon, accessed：2022-05-05.

② 黎巴嫩 2021 年第四季度经济报告。

③ 数据来源：http://www.finance.gov.lb，最后访问日期：2022 年 1 月 5 日。

④ 数据来源：http://www.finance.gov.lb，最后访问日期：2022 年 1 月 5 日。

⑤ https://blog.blominvestbank.com/wp-content/uploads/2022/05/Overview-of-the-Worldwide- and-Lebanese-Economy-in-2021-1.pdf, accessed：2022-05-05.

拆东墙补西墙，直到借不到新债务来弥补空洞。①

由于黎巴嫩的银行部门将其近一半的资产投资用于黎巴嫩的主权债务，另有 1/4 投资用于高风险的私营部门贷款，银行业正遭受着流动性短缺的困扰。另外，2020 年以来，随着投资者的信心减弱，银行已经无法满足客户的存款需求。大量黎巴嫩居民涌入银行提取存款，银行限制资金流动和交易的措施也没能缓解资金短缺的危机。根据黎巴嫩商业银行综合资产负债表，黎巴嫩商业银行的总资产减少了 6.97%，到 2021 年底为 174.94 亿美元。② 此外，居民客户的存款在 2021 年 12 月减少了 6.18%，达到 103.42 亿美元，其中以黎巴嫩货币计的存款减少 10%。③ 外币存款则下降了 7.37%，减少至 794.8 亿美元。至于非本地客户的存款，下降了 10.28%，截至 2021 年底为 245.4 亿美元。更详细的资料显示，截至 2021 年底，黎巴嫩货币存款下降了 9.73%，降至 2.04 亿美元，而外币存款则下降了 10.33%，总额达 225 亿美元。④

而在类似的全球银行危机中，中央银行通常进行干预，为银行提供必要的流动性资金。然而，黎巴嫩中央银行的美元储备有限，未能针对濒临崩溃的银行业采取有效挽救措施。黎巴嫩银行业危机暴露了黎巴嫩经济体系长期以来 "美元化" 的高度不稳定性，可以说黎巴嫩银行危机也是经济美元化的必然结果。如果没有一个运转良好的银行部门，黎巴嫩无法摆脱目前经济崩溃的局势。当前，在中央银行不作为、商业银行无能为力的情况下，银行业急需进行体制改革，制定正规的资本管制法，以摆脱央行 "行长私有化" 的模式。

4. 货币危机

黎巴嫩镑在不到两年的时间里经历了戏剧性的崩溃。从历史上来看，

---

① Sam Heller, "The Ponzi Scheme That Broke Lebanon," https：//www.foreignaffairs.com/articles/lebanon/2022-04-18/ponzi-scheme-broke-lebanon, accessed：2022-05-20.
② 数据来源：http：//www.finance.gov.lb，最后访问日期：2022 年 1 月 5 日。
③ 数据来源：http：//www.finance.gov.lb，最后访问日期：2022 年 1 月 5 日。
④ 数据来源：http：//www.finance.gov.lb，最后访问日期：2022 年 1 月 5 日。

作为20世纪60年代最强势货币之一的黎巴嫩镑，曾经也经历了短暂的繁荣时期。回顾过去50多年，黎镑兑美元汇率经历了以下几个阶段：第一阶段（1969~1981年），这一阶段的特点是黎镑的稳定强势，兑美元的汇率长期保持在2.3黎镑到4.3黎镑不等；第二阶段（1982~1985年），这一时期美元开始升值，1983年兑美元的汇率为4.7黎镑，到了1985年达到18.1黎镑；第三阶段（1986~1992年），随着内战的进一步恶化，黎巴嫩镑见证了其历史上最艰难时期，这一时期的特点是汇率大幅上升，黎镑兑美元的汇率从1986年底的87黎镑变为1992年9月的2825~3000黎镑；第四阶段（1993~1998年），这一阶段的黎镑兑美元的汇率从2825黎镑下降到1508黎镑，这一阶段变化与黎巴嫩在沙特城市塔伊夫的和解进程，停止了内战并启动了自由金融市场有关；第五阶段（1999~2019年），这一阶段的特点是稳定，受官方管控，黎镑兑美元的汇率在这段漫长的时间里稳定在1505~1515黎镑，平均为1507.5黎镑；第六阶段（2019年10月延续到2019年12月），这个阶段的标志是开始上涨，黎镑兑美元的汇率升至2000黎镑；第七阶段（2020年1月到2021年1月），这个阶段的黎镑兑美元的汇率开始快速而疯狂地上升，从2000黎镑上升到8500黎镑不等。[1]

与80年代内战时的货币危机相比，2021年黎巴嫩国家的货币危机更为复杂，除了汇率危机和国际收支赤字外，此次恶性通货膨胀还与外币储备有关。到2021年底，黎巴嫩的通货膨胀率飙升至创纪录的224.39%（见图2）。[2] 黎巴嫩主要依靠进口来满足其必需品，本国货币相对美元贬值仍然是通货膨胀率飙升的主要原因。而即使是在汇率稳定时，国家仍然无力偿还公共债务，外汇市场和中央银行的外汇储备持续紧张，导致黎巴嫩历史上首次

---

① 《黎巴嫩镑历史上的8个重要阶段……40年的波动》，https：//al-ain.com/article/important-stages-in-the-history-oflebanese-pound，最后访问日期：2022年1月5日。

② Aline Azzi, "Overview of the Worldwide and Lebanese Economy in 2021," https：//blog. blominvestbank. com/wp-content/uploads/2022/05/Overview-of-the-Worldwide-and-Lebanese-Economy-in-2021-1. pdf, accessed：2022-06-01.

被限制从外币存款中取款。

随着 2021 年政府取消第三季度燃料补贴，中央银行由于外汇储备减少而无法再补贴燃料进口，导致通货膨胀率持续飙升。物价的上涨也加剧了这种形势的恶化。预算赤字是货币状况恶化的基础，黎巴嫩的货币陷入流动性陷阱。国家不仅需要为公共部门及其工资支出提供资金，还需要弥补购买力下降的损失。由于金融体系缺乏对货币稳定的制约因素，财政政策给货币当局带来了债务货币化的压力，从而产生了恶性高通胀和外汇市场的崩溃。

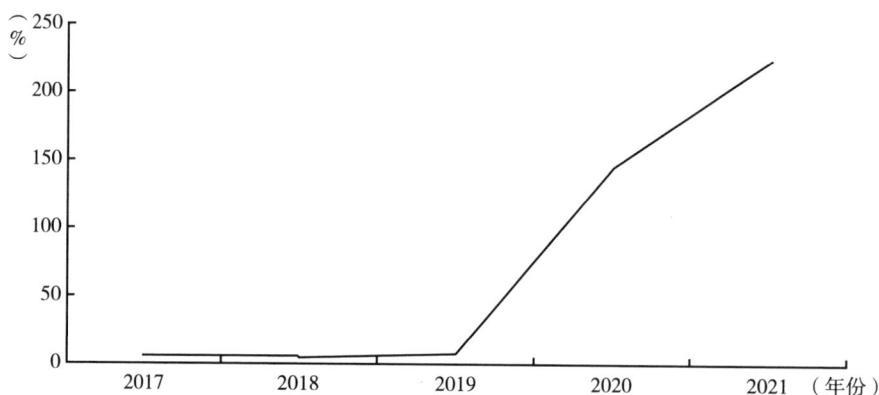

图 2 黎巴嫩 2017~2021 年通货膨胀率

资料来源：Central Administration of Statistics，BlomInvest Bank，https：//blog. blominvestbank. com/tag/central-administration-of-statistics/，最后访问日期：2022 年 1 月 3 日。

三 2021年黎巴嫩社会形势

（一）人道主义危机

过去两年来，黎巴嫩一直遭受内战结束以来最严重的金融危机，黎巴嫩镑相对美元贬值了 90% 以上，国家大部分公共生活已经瘫痪。2020 年 8 月 4 日，贝鲁特港发生的大爆炸导致数百人死亡，首都贝鲁特的房屋、企业和工厂遭到严重破坏，再加上大规模经济崩溃和新冠疫情大流行的复合效应，以及长期根深蒂固的社会功能失调、应对危机管理的措施不善，造成了如今的崩溃局面。金融危机导致的储蓄渠道中断、货币贬值、通货膨胀加剧、购买力下降等冲击叠加在一起，黎巴嫩贫困家庭的生活水平持续下降。由于居民无法获得及时的医疗保障，药品和食品物资短缺，教育资源匮乏，失业率激增等现实问题，黎巴嫩陷入前所未有的人道主义危机中。这场危机使国家陷入贫困，也威胁到人口福祉、经济发展、社会福利和区域稳定。根据西亚经社会的一项研究，黎巴嫩的多维贫困率从 2019 年的 42% 上升到 2021 年的82%。① 与此同时，黎镑持续贬值后，购买力被摧毁，居民最低工资标准低于每月 30 美元，一些家庭甚至每天靠 1 美元生活。②

医疗保障方面，缺少医疗保障的家庭比例从 2019 年的 9% 增加到2021 年的 33%，如果情况继续恶化，那么 55% 的黎巴嫩居民将会失去正常的医疗保障。③ 无法获得基本药物的家庭比例已增加到 52%，约 63 万户。④ 电力资源方面，早在 2019 年经济和政治危机加剧之前，黎巴嫩就出现电力供应不足问题。如今，几乎黎巴嫩所有省份都在经历每天超过22 小时的断电情况，没有正常供电的家庭比例已增加到54%。⑤

就业方面的情况也不容客观，不断恶化的经济和生活条件，日益严重的贫困差距，导致了包括医生、教师和工程师在内的专业人才的流失。失业家庭比例已上升至 13%，相当于约 16 万户家庭失业。⑥ 国际劳工组织（ILO）的

---

① "Multidimensional Poverty in Lebanon（2019-2021）Painful Reality and Uncertain Prospects," ESCWA, Policy Brief. 2, September 2021.

② 《为什么 2021 年黎巴嫩的犯罪和盗窃率上升?》，https：//www.aljazeera.net/news/politics/2021/11/23，最后访问日期：2022 年 1 月 10 日。

③ Aline Azzi, "Overview of the Worldwide and Lebanese Economy in 2021," https://blog.blominvestbank.com/wp-content/uploads/2022/05/Overview-of-the-Worldwide-and-Lebanese-Economy-in-2021-1.pdf, accessed：2022-06-01.

④ "Multidimensional Poverty in Lebanon（2019-2021）Painful Reality and Uncertain Prospects," ESCWA, Policy Brief. 2, September 2021.

⑤ "Multidimensional Poverty in Lebanon（2019-2021）Painful Reality and Uncertain Prospects," ESCWA, Policy Brief. 2, September 2021.

⑥ "Multidimensional Poverty in Lebanon（2019-2021）Painful Reality and Uncertain Prospects," ESCWA, Policy Brief. 2, September 2021.

一项研究显示，大约 54.7% 的就业人员每月的工资低于 780000 黎巴嫩镑。[1]

教育方面，目前黎巴嫩贫困大学生的占比为 63%。[2] 弱势群体的情况更不容乐观，生活在多维贫困中的老年人比例从 2019 年的 44% 急剧上升到 2021 年的 78%。[3] 据估计，贝鲁特至少有 1/4 的儿童现在面临辍学风险[4]，40% 的叙利亚学龄难民儿童没有学习的机会。[5] 据悉，截至 2021 年 3 月，联合国儿童基金会调查的 1244 户家庭中有 15% 中止了子女的教育。[6] 政府即将取消的经济补贴会进一步减少儿童受教育的机会，许多儿童可能会从私立学校转入公立学校，甚至可能完全放弃教育，被迫沦为童工以维持家庭收入。[7]

黎巴嫩当前的经济和社会危机已经影响到社会各阶层，如果情况继续恶化，将对收容的难民和移民产生更为负面的影响，导致黎凡特地区大规模人员流离失所，并增加地中海地区大规模非正常移民的风险。据统计，超过六成（63%）的人表示他们想永久离开黎巴嫩。[8]

---

[1] "Assessing Informality and Vulnerability among Disadvantaged Groups in Lebanon：A Survey of Lebanese，and Syrian and Palestinian Refugees Technical Report," https：//www.ohchr.org/sites/default/files/Documents/Issues/Poverty/VisitsContributions/Lebanon/lebanon-visit-ilo.pdf, accessed：2022-06-01.

[2] "Assessing Informality and Vulnerability among Disadvantaged Groups in Lebanon：A Survey of Lebanese，and Syrian and Palestinian Refugees Technical Report," https：//www.ohchr.org/sites/default/files/Documents/Issues/Poverty/VisitsContributions/Lebanon/lebanon-visit-ilo.pdf, accessed：2022-06-01.

[3] "Assessing Informality and Vulnerability among Disadvantaged Groups in Lebanon：A Survey of Lebanese，and Syrian and Palestinian Refugees Technical Report," https：//www.ohchr.org/sites/default/files/Documents/Issues/Poverty/VisitsContributions/Lebanon/lebanon-visit-ilo.pdf, accessed：2022-06-01.

[4] "Beirut：1 in 4 Children Risk Dropping Out of School Warns IRC," https：//www.rescue.org/press-release/beirut-1-4-children-risk-dropping-out-school-warns-irc, accessed：2022-01-09.

[5] "Government of Lebanon，Lebanon Crisis 2017 - 2021," https：//data2.unhcr.org/en/documents/details/85374, accessed：2022-01-05.

[6] United Nations Children's Fund（UNICEF），"Lebanon：Children's Future on the Line," 2021.

[7] "World Vision Lebanon，Vulnerability Screening," https：//www.wvi.org/publications/report/lebanon/world-vision-lebanon-vulnerability-screening, accessed：2022-02-05.

[8] Jay Loschky，"Leaving Lebanon：Crisis Has Most People Looking for Exit," https：//news.gallup.com/poll/357743/leaving-lebanon-crisis-people-looking-exit.aspx, accessed：2022-01-05.

（二）社会动荡加剧

2021 年黎巴嫩遭遇严重的经济危机，超过 3/4 的人口陷入贫困，经济状况恶化和政治不稳定引发全国范围内数千次的示威活动。虽然大多数示威游行活动都是以静坐、封锁道路、示威、在线活动等和平方式进行的，但年内还是发生了数百起暴力骚乱和与安全部队冲突的事件。

2021 年 1 月，为了遏制新冠疫情传播，黎巴嫩政府采取了相关措施，其中包括关闭各种公共场所和教育机构，还实施了交通管制和宵禁。封锁的负面效应导致大部分依靠工资收入的劳工没有得到相应的报酬，北部城市的黎波里因此爆发了为期一周的骚乱，一名示威者在与安全部队的激烈冲突中丧生。[1]由于黎巴嫩经济状况恶化，示威者采取道路封锁和燃烧轮胎等方式进行抗议，游行和罢工活动次数到 2021 年 3 月达到峰值。整个夏天，因为货币持续贬值、央行缩减补贴、广泛停电等，示威活动频率一直处于高位。由于食品价格的年增长率超过 350%[2]，购物者与政府在食品供应等基本必需品方面发生冲突，发生了数十起骚乱。4 月 14 日，斋月第一天开斋分发口粮时，一名负责分发食物的志愿者在的黎波里被杀，两人受伤。[3] 2021 年 10 月，真主党和阿迈勒运动组织了一连串针对负责贝鲁特爆炸案调查的法官塔里克·比塔尔的抗议活动，一名身份不明的武装狙击手向抗议者开火，杀死了 6 名什叶派穆斯林。在随后的武装冲突中，数十人受伤。[4] 这场冲突

---

① Maha El Dahan, Issam Abdallah, "Lebanon's Poorest City, on Edge after Curfew, Protests," https：// news. trust. org/item/20210203105935-tybn9 #：~： text = TRIPOLI% 2C% 20Lebanon% 2C% 20Feb% 203% 20% 28Reuters% 29% 20 -% 20Lebanon% 27s% 20poorest, support% 20people% 20facing% 20deepening%20poverty%20amid%20coronavirus%20restrictions, accessed：2022-01-05.

② "GIEWS Country Brief：Lebanon 07 - January - 2022," https：//reliefweb. int/report/lebanon/ giews-country-brief-lebanon-07-january-2022, accessed：2022-05-05.

③ "Lebanon：High Tension after Migrants' Death in Tripoli," https：//www. ansamed. info/ ansamed/en/news/sections/generalnews/2022/04/26/lebanon - high - tension - after - migrants - death-in-tripoli_ 529be8b9-7009-43a1-8fc4-875061324b4d. html, accessed：2022-05-05.

④ Tamara Qiblawi and Mostafa Salem, "Beirut's Worst Street Violence in More than a Decade Kills at Least 6," https：//lite. cnn. com/en/article/h_ 8d6e5debce07f03a3931744075037ad9, accessed：2022-01-03.

导致了黎巴嫩武装部队（主要是基督徒）与支持真主党和阿迈勒运动的抗议者之间的武装冲突，成为内战（1975～1990）后黎巴嫩街头首次出现的武装暴力冲突。

政治经济的不稳定同样导致了黎巴嫩犯罪率激增。黎巴嫩公司的一份统计报告显示，与2019年的国家经济崩溃前同期相比，国内盗窃案和谋杀案显著上升。盗窃案数量同比增长了266%，凶杀案数量同比增长了101%。[1]2019年黎巴嫩发生了89起凶杀案，而2021年同期发生了179起。2021年2月，身份不明的刺客在黎巴嫩南部绑架并杀害了反真主党活动人士洛克曼·斯利姆（Lokman Slim）。[2] 2021年3月，黎巴嫩陆军少校贾德·内姆尔（Jad Nemr）在他的公寓里被枪杀。[3] 盗窃案从2019年的1314起上升到2021年的4804起。其中，汽车盗窃案增长了213%，从2019年的351起增加到2021年的1097起。[4]

四　2021年黎巴嫩对外关系

（一）与海湾国家的外交争端

2021年8月5日，黎巴嫩新闻部前部长乔治·科尔达希（George Kordahi）发表了支持胡塞武装的声明，抨击沙特对也门的军事干预，称也门战争为沙特和阿联酋等海湾国家对也门的"侵略"，还表达了对于叙利

① Tamara Qiblawi and Mostafa Salem, "Beirut's Worst Street Violence in More than a Decade Kills at Least 6," https://lite.cnn.com/en/article/h_8d6e5debce07f03a3931744075037ad9, accessed: 2022-01-03.
② "Hezbollah Critic Lokman Slim Found Dead in Lebanon," https://www.theguardian.com/world/2021/feb/04/hezbollah-critic-lokman-slim-found-dead-in-lebanon, accessed: 2021-12-20.
③ "Army Major Nemr's Killing Adds to a Series of Unexplained Murders in Lebanon," https://english.alarabiya.net/features/2021/03/25/Army-Major-Nemr-s-killing-adds-to-a-series-of-unexplained-recent-murders-in-Lebanon, accessed: 2022-01-06.
④ 《为什么2021年黎巴嫩的犯罪率和盗窃率上升？》，https://www.aljazeera.net/news/politics/2021/11/23/，最后访问日期：2022年1月6日。

亚巴沙尔·阿萨德政权的支持，引起沙特、阿联酋、巴林和科威特等海湾国家的强烈不满。① 在科尔达希发表上述言论后，沙特立即予以回击，禁止从黎巴嫩进口商品，并从贝鲁特召回了其特使，还驱逐了黎巴嫩大使。阿联酋、科威特和巴林等其他海湾国家也纷纷效仿，对黎巴嫩的外交官采取了驱逐行动，并从黎巴嫩召回了其大使，对黎巴嫩进行外交抵制。

2016 年米歇尔·奥恩当选总统以来，黎巴嫩和沙特之间的关系一直不温不火，沙特对黎巴嫩的影响力也急剧下降。此前萨阿德·哈里里在沙特突然辞职，沙特就表明了对真主党在黎巴嫩政治中日益增长的影响力感到不满，近年来也一直与黎巴嫩保持距离。但从双方贸易关系来看，沙特在经济上明显占据上风。黎巴嫩的经济主要依靠侨民的汇款，海湾国家是黎巴嫩侨汇收入的主要来源地之一。据统计，约有 55 万名在海湾国家工作的黎巴嫩人②，其中大多数在沙特工作。沙特的进口禁令也将对黎巴嫩工业及食品和农产品产生重大影响。由于黎巴嫩镑的贬值，进口成本的增高进一步扩大了其贸易逆差。此外，黎巴嫩严重依赖海湾国家特别是沙特的石油供应，石油短缺导致汽油价格上涨，对当前的经济形势而言无疑是雪上加霜。长期以来，海湾国家一直对亲伊朗的什叶派真主党在黎巴嫩享有的决定性政治权力感到不安。这场外交危机也反映了海湾国家对伊朗及其盟友真主党在黎巴嫩影响力的担忧。部分海湾国家已经放弃了对黎巴嫩的大规模财政和政治支持，包括赠款、补贴贷款、中央银行长期存款以及为数十万名黎巴嫩经济移民提供了就业机会。③ 黎巴嫩与沙特之间的外交困境已成为黎巴嫩外交层面临的重大挑战。

---

① "What's Behind the Lebanon-Gulf Diplomatic Row?" https：//www. usip. org/publications/2021/11/whats-behind-lebanon-gulf-diplomatic-row，accessed：2022-01-06.

② "What Political, Economic CVonsequences Will Lebanon Face over Saudi Arabia Row?" https：//www. france24. com/en/middle-east/20211102-what-political-economic-consequences-will-lebanon-face-over-saudi-arabia-row，accessed：2022-01-03.

③ Dr. Elie Abouaoun，"What's Behind the Lebanon-Gulf Diplomatic Row?" https：//www. usip. org/publications/2021/11/whats-behind-lebanon-gulf-diplomatic-row，accessed：2022-01-03.

（二）中黎合作

2020年8月，黎巴嫩贝鲁特港口爆炸事件发生后，中国国家主席习近平向黎巴嫩总统奥恩致电慰问。此后，中方先后三次派代表出席"支持贝鲁特和黎巴嫩人民"国际视频会议。2020年8月9日，中国政府中东问题特使翟隽在紧急援助黎巴嫩高级别视频协调会上宣布中国政府将为黎巴嫩提供100万美元现汇援助，用于支持黎方救治在贝鲁特港爆炸事件中的受伤民众，并向蒙受巨大损失或流离失所的家庭提供援助。2021年4月，中国向黎巴嫩捐赠了9万剂新冠疫苗，其中包括向黎巴嫩政府提供5万剂疫苗和向黎巴嫩军队捐赠4万剂疫苗。[1] 2021年11月9日，国家主席习近平同黎巴嫩总统奥恩互致贺电，庆祝两国建交50周年。习近平主席在贺电中指出，中黎建交以来，两国关系稳步发展。中黎在各领域合作日益深入，在涉及彼此核心利益和重大关切问题上相互理解、相互支持，树立了大小国家平等相待、互利共赢的典范。中国高度重视中黎关系发展，愿同奥恩总统一道努力，以两国建交50周年为契机，巩固双方政治互信，深化务实合作，推动中黎友好合作关系迈上新台阶。[2] 在未来，中方将继续为黎方抗击疫情、发展经济、改善民生提供帮助和支持。

结　语

2021年，黎巴嫩处于严重的经济社会危机之中，在通货膨胀高企、货币贬值和食品医疗资源普遍短缺的情况下，超过3/4的人口陷入贫困。在政治方面，2021年黎巴嫩的政治局势延续了之前政坛的混乱状态，政治阵营仍呈现分化对立态势，各宗派势力和政党仍在教派分权体制内不断发生冲

---

[1] 《来自中国捐赠的新冠疫苗抵达黎巴嫩》，https：//www.mfa.gov.cn/ce/celb//eng/xwdt/t1867241.htm，最后访问日期：2022年1月10日。

[2] 《习近平同黎巴嫩总统奥恩就中黎建交50周年互致贺电》，https：//www.fmprc.gov.cn/web/zyxw/202111/t20211109_10445901.shtml，最后访问日期：2022年1月10日。

突，甚至同一阵营内部也面临各种分歧，导致许多政党内部组建停滞不前，宪政机构仍处于瘫痪状态。面对当前复杂的经济社会危机，政府首先需要应对债务危机以及食品、电力、燃料短缺等紧急情况，但是国家缺乏有效的应对危机机制，也暴露出教派分权治理体系的弊端。经济方面，黎巴嫩遭遇了史上最严重的经济崩溃，黎巴嫩镑相对美元大幅贬值，国民购买力崩溃，食品价格疯涨，国家无力为进口用于发电的燃料提供资金造成大面积停电，贝鲁特港口爆炸直接损失 80 亿美元，再加上新冠疫情的肆虐，多家公司关门裁员，数以万计人员失业。这种不断恶化的经济形势反映在社会现实中，在经济危机的同时，全国范围内空前的大规模抗议活动对执政当局提出了挑战。外交方面，由黎巴嫩高级内阁部长抨击沙特对也门的军事干预，引发了黎巴嫩和沙特之间的外交争端，地缘政治层面的外交危机将放大黎巴嫩已经严重的政治和经济危机。

从积极的一面来看，在贝鲁特港爆炸事件之后，包括联合国、中国、法国、美国等在内的国际社会援助，给黎巴嫩国家的复苏带来了一线希望。但是旷日持久的政治危机、社会动乱和周期性暴力和政治腐败，使国际社会担忧黎巴嫩再次面临分裂和对抗的风险。为了解决当前国家面临的经济、政治、外交和人道主义危机，黎巴嫩政府需要立即采取改革措施，包括重组经济秩序、改革金融部门和重新调整货币及税收政策等。只有采取有效措施，才能吸引国际社会提供政治支持和经济援助。外交方面，黎巴嫩需要积极解决外交危机，与海湾国家建立良好的关系，为恢复国内经济状况和政治制度稳定性做出努力。同时，黎巴嫩各党派宜搁置分歧，凝聚共识，全面启动经济改革，争取早日走出困境，恢复社会正常运转。

Y.7
2021年摩洛哥国内局势报告[*]

庞博　陈斌杰^{**}

摘　要： 2021年，摩洛哥局势整体平稳。国家采取多项举措防控新冠疫情，国家经济较2020年有所增长。关乎摩洛哥核心利益的西撒哈拉问题仍未解决，诱发了摩洛哥与西班牙乃至欧盟之间的移民和外交危机。执政十年后，伊斯兰政党在议会选举中溃败，"全国自由人士联盟"总书记阿齐兹·阿赫努什出任首相，象征着摩洛哥完成政治洗牌。此外，在摩洛哥王室授意下提出的新发展模式，以及新政府执政纲领，均指向缓解发展过程中的社会民生问题。

关键词： 摩洛哥　新冠疫情　"全国自由人士联盟"

2021年摩洛哥局势整体平稳。本报告将从疫情防控、经济复苏、西撒哈拉问题、议会选举、新发展模式与新政府执政纲领五个方面，对2021年摩洛哥的国内局势进行阐述。

一　多举措防控新冠疫情

自2020年初摩洛哥出现新冠肺炎病例，到2021年12月15日该国境

---

* 本文受北京语言大学校级项目（中央高校基本科研业务费专项资金，项目编号：18YBB14）资助。

** 庞博，北京语言大学中东学院教师，主要研究方向为阿拉伯语言学；陈斌杰，新华社拉巴特分社原首席记者。

内发现首例奥密克戎毒株感染病例，摩洛哥政府应对新冠疫情已近两年时间。截至 2021 年 12 月 31 日，摩累计确诊 963092 例，死亡 14849 例，治愈 940193 例。[①] 在应对疫情方面，2021 年摩洛哥政府采取了以下三种方式。

（一）疫苗注射与生产

注射新冠疫苗被视为最经济、最有效的公共卫生干预手段。摩洛哥卫生大臣塔莱卜在 2020 年底就曾表示："政府正尽最大努力早日获得中国国药疫苗和阿斯利康疫苗并开展疫苗接种工作。"[②] 此外，塔莱卜为消除民众对疫苗并发症的顾虑，他在众议院会上强调："中国疫苗在摩的临床试验效果非常积极，这证实了该疫苗的安全性。"[③] 根据摩疫苗接种计划，疫苗将向 17 岁以上的公民分两次免费注射，并优先考虑一线医疗、安保、教育等领域工作人员以及老年人和弱势群体。2021 年 1 月 27 日，摩卫生部发布公告表示，中国国药集团生产的新冠灭活疫苗已运抵摩洛哥。1 月 28 日摩正式启动接种新冠疫苗运动，国王穆罕默德六世成为首位接种新冠疫苗的人。由于摩洛哥是实行二元制君主立宪制的国家，国王拥有最高权力，在民众心中具有特殊地位，因此该举动很好消除了民众对疫苗质量、有效性、安全性的担忧，对鼓励民众接种疫苗起到了示范性作用。

按照计划，摩将为约 2500 万人接种疫苗[④]，截止到 2021 年 12 月 31 日，摩累计接种 1 剂疫苗达 24557876 人，接种 2 剂疫苗达 22931922 人，接种 3

---

① 卫生和社会保护部流行病学和疾病控制总局：《新冠疫情每日公报》，摩洛哥新冠疫情官方网站，2021 年 12 月 31 日，http：//www.covidmaroc.ma/Documents/BULLETIN/31.12. 2021_ SARS- CoV-2. pdf，最后访问日期：2022 年 1 月 27 日。

② 《摩洛哥新冠疫情动态（12 月 26 日至 31 日）》，中国驻摩洛哥大使馆微信公众号，2021 年 1 月 1 日，https：//mp. weixin. qq. com/s/IMgGUoaX0 - HTF6a4pdaX2g，最后访问时间：2022 年 1 月 27 日。

③ 《临床结果证实了中国疫苗的功效、安全性和免疫力》，Suad Shagle，2020 年 11 月 18 日，https：//ahdath. info/625955，最后访问日期：2022 年 1 月 27 日。

④ 《疫苗有关信息》，新冠疫苗接种运动网站，https：//www. liqahcorona. ma/ar/page - je - minforme-sur-le-vaccin#209，最后访问日期：2022 年 1 月 29 日。

剂疫苗达 2991107 人。① 从疫苗接种情况来看，完成两剂注射的人数占全国
总人数的 63.3%，疫苗接种率位于非洲前列，但尚未达到集体免疫水平，
离既定目标尚有差距。预计下一步摩政府将会通过加大宣传力度、改进接种
方式等措施加大推动加强针的注射力度，用以增强民众对奥密克戎毒株及其
他变异毒株的免疫力。

2021 年摩洛哥疫情防控工作中最重要的进展之一就是从疫苗接种到疫
苗生产。2021 年 7 月 5 日，摩洛哥国王穆罕默德六世在菲斯正式启动该国
新冠疫苗生产项目，并主持了国药集团中国生物与摩洛哥最大制药集团
Sothema 新冠疫苗合作签约仪式。该项目实施后，摩新冠疫苗月生产量将达
到约 500 万剂。当日，摩政府除了与中国国药集团签订合作协议之外，还与
瑞典 Recipharm 公司签订了疫苗合作协议。摩进行疫苗生产一方面能满足自
身疫苗需求，另一方面还能促进其成为非洲大陆生物科技研究和开发的重要
基地。此外，自给自足生产疫苗能够摆脱对于他国在材料、技术等方面的依
赖，提升摩洛哥民众对政府的认同感，维护国家稳定。

（二）动态颁布国内防疫措施

除了为民众注射免费疫苗外，摩洛哥政府还根据国内疫情变化情况，及
时颁布防疫规定用以限制人员聚集。为应对新冠疫情不断蔓延，摩洛哥政府
决定 2020 年 3 月 20 日起进入全国卫生紧急状态，此后便不断延长紧急状态
时间。除此之外，摩政府还多次延长全国范围内宵禁措施。2021 年 11 月摩
政府宣布自 11 月 10 日起解除全国范围内宵禁，但 12 月 20 日摩政府再次宣
布元旦当日 0 时至 6 时实施宵禁。②

---

① 卫生和社会保护部流行病学和疾病控制总局：《新冠疫情每日公报》，摩洛哥新冠疫情官方网
站，2021 年 12 月 31 日，http://www.covidmaroc.ma/Documents/BULLETIN/31.12.2021 _
SARS-CoV-2.pdf，最后访问日期：2022 年 1 月 27 日。

② 《政府决定在 2021 年 12 月 31 日晚至 2022 年 1 月 1 日采取多项措施》，摩洛哥阿拉伯通讯
社，2021 年 12 月 20 日，http://www.mapexpress.ma/ar/actualite/الأنشطة-الحكومية/لـ-ابير
تد-عدة-اتخاذ-تقرر-الحكومة-19-كوفيد/，最后访问日期：2022 年 1 月 31 日。

回顾 2021 年摩洛哥的防疫措施，大致经历了"紧缩-放宽-收紧"的过程。2021 年 1 月 18 日，摩内政部宣布全国范围宵禁措施自 19 日起延长 2 周。当日卫生部也呼吁民众本着高度的爱国主义精神和责任感切实遵守各项防疫措施。① 此后从 1 月到 4 月，其间不断延长宵禁和全国卫生紧急状态时间。5 月 20 日，政府略微放宽了卫生紧急状态管控措施，包括将宵禁时间调整为每日 23 点至次日 4 点 30 分，延长咖啡馆、餐厅、商场的营业时间至 23 点。

鉴于摩疫情呈好转迹象，摩政府进一步放宽防控举措，包括自 6 月 1 日起放宽室内外聚集人数、调整公共交通限载率、有条件②开放公共娱乐场所（如电影院、博物馆、游泳池等）、有条件举办婚礼、逐步开放尚未开放的清真寺等。

但随着疫情加重，摩政府于 7 月开始再次收紧防疫政策，至 12 月期间多次调整措施内容，包括延长宵禁时间、限制跨省出行（特殊人员、原因除外）、关闭部分公共娱乐场所（如室内体育馆、游泳池等）、缩短餐饮场所营业时间、限制户外活动人数、实行"疫苗通行证"制度、禁止举办文艺活动等。

从防疫措施来看，摩政府具有较强的执行能力，对疫情防控重视度高，并且根据国内疫情变化动态调整防疫措施，增加了民众对政府的认同感。同时这也向外界展示出摩在防疫方面良好的国家形象，有助于疫情后吸引外国游客并带动国内旅游业复苏。

（三）关闭领空

暂停国际航班是防止新冠疫情蔓延的普遍做法之一，在疫情初期，摩洛哥政府于 2020 年 3 月 15 日宣布暂停所有往来摩洛哥的国际航班。摩外交部随

---

① 《摩洛哥新冠疫情动态（1 月 16 日至 22 日）》，中国驻摩洛哥大使馆微信公众号，2021 年 1 月 23 日，https：//mp.weixin.qq.com/s/2RaMQB3yz2X5facPqlxCWQ，最后访问日期：2022 年 1 月 27 日。

② 有条件是指限定接待或参与人数、不得超过场所限载量的 50%、保持社交距离等规定。

后宣布自 7 月 14 日午夜起开放"特殊航班"①，截至 9 月已开通往返法国、比利时、德国、荷兰、英国、西班牙等 17 国的特殊航班。② 2021 年 1 月至 5 月摩洛哥先后暂停了南非、英国、澳大利亚、巴西、新西兰、德国等国往来摩洛哥的航班。但 6 月至 11 月，摩洛哥逐渐恢复特殊航班。对于入境人员国家，摩政府根据世卫组织数据和卫生部建议，将联合国成员国分为 A、B、C 三类③，对每类国家人员采取不同的入境政策，并根据三类国家疫情情况随时调整入境政策。随着奥密克戎毒株传播，为防止感染奥密克戎毒株的病例输入摩境内，摩洛哥从 11 月 29 日起暂停所有国际航班，直至 2022 年 1 月底。

2021 年摩洛哥政府通过多种方式应对新冠疫情传播，通过积极注射疫苗用以实现集体免疫，开展国际合作启动国内自主疫苗生产，并根据国内外疫情变化随时调整国内和入境政策。

二 复苏经济步伐加快

摩洛哥是非洲第五、北非第三大经济体，磷酸盐出口、旅游、侨汇是其经济支柱。

2003 年以来，摩洛哥经济保持稳定增长，但受新冠疫情影响，摩政府为控制疫情采取了封禁措施，经济活动几乎停滞，致使 2020 年摩洛哥 GDP 出现 2016 年以来首次负增长。随着摩国内疫苗注射取得显著进展，据国际货币基金组织预测，摩洛哥 2021 年经济增长将达到 6.3%④，这表

---

① 特殊航班是指因疫情滞留国外的摩洛哥人或在摩洛哥的外国人可通过航空或海路的方式返回祖国或离开摩洛哥的航班。

② 《摩洛哥新冠疫情动态（9 月 5 日至 11 日）》，中国驻摩洛哥大使馆微信公众号，2020 年 9 月 12 日，https：//mp. weixin. qq. com/s/KdGrdSy63Iip4NtCWq4wDw，最后访问日期：2022 年 2 月 1 日。

③ 在 2021 年 6 月摩政府只分了 A、B 两类，但在 11 月底增加了 C 类。

④ 《国际货币基金组织预测摩洛哥 2021 年经济增长达 6.3%》，《中东报》网站，2021 年 12 月 12 日，https：//aawsat. com/home/article/3354521/2021 -خلال-63-أب-نمو-للمغرب-يتوقع-النقد-صندوق，最后访问日期：2022 年 2 月 6 日。

明摩洛哥经济逐渐摆脱疫情带来的负面影响，经济出现复苏迹象。2021 年摩洛哥经济情况如下。

（一）第一产业增长强劲

摩洛哥是一个传统的农业国，农业在摩洛哥国民经济中占有重要地位，农业产量起伏较大，主要种植小麦、大麦、玉米、水果、蔬菜等。渔业资源极为丰富，是非洲第一大产鱼国，沙丁鱼出口量位居世界首位。畜牧业较为发达，主要饲养牛、羊、鸡、骆驼等。

2019～2020 年度摩洛哥出现罕见旱情，降水量减少，致使农作物产量下降。2021 年 1 月初，摩洛哥多个省份出现降雨。截至 2021 年 1 月 13 日，全国平均累计降水量为 180.6 毫米，比过去 30 年的平均值增加了 5%，较 2020 年同期增长 50%。[①] 充沛的降水和适宜的温度，给农作物生长和畜牧养殖提供了有利条件。据摩洛哥高级计划委员会 2022 年 1 月公布的数据，2021 年摩洛哥第一产业增长 17.9%，其中粮食生产达到 1.032 亿公担（1 公担相当于 100 公斤），较上一农时增长 221%。柑橘、橄榄、蔬菜产量均有所上涨。[②] 此外，得天独厚的地理环境，使摩洛哥成为世界上渔业资源最丰富的国家之一。摩洛哥国家渔业办公室发布的数据显示，2021 年摩洛哥渔业产值同比增长 36%，约 91 亿迪拉姆，渔业产品上岸量达 133.2748 万吨，同比增长 3%。[③]

（二）需求量增多，带动第二产业发展

近年来，摩洛哥政府制定了工业加速发展等规划，并且鼓励发展电子、汽车、纺织等产业。受外需增加、农业发展等有利条件影响，2021 年摩洛哥第二产业增长明显。摩洛哥是世界磷酸盐大国，已探明磷酸盐储量

---

① 《2020 年至 2021 年农耕季节将因近期的降水而得到改善》，祖国网，2021 年 1 月 15 日，https：//www.maroc.ma/ar/أخبار/المطرية-التساقطات-بفضل-تتحسن-التوقعات-2020-2021-حي الفلا-الموسم，最后访问日期：2022 年 2 月 8 日。

② 《2022 年摩洛哥财政预算》，摩洛哥最高计划委员会，2022 年 1 月，第 9 页。

③ 《2021 年摩洛哥渔业产值增长 36%》，《摩洛哥深度报》网站，2022 年 1 月 17 日，https：//al3omk.com/716261.html，最后访问日期：2022 年 2 月 9 日。

达 500 亿吨，占全球储量的 71%。摩洛哥磷酸盐集团（OCP）也是世界最大的磷酸盐出口商和生产商。受全球需求增长和供应收缩的影响，2021 年摩磷酸盐及其衍生品出口量空前增长，同比增长 57%，产值达 85 亿美元。①

汽车是摩洛哥政府重点发展的产业，境内有 200 多家与汽车产业相关的公司。政府有力的支持计划、不断增加的汽车基地和毗邻欧洲的独特地理优势，使摩洛哥受到越来越多的汽车及零部件制造商和供应商的青睐。美国《汽车工业》杂志高度评价摩汽车产业发展，并将摩洛哥评为非洲汽车工业的领导者，领先于南非和埃及，预计摩汽车产量将"很快"超过意大利。②摩洛哥汽车进口商协会（AIVAM）主席阿迪勒·本纳尼表示，2021 年摩洛哥汽车产量增加至 175360 辆，较 2019 年增长 5.7%。③ 汽车行业的复苏也将带动机械、冶金和电气业的发展。

农产品加工业是摩洛哥的传统加工行业，以农产品和海产品加工为主，但是产出受到农业收成影响。2021 年摩洛哥农产品产量增加，致使农产品加工业产量也随之增加 3.2%。④ 此外，2021 年摩洛哥手工、纺织业同比增长 13.5%，化工及相关产业同比增长 1.2%，能源产业同比增长 5.8%，建筑和公共工程业同比增长 10.8%。⑤

（三）第三产业缓慢复苏

摩洛哥第三产业包括旅游、侨汇、贸易、运输、通信等行业，该产业是

---

① 〔摩洛哥〕穆斯塔法·库姆斯：《2021 年摩洛哥磷酸盐和汽车出口将降低其贸易逆差》，《新阿拉伯人报》网站，2022 年 2 月 1 日，https：//www.alaraby.co.uk/economy/2021-في-المغربي- صادرات-الفوسفات-والسيارات-تحدمن-العجز-التجاري，最后访问日期：2022 年 2 月 10 日。
② 《美国〈汽车工业〉杂志高度评价摩汽车产业发展》，中华人民共和国驻摩洛哥王国大使馆经济商务处网站，2021 年 8 月 31 日，http：//ma.mofcom.gov.cn/article/jmxw/202108/20210803193446.shtml，最后访问日期：2022 年 2 月 8 日。
③ 《2021 年摩洛哥销售汽车超 17.5 万辆》，灯塔网，2022 年 1 月 6 日，https：//www.menara.ma/article/قطاع-السيارات-بيع-أكثر-من-175-ألف-وحدة-خلا，最后访问日期：2022 年 2 月 10 日。
④ 《2022 年摩洛哥财政预算》，摩洛哥最高计划委员会，2022 年 1 月，第 10 页。
⑤ 《2022 年摩洛哥财政预算》，摩洛哥最高计划委员会，2022 年 1 月，第 10 页。

摩洛哥经济增长的重要支柱，并且近年来摩洛哥经济"第三产业化"发展的趋势愈加明显。

旅游业是摩洛哥重要的经济支柱之一，是外汇来源和解决就业的主要部门。受新冠疫情影响，摩洛哥旅游业受到重创。2020年游客过夜数量较2019年减少72.4%。2021年第一季度摩洛哥接待游客数量为23万人次，同比下降78%。游客数量的减少使旅游业收入同比下降了69%。① 随着摩洛哥疫苗接种顺利进行和国际航线逐渐恢复，摩洛哥旅游业开始复苏，2021年乘机旅客达到990万人次，比2020年增加38.9%。②

侨汇是摩洛哥主要的外汇来源之一，据摩外交部统计，摩洛哥海外侨民约有500万人。2021年摩洛哥侨汇收入约为99亿美元，较2020年增加了36.8%。③ 巨大的侨汇收入有助于缓解国家外汇短缺问题，增加投资和消费。

此外，受国内外需求增加、运输行业复苏等因素影响，2021年摩洛哥外贸同比增长11.3%，交通运输业同比增长10.1%。④

（四）外贸呈上涨趋势

近年来，摩洛哥政府加大对外开放力度，促进外贸朝多样化和多元化方向发展，进而带动综合国力的提升。数据显示，2020年摩洛哥前五大出口贸易伙伴国是西班牙、法国、意大利、印度、巴西，前五大进口贸易伙伴国是西班牙、中国、法国、美国、土耳其。⑤ 2021年摩洛哥进口额同比增长

---

① 《2021年第一季度摩接待游客数量下降78%》，中华人民共和国驻摩洛哥王国大使馆经济商务处网站，2021年5月31日，http://ma.mofcom.gov.cn/article/jmxw/202105/20210503066481. shtml，最后访问日期：2022年2月8日。

② 《2021年摩旅客增长38.9%》，中华人民共和国驻摩洛哥王国大使馆经济商务处网站，2022年2月3日，http://ma.mofcom.gov.cn/article/jmxw/202202/20220203278066.shtml，最后访问日期：2022年2月8日。

③ 《摩洛哥侨汇创历史新高，达100亿美元》，《新阿拉伯人报》网站，2022年2月2日，https://www.alaraby.co.uk/economy/ارتفاع-قياسي-لتحويلات-المغتربين-المغاربة-إلى-نحو-10-مليارات-دولار，最后访问日期：2022年2月13日。

④ 《2022年摩洛哥财政预算》，摩洛哥最高计划委员会，2022年1月，第10~11页。

⑤ 《数说摩洛哥2021》，摩洛哥最高计划委员会，2021年12月，第112~113页。

24.5%，达到 5266 亿迪拉姆；出口额同比增长 24.3%，达到 756 亿迪拉姆。其中汽车行业继续是出口行业的领头羊，达 837 亿迪拉姆，同比增长 16%。[①]

经历 2020 年的经济衰退后，2021 年摩洛哥经济在第一、第二、第三产业以及外贸等方面出现了复苏的迹象。2022 年摩洛哥经济情况仍然与该国疫情控制情况有着密切关系。同时，2022 年对摩洛哥新政府官员来说是具有挑战性的一年，如何实现经济预期增长，是摆在他们面前的重要问题之一。

三　西撒哈拉问题持续

（一）移民危机缘起西撒哈拉问题

2021 年 5 月 17 日至 18 日，约有 8000 名越境者从摩洛哥进入西班牙在北非的飞地休达自治市。此外，也有少量越境者从摩洛哥进入西班牙在北非的另一块飞地梅利利亚。这一颇具戏剧性的移民危机，将摩洛哥与西班牙之间围绕西撒哈拉归属问题的外交暗流公开化。

休达与梅利利亚是西班牙在非洲大陆的领土，是欧盟与非洲的唯一陆地边界。越境者进入两地后，便在法律意义上踏入了欧盟和申根区，因此，休达与梅利利亚是非法移民从陆路入境欧洲的重要跳板。据半岛电视台报道，为减少非法移民入境欧洲，欧盟敦促摩洛哥严格管控边境，作为交换，欧盟自 2007 年起共向摩洛哥提供了大约 130 亿欧元的发展资金。[②]

---

① 《2021 年摩洛哥的贸易逆差上升 25%》，阿拉比亚路透社拉巴特分社，2022 年 2 月 1 日，https：//www. alarabiya. net/aswaq/economy/2022/02/01/2021 في-25-يرتفع-المغربي-التجاري-العجز，最后访问日期：2022 年 2 月 13 日。

② 〔巴勒斯坦〕梅尔瓦特·乌夫：《从休达到布鲁塞尔摩洛哥和西班牙外交危机背后原因为何？》，半岛电视台中文网站，2021 年 6 月 28 日，https：//chinese. aljazeera. net/opinions/long-reads/2021/6/28/从休达到布鲁塞尔摩洛哥和西班牙外交危机背后原，最后访问日期：2022 年 2 月 23 日。

分析人士认为，摩洛哥是欧洲拦截非法移民的前线阵地，5月中旬大量越境者集中出现在休达，显然事出有因。法新社援引消息人士的话报道，摩洛哥执法人员5月17日对越境人潮"睁一只眼闭一只眼"，但到18日晚些时候，执法力度明显加大，不仅增加人手，还使用催泪瓦斯等驱散试图越境的人。

休达边境偷渡潮发生后，西班牙首相佩德罗·桑切斯誓言恢复休达秩序，并指责摩洛哥疏于边界管控。桑切斯5月19日说："这不仅是对西班牙的不尊重，更是对欧盟的不尊重。"欧盟委员会副主席马加里蒂斯·希纳斯声援西班牙。他19日接受西班牙电台采访时说，一些国家过去15个月以来试图以移民问题为筹码，但欧盟不会让这些手段得逞。"这一（休达）边界就是欧盟的边界。那里发生的问题不仅是西班牙要面对的，而且是整个欧洲都要面对的。"西班牙外交大臣阿兰查·冈萨雷斯·拉亚19日表态更为强硬，她指责摩洛哥放松边界管控，以报复西班牙向"西撒哈拉人民解放阵线"（以下简称"西撒人阵"）领导人易卜拉欣·加利提供医疗支持。

"西撒人阵"谋求西撒哈拉独立。西撒哈拉历史上曾为西班牙殖民地，现大部分由摩洛哥控制。加利因感染新冠病毒病重，于4月18日到西班牙就医。摩洛哥外交部随后发表声明，对西班牙予以谴责。加利在西班牙一家医院就医41天后，乘坐法国飞机离开西班牙前往阿尔及利亚。

（二）西撒哈拉问题：摩洛哥外交主轴

戏剧性的偷渡潮持续数天后，在西班牙军警和摩洛哥边防部队的干预下得到遏制，大部分偷渡者被立即遣返回摩洛哥，部分未成年偷渡者滞留在西班牙。在随后的数月中，摩洛哥与西班牙就此事件进行多次磋商，妥善解决了滞留未成年人的问题，两国的"火药味"也逐渐消散，该事件告一段落。

1912年摩洛哥沦为殖民地性质的保护国，领土被法国和西班牙瓜分。1956年，在非洲殖民地独立解放运动浪潮的大背景下，法国、西班牙相继承认摩洛哥独立，但西班牙保留了休达和梅利利亚两座城市及西撒哈拉。1958年，西班牙将西属撒哈拉划为西班牙海外省，立即遭到与之接壤的摩洛哥、毛里塔尼亚和阿尔及利亚的反对。摩洛哥与毛里塔尼亚同时宣誓对西撒哈拉拥有主权。1973年，"西撒人阵"在阿尔及利亚的支持下宣布成立，并与西班牙殖民者展开游击战。

1975年11月6日，摩洛哥国王哈桑二世发起了著名的"绿色进军"行动，大约35万名摩洛哥平民，高举象征伊斯兰的绿色星月旗步行向西撒哈拉纵深挺进。当时西班牙执政者无意卷入战争，遂在一周之后与摩洛哥和毛里塔尼亚签订《马德里协议》，承诺次年从西撒哈拉撤军，放弃这块殖民地，并将西撒哈拉北部交给摩洛哥，南部交给毛里塔尼亚。但该协议遭到阿尔及利亚的反对。在阿尔及利亚的支持下，"西撒人阵"于1976年2月27日，也就是西班牙完成撤军的第二天，宣布建立"阿拉伯撒哈拉民主共和国"，并向摩洛哥和毛里塔尼亚宣战。

1979年8月，毛里塔尼亚退出西撒战争，摩洛哥随即占领了毛里塔尼亚退出的地区，至此，西撒哈拉80%的土地被摩洛哥控制。1991年，联合国安理会通过决议，要求举行西撒哈拉全民投票决定西撒归属问题，但公投至今未能举行。西撒哈拉的归属问题关乎摩洛哥的核心利益，牵动着摩洛哥民众的民族主义情绪。在摩洛哥当局眼中，阿尔及利亚支持的"西撒人阵"是一股分裂势力，摩、阿两国因为西撒哈拉问题长期关系紧张，两国陆地边界一直处于关闭状态。2021年8月24日，阿尔及利亚宣布与摩洛哥断交。

2020年末，美国时任总统特朗普宣布承认西撒哈拉主权归摩洛哥，以此换取以色列与北非这个重要的阿拉伯国家实现关系正常化。对西班牙而言，美国对摩洛哥在西撒哈拉主权的承认强化了摩洛哥的国际地位和该国对其领土和领海的主张，对西班牙国家利益构成威胁。

目前对西撒哈拉归属问题，欧盟坚持在联合国框架下解决，而法国因不愿得罪阿尔及利亚，也支持欧盟立场。分析人士认为，西班牙在没有照会摩洛哥的情况下，允许"西撒人阵"领导人易卜拉欣·加利进入欧盟成员国并为其提供医疗援助，被摩洛哥视为极大的冒犯。西撒哈拉主权归属问题是摩洛哥的外交主轴，西班牙这一决定，触及了摩洛哥的底线，招致了摩洛哥的报复。

四 执政十年后，伊斯兰政党在议会选举中溃败

摩洛哥和英国、日本一样采用君主立宪制。谢里夫家族的阿拉维王室从1666年起统治着摩洛哥。18世纪末19世纪初，由于持续性饥荒和遭受欧洲列强的侵略，摩洛哥政府采取了"王室－经济精英－普通民众"的治理形式来减少社会恐慌。摩洛哥独立后，摩王室始终认为"经济政策调整是消除内外威胁的重要工具之一"①。

摩洛哥是君主制国家，国王具有教权和王权，尽管2012年修订后的《宪法》限制了国王的许多权力，但是国王仍具有至高无上的地位。当社会中出现不利于国家稳定和王权安全时，国王才会通过显性或隐性的权力解决问题。②

2010年末突尼斯爆发"茉莉花革命"后，席卷整个北非地区的"阿拉伯之春"使突尼斯、埃及和利比亚等的国政权更迭，摩洛哥在这场浪潮中受到的冲击较小。

为了弥合国内的阶层矛盾，回应民众的诉求，摩洛哥在2011年进行了公投修宪并提前举行议会选举。摩现行宪法规定：摩为君主立宪制国家；国王是国家元首、宗教领袖和武装部队最高统帅；首相是"政府首脑"，由议会选举中得票最多的政党任命。摩洛哥在国家治理上，采用效仿西方的行政、立法和司法体系。此外，宪法规定：任何宪法修正案不得触及伊斯兰宗教和君主制国体。

在2011年举行的议会选举中，摩洛哥公正与发展党成为第一大党，在395个众议院席位中占据107席。该党是温和的伊斯兰政党，拥护君主制，反对暴力和恐怖主义，主张以渐进方式对社会进行变革、实行"轻度"伊斯兰主义，该党总书记本基兰被国王任命为首相并组阁。

2016年摩洛哥举行修宪后第二次议会选举，摩洛哥公正与发展党再次

---

① 张玉友：《国家资本主义在摩洛哥》，《文化纵横》2020年第2期。
② 张玉友：《国家资本主义在摩洛哥》，《文化纵横》2020年第2期。

成为第一大党，占据众议院 125 个席位，国王穆罕默德六世任命公正与发展党全国委员会主席、前外长欧斯曼尼出任首相。

2021 年 9 月，摩洛哥举行修宪后的第三次议会选举。尽管受新冠疫情影响，摩洛哥民众参与大选投票的热情仍较高，数据显示本次大选投票率为 50.18%，而 2016 年议会选举的投票率仅为 42.29%。[①]

在执政 10 年后，摩洛哥公正与发展党在此次选举中遭遇惨败，仅获得 13 个议会席位。本次选举最大的赢家是由亿万富翁阿齐兹·阿赫努什领导的政党"全国自由人士联盟"（RNI），其获得 102 个席位，跃居第一大党。真实性与现代党（PAM）获得 87 个议会席位，成为第二大党。独立党占据 81 席，成为第三大党。

选举结果公布后，时任摩洛哥首相、公正与发展党总书记欧斯曼尼宣布辞去党内职务。

国王穆罕默德六世任命"全国自由人士联盟"总书记阿齐兹·阿赫努什出任首相。"全国自由人士联盟"和真实性与现代党、独立党组成执政联盟。在政治光谱中，"全国自由人士联盟"为温和右派，真实性与现代党是左派，独立党是右派。与败选的公正与发展党不同，上述三党均是亲王室的政党。

摩洛哥媒体人阿卜杜巴卡尔·贾迈在一篇分析文章中认为，摩洛哥公正与发展党是借由"阿拉伯之春"的政治风潮上台的，公正与发展党在执政和推行改革的过程中，受到王室和真实性与现代党、"全国自由人士联盟"的亲王室政党的掣肘。此外，在美国的推动下，摩洛哥 2020 年底与以色列恢复了外交关系，这一事件也大大降低了公正与发展党在选民中的公信力。[②]

---

① "Élections 2021 au Maroc. Taux de Participation de 50, 18% au Niveau National ［Résultats définitifs］," https：//www. challenge. ma/elections-2021-taux-de-participation-de-5018-au-niveau-national-197993/, accessed：2022-02-25.

② "Les Causes de la Défaite des Islamistes au Maroc," https：//orientxxi. info/magazine/les-causes-de-la-defaite-des-islamistes-au-maroc, 5053, accessed：2022-02-25.

五 新发展模式与新政府执政纲领

为缓解发展过程中的社会民生问题，调整经济结构，2019 年 12 月，摩洛哥国王穆罕默德六世授意成立"新发展模式委员会"（La Commission Spéciale sur le Modèle de Développement）。委员会的官网显示，该机构具有咨询性质，必须坦率、大胆和客观地对王国的成就、所进行的改革进行盘点，同时考虑到公民的期望、国际背景及发展前景。委员会负责向国王提交报告，内容包含调整摩洛哥发展模式、实现全球和包容性增长的重大可取变化和具体举措，将公民置于这个模式的核心。①

2021 年 5 月，新发展模式委员会向穆罕默德六世提交了一份报告。报告指出，为实现新发展模式的目标，转型需要向四个领域发力：经济多样化、提高劳动力素质、包容性增长以及加快区域发展。②

2021 年 10 月，摩洛哥首相阿齐兹·阿赫努什组阁成功，新政府包括 24 名部长，5 名副部长。政府发言人穆斯塔法·拜塔斯表示，新内阁中既有经验丰富的部长，也有年轻的技术官僚，未来的挑战主要是发展社会经济、应对新冠疫情及其影响、增加就业、振兴教育和关注弱势社会阶层。新政府的行动计划将基于执政联盟（"全国自由人士联盟"和真实性与现代党、独立党）的方案以及新发展模式委员会的建议。③

2021 年 9 月 19 日，摩洛哥媒体人迈赫迪·米希巴尔在新闻网站 Medias 24 发表的一篇题为《新政府与新发展模式委员会，凯恩斯 VS 熊彼

---

① "La Commission Spéciale sur le Modèle de Développement," https：//www.csmd.ma/fr, accessed：2022-02-26.

② "Nouveau Modèle de Développement：Les 4 Grands Axes de Transformation Proposés par la CSMD," https：//telquel.ma/2021/05/25/nouveau-modele-de-developpement-les-4-grands-axes-de-transformation-proposes-par-la-csmd_1723352, accessed：2022-02-26.

③ "Agence Ecofin：Composition du Nouveau Gouvernement Marocain," https：//www.agenceecofin.com/politique/0910-92223-composition-du-nouveau-gouvernement-marocain, accessed：2022-02-26.

特?》的文章，就阿赫努什领导的"全国自由人士联盟"的执政纲领与摩洛哥新发展模式委员会报告进行了对比分析。该文章认为，"这两份文件的目标是一致的，如提高国家的发展潜力、创造更多的就业机会、促进公共和私人投资、减少社会和地区不公等，但政策逻辑和具体举措却不尽相同"①。

迈赫迪的文章认为，"'全国自由人士联盟'的执政纲领更多体现的是凯恩斯主义的经济原理，通过财政刺激来创造就业和附加值，通过加大政府公共投资、提供行业补贴等形式创造更多需求以拉动经济增长。例如，'全国自由人士联盟'提出了在执政5年内创造100万人就业的目标，主要举措是在摩各地区新建大型基础设施，新建更多的幼儿园、学校，继续为青年创业者提供专项低息融资，鼓励人们创业。在大中型企业方面，'全国自由人士联盟'将继续加强对民族产业的保护，实施进口替代战略，支持摩洛哥制造发展，以此创造就业和促进经济增长。在疫情后经济重振方面，执政党将主要依靠穆罕默德六世投资基金进行公共投资和大项目建设，每年政府将投入500亿迪拉姆来解决当前的社会经济问题"②。

"而新发展模式委员会的报告则更多依据熊彼特经济学原理，主张通过供给侧生产结构的深度改革来刺激经济发展。报告认为，摩洛哥经济增长率未达到6%的潜力并非因为政府的公共投资和补贴投入不足，关键问题在于生产力结构，应该通过激活企业活力促进生产结构性改革。报告指出，摩大中型企业和小微企业普遍存在的问题是缺乏积极性和主动性。为此，新发展模式委员会主张通过降低交易成本、取消监管壁垒、促进公平竞争、降低工业用地成本、提高员工素质、减少行政官僚主义和腐败等举措来改善营商环境。报告主张：政府补贴应向行业先驱倾斜，以降低创新成本；提高政府公

---

① "Le gouvernement et la Commission Benmoussa: Keynes vs Schumpeter," https://medias24.com/2021/09/19/le-gouvernement-et-la-commission-benmoussa-keynes-vs-schumpeter/, accessed: 2022-02-26.

② "Le gouvernement et la Commission Benmoussa: Keynes vs Schumpeter," https://medias24.com/2021/09/19/le-gouvernement-et-la-commission-benmoussa-keynes-vs-schumpeter/, accessed: 2022-02-26.

共支出的有效性，实现资源的最佳配置。"①

迈赫迪的文章认为，"新政府的施政计划，如有效执行将在短期内为摩经济发展带来积极效果，但并未触及阻碍摩经济增长的深层次问题。考虑到'全国自由人士联盟'首次上台执政，需要在 5 年执政期间解决民众迫切的需求，取得亮眼成绩，为 2026 年大选打下基础；因此，凯恩斯主义的短期刺激政策对'全国自由人士联盟'来说是更务实的选择。而新发展模式委员会报告制定的则是摩洛哥 2030 年远景规划，目标是推动摩经济社会的深度变革"②。

"阿赫努什政府如何更好地兼顾'全国自由人士联盟'的执政纲领和新发展模式委员会报告提出的改革目标，将是这届新政府面临的最大挑战。"③

总体而言，2021 年摩洛哥整体局势平稳。国家通过疫苗接种、疫苗生产、动态颁布防疫措施、关闭领空等方式控制疫情发展，取得一定成效。在经历了 2020 年经济衰退后，2021 年的摩洛哥经济出现复苏迹象，多项经济指标较 2020 年有所增长。西撒哈拉问题仍是 2021 年摩洛哥的重要关切之一，由此引发了摩与西班牙乃至欧盟之间的移民和外交危机。此外，伊斯兰政党执政 10 年后，在 2021 年的议会选举中溃败，"全国自由人士联盟"总书记阿齐兹·阿赫努什出任首相，这意味着摩洛哥完成政治洗牌。在摩洛哥王室授意下提出的新发展模式以及新政府执政纲领，均指向缓解发展过程中的社会民生问题，调整经济结构。但如何很好地兼顾二者，对这届政府提出了挑战。

---

① "Le Gouvernement et la Commission Benmoussa: Keynes vs Schumpeter," https://medias24.com/2021/09/19/le-gouvernement-et-la-commission-benmoussa-keynes-vs-schumpeter/, accessed: 2022-02-26.

② "Le Gouvernement et la Commission Benmoussa: Keynes vs Schumpeter," https://medias24.com/2021/09/19/le-gouvernement-et-la-commission-benmoussa-keynes-vs-schumpeter/, accessed: 2022-02-26.

③ "Le Gouvernement et la Commission Benmoussa: Keynes vs Schumpeter," https://medias24.com/2021/09/19/le-gouvernement-et-la-commission-benmoussa-keynes-vs-schumpeter/, accessed: 2022-02-26.

Y.8
2021年埃及总体形势评估

南北宝*

摘　要： 2021年是"阿拉伯之春"十周年，也是埃及"1·25革命"爆发的第十个年头。虽然新冠疫情持续反弹、全球经济复苏分化明显、国际和地区局势复杂动荡，但埃及国内政局继续保持稳定，新行政首都项目进入试运行阶段；国家结构改革计划启动实施，经济增长保持较为良好的势头；调解地区冲突能力显著增强，与世界性大国和地区国家保持良好关系。但受国内外各领域的不确定不稳定因素影响，埃及仍面临政治民主化建设不足、经济痼疾未除、地缘政治博弈加剧等诸多风险挑战。

关键词： 埃及　塞西　强人政治　国家结构改革计划　多元外交

　　2021年是"阿拉伯之春"爆发十周年，也是埃及"1·25革命"爆发十周年。经历政权更迭与社会动荡后，埃及民众的"民主狂热"渐渐褪去，回归理性与现实。2021年，埃及总体形势保持稳定，塞西执政地位得到进一步稳固强化；经济改革步伐加快，外交政策灵活务实，但仍面临全球新冠疫情反弹、地缘政治角力与国内的深层痼疾，埃及转型探索之路机遇与挑战并存。

＊ 南北宝，北京语言大学国别和区域研究院博士研究生，中国外文局西欧与非洲传播中心（今日中国杂志社）阿文部主编助理，主要研究方向为阿拉伯历史、阿拉伯国家新闻传播。

一 埃及政局稳定，塞西执政地位保持稳固

2021年，埃及总统塞西继续推行"强人政治"。在其铁腕治理下，国内政治局势进一步好转，打击恐怖主义、极端主义行动取得新进展，首次宣布解除全国紧急状态，新行政首都启动试运行。

2021年，塞西政府继续重拳打击恐怖分子和极端势力，进一步扩大反恐成效，稳固执政地位。2021年8月1日，埃及军方通报在北西奈省的反恐行动中打死89名恐怖分子，销毁404套爆炸装置，缴获73支自动枪械和52辆汽车。[①] 8月13日，埃及军方表示安全部队在西奈半岛的北部和中部地区打死13名极端分子，缴获15支自动步枪、20个自动步枪弹夹等武器装备，收缴极端分子实施恐怖行动时使用的摩托车、手机、野外望远镜及部分现金等物品。[②] 9月10日，"伊斯兰国"西奈分支高级指挥官穆罕默德·萨阿德·卡玛尔·萨伊迪（Mohamed Saad Kamel al-Saidi），又名阿布·哈姆扎·卡迪（Abu Hamza al-Qadi）向埃及军方西奈的情报机构投降。[③] 穆罕默德·萨阿德·卡玛尔·萨伊迪时任"伊斯兰国"西奈分支穆夫提，曾于2017年11月发动针对艾尔-罗达（al-Rawda）清真寺和西奈中部一水泥厂汽车司机及平民的恐怖袭击，导致400余人伤亡，是迄今"伊斯兰国"西奈分支向埃及政府投降的最高级别人物。穆罕默德·萨阿德·卡玛尔·萨伊迪的投降充分暴露分支内部长期存在的派系斗争矛盾，产生的连锁反应或将进一步削弱恐怖组织在西奈地区的势力。

---

① 《埃及安全部队打死89名恐怖分子》，百家号，2021年8月1日，https：//baijiahao. baidu. com/s？id=1706897916715948345&wfr=spider&for=pc，最后访问日期：2022年5月1日。

② "Egypt Army Kills 13 Extremists in North and Central Sinai," https：//english. alarabiya. net/News/middle-east/2021/08/13/Egypt-army-kills-13-extremists-in-north-and-central-Sinai, accessed：2022-05-11.

③ "Jurist of IS Terrorist Group in Sinai Turns Himself in to Egyptian Military Intelligence," https：//dailynewsegypt. com/2021/09/12/jurist-of-is-terrorist-group-in-sinai-turns-himself-in-to-egyptian-military-intelligence/, accessed：2022-05-11.

除加大军事打击和执法力度外，鉴于西奈地区部落林立，与恐怖分子和极端势力关系复杂，埃及政府趁机加强与西奈地区规模较大部落的合作，开展联合执法行动，进一步清剿该地的恐怖组织和极端组织，恢复地区安全稳定。截至2021年10月，西奈半岛发生的恐怖袭击事件从2016年的330起降至45起；在2021年12月埃及军方与西奈部落联盟（the Sinai Tribal Union）的联合行动中，两名"伊斯兰国"西奈分支成员被成功击毙。①

当前，埃及军方开展多年的反恐行动已取得显著成效。2018年以来，埃及军方已击毙1000余名恐怖分子。2022年2月，联合国秘书长在第14次半年战略级别报告中表示：近年来，埃及各地发生的武装冲突事件减少；特别是2019年以来，埃及未再发生由"伊斯兰国"或"基地"组织策划的恐怖袭击事件，对埃及就打击恐怖主义和极端主义做出的努力表示肯定。②

随着打击恐怖分子与极端势力的成效日趋显著，恐怖袭击事件有效控制，埃及国家安全得到进一步保障。在2021年1月、4月和7月因"当前国内卫生与安全形势"需要延长全国紧急状态后，塞西于2021年10月25日宣布取消延长全国紧急状态。这是近4年来埃及政府首次取消延长全国紧急状态，表明埃及国内总体安全形势实现明显好转。正如塞西在社交媒体上所言，在埃及人民的共同努力下，埃及已成为地区安全与稳定的"绿洲"。③

暂时解除全国紧急状态以来，埃及社会秩序虽然逐步恢复，但塞西这一决定引起埃及部分人士的担忧。他们担心政府将会采取更为隐蔽柔性的措施加强对社会的控制。在全国紧急状态取消延长仅一周后，埃及议会就批准了

① "Egypt's Counterinsurgency Success in Sinai," https：//www. washingtoninstitute. org/policy - analysis/egypts-counterinsurgency-success-sinai，accessed：2022-05-21.

② "No Terrorist Attack Attributed to ISIS or Qaeda in Egypt since 2019：UN Report," https：// www. egypttoday. com/Article/1/112783/No-terrorist-attack-attributed-to-ISIS-or-Qaeda-in-Egypt，accessed：2022-05-21.

③ 《埃及宣布不再延长国家紧急状态》，百家号，2021年11月3日，https：//baijiahao. baidu. com/s？id=1715352955195305265&wfr=spider&for=pc，最后访问日期：2022年5月1日。

政府提交的关于《反恐法》《刑法》《公共和重要设施安全保护法》等修正案，它们于 2021 年 11 月 23 日正式生效。一些评论人士认为最新的修正案中加入了《紧急状态法》的部分条款，与塞西此前宣布取消延长紧急状态不符，而是通过法制化的方式进一步巩固了埃及持续的紧急状态。①

2015 年 3 月，埃及住房部部长穆斯塔法·马德布利在埃及经济发展大会上宣布，埃及政府将在首都开罗附近修建一座新首都，即新行政首都（New Administrative Capital，NAC），耗资几百亿美元。该计划后来被纳入埃及"2030 愿景"中的"2030 年经济发展项目"，是塞西进一步强化执政地位合法性的重要举措，也是塞西政府启动的最大的工程项目，有助于解决开罗人口过多引发的城市交通拥挤、居住环境糟糕等一系列民生问题。

经过数年修建，2021 年 11 月 3 日，塞西宣布埃及政府将于 12 月 1 日起迁往新行政首都，新行政首都将开始为期 6 个月的试运行。12 月 23 日，埃及总理马德布利在新行政首都主持召开首次内阁会议，并表示"这是历史性的一天"②。试运行期间，约 5.23 万名政府工作人员陆续到新行政首都的办公地点上班。

埃及塞西政府的"迁都"计划并非埃及近代史上首次为疏解开罗人口压力而提出的方案。20 世纪 70 年代末，萨达特政府耗资 2500 万埃镑在开罗和亚历山大之间，距开罗西北方向约 96 公里的沙漠地带修建"萨达特城"，但由于新城与首都开罗之间缺乏完善的交通及萨达特遇刺事件，此次"迁都"未能实现。到穆巴拉克执政时期，他也曾提出迁移政府和部委的计划，但因"有更多优先要做的事"③而推迟。

① "Egypt: New Amendments Ratified by President Entrench Permanent State of Emergency," https://cihrs.org/egypt-new-amendments-ratified-by-president-entrench-permanent-state-of-emergency/? lang=en, accessed: 2022-05-31.

② "Egypt's Cabinet Holds First Meeting in New Capital," https://www.thenationalnews.com/mena/egypt/2021/12/23/egypts-cabinet-holds-first-meeting-in-new-capital/, accessed: 2022-05-01.

③ 〔埃及〕沃法·伯克里、〔埃及〕哈尼·阿卜杜拉赫曼:《穆巴拉克在宣布修建新首都 48 小时后取消该方案》,《今日埃及人报》网站, 2007 年 11 月 20 日, https://www.almasryalyoum.com/news/details/2117414, 最后访问日期: 2022 年 6 月 1 日。

作为"新国家和新共和国诞生的标志"[1]，埃及新行政首都选址、市域空间格局、功能定位与设计都凸显了塞西政府推动国家转型发展，应对"阿拉伯之春"和埃及"1·25革命"以来国内经济停滞、民生问题激增的决心与信心。吸取萨达特城距开罗远、交通不便等教训，新行政首都项目选在开罗和苏伊士运河中间的沙漠地带，距开罗约45公里，距开罗国际机场32公里，距苏伊士运河经贸区约50公里。为缩短新行政首都、开罗、苏伊士运河经贸区之间的交通时间，新行政首都还规划了综合交通运输系统，数条高速公路、高铁和轻轨将三地构成互连互通的城市群体，为苏伊士运河走廊开发区带来巨大的经济发展机遇，甚至将带动整个尼罗河三角洲区域经济发展。为解决开罗城市超负荷问题，新行政首都项目包括25个行政区与21个居民区，可容纳约650万人生活；2022年底前所有政府部门都将迁往新行政首都，基础设施项目修建和维护相关工作将创造约200万个就业机会；新行政首都还将建设高档酒店、城市公园、歌剧院、大学、医院、创新科技园等，承担金融、商业、工业、贸易、文化、娱乐等职能，逐步缓解首都人口爆炸危机与就业生活压力。此外，作为埃及政府现代化治理模式的尝试，新行政首都突出"全智能"与"绿色环保"，如政府部门无纸化办公、居民生活无现金支付、住宅楼智能控制系统、生活垃圾自动化处理、大幅利用太阳能和可再生能源、100%污水回收利用、建造"绿色河流"景观项目等都有望成为现实，将新行政首都打造为"西亚和北非地区先进的政治、文化和经济中心"。2022年2月，埃及新行政首都被第四届阿拉伯议会及阿拉伯理事会和议会首脑大会（The Fourth Conference of the Arab Parliament and Heads of Arab Councils and Parliaments）评选为"2021年度阿拉伯国家最佳可持续发展项目"，被誉为"中东最大的智慧城市"。[2]

---

[1] 《塞西：新行政首都让埃及见证新共和国的诞生》，《今日埃及人报》网站，2021年3月9日，https://www.almasryalyoum.com/news/details/2278335，最后访问日期：2022年6月1日。

[2] "Egypt's New Administrative Capital Named Best Arab Sustainable Development Project in 2021," https://www.egypttoday.com/Article/1/113042/Egypt-s-New-Administrative-Capital-named-best-Arab-sustainable-development, accessed: 2022-06-05.

但塞西政府的新行政首都项目提出以来也引发不少人的担忧。首先，新行政首都项目将扩大埃及军方的经济利益。新行政首都城市发展公司负责新行政首都的建设项目与住房出售，埃及军方持有该公司51%的股份，拥有绝对控制权；剩余49%股份则归埃及住建部所有。由此可看出，埃及军方不仅为该项目规划建设买单，还可从楼盘出售等方面获取巨大的经济利益。① 其次，新行政首都项目将进一步加强埃及军方对国家的管控，让"埃及从一个警察国家过渡到一个由军方主导的国家"②。埃及国防部新总部"八角大楼"是新行政首都最大的建筑群，按照规划将建成中东地区首个一体化的国家安全指挥部，统筹汇总政府各部门信息，很大程度上加强了埃及军方对社会各领域事务的管控，将真正成为埃及政府的"决策指挥中心"。正如有学者形象地指出"政府各部门都有将军。穆巴拉克时代，他们还都在地下室里。现在，决定是否在文件上盖章的人就是将军"。最后，尽管新行政首都项目旨在缓解开罗城市拥挤，改善居民生活条件，但高昂的住房成本却让中产阶级和底层群体望而却步。据悉，新行政首都一套两居室公寓售价5万美元，远超埃及人均国民生产总值3000美元。政府表示将提供社会性住房，但尚未公布数量、售价等细节。如塞西政府不能切实解决普通民众关注的房价、配套基础设施、公共服务等问题，埃及新行政首都或将成为照顾少数富人而浪费社会资源的"面子"工程，其封闭的富人社区，各种智能化、自动化、数字化服务只能吸纳埃及新自由主义上层人士，降低对密集劳动力的依赖程度，使底层民众在新行政首都难以立足，进一步加大埃及贫富差距。

二 埃及经济保持稳定发展，全面复苏仍任重道远

2021年，面对新冠疫情对世界经济的持续冲击，埃及经济整体表现良

---

① "A New Capital in the Egyptian Desert: Sisi's Military Model for the Economy," https://www.ft.com/content/00a7b285-87c8-448c-998e-30457d1af85c, accessed: 2022-06-12.

② "A New Capital in the Egyptian Desert: Sisi's Military Model for the Economy," https://www.ft.com/content/00a7b285-87c8-448c-998e-30457d1af85c, accessed: 2022-06-12.

好，塞西政府推出为期 3 年的国家结构改革计划（National Structural Reform Program，简称"NSRP"），全年经济增长率达 3.3%。但囿于疫情反复，全球经济复苏不稳定和不确定以及国内长期存在的结构性问题，埃及经济发展仍面临诸多困难，实现全面复苏仍待时日。

近年来，塞西政府的经济改革取得一定成效，埃及经济形势有所好转，特别是 2020 年新冠疫情突发后，政府及时适度调整经济政策，国家经济发展韧性增强，是当年世界上发展最快的经济体之一，也是西亚和北非地区唯一实现经济正增长的经济体。

回顾上一阶段经济改革成效，总结埃及过去的改革经验，特别是 1991 年穆巴拉克政府因未调整国家经济结构而导致其经济改革计划未达预期目标的教训，塞西政府认识到"为确保埃及经济发展的可持续性，经济改革必须与经济领域的结构改革同时进行"①，遂于 2021 年 4 月公布国家结构改革计划，标志着第二阶段改革正式开启。本轮改革包括改革经济结构、实施贸易自由化、改革职业培训体系、发展金融市场、改革劳动力市场与创造新就业机会、提升埃及工业产品生产制造能力等，提出 31 项政策目标和 100 个结构性和立法性措施，制定针对国内 27 个省的可持续发展目标等。本轮国家结构改革计划旨在加强私营部门灵活性和竞争力，推动其在埃及经济中发挥重要作用；简化立法程序和办事流程，优化营商环境；注重减碳降耗，促进绿色经济发展；优化服务质量，改善民众生活水平，努力实现国家经济社会全面、平衡、可持续发展。按照此次国家结构改革计划，未来 3 年，埃及年度经济增长率有望达 6%~7%，财政赤字将降至约 5.5%，实现 2% 的初步预算盈余和 30 亿~50 亿美元的国际收支盈余。② 此外，预计到 2023~2024 财年，农业、工业、信息和通信技术三大改革重点领域对埃及国内生产总值的贡献率将升至 30%~35%。

---

① 《评论：埃及开启经济改革第二阶段》，新华网（阿文版），2021 年 4 月 28 日，http：//arabic. news. cn/2021-04/28/c_139910881. htm，最后访问日期：2022 年 5 月 15 日。

② "Egyptians Fearful Over Sisi's Latest Economic Reforms," https：//www. middleeasteye. net/news/egypt-new-economic-reforms-poverty-little-optimism，accessed：2022-07-21.

自国家结构改革计划出台以来，埃及陆续启动针对相关领域经济活动的具体改革措施。例如，鉴于埃及私营部门的正式就业人口较少，且相当规模的私营部门劳动力是被排除在埃及最低工资标准之外的个体农户，2021年6月，埃及国家工资委员会宣布私营部门员工最低工资标准为2400埃镑/月，自2022年1月起正式实施。[1] 这有助于稳定和扩大埃及私营部门的就业人数，提高在私营部门工作的中低收入群体基本生活保障，进一步刺激埃及私营部门可持续发展，推动国家经济复苏。又如，2021年6月，有埃及版"全面小康"[2] 之称的"体面生活"倡议（Haya Karima）正式进入第二阶段，政府将为贫困率为50%~70%[3]的4670个村庄[4]提供住房、道路、水电气、卫生、医疗以及公民教育培训、金融服务项目资金支持，包括：开展农村水网改造，推广现代化灌溉技术，加大农村生活污水再利用和地下水开发利用，以推进绿色发展与生态环境保护；通过举办产业发展与技能培训，加强农村地区互联网普及，有效提高农村人口的就业技能与农产品市场竞争力。再如，为提升普惠金融服务质效，2021年7月，埃及中央银行调整购房贷款额度，为中低收入的购房群体提供总额为1000亿埃镑，利率为3%的优惠贷款。根据婚姻状况和月收入情况，符合条件的中低收入者缴纳10%~20%首付后可申请30年期抵押贷款。这在一定程度上将降低不具备全款购房能力的刚需群体的还款压力，有助于扩大保障性住房需求，刺激基建房地产领域投资，带动产业链外溢发展，进一步增加就业机会。

---

① "Transition Report 2021 - 22 System Upgrade：Delivering the Digital Dividend，Country Assessment：Egypt，" https：//www.ebrd.com/publications/transition - report - 202122 - egypt，accessed：2022-07-22.

② 肖天祎：《助力人民体面生活 中埃合作亮点纷呈》，《光明日报》2022年6月11日，第6版。

③ 《联合国：埃及体面生活倡议是国际最佳实践之一》，中华人民共和国驻阿拉伯埃及共和国大使馆经济商务处网站，2021年6月16日，http：//eg.mofcom.gov.cn/article/jmxw/202106/20210603111085.shtml，最后访问日期：2022年5月15日。

④ "With Budget Exceeding LE700 bn，Haya Karima 'Largest of Egypt's National Projects'：Minister，" https：//www.egypttoday.com/Article/16/104598/With-budget-exceeding-LE700-bn-Haya-Karima-%E2%80%98largest-of-Egypt%E2%80%99s，accessed：2022-07-21.

得益于埃及政府大力推行的国家结构改革计划与促进各领域经济发展的配套措施，面对世界经济复苏失衡，全球疫情起伏反复，埃及经济基本保持稳定向上的发展状态。2021年埃及经济增长率为3.3%，高于2021年4月国际货币基金组织预测的2.5%①，且实现了该组织当年10月在《世界经济展望》中对埃及经济发展的预测。2021年埃及国内生产总值为4028.38亿美元，同比增长约388.15亿美元，居世界第35位②，阿拉伯国家第3位，仅次于沙特和阿联酋。③ 2021年埃及人均国内生产总值为3876美元，同比增长8.61%，创2011年"1·25革命"以来最高纪录，高于全球经济指标（Trading Economics）此前预测的3050美元，表明塞西政府出台的经济改革措施能够有效提升国家综合国力与埃及社会财富总量。同时，在经济改革推动下，2021年埃及外贸取得不错的成果，出口领域成绩斐然，规模与金额均有提升。全年出口额达452亿美元，创历史最高水平。④ 其中石油出口额为130亿美元，同比增长84.3%。⑤ 随着停工8年的杜姆亚特液化天然气厂于2021年2月正式恢复运营，埃及天然气产量进一步提升，同比增长17%⑥；出口收入达到39.59亿

① "IMF Raises Its Forecast for Egyptian Economy Growth to 3.3% in 2021," https：//sis. gov. eg/Story/159508/IMF-raises-its-forecast-for-Egyptian-economy-growth-to-3. 3%25-in-2021? lang=en-us，accessed：2022-07-21.

② "Egypt GDP-Gross Domestic Product," https：//countryeconomy. com/gdp/egypt，accessed：2022-07-31.

③ Doaa A. Moneim, "Egypt Places 3rd in Forbes's List for Largest Economies in Arab World," https：//english. ahram. org. eg/NewsContent/3/12/417676/Business/Economy/Egypt - places - rd-in-Forbes%E2%80%99s-list-for-largest-econo. aspx，accessed：2022-07-24.

④ "Egyptian Exports Hit Record of ＄45. 2B in 2021," https：//www. egypttoday. com/Article/3/112487/PM-Egyptian-exports-hit-record-of-45-2B-in-2021，accessed：2022-07-31.

⑤ Fatma Ahmed, "Egypt's Petroleum Trade Balance Achieves Surplus of EGP 46.4B in 2021," https：//egyptoil-gas. com/news/egypts-petroleum-trade-balance-achieves-surplus-of-egp-46-4b-in-2021/，accessed：2022-07-31.

⑥ "Egypt Gas Exports to Reach 7. 5 Million Tonnes by End of 2022/2023," https：//thearabweekly. com/egypt-gas-exports-reach-75-million-tonnes-end-20222023，accessed：2022-08-01.

美元，同比增长 768%。① 2021 年，埃及非石油产品出口额为 321.28 亿美元，同比增长 26%。特别是农产品出口量首次超过 560 万吨②，同比增长 14%，对外出口规模创历史新纪录，柑橘类水果出口排名上升至全球第一。旅游业作为埃及外汇重要的来源，对国家经济增长的贡献率高达 15%，直接或间接创造了全国 12% 的就业岗位。2021 年，随着多国取消旅行禁令，全球疫苗推广，塞西政府采取大规模贴息贷款、税收优惠等刺激性政策，埃及旅游业逐步回暖，全年旅游收入超 130 亿美元③，同比上涨 225%，基本恢复到疫情以前水平。与此同时，埃及金融科技行业也取得长足发展，初创企业从 2014 年的 2 家增长至 2021 年的 112 家，金融包容性增长 56.2%，涌现出至少 18 个金融科技支持组织，包括各细分领域的孵化器、加速器、投资者和服务机构；流向金融科技及相关初创企业的资金从 2017 年的 90 万美元增至 2021 年的 2.5 亿美元，金融科技交易量从 2017 年的 3 笔增长至 2021 年的 32 笔，增长了近 10 倍。④

在多措并举的改革政策加持下，2021 年埃及继续实现 GDP 正增长，工农业产品出口规模大幅上涨，旅游业逐步恢复，金融科技为埃及经济发展注入新动能，但受外部环境不稳定不确定因素和国内经济存在的深层次问题影响，埃及经济全面复苏仍将是一个长期艰难曲折的过程。例如，受新冠疫情多点散发、世界经济形势复杂严峻、国际大宗商品价格持续上涨，以及埃及

---

① "Egypt's Jan-April Natural Gas, LNG Export Revenues Reach ＄3.892 bln-Data," https：//www. reuters. com/business/energy/egypts-jan-april-natural-gas-lng-export-revenues-reach-3892-bln-data-2022-05-31/, accessed：2022-07-22.

② Mohammed Abu Zaid，"Egyptian Agricultural Exports in 2021 Topped 5.6 Million Tons for the First Time," https：//www. arabnews. com/node/1997411/business-economy, accessed：2022-08-02.

③ Nehal Samir，"Tourism Revenues Exceed ＄13bn in 2021, Returning to Pre-pandemic Levels：Tourism Ministry Tourism Revenues This Year Expected to Surpass 2021's Revenues, Says Deputy Minister," https：//dailynewsegypt. com/2022/01/24/tourism-revenues-exceed-13bn-in-2021-returning-to-pre-pandemic-levels-tourism-ministry/, accessed：2022-08-01.

④ 《跻身非洲 4 强行列：2021 年埃及金融科技风投大幅增长》，百家号，2022 年 4 月 18 日，https：//baijiahao. baidu. com/s? id=1730398988837063129&wfr=spider&for=pc，最后访问日期：2022 年 5 月 20 日。

国内对铁矿石、有色金属等原材料供需缺口加大等多重因素影响，2021 年 2~11 月，埃及工业生产者出厂价格指数（PPI）数据不断走高，同比环比均保持上行，其中 4 月同比涨幅高达 26.6%，创 2018~2021 年 PPI 最大单月涨幅；10 月环比增长 4.5%，远高于同年其他月份。埃及 PPI 持续的高位运行带动相关行业产品价格涨幅扩大，抬升电气机械、建筑、医药、汽车等产业生产运营成本，使基础羸弱的埃及本土制造业发展压力倍增，抵抗风险能力不足。再如，国际大宗商品价格持续上扬与工业生产者出厂价格一路走高推动了埃及居民消费价格涨幅扩大。2021 年埃及居民消费价格指数（CPI）为 319.9，同比上涨 5.5%，其中与居民生活息息相关的食品与非酒精类饮料和交通涨幅较大，均上涨 5.2%，住房上涨 4.6%，家具、家庭用品上涨 2.3%，受疫情影响，医疗卫生上涨 4.2%。各类商品和服务价格不同程度上涨增加了埃及普通民众特别是中低收入群体生活成本，限制了其购买力，影响消费发挥拉动国民经济发展的基础性作用。此外，受埃及国内生产要素成本持续上升、新行政首都项目工程投资需求大、军队挤压私营部门发展和竞争空间等影响，2021 年埃及负债严重，债务与 GDP 比重在 189 个国家中排第 158 名，人均债务排第 100 位。其中，2021 上半年埃及的债务总额达到 3920 亿美元，其中外债为 1370 亿美元，是 2010 年（337 亿美元）的 4 倍；国内债务为 2550 亿美元，为 2010 年国内债务的 2 倍。[1] 为进一步缓解政府财政压力，2021 年下半年埃及先后从国际货币基金组织获得了 17 亿美元贷款，使其收到该组织的贷款总额达到约 54 亿美元[2]；从世界银行获得了 3.6 亿美元发展政策融资（DPF）贷款。[3] 但过度依赖国际援助和优

[1] Khalil Al-Anani, "Gulf Countries' Aid to Egypt: It Is Politics, Not the Economy, Stupid," https://arabcenterdc.org/resource/gulf-countries-aid-to-egypt-it-is-politics-not-the-economy-stupid/, accessed: 2022-07-25.

[2] 《国际货币基金组织批准拨付埃及的 17 亿美元的贷款》，中华人民共和国驻阿拉伯埃及共和国大使馆经济商务处网站，2021 年 6 月 24 日，http://eg.mofcom.gov.cn/article/jmxw/202107/20210703172900.shtml，最后访问日期：2022 年 5 月 20 日。

[3] "New Project to Support Egypt's Inclusive and Sustainable Economic Growth," https://www.worldbank.org/en/news/press-release/2021/10/27/new-project-to-support-egypt-s-inclusive-and-sustainable-economic-growth, accessed: 2022-06-11.

惠贷款的经济发展模式也影响国家结构改革计划的实施，进一步推高了埃及到期偿还债务压力与利息负担，更易陷入"借新债还旧债"的恶性循环，诱发财政金融风险，甚至是系统性风险。

三　埃及坚持多元外交战略，努力重拾地区大国地位

2021年，面对"后疫情时代"国际格局和地区形势新变化，塞西政府继续推动灵活多元外交战略，与世界大国和地区国家保持较好关系，努力增强地区影响力与话语权。

首先，平衡与世界性大国关系，进一步拓展本国外交空间。

与美国关系方面，不同于美国上一任总统特朗普，拜登在竞选时就明确表示"不会给特朗普'最喜欢的独裁者'开空头支票"，将矛头直指塞西，并多次指责埃及政府"侵犯人权"。2021年1月拜登入主白宫后，两国元首间有长达4个月的"尴尬沉默"。随着2021年5月埃及积极斡旋促成巴以双方停火，埃及与美国政府间交流变得异常活跃。拜登与塞西在一周内两次通电话，派国务卿安东尼·布林肯出访埃及，确认两国"战略伙伴关系"，"提升（埃及）在美国政府的地位"①。2021年11月，布林肯在华盛顿与埃及外交部部长萨迈赫·舒凯里主持拜登执政后的首次美埃战略对话，探讨两国战略伙伴关系，经贸、防务、气候等领域合作和地区热点问题。美国在两国联合声明中重申对埃及维护水资源安全的支持，赞赏埃及在调解巴以冲突中发挥的领导作用。拜登对埃及态度转变，为塞西政府"背书"，在一定程度上帮助拜登政府以较低成本维系美国在中东地区的影响力，也显示出塞西政府在调整对美关系上的灵活与务实，推动两国关系进一步朝着动态平衡、互利双赢的方向发展。与俄罗斯关系方面，随着两国间"全面伙伴关系和战略合作协议"（The Comprehensive Partnership and Strategic Cooperation

---

① Farah Najjar, "Egypt Used Gaza Ceasefire to 'Improve Its Standing in Washington'," https：// www.aljazeera.com/news/2021/6/3/egypt−used−gaza−ceasefire−to−improve−its−standing−in− washington，accessed：2022−08−01.

Agreement）正式生效，2021 年埃及-俄罗斯关系继续向前推进，军事与旅游领域尤为突出。2021 年 8 月，埃及武装部队总司令兼国防和军事生产部部长穆罕默德·扎基率高级军事代表团访问俄罗斯，其间参加埃及-俄罗斯军事技术合作委员会第七次工作会议、俄罗斯“军队-2021”国际军事技术论坛开幕式，会见俄罗斯国防部部长谢尔盖·绍伊古，签署旨在加强两国军事和安全领域合作议定书，扩大两国在军事技术领域的合作关系，加强两国在地区和国际重大问题上的沟通协调；10 月和 12 月，埃及与俄罗斯先后在埃及的开罗周边和亚历山大港举行第五次“友谊卫士-2021”联合战术演习和第四次“友谊之桥-2021”海上联合军演，就抓捕恐怖分子、安抚当地民众、重启生活设施、共同应对海上安全威胁等课题进行演练，切实提升两国在海陆反恐、维护地区和平稳定方面的联合作战能力。旅游方面，2021 年 4 月，埃及与俄罗斯达成全面复航协议；8 月 9 日，从俄罗斯莫斯科起飞的客机抵达埃及胡尔加达，标志着俄罗斯和埃及全面恢复直航。埃及民航局随后表示，除开罗和莫斯科之间的每日航班外，埃及航空将每周组织 7 班从莫斯科飞往埃及沙姆沙伊赫和胡尔加达的航班。这不仅为更多俄罗斯游客前往埃及提供便利条件，也有助于推动埃及旅游业复苏，刺激埃及经济增长。

与中国关系方面，2021 年是中埃建交 65 周年，面对复杂多变的国际和地区形势以及全球疫情反复，中国和埃及始终坚定支持彼此核心和重大利益，在国际和地区事务中密切协调配合，推动两国关系迈上新台阶。主要表现为：高层交往密切，政治互信不断强化。2021 年 2 月 22 日，习近平主席在与塞西的通话中强调“中国始终将埃及置于中国外交全局的重要位置，是埃及可以信赖的朋友和伙伴”，塞西表示“愿同中方共同努力，进一步提升埃中全面战略伙伴关系”[1]，两国元首共同为中埃全面战略伙伴关系高水平运行指明前进方向。2021 年 7 月，中国国务委员兼外交部部长王毅访问

---

① 《习近平同埃及总统塞西通电话》，百家号，2021 年 2 月 22 日，https：//baijiahao. baidu. com/s？id=1692410066805254300&wfr=spider&for=pc，最后访问日期：2022 年 7 月 25 日。

埃及期间，签署了《中埃政府间合作委员会协定》；同意商签加强两国全面战略伙伴关系第二个五年实施纲要和共同实施"一带一路"倡议方案，有力推动中埃全方位、全领域、高水平合作向更广阔领域和更纵深方向发展。中埃加强疫苗合作，推动构建人类卫生健康共同体。2021年初，埃及正式批准在埃紧急使用中国国药集团新冠灭活疫苗后，中国先后向埃及援助4批疫苗，通过商业采购和本地化生产等方式共向埃方交付3350万剂新冠疫苗①；同年7月，在中国疫苗原液和生产监督技术支持下，埃及完成首批100万剂中国科兴疫苗的本地化生产，实现日产量30万剂，不仅减缓疫情在埃及当地进一步的蔓延，更有助于提高新冠疫苗在其他中东和非洲国家的可及性和可负担性。中埃务实合作取得丰硕成果，推动高质量共建"一带一路"行稳致远。2021年，中国继续稳居埃及第一大贸易伙伴，全年贸易总额达199.8亿美元，同比增长37.3%②；中国企业在埃及市场签约的最大现汇项目——埃及阿拉曼新城超高综合体项目正式开工；非洲第一高楼埃及新行政首都CBD项目标志塔主体结构顺利封顶；中埃"油改气"、本地化生产以及天然气罐等合作项目稳步推进。

其次，高度重视发展同非洲国家的交流合作，推动非洲一体化建设进程，但复兴大坝引发的冲突仍悬而未决，非洲地区大国竞争愈演愈烈。

塞西政府继续将非洲置于国家外交优先方向，加快推进非洲联合自强和一体化进程。2021年1月，塞西会见非洲联盟（非盟）委员会主席穆萨·法基·穆罕默德时表示"埃及将不遗余力地支持非洲兄弟国家，支持非洲

---

① 肖天祐：《中埃"一带一路"合作硕果累累》，百家号，2021年11月22日，https：//baijiahao.baidu.com/s？id=1717074284512773311&wfr=spider&for=pc，最后访问日期：2022年7月22日。

② 《驻埃及大使廖力强在埃及〈金字塔在线〉发表署名文章》，中华人民共和国外交部网站，2022年2月20日，https：//www.fmprc.gov.cn/web/gjhdq_676201/gj_676203/fz_677316/1206_677342/1206x2_677362/202202/t20220220_10643767.shtml，最后访问日期：2022年8月4日。

国家合作、建设和发展，体现各国人民的自由意志，增强国家安全与稳定"①。2021年6月，埃及在沙姆沙伊赫主办首届非洲投资论坛，与34个非洲国家的贸易、投资等相关领域部长级负责人围绕"一体化促进发展"主题，就新冠疫情蔓延、全球供应链不足、通货膨胀、失业率上升、贸易冲突、地缘政治等议题进行了讨论，在制定具体的合作机制与投资框架、加强非洲地区数字基础设施建设、提供技术援助、促进外国直接投资等方面达成共识，有助于解决非洲经济结构脆弱、政策空间有限等问题，将非洲建设成为全球工业化中心。这是埃及首次主办非洲级别的投资论坛，得到非盟、世界投资促进机构协会、非洲大陆自由贸易区等国际和地区组织以及坦桑尼亚、肯尼亚、津巴布韦、加纳等非洲国家官员和投资者的高度认可，为"后疫情时代"推动非洲区域经济一体化建设注入强大正能量。2021年11月，埃及在第二次担任非盟和平与安全理事会轮值主席国期间，就非洲萨赫勒地区、非洲之角以及中非地区面临的安全挑战召开关于消除极端主义话语和意识形态，打击恐怖主义融资等议题的部长级会议；与非盟成员共享埃及反恐经验，探讨解决冲突根源、加快各国和平进程、商讨人道主义准入条件等问题；实地探访索马里，为打击索马里青年党提供必要支持；研究气候变化对非洲和平和安全的影响，为在埃及召开的2022年联合国气候变化大会第27次缔约方会议（COP27）提出非洲建议。

随着非洲地区局势变化与埃及外交战略需求的调整，埃及注重与周边国家保持良好关系，为国内发展创造宽松的周边环境，最大程度实现自身利益关切。面对反复波折的利比亚问题，相较于上一年的激进主张，2021年塞西政府对利比亚各方态度趋于平衡务实。2021年2月，在最新一轮政治对话论坛会议选举产生利比亚统一临时行政机构后，塞西随即向新成立的过渡

---

① "President El-Sisi Receives AU Chairperson，" https：//www.sis.gov.eg/Story/154060/President-El-Sisi-Receives-AU-Chairperson？lang＝en-us，accessed：2022-07-29.

政府表示支持，称其为"迈向正确方向的一步"①。塞西与利比亚过渡政府总理阿卜杜勒·哈米德·德贝巴、总统委员会主席穆罕默德·尤尼斯·门菲、利比亚"国民军"领导人哈夫塔尔、利比亚议长阿基拉·萨利赫·伊萨等各方代表就利比亚局势进行沟通，重申埃及支持利比亚举行总统选举，尊重利比亚主权和领土完整，反对任何外部势力干涉利比亚内政，修正了埃及在利比亚问题上的立场。与此同时，埃及积极推进同利比亚在基建、能源、贸易等重点领域的合作。2021年4月，埃及总理马德布里率埃及多个机构负责人和投资代表出访利比亚，双方签署电力、通信、基础设施、技术合作、投资等多领域伙伴关系协议。11月，埃及劳动部同利比亚劳动与重建部签署协议，陆续组织埃及劳工于当年年底前到达利比亚参与工程建设，既为利比亚"重建国家"提供切实支持，也有助于缓解埃及国内就业压力。针对苏丹过渡政府内部军方与文官集团长期存在的矛盾，一方面，埃及与苏丹文官集团保持必要沟通。2021年3月，塞西与苏丹时任总理阿卜杜拉·哈姆杜克在互访期间就分享埃及经济改革经验、为苏丹提供人员培训、加强电力和铁路联通项目以及工农业联合投资、成立四方联盟协调复兴大坝问题等交换意见。另一方面，埃及加大对苏丹军方的支持。2021年3月，塞西在访问苏丹期间同苏丹军方领导人阿卜杜勒·法塔赫·布尔汉就红海地区安全、苏丹与埃塞俄比亚边境争议、复兴大坝等问题达成共识；美国《华尔街日报》披露，2021年10月，布尔汉在发动政变前夜曾前往埃及与塞西进行秘密会谈，以确保得到埃及的支持。② 在苏丹国家进入紧急状态当日，埃及外交部发布的声明并未指责苏丹军方的行动。此后，埃及政府也未同美国、英国、沙特、阿联酋等国发表恢复苏丹文官政府、谴责军事政变的联合声明；

---

① "Egypt's President Says He Supports Interim Libya Government," https：//eng. majalla. com/ node/118676/newsegypts－president－says－he－supports－interim－libya－government，accessed：2022－06－10.

② "Al-Burhan Discretely Went to Egypt on Eve of Coup：WSJ," https：//english. almayadeen. net/ news/politics/alburhan-discretely-went-to-egypt-on-eve-of-coup：-wsj，accessed：2022－07－01.

还在与沙特、阿联酋等国官员会谈中明确表示支持苏丹军事政变①，愿为苏丹恢复经济、加强基础设施建设、开展军事演习、情报分享等提供支持。埃及一系列举动不仅进一步深化同苏丹军方的友好关系，稳定周边局势，更有助于重塑埃及在非洲的影响力。

尽管埃及积极参与非洲地区事务，不断加强与周边国家关系，但受制于本国国力与地区局势变化，埃及与非洲相关国家的地缘政治博弈有愈演愈烈之势，这当中以埃及、苏丹与埃塞俄比亚之间的水坝之争为甚。虽然联合国、世界银行、欧盟、非盟、阿盟、美国等就此问题进行调解，但三国，特别是埃及、苏丹同埃塞俄比亚之间关于构建有法律约束力的协议文件和尼罗河历史协议的争论仍未达成共识。2021年，尼罗河水资源分配问题仍未取得明显进展，地区层面的角力持续加剧。2021年4月，因埃塞俄比亚反对苏丹关于成立由联合国、美国、欧盟、非盟组成的复兴大坝四方国际委员会的提议，埃及和苏丹拒绝埃塞俄比亚提出关于分享青尼罗河巨型水电站运行数据的提议，非盟主席国刚果（金）主持的金沙萨会谈无果而终，意味着三国在大坝第二阶段蓄水前达成协议的可能性彻底落空。7月初，联合国安理会表示"应在非洲联盟主持下，集中力量重启复兴大坝谈判，与埃塞俄比亚签署符合埃及和苏丹需求的具有约束力的法律协议"②，但未在消除双方分歧上提出更多建议。数日后，埃塞俄比亚宣布复兴大坝水库第二阶段蓄水完成，再次引发埃及与苏丹方面的不满情绪和国内水资源紧张，使三国谈判进一步恶化。在迟迟未果的"水权""坝权"争夺战背后，埃及与埃塞俄比亚的地区博弈日趋激烈。随着埃塞俄比亚强化与南苏丹、厄立特里亚等国

---

① "Egypt Officials in Talks with UAE, Saudi to Support Sudan Coup," https://www. middleeastmonitor. com/20211115 - egypt - officials - in - talks - with - uae - saudi - to - support - sudan - coup/, accessed: 2022-08-01.

② 《在完成复兴大坝第二次蓄水之后 苏丹向埃塞俄比亚发出两条信息》，半岛电视台中文网，2021 年 7 月 21 日，https://chinese. aljazeera. net/news/2021/7/21/% E5% 9C% A8% E5% AE%8C%E6%88%90% E5% A4% 8D% E5% 85% B4% E5% A4% A7% E5% 9D% 9D% E7% AC% AC%E4%BA%8C%E6% AC% A1% E8% 93% 84% E6% B0% B4% E4% B9% 8B% E5% 90% 8E% E8%8B%8F% E4% B8% B9% E5% 90% 91% E5% 9F% 83% E5% A1% 9E% E4% BF% 84% E6% AF% 94%E4%BA%9A，最后访问日期：2022 年 6 月 10 日。

合作，埃及也采取多种手段拉拢有关非洲国家，扩大自身政治影响力，如同苏丹签署加强两国军事训练、经验交流的合作协议，举行"尼罗河之鹰-2""尼罗河守护者"联合军演；与乌干达签署军事情报共享协议；与刚果（金）开展智能电表制造、电气连接等合作；与卢旺达签署外交培训、青年、体育、博物馆、信息技术领域谅解备忘录；与坦桑尼亚拓展农业、能源、信息技术等新领域合作。埃及与埃塞俄比亚之间愈加复杂的地缘政治竞争非但不能消弭双方间的分歧，反而诱导非洲国家"选边站"，在一定程度上易破坏非洲稳定团结，加剧尼罗河流域国家间不信任与对抗局势。

最后，不断提升在中东事务的战略主动性，增加与中东各国良性互动，争取在中东地区格局和国家间关系全面调整阶段占据有利地位。

一方面，埃及充分发挥固有优势，积极促成巴以停火。为缓解2020年阿联酋、巴林、苏丹、摩洛哥等阿拉伯国家与以色列关系正常化引起被边缘化的"不适"，埃及作为首个与以色列签署和平协议的阿拉伯国家，努力扮演好巴以冲突"调停人"角色，加大与巴以双方斡旋力度，向国际和地区势力展示埃及在推动中东和平进程中不可代替的作用。2021年4~5月，巴以冲突再度升级，双方爆发了近年来规模最大的冲突，造成至少248名巴勒斯坦人在加沙遇难，1900余人受伤。冲突发生后，埃及随即派代表团与巴勒斯坦哈马斯和以色列政府就停火细节进行为期一周的谈判，最终在5月21日促成停火协议，使其从与以色列关系正常化的一众阿拉伯国家中脱颖而出，就连此前对塞西"冷漠"的美国总统拜登也突然变得"热络"，与塞西5天之内开展两次电话"密切沟通"。为加强在解决巴以问题中的推动性作用，埃及派出两支安全代表团监督巴以停火执行情况，计划拨款5亿美元、提供工程设备和人员帮助加沙地带重建，允许医疗、人道主义援助和重建材料通过拉法口岸进入加沙，与巴勒斯坦法塔赫、哈马斯、杰哈德等各方代表单独会谈，邀请巴以双方在开罗就夯实停火协议、哈马斯与以色列交换被关押囚犯、加沙战后重建等议题展开磋商。此外，塞西还同约旦国王阿卜杜拉二世、巴勒斯坦总统马哈茂德·阿巴斯讨论"两国方案"，会见10年来首位访问埃及的以色列总理纳夫塔利·贝内特等。埃及以调解巴以冲突为战略抓手，充分发挥与巴勒斯坦、以色列接壤的地理优势，依托长期斡旋的丰富经验，灵活应对并平衡各方利益诉求，成为推动中东和平进程重返正轨的主要贡献者，表明埃及仍是巴以和谈、中东格局演变中不可忽视的力量，也为埃及重回中东强国行列积蓄了政治和外交力量。

另一方面，埃及增加与周边国家互动，提升地区影响力。在中东大国力量重新分化组合中，埃及成为中东多国主动示好的对象。作为回应，埃及与这些国家互动交流明显增加，与有分歧的国家实现不同程度"破冰"。其中，埃及与卡塔尔关系得到明显改善。2021 年 1 月，根据《欧拉宣言》①，埃及向卡塔尔民航航班开放领空，结束为期 3 年多的航班禁令；两国同意恢复外交关系；2 月，两国代表团在科威特举行欧拉峰会后的首次会谈，就落实《欧拉宣言》的联合机制与程序、推进联合行动、维护海合会成员国及公民利益、实现地区稳定繁荣等事关两国关系未来发展方向的议题交换意见，为缓和两国关系释放积极信号。随后，埃及与卡塔尔两国互动更加频繁。4 月，塞西与卡塔尔埃米尔塔米姆·本·哈马德·阿勒萨尼通电话，互致斋月问候；8 月，两国元首在伊拉克巴格达实现两国重新恢复外交关系以来的首次会面，就继续加强磋商，进一步推动两国关系发展达成共识。此外，两国还开展外长互访、互派大使、成立联合委员会，就两国在航空、邮政等多领域合作展开协商等。尽管埃及与卡塔尔关系有所回暖，但由于两国关于抓捕在卡塔尔活动的埃及穆兄会成员、半岛电视台对埃及事务报道立场等问题上的分歧仍未消除，两国关系恢复到卡塔尔外交危机以前水平还需时日。

与此同时，埃及与土耳其的利益分歧也有所缓和。2021 年 3 月，土耳其政府责令由埃及政府反对派在伊斯坦布尔开办的三个电视频道停止播放部分政治类节目，停止对埃及政府的批评，4 月，关停了隶属于穆兄会的 Mekameleen 电视台在土耳其的所有业务，为修复同埃及紧张关系，就争议

---

① 2021 年 1 月 5 日，第 41 届海湾阿拉伯国家合作委员会首脑会议签署《欧拉宣言》，标志着埃及、沙特、巴林、阿联酋与卡塔尔恢复全面外交关系，为解决悬而未决的地区争端提供了"广泛的对话空间"。

性问题会谈创造良好氛围。5月，土耳其外交部副部长塞达特·厄纳尔率代表团访问埃及，与埃及外交部副部长哈姆迪·萨纳德·洛萨就地中海局势、油气勘探活动、地区安全等开展"探索性"政治磋商，成为2013年两国关系恶化以来的首次正式外交磋商，被视为"两国关系走向正常化的必要步骤"①。四个月后，土埃双方又举行了第二轮磋商，努力在互利基础上推进两国关系正常化。虽然两国关系趋于缓和，但如土耳其外交部部长梅夫吕特·恰武什奥卢所言"在国际关系中，没有持久的友谊也有没有长久敌对"②，土耳其埃尔多安政府迫于疫情和国内外压力，采取灵活现实的外交政策，主动向埃及释放友好信号，但两国的意识形态差异、在东地中海沿岸的经济利益冲突以及中东地区的领导地位争夺等都使两国关系极易受国内形势及中东地区局势变化影响，短期内是否能彻底克服域内外障碍仍待进一步观察。

结　语

2021年是"阿拉伯之春"10周年，也是埃及"1·25"革命10周年。经过短暂的"民主试验"，埃及重回军人统治模式，社会迈入发展正轨。当前，埃及政局基本保持稳定，社会秩序恢复正常；打击恐怖主义和极端主义成果显著，境内恐怖袭击事件有所下降；举世瞩目的新行政首都进入试运行阶段，有望成为埃及"2030愿景"的样板工程。埃及经济进入结构改革阶段，出台系列政策措施，延续较为稳定向上的发展势头；外贸出口、旅游业、金融科技等领域取得显著发展，为产业转型奠定重要基础。埃及外交更趋多元化，继续发展"大国平衡外交"，与美国、俄罗斯、中国等世界性大

---

① "Egyptian and Turkish Officials Meet for Talks to Mend Rift," https://www.aljazeera.com/news/2021/5/5/egypt-turkey-officials-meet-for-talks-to-mend-rift, accessed：2022-08-01.

② "Turkey, Egypt Hold 2nd Round of Political Talks in Ankara," https://www.dailysabah.com/politics/diplomacy/turkey-egypt-hold-2nd-round-of-political-talks-in-ankara, accessed：2022-08-03.

国保持良好伙伴关系；继续将非洲置于国家外交重要方向，发展与非洲国家友好关系；加快与中东多国互动沟通，在热点问题上发挥自身独特作用。但不可忽视的是，埃及发展仍面临诸多风险挑战：埃及政府对军方的高度依赖加大军队对社会的管控、新行政首都切实改善埃及中低阶层民众生活质量的前景令人担忧；国际环境的不稳定不确定因素与国内经济的深层次问题影响埃及本土制造业发展，政府负债更加严重，国家财政压力凸显；囿于本国实力和国际和地区形势变化，埃及在非洲的地区大国地位仍遭挑战。从长期看来，埃及还需进一步加强民主政治建设，增强新行政首都的"包容性"；加快经济转型发展，处理好经济结构改革与改善民生关系；继续提升在国际和地区事务上的影响力与话语权，推动埃及政治、经济、外交等领域实现转型与发展，为中东和非洲地区和平、稳定与发展做出更大贡献，早日实现埃及"2030 愿景"目标。

专题报告
Special Reports

Y.9

中东经济复苏前景评估

姜英梅[*]

摘　要： 在新冠疫苗接种进度加快、经济刺激政策颁布、经济结构转型以及全球经济复苏等因素作用下，中东多国经济恢复速度加快。国际油价整体高位运行，为以石油出口为主导的经济体经济恢复提供了有力支撑，并对石油进口国产生溢出效应。2022年中东地区整体经济将延续复苏态势，但由于各国疫苗接种进度不同等因素，经济恢复进程将加速分化，不同国家经济恢复存在不平衡性。中东国家经济复苏仍受到地缘政治环境、发展不平衡、经济结构不合理及疫苗接种率等多重因素影响，未来经济增长不确定性增加。

关键词： 新冠疫情　中东经济　乌克兰危机　经济复苏

---

[*] 姜英梅，中国社会科学院西亚非洲研究所副研究员，主要从事中东经济发展问题研究。

受全球经济复苏和国际油价上升的利好推动，中东经济持续复苏。世界银行 2022 年 4 月发布的报告指出，2021 年中东地区 GDP 增长了 3.3%，预测 2022 年将增长 5.2%。然而，中东地区国家经济复苏差异较大，2022 年该地区有 11 个国家将无法恢复到疫情前的生活水平。[①] 随着 2021 年以来能源价格的飙升，石油出口国的复苏速度比石油进口国要快。由于疫情、全球货币政策收紧和乌克兰危机造成的不确定性，2022 年中东经济复苏仍面临较大的不确定性。中东地区正面临相当大的通胀压力，主要原因是全球通胀与疫情造成的破坏、乌克兰危机加速了大宗商品价格上涨，以及一些国家的货币贬值。

一　2021年全球经济持续复苏

2021 年全球经济继续复苏，但受疫情影响，复苏势头已经减弱。高传染性的德尔塔毒株在全球肆虐，各国民众面临巨大的健康风险，经济实现完全复苏的进程受阻。处于全球供应链重要环节的国家暴发疫情，导致供应中断的持续时间比预期更长，许多国家通货膨胀进一步加剧。总的来说，经济前景面临的风险日益增加，政策权衡取舍变得更加复杂。相比 2021 年 7 月的预测，国际货币基金组织（IMF）10 月的报告将 2021 年全球增速预测值小幅下调至 5.9%，将 2022 年的预测值保持在 4.9% 不变，增速下调的主要原始是最大两个经济体（美国和中国）的增速预测有所下调。[②] 国际货币基金组织在 2022 年 4 月发布的《世界经济展望》报告，将 2021 年的全球增速调整为 6.1%，2022 年调整为 3.6%（见表 1）。

然而，总体增速预测值的上调掩盖了一些国家的大幅下调。由于疫情恶化，低收入发展中国家的前景变得更为黯淡，发达经济体近期前景也变得更为困难，这在一定程度上是由供给扰动导致的。与此同时，由于大宗商品价

---

①　World Bank, "MENA Economic Update," 2022 April, p. 13.
②　国际货币基金组织：《世界经济展望》，2021 年 10 月，第 XV 页。

格上涨，国际货币基金组织上调了部分大宗商品出口国的增速预测值，这部分抵消了上述预测值的变化。由于疫情对接触密集型行业造成了干扰，大多数国家的劳动力市场复苏明显滞后于产出复苏。不同国家的经济前景呈现危险的分化趋势。2022 年全球经济增速预计将放缓至 3.6% 左右，其中发达经济体放缓至 3.3%，新兴市场和发展中经济体放缓至 3.8%（见表 1）

表 1　世界主要经济体经济增长率（2020~2023 年）

单位：%

经济体	2020 年	2021 年	2022 年（预测值）	2023 年（预测值）
全球	-3.1	6.1	3.6	3.6
发达经济体	-4.5	5.2	3.3	2.4
美国	-3.4	5.7	3.7	2.3
欧元区	-6.4	5.3	2.8	2.3
新兴市场和发展中经济体	-2.0	6.8	3.8	4.4
亚洲	-0.9	7.3	5.4	5.6
欧洲	-1.8	6.7	-2.9	1.3
拉丁美洲和加勒比	-6.9	6.8	2.5	2.5
中东	-3.2	5.8	5.0	3.6
撒哈拉以南非洲	-1.7	4.5	3.8	4.0

资料来源：IMF，"World Economic Outlook," 2022 April, p.6。

由于乌克兰危机导致大宗商品价格上涨、价格压力不断增大，2022 年，发达经济体的通胀率预计为 5.7%，新兴市场和发展中经济体的通胀率预计为 8.7%，二者较 1 月的预测值分别高出 1.8 和 2.8 个百分点。尽管新兴市场和发展中经济体的产出缺口更大，但由于融资环境趋紧，加之通胀预期变动风险增大，它们正在取消政策支持。供给扰动则带来了另一个政策挑战。一方面，在一些国家，疫情暴发和不利天气导致主要生产投入品出现短缺，造成制造业活动疲软；另一方面，这些供给短缺，加上被压抑的需求释放和大宗商品价格反弹，导致消费者价格迅速上升。美国、德国以及许多新兴市场和发展中经济体都出现了这种情况。

在粮食安全问题最为严峻的低收入国家，食品价格上涨幅度最大，这导致贫困家庭负担加重、社会动荡风险加剧。国际货币基金组织在2021年10月《全球金融稳定报告》中强调，金融市场承担风险行为增加，非银行金融机构脆弱性加剧，这给货币政策带来了另一个挑战。这些复杂的挑战背后有一个共同的因素——疫情持续对全球社会造成影响。

因此，政策的重中之重是保证每个国家有足够的人口接种疫苗，防止出现毒性更强的变异毒株，今后疫苗生产商和高收入国家应通过提供资金和技术转让，支持发展中国家扩大本地区疫苗生产。发达经济体近60%的人口已经完成疫苗接种，并且一些人正在接种加强针，但低收入国家仍有约96%的人口没有接种疫苗。

2020年新冠疫情加上价格战，导致全球油价暴跌。2021年以来，随着经济活动增强，大宗商品价格继续走高，油价再次进入上升通道。2014年油价暴跌过后，石油开采行业投资不足，加之一些国家近期对页岩油生产投资减少，导致国际石油普遍供应不足。与此同时，中国经济强劲复苏，美国推出大规模经济刺激计划，全球市场对疫苗保护的乐观情绪等，引发了国际石油需求的增长。

受此推动，一轮新的油价上涨周期正在启动。IMF预测2021年石油价格较其2020年较低基数预计上涨67.3%，全年平均油价为69.1美元/桶（见图1）。[①] 2021年，欧洲和亚洲的天然气价格出现上涨，涨幅超过3倍，达到创纪录水平。石油和天然气价格飙升的连锁反应波及煤炭和其他能源市场。煤炭价格被推升至2001年以来的最高位，促使欧洲碳排放权成本上升。非石油大宗商品价格预计将比2020年的价格水平高出近30%，反映出2021年下半年金属和食品价格特别强劲的上涨。[②]

---

① IMF, "World Economic Outlook," 2022 April, p.151.
② 国际货币基金组织：《世界经济展望》，2022年1月，第5页。

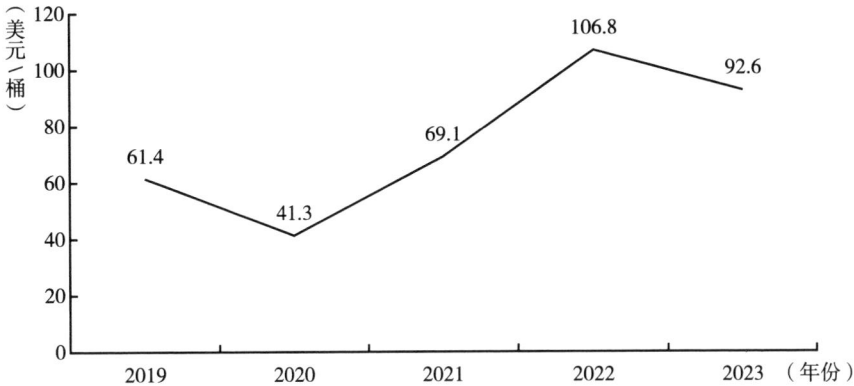

图 1　国际石油价格（2019～2023 年）

资料来源：IMF，"World Economic Outlook," 2022 April, p. 151。

油价上涨是石油出口国的福音，但是又会加重石油进口国的进口支出，此外食品价格上涨往往集中在粮食安全程度较低的地区，给贫困家庭带来更大的压力，也可能因此加剧社会动荡。

二　2021年中东经济不均衡复苏

新冠病毒引发的疫情流行两年来，中东经济复苏呈现脆弱性和不平衡性。该地区 20 个经济体中的每个经济体的表现，取决于其对石油价格波动的风险敞口，以及它在应对疫情方面的表现。根据国际货币基金组织 2022 年 4 月《中东和中亚地区经济展望》报告：2021 年中东地区经济增长率为 5.8%（2020 年经济收缩 3.2%），预测 2022 年中东经济仍将稳步增长 5.0%；2021 年中东经常账户余额占 GDP 比重为 3.6%，财政赤字占 GDP 比重为 4.5%，年均通货膨胀率为 14.6%（见表 2）。①

（一）2021年中东经济形势概况

世界银行在 2022 年 4 月发布的报告中预测，2021 年中东地区 GDP 增长率

①　IMF, "Regional Economic Outlook: Middle East and Central Asia," 2022 April, p. 46.

表 2 中东经济指标（2019~2022 年）

单位：%

经济指标	2019 年	2020 年	2021 年	2022 年
GDP 增长率	1.0	-3.2	5.8	5.0
经常账户余额/GDP	1.2	-2.4	3.6	9.5
财政赤字/GDP	-3.2	-8.3	-4.5	-3.9
年均通货膨胀率	6.8	10.4	14.6	13.4

资料来源：IMF，"Regional Economic Outlook-Middle East and Central Asia," 2021 Octber, p. 47；IMF，"World Economic Outlook"，2022 April, p. 6。

为 3.3%，如果疫情消退，2022 年中东 GDP 平均增长率为 5.2%，但中东地区平均增长率掩盖了个别国家的差异。[①] 除了悲惨的死亡人数，2020~2021 年的全球卫生危机表明，经济表现在很大程度上取决于国家对疫情的控制。由于几十年来对公共卫生投资不足，中东国家为此付出了很大的代价。

事实上，大多数中东国家没有做好应对新冠疫情的准备，疫苗接种率也将影响它们的经济复苏。同样，疫苗接种和经济复苏前景都不平衡。截至 2021 年 12 月初，阿联酋的疫苗接种率最高，为 90%，而也门的疫苗接种率仅为 1%。在整个地区，更公平地推广疫苗对经济复苏至关重要。

此外，中东部分地区政治不稳定、脆弱和冲突加剧了各国政府在应对疫情时面临的挑战。在黎巴嫩，经济崩溃对公共事业和人民生计造成灾难性的影响。在也门和叙利亚，持续的武装冲突加上疫情，使两国陷入更深的危机。2021 年中东经济适度复苏是在 2020 年 GDP 收缩 3.1% 的基础上实现的。

总的来说，该地区正面临着脆弱的复苏，而且复苏的不确定性很大，估计到 2021 年底，以 GDP 损失计算，疫情的累计成本接近 2000 亿美元。[②] 人均 GDP 通常被认为是衡量人民生活水平的一个标准。在 2020 年人均 GDP 增长率收缩 4.7 个百分点后，2021 年中东人均 GDP 增长仅为 1.1%，低于

---

① World Bank，"MENA Economic Update，" 2022 April, p. 2.

② World Bank，"Middle East and North Africa-Overview，" https：//www.worldbank.org/en/region/mena/overview，April 18, 2022.

2019 年的水平。为应对疫情，中东各国政府不得不为卫生和社会福利方面的紧急支出提供大量资金，这大大增加了政府债务。中东国家的平均公共债务预计将从 56.3% 下降到 53.6%，而在发展中国家中的石油进口国，由于财政赤字仍然很大，预计 2021 年的公共债务占 GDP 的比例将上升到 92.3%。[①]

（二）疫情对中东经济社会的影响

2021 年中东经济增长数字比较乐观，然而这主要是由于过去两年中东经济缓慢增长和衰退拉低了基数，积累了反弹的空间。相比之下，中东各国应该更为重视疫情对地区经济社会的影响，以及复苏进程中的诸多挑战。新冠疫情给西亚北非地区的经济体带来了巨大压力。经济活动中断、生产率和就业率下滑，都在不同程度影响到微观经济的方方面面。此外，疫情还给地区本就过度拥挤、资源不足的医疗系统带来巨大考验。在那些国民收入水平低、战乱等冲突频发的地区国家，当地民众面对疫情时获得必要救治的难度更大。

1. 疫苗获取的不均衡

国际组织一再强调疫苗获取水平对于全球经济复苏的重要性。根据红十字会与红新月国际联合会（IFRC）发布的报告，中东地区疫苗分布存在巨大的不平衡性。地区各国中，那些面临长期人道主义危机的国家，整体疫苗接种水平不足 5%。海合会国家公民接种疫苗的水平远高于地区平均水平。受此影响，疫苗接种水平的差异将不可避免地体现在经济复苏前景上。

2. 劳动力市场受到冲击的程度高

疫情对全球劳动力市场造成冲击，尤其是对那些从事低薪和临时工作的劳动人口，特别是对青年和低技能工人的影响更大。中东国家亦是如此，青年和女性就业持续承压，更多暴露在疫情威胁的风险之下。联合国

---

① World Bank, "Middle East and North Africa-Overview," https://www.worldbank.org/en/region/mena/overview, accessed: 2020-04-19.

早前发布的报告显示，西亚北非地区的女性相较于男性，更容易暴露在疫情威胁风险之下。当地女性在职场上是抗疫一线的主力军，在家中是新冠患者的护理员，但她们获得足够医疗服务的概率却远低于男性。有统计显示，疫情暴发前，西亚北非地区女性劳动力的平均参与率为28%，大大低于全球平均水平。在此背景下，预计女性失业问题将给地区经济复苏带来更大的压力。

3. 通货膨胀率和贫困率上升

供求失调和商品价格上涨显著推高了全球通货膨胀水平。中东诸多低收入国家，民众或因生活成本上升而陷入困顿，宏观经济也将因此遭受更大损失。政府发放的补贴，逐渐成为各国政府普遍难以负担的赤字压力。疫情影响下，中东许多国家财政捉襟见肘。在新一轮全球通胀大潮中，中东贫困率不降反升，中东各国政府面临改善民众生计、减少贫困人口数量的巨大压力。

4. 教育缺失

疫情对西亚北非地区的教育部门造成了令人担忧的负面影响。该地区国家的学校因疫情而被迫关闭，增加了未来发展的不确定性。该报告指出，鉴于青年人口在当地所占比重，必须确保所有年轻人都有在学校接受教育的机会，确保他们在学校学到有利于社会进步的知识、技能、态度和价值观，以免对地区未来发展形成反向阻碍。

总之，疫情对西亚北非地区经济社会产生负面影响，致使民众不满情绪增加。西亚北非地区国家政府对疫情的防控措施普遍不能让民众满意，愈加沮丧的民众对执政团体和政府机构失去信任，加剧了地区社会紧张局势。在疫情暴发的早期，整个地区社会动乱的情况有所平息，最主要原因就是各国政府实施的严格封控防疫措施。但值得注意的是，随着封控措施难以长期为继，社会动乱的情况自2020年下半年起有所抬头，个别国家和地区有所激化。如地区各国不能很好地刺激本国经济尽快复苏，当地动荡程度或将愈演愈烈。

（三）中东主要国家的经济形势

在疫情冲击下，埃及宏观经济环境表现出较强的韧性。宏观经济改革持续推进，经济增长动力相对充足，外汇储备进入稳定期。能源部门改革促进了电力供应和天然气出口，为私人活动开放了能源市场，并刺激了可再生能源投资。然而，埃及仍存在长期结构性挑战，包括私营部门活动迟缓、非石油出口和外国直接投资（FDI）表现不佳，以及政府债务与GDP之比上升，就业岗位不足。埃及的财政空间仍然相当有限，社会条件依然困难，约30%的人口生活在国家贫困线以下。政府启动了"埃及起飞"计划（2018/2019财年至2021/2022财年），随后启动了第二轮国家结构改革计划（NSRP）（2021/2022财年至2023/2024财年）。2021年埃及经济保持3.3%的适度增长，伴随新一轮结构改革，2022年埃及经济增长率将达到5.5%。

油价复苏和经济改革推动沙特等海合会国家经济增长。在强劲的石油市场和非石油行业发展下，海合会国家资产负债更加合理，地区紧张局势得以缓解，疫苗的接种普及助推经济乘势而上。非石油活动也将因新冠疫苗高接种率和投资的加速而受益。油价回升和沙特"2030愿景"下的各项计划的实施，促使沙特石油和非石油部门实现重大发展。世界银行多次调整对沙特经济增长预期。2022年4月的调整中，预计2022年沙特经济将实现7.0%的高速增长态势。

在石油部门和服务业的推动下，伊朗经济继续从2020年中期开始逐步复苏。2021年伊朗经济增长率达到4.1%。然而，水和能源短缺导致农业和工业部门收缩，就业仍未得到恢复。石油收入短缺导致预算赤字不断增加，政府的赤字融资业务增加了通货膨胀压力。2021年伊朗通货膨胀率高达40.7%。虽然社会保护措施在一定程度上缓解了压力，但居高不下的通胀率影响了政府支出效应。此外，创纪录的高温和低降雨量，对伊朗的农业和劳动密集型工业影响甚大。这些因素制约着伊朗经济复苏的步伐和前景。

土耳其是新兴经济体中少数在2020年实现正增长的国家之一。良好的基础效应，放宽疫苗接种限制，以及外部需求扩张，使得土耳其 2021 年上半年 GDP 实现两位数增长，经济和就业率恢复到危机前水平。尽管借贷成本居高不下，财政支持放缓，但私人投资和耐用品消费以及服务业，一直是经济增长的主要引擎。受到外部需求强劲复苏、货币贬值影响，土耳其在欧盟市场的出口份额提升。2021 年土耳其 GDP 预计将增长 8.5%。但随着里拉贬值、国际大宗商品价格上涨和需求侧压力，通货膨胀率继续上升，重获货币政策可信度和遏制高通胀将成为土耳其面临的主要挑战。[1]

近两年来，黎巴嫩一直受到复杂危机的冲击，尤其是经济和金融危机，紧随其后的是疫情冲击，最后是 2020 年 8 月 4 日贝鲁特港的爆炸。在这三次危机中，经济危机的负面影响最大也最持久。事实上，黎巴嫩的 GDP 从 2018 年的 550 亿美元骤降到 2021 年的 205 亿美元，实际人均 GDP 下降 37.1%。这种残酷的收缩通常与战争冲突有关。2021 年黎巴嫩人均实际 GDP 负增长（-9.8%），经常账户赤字占 GDP 比例从 2020 年的 9.3%，扩大至 2021 年的 18.1%。2019 年 8 月以来，黎巴嫩镑贬值约 90%，全国超过 3/4 的人口陷入贫困，该国银行部门的损失总额达到了 690 亿美元。[2]

三 乌克兰危机增加中东经济不确定性

2022 年 2 月爆发的乌克兰危机给包括中东地区在内的全球经济带来重大深远影响。粮食价格上涨可能会加剧中东地区的粮食不安全，导致贫困人口增加；已经受到疫情打击的旅游业再次遭受冲突的影响。但由于能源价格上涨，该地区的石油出口国将从中受益。

---

① World Bank, "Turkey Overview," https：//www.worldbank.org/en/country/turkey/overview#3, accessed：2020-04-19.

② World Bank, "Lebanon Overview," https：//www.worldbank.org/en/country/lebanon/overview#1, accessed：2020-04-19.

（一）对全球经济产生潜在影响

乌克兰危机扰乱了全球供应链，并引发全球资本市场动荡。2022年3月，联合国将2022年全球GDP增长预期下调至2.6%，发达经济体加息以及全球金融市场的无序变动，可能对发展中经济体造成毁灭性打击。[①] 2022年4月，国际货币基金组织《世界经济展望》报告指出，俄乌冲突造成的经济损失将导致2022年全球经济增速显著放缓并推升通胀。燃料和粮食价格快速上涨，全球通胀率上升，低收入国家的弱势群体受到的打击最大。全球增速预计将从2021年6.1%的估值下降至2022年和2023年的3.6%。2022年和2023年的经济增速预测值分别较1月预测值下调了0.8和0.2个百分点。[②]

俄乌冲突还导致小麦价格大幅上涨。根据国际粮食政策研究所（IFPRI）的数据，2018~2020年，俄罗斯和乌克兰小麦出口量占全球出口量的1/3以上。冲突爆发以来，由于来自俄罗斯和乌克兰的全球粮食供应大幅减少，其他粮食商品的价格也在上涨。俄罗斯还是能源和化肥的主要出口国，这两种产品出口的减少，进一步推动了粮食价格上涨。而粮食供应减少加剧了疫情造成的本已困难的全球供应链。在俄乌冲突爆发之前，疫情已经导致该地区粮食价格上涨。根据联合国粮农组织（FAO）公布的食品价格指数，截至2022年4月8日，食品价格比2021年同期高出34%，原油价格上涨了60%左右，天然气和化肥价格翻了一番多。[③]

这场冲突还导致世界能源价格大幅上涨。根据国际能源署（IEA）数据，俄罗斯是居美国和沙特之后的世界第三大石油生产国，以及世界最大的石油出口国之一。俄乌冲突造成的能源生产和运输渠道的中断，给本已紧张的全球能源市场增加了压力，导致能源价格持续飙升。布伦特原油价格在

[①] UNCTAD, "The Impact on Trade and Development of the War in Ukraine," UNCTAD/OSG/INF/2022/1, 2022 March, p. 1.

[②] IMF, "World Economic Outlook," 2022 April, p. 1.

[③] UN, "Global Impact of War in Ukraine on Food, Energy and Finance Systems," April 13, 2022, p. 3.

2022年3月初就超过100美元/桶，创2014年以来的历史新高。天然气价格也大幅上涨。尽管美国和其他国家释放战略储备可能会减缓油价上涨趋势，但石油价格波动也将给石油市场带来不确定性。短期内，包括中东产油国在内的石油输出国组织产能尚不能弥补战争造成的石油供给缺口。

在大宗商品价格上涨和供应紧张的助推下，全球通胀预期正在上升，可能迫使一些国家提高利率。随着利率上升和信贷渠道减少，全球金融市场紧缩可能会导致许多发展中国家的资本外流和金融不稳定，尤其是那些美元化债务、经常账户赤字或财政赤字增加的国家。事实上，埃及央行在2022年3月21日提高了政策利率，以防止货币进一步贬值。

（二）对中东经济产生的潜在影响

许多中东国家受到的严重影响主要体现在日益增长的食品价格、通货膨胀率和食品不安全感上。例如，埃及粮食净进口额高达GDP的3%，也门超过9%。[1] 不断上涨的粮食价格还将加大政府的粮食补贴力度，从而增加政府财政压力。许多中东国家的旅游业也将受到影响。来自俄罗斯和乌克兰的游客减少将导致旅游收入减少。例如埃及1/3的外国游客来自俄罗斯和乌克兰。中东石油出口国可能通过能源价格上涨提高出口收入，从而改善经常账户状况和财政状况。然而，由于气候变化和能源转型需求，各国对油价长期预期仍然较低，因此石油收入下降的长期挑战仍是首要问题。即使在石油出口国，企业和家庭也将面临更高的能源和食品价格。

此外，石油价格上涨导致石油进口国贸易状况恶化。对那些有大量补贴的国家来说，食品和能源价格上涨可能会导致公共支出负担增加。但随着石油出口国经济状况改善，来自海合会国家的侨汇收入可能会增加。

四　2022年中东经济复苏不确定性增加

2022年新冠病毒变异的可能性仍然存在，并对全球经济造成负面影响。

---

① World Bank, "MENA Economic Update," 2022 April, p. 13.

IMF 预测 2022 年全球平均油价将达到 106.83 美元/桶，同比增长 54.7%。[①]
在这种环境下，高通胀预期持续更长时间。2022 年 4 月初，全球通货膨胀
率已达到历史最高水平。中东持续冲突和社会动荡导致社会面临多重危机。
2022 年俄乌冲突爆发，给全球能源、粮食和资本市场带来重大负面影响。
管理不确定性是中东以及全球决策者面临的一项关键挑战，中东经济复苏不
确定性增加。

（一）石油出口国增长前景优于进口国

疫情冲击下，中东各国正在进行经济改革。世界银行预测 2022 年中
东经济将进一步增长，GDP 增长率达到 5.2%（2016 年以来增长率最快
的年份），是全球经济放缓背景下为数不多经济保持增长的地区。受疫情
后经济复苏、石油产量增加以及石油价格上涨等利好因素影响，2022 年
石油出口国经济增长率预计达到 5.4%（见表 3）。由于进口石油和能源
商品的进口预期增加，以及美国和欧盟经济复苏放缓，石油进口国复苏
势头也明显放缓，预计 2022 年经济增长率为 4%。疫苗接种率低和地缘
政治风险将是拖累一些国家经济增长的因素，包括黎巴嫩、利比亚、叙
利亚、也门等。2022 年中东人均 GDP 增长率恢复到 3.6%，但各国间仍
不均衡。包括黎巴嫩和也门在内的脆弱和冲突国家将无法恢复到 2019 年
的水平。

中东国家的私营部门复苏也不平衡。2021 年初以来，包括沙特、阿
联酋和卡塔尔在内的海合会国家不断开展经济活动，而埃及和黎巴嫩等
发展中国家的经济却每况愈下。对阿联酋而言，非石油 PMI 在 2021 年
底达到两年多的高位。但埃及 1 月的 PMI 降至 9 个月低点，2 月仍低于
50，反映了私营部门的收缩，而目前的增长是由公共部门的经济活动带
动的。

[①] IMF，"World Economic Outlook," 2022 April, p. 7.

表 3　2022 年中东经济增长预测

单位：%

地区和国家	实际 GDP 增长率			经常账户余额/GDP			财政余额/GDP		
	2020 年	2021 年	2022 年	2020 年	2021 年	2022 年	2020 年	2021 年	2022 年
中东地区	-3.1	3.3	5.2	-1.5	3.3	8.3	-9.5	-3.3	3.0
石油出口国	-3.6	3.1	5.4	-0.8	5.5	12.1	-9.9	-2.3	5.7
卡塔尔	-3.6	3.0	4.9	-2.5	3.1	4.5	-2.1	-0.9	3.4
阿联酋	-6.1	2.8	4.7	6.0	6.8	13.7	-5.4	-0.5	4.4
科威特	-8.9	2.3	5.7	20.8	25.9	42.4	-33.2	-11.4	13.0
沙特阿拉伯	-4.1	3.3	7.0	-2.3	5.2	14.0	-11.1	-2.1	9.1
巴林	-4.9	2.6	3.5	-9.3	4.3	4.6	-17.4	-10.7	-6.8
阿曼	-2.8	2.1	5.6	-11.9	-3.7	5.6	-16.1	-3.0	5.9
伊朗	3.4	4.1	3.7	-0.3	1.8	4.7	-6.3	-5.5	-3.7
阿尔及利亚	-5.1	3.9	3.2	-12.6	-2.8	4.7	-12.0	-3.5	0.7
伊拉克	-8.6	1.3	8.9	-5.5	8.0	9.6	-6.1	4.2	10.6
埃及	3.6	3.3	5.5	-3.1	-4.6	-6.0	-7.9	-7.4	-7.9
突尼斯	-9.2	2.9	3.0	-6.1	-6.5	-7.6	-9.4	-7.7	-6.3
约旦	-1.6	2.0	2.1	-8.1	-10.6	-9.1	-7.3	-6.0	-4.0
摩洛哥	-6.3	7.4	1.1	-1.5	-2.6	-5.5	-7.6	-6.0	-6.2
吉布提	0.5	4.3	3.3	11.6	-1.1	-3.3	-1.7	-1.8	-2.8
黎巴嫩	-21.4	-10.5	—	-9.3	-18.1	—	-3.3	-1.0	—

资料来源：World Bank，"MENA Economic Update，" 2022 April, p. 13。

（二）中东地区经常账户、财政状况和公共债务

中东地区的经常账户余额占 GDP 的比例预计将在 2022 年提高 5 个百分点，达到 8.3%。高油价和 OPEC 减产限制正在提振石油出口国的经常账户和财政平衡。海合会国家的经常账户余额预计将提高 7.9 个百分点，发展中石油出口国将提高 3.9 个百分点。石油出口国的财政状况也将在 2022 年有所改善。相比之下，进口食品和能源商品账单负担增加，预计将使石油进口国经常账户赤字和财政赤字总体恶化。2020 年疫情将公共债务水平提高了

10~15个百分点。战争给债务可持续性带来更多挑战。巴林的公共债务在海合会国家中最高,在财政赤字略有改善的情况下,公共债务占GDP比例上升到123%。黎巴嫩的公共债务则高达三位数。埃及、约旦和突尼斯的公共债务占GDP的比例超过80%。不断上升的公共债务是这些国家经济发展的挑战之一。

(三)不断上升的通货膨胀

乌克兰危机以来,由于大宗商品市场突然收紧,全球通胀一直在上升。冲突导致中东高通胀的事件多有发生。世界银行预计,2022年中东大多数国家的通胀率将超过2021年的水平(见表4)。伊朗和黎巴嫩等国的情况尤其令人担忧。

表4 中东地区通货膨胀率(2020~2023年)

单位:%

国家	2020年	2021年	2022年	2023年
卡塔尔	-2.6	1.0	4.0	2.8
阿联酋	-2.1	0.2	2.2	1.9
科威特	2.1	3.4	3.6	2.8
沙特	3.4	3.1	2.0	1.8
巴林	-2.3	-0.6	2.5	2.7
阿曼	-0.9	1.5	3.4	2.1
伊朗	36.4	40.7	37.6	34.8
阿尔及利亚	2.4	7.2	7.1	7.0
伊拉克	0.6	6.0	3.3	3.0
埃及	5.7	4.5	10.0	9.0
突尼斯	5.6	6.5	6.5	6.5
约旦	0.3	1.3	3.3	2.5
摩洛哥	0.7	1.4	4.0	1.8
吉布提	1.8	1.2	2.0	2.0

资料来源,World Bank,"MENA Economic Update," 2022 April, p.17。

食品价格上涨一直是该地区的大问题。2022年，中东一些国家粮食价格将进一步上涨，如黎巴嫩、叙利亚和也门等国食品价格大幅上涨。食品和能源价格上涨对穷人影响尤其大，因为他们在食品和能源上的支出占比更大。联合国估计，2021年也门2400万人（约83%的全国人口）饱受粮食不安全之痛。乌克兰危机会加剧这些国家粮食不安全的严重程度。过去两年中，许多受此影响最严重的弱势群体将陷入贫困。到2022年底，中东地区贫困人口将增加900万人。政府公共援助将有助于减轻高通胀对贫困人口的影响。

总之，在高度不确定的情况下，中东正在经历一场不平衡的复苏。这些不确定因素包括地缘政治风险、持续疫情以及乌克兰危机的溢出效应等。油价飙升使中东石油出口国经济快速恢复，但中东大多数国家面临复苏放缓局面。此外，在能源价格上涨的基础上提高食品价格，可能会对这些国家内部产生负面影响。除面临全球经济复苏放缓以及不确定性增加的负面因素外，中东地区的经济发展还面临来自内部的挑战。第一，中东地区经济多样化比以往任何时候都更加紧迫。如果各国不迅速对全球石油需求的负面趋势做出反应，它们可能会发现不仅不可能发展，甚至不可能维持其消费水平。第二，随着融资成本差距的扩大，中等收入国家要么设法进入发达经济体集团，要么减少对国内银行体系的依赖。第三，由于疫情对最不发达国家和冲突国家的影响大于对海合会或中等收入国家的影响，地区国家需要加强区域团结合作，共谋整个地区的复兴。第四，2022年中东地区外交回归将缓解紧张局势，加强各国政府对经济增长和发展的关注。然而，即使实现和平，利比亚、叙利亚和也门等国经济仍面临巨大挑战。第五，气候变化和全球变暖对经济的影响日益明显。[1] 新冠疫情暴发以来，中东地区经历了若干次极端天气事件，包括极端高温、极度缺水等。各国政府普遍对此重视程度不够，或在经济复苏期间因气候灾害而付出较大代价，因此极端天气对中东国家经济负面影响甚大。

---

[1] UN ESCWA, "Realities and Prospects in the Arab Region 2020-2021," 2021 January, p. 39.

Y.10

调整与缓和：中东阵营化新趋势[*]

邵玉琢[**]

摘　要： 当前中东阵营化对抗趋势减弱，总体呈放缓趋稳态势。拜登政府调整中东战略，减少对中东的军事资源投入，避免在地区安全问题上过度承诺，转而回归多边主义基本面，在重返伊核协议问题上加大外交资源投入，使沙特、阿联酋等地区国家承担共同维护地区安全秩序的责任。沙特、阿联酋等地区国家，转变对阵营对抗的态度，在寻求共同安全和经济利益基础上，弥合海合会内部分歧，扩大与伊朗对话，谋求在也门战场实现停火，与叙利亚修复外交关系。同时，非国家行为体在阵营对抗中影响越来越大，表现为军事对抗的不对称性增加和数字技术领域的战略竞争优势。中东地区阵营对抗烈度减弱，并不代表阵营的消失，在中东地区结构性矛盾全面解决前，再次爆发冲突的风险仍然存在。

关键词： 阵营化　中东战略　伊核协议　沙特　胡塞武装

2021 年中东地区国家阵营化总体形势趋于缓和，阵营间对抗和局部冲突烈度有所下降。一方面，新型疫情在全球肆虐，中东国家在防范疫情对经济社会运行产生的负面影响方面面临巨大压力；疫情引发的全球产业链和

---

[*] 本文为教育部国别和区域研究 2020 年规划课题"海湾阿拉伯国家政治伊斯兰的演变及影响研究"（项目编号：2020-G75）的阶段性成果。

[**] 邵玉琢，博士，北京语言大学国别和区域研究院助理研究员，研究方向为区域国别学方法论、阿拉伯国别问题、阿曼历史文化。

供应链断裂对中东国家的经济造成严重冲击，各国都需要平衡控制疫情和推动经济复苏两项重要工作；疫情防控带来的国内压力一定程度上缓和了阵营化对抗的局面。另一方面，美国拜登政府调整中东政策，进一步减少在中东地区的力量投射，给予中东盟友和其他国家在发挥自主性协调地区事务上更多空间。中东地区国家围绕叙利亚问题和也门内战两个地区焦点，积极开展接触，更加主动地降低阵营间的对抗性，地区内原本紧张的关系也有所缓和。

一　美国减少在中东力量投射，
为缓和阵营对抗提供外部条件

拜登在竞选美国总统时就已经对中东地区和必须关注的热点问题有了明确看法。拜登在竞选活动中强调，当选后将立即在中东做三件事：第一，停止美国对沙特领导的多国联军的支持；第二，重新调整美国与沙特之间的关系；第三，重启伊朗再次履行《全面联合行动计划》（以下简称"伊核协议"）的谈判。[1] 从拜登竞选阶段的中东政策调整看，拜登对特朗普政府的中东政策持否定态度，中东政策基本面回归到奥巴马政府时期的导向，即倾向远离中东、减少军事参与和直接投资转向更为紧迫的战略问题。

拜登当选执政以来对中东政策的调整，基本上与竞选时期的承诺保持一致，即减少对中东的战略投入和热点关注，将主要精力放置在对全球治理产生深远影响的问题上，如恢复遭到新冠疫情冲击的经济、应对全球气候变化、加强与中俄的大国战略竞争等。[2] 拜登政府在中东政策上的调整表明中东地区对美国的战略重要性有所降低，但拜登政府此轮政策调整集中在对外政策的策略层面，并没有涉及美国在中东地区的主要利益，即保障能源和商

---

[1]　"The Biden Administration's Middle East Policy 100-Days in," https：//sites. psu. edu/jlia/the-biden-administrations-middle-east-policy-100-days-in/, accessed：2021-09-18.

[2]　Yossi Kuperwasser, "President Biden's Middle East Policy," https：//fathomjournal. org/president-bidens-middle-east-policy/, accessed：2021-09-18.

品自由流动到世界市场；防范打击大规模杀伤性武器扩散；打击恐怖组织；加强盟友和伙伴关系；减少其他大国对中东的影响。①

拜登外交团队的核心成员——国务卿布林肯、国家安全顾问沙利文、中情局局长伯恩斯、国家情报局局长海恩斯等，都曾经在奥巴马政府制定执行中东政策过程中扮演重要角色。② 拜登政府对中东地区的政策工具选择上有别于特朗普政府，将中东政策建立在西方核心价值观上，重视外交资源投入、减少军事资源投入，更加突出价值观外交、重视伙伴和盟友关系，强调多边主义原则，加强与欧洲、联合国在中东事务上的协调。

（一）重启伊核协议谈判——调整中东战略的关键一环

2021 年 1 月，拜登任命原奥巴马政府中东顾问罗伯特·马利（Robert Malley）为伊朗问题特使。马利是美国的中东问题专家，与伊朗、真主党、哈马斯和巴解组织都有沟通的渠道③，作为奥巴马政府国家安全委员会的一员，他在促成伊核协议谈判中发挥了关键作用。④ 马利出任伊朗问题特使本身就表明，拜登政府希望能够在本届政府内积极与伊朗接触，为重返伊核协议创造条件。国务卿布林肯和其他官员也表示，伊朗需要时间转变违反伊核协议内容的行为。⑤ 特朗普政府对伊朗的"极限施压"给伊朗经济带来巨大困难，同时也为拜登政府提供了重启伊核协议谈判的机会。伊朗出于对解除

---

① "The Biden Administration and the Middle East: Policy Recommendations for a Sustainable Way Forward," https://www. mei. edu/sites/default/files/2021-03/The%20Biden%20Administration% 20and% 20the% 20Middle% 20East% 20 -% 20Policy% 20Recommendations% 20for% 20a% 20Sustainable%20Way%20Forward. pdf, p. 2, accessed: 2021-09-20.

② Yoram Ettinger, "President Biden's Middle East Policy," https://www. jns. org/opinion/president-bidens-middle-east-policy/, accessed: 2021-10-03.

③ Yoram Ettinger, "President Biden's Middle East Policy," https://www. jns. org/opinion/president-bidens-middle-east-policy/, accessed: 2021-10-03.

④ "Biden Picks Robert Malley as Special Envoy for Iran," https://www. al-monitor. com/originals/2021/01/robert-malley-iran-special-envoy-biden-nuclear-agreement. html, accessed: 2021-10-04.

⑤ "Biden Picks Robert Malley as Special Envoy for Iran," https://www. al-monitor. com/originals/2021/01/robert-malley-iran-special-envoy-biden-nuclear-agreement. html, accessed: 2021-10-04.

制裁的考虑，参与重返伊核协议的谈判。

2021 年 4 月至 6 月，伊朗与中国、俄罗斯、英国、法国、德国和美国举行了新一轮会谈，主要目的在于使美国重新加入伊核协议，并取消针对伊朗的制裁。除了伊朗在大选时期以及莱希就任伊朗总统后组阁期间短暂中断，谈判一直在持续进行。莱希上台后，伊朗在维也纳会谈上的态度变得更为强硬，伊朗代表团约有 40 人，主要由主管经济的官员构成，反映出伊朗对解除制裁问题的高度关注。伊朗首席核谈判代表、副外长巴盖里曾表示，"只要美国的极限施压还在继续，恢复伊核协议只不过是夸大其词"①。伊朗在维也纳谈判中要求解除 2018 年美国退出伊核协议后施加的制裁措施，而美国希望伊朗能够继续履行 2015 年伊核协议中规定的内容。

拜登政府希望尽快就重新达成伊核协议取得实质性进展，因为伊朗在部分中止履行伊核协议内容期间加紧铀浓缩活动，距离获得制造核武器原料的"门槛"越来越近。美国国务卿布林肯指责伊朗，"伊朗不能一边维持实施核计划现状，一边谈判"②。同时，拜登政府也面临着来自美国国内的压力，共和党议员已经表示反对与伊朗签订协议，因为共和党可能赢得 2024 年大选再次上台执政。③ 为实现拜登竞选时提出重返伊核协议的"优先事项"，美国也在采取措施说服伊朗重返协议。

2022 年 2 月 4 日，美国国务卿布林肯签署了几项与伊朗核计划有关的制裁豁免，推翻了前总统特朗普撤销该计划的决定。④ 美国针对伊朗几项制

---

① "World Powers on Vienna Talks," https：//iranprimer. usip. org/blog/2021/dec/01/iran－world－powers-vienna-talks，accessed：2021－12－04.

② "Iran's Quds Force Chief Warns US as Hopes for Nuclear Accord Fade," https：//www. al-monitor. com/originals/2021/12/irans-quds-force-chief-warns-us-hopes-nuclear-accord-fade，accessed：2021－12－04.

③ "Iran Says US Must Make 'Political' Decision to Rejoin Deal," https：//www. al-monitor. com/originals/2022/02/iran-says-us-must-make-political-decision-rejoin-deal，accessed：2022－02－16.

④ Ram Eachambadi, "US Restores Sanctions Waivers to Iran Atomic Program Reversing Trump-era Policy," https：//www. jurist. org/news/2022/02/us － restores － sanctions － waivers － to － iran － atomic-program-reversing-trump-era-policy/，accessed：2022－02－08.

裁豁免，就是为了促使伊朗更加积极地参与维也纳谈判，为恢复其履行伊核协议内容奠定了基础。伊朗最高国家安全委员会秘书阿里·沙姆哈尼表示："对伊朗来说，真正、有效和可验证的经济利益是达成协议的必要条件。取消制裁的表现不被认为是建设性的。"①

维也纳谈判已经持续将近一年，谈判的主要目的是让伊朗和美国重新回到 2015 年签署的伊核协议上来。但从已经结束的九轮谈判来看，美国和伊朗各自的诉求已经超过 2015 年伊核协议的内容。一方面，拜登政府急于优先解决伊核问题，希望通过世界主要大国共同参与的国际协议约束伊朗在中东地区的行为，通过遏制伊朗对中东地区安全形势的影响，进一步减少美国对中东的军事投入。另一方面，伊朗采取"两手抓"的策略，一手抓维也纳谈判要求美国解除对伊朗的各项制裁，另一手继续铀浓缩活动，不断逼近获得核武器原料"门槛"。虽然双方距离达成最终协议还有很大差距，但双方对达成新的伊核协议都有现实需求，维也纳谈判仍有继续下去的必要和可能。

拜登政府重返伊核协议短期目标是解决中东地区核扩散问题，这标志着特朗普政府"极限施压"策略的失灵。长期来看，重返伊核协议的维也纳谈判也涉及中东战略调整的主要利益攸关方，包括中国、俄罗斯、英国、法国、德国等世界大国，以及海湾国家和以色列等地区盟友，谈判结果直接决定了未来一段时间的中东地区安全局势走向。因此，拜登政府将重返伊核协议作为中东战略调整的关键一环。从美国启动重返伊核协议谈判的行动来看，拜登政府不希望美国在中东依靠军事实力继续扮演"大家长"的角色②，将美国主导的中东地区安全秩序转变为由地区盟友和伙伴

---

① "Russia Welcomes US' Move to Waive Sanctions on Iran's Nuclear Program," https：//iranpress. com/content/55213/russia-welcomes-us-move-waive-sanctions-iran-nuclear-program#：~：text = The% 20US% 20State% 20Department% 20has% 20announced% 20sanctions% 20waivers, nuclear%20agreement%2C%20a%20senior%20official%20said%20on%20Friday，accessed：2022-02-16.

② "The Biden Administration's Middle East Policy 100-Days in," https：//sites. psu. edu/jlia/the-biden-administrations-middle-east-policy-100-days-in/，accessed：2021-09-18.

共同参与的地区安全秩序，改变了特朗普政府的单边主义，选择多边主义立场，在推进维也纳谈判进程中，重视发挥英、法、德三国以及欧盟的"中间人"作用，通过加大外交投入逐步减少对中东地区的直接军事投入。

（二）减少对沙特在也门战场上的支持——进一步减少军事投入

拜登政府改变在也门战争问题上的态度，是基于美国中东战略调整的整体考虑。奥巴马政府和特朗普政府是推动也门内战区域化、长期化的关键因素。早在2015年3月，奥巴马政府支持沙特领导多国联军打击胡塞武装，促使也门问题区域化。经历了7年战争，沙特领导的联军无法彻底剿灭胡塞武装，多边联盟已经消亡。胡塞武装成功抵御住沙特的进攻，对联合国主导的谈判也不妥协，除伊朗外，参与也门战争的任何一方都对其缺乏直接影响力。而对伊朗来说，胡塞武装已经成为伊朗核问题谈判的一个筹码。也门战争已经成为沙特和美国久拖不决的"泥潭"。

拜登在竞选期间曾承诺结束对沙特在也门战场上的支持。拜登当选后，也兑现诺言，并通过外交努力试图结束也门战争。拜登政府在结束也门战争方面有三个重要的优先事项：尽快促成各方停火、制定政治解决方案、提供经济援助。[①]

2021年2月4日，拜登宣布终止"所有美国对也门战争中进攻行动的支持，包括相关武器的销售"[②]。蒂姆·伦德金（Tim Lenderking）被任命为美国也门问题特使，他曾担任美国国务院近东局负责阿拉伯半岛事务

---

① Tyler B. Parker，"President Biden's Yemen Policy：From Pronouncements to Peace？" https：//gjia. georgetown. edu/2021/04/09/president-bidens-yemen-policy-from-pronouncements-to-peace/，accessed：2021-09-18.

② Rebecca Kheel，"Biden Announces End to US Support for Offensive Operations in Yemen，" https：//thehill. com/policy/defense/537346-biden-to-announce-end-to-us-support-for-offensive-operations-in-yemen/，accessed：2021-09-18.

的副助理国务卿，1993 年进入美国国务院长期在中东地区工作。① 伦德金上任后立即访问了沙特和阿曼，还会见了胡塞武装代表团②，并制订了也门停火计划，大力促成沙特领导的联军与胡塞武装之间的停火。虽然胡塞武装拒绝了与沙特的停火协议，但伦德金为也门战争双方会谈创造了条件。

沙特为保护境内重要目标，也积极响应拜登政府对也门战争的政策调整。2021 年 3 月，沙特向胡塞武装和国际公认的也门政府提交了停火计划，称该计划需要双方接受，并可以按照联合国驻也门特使马丁·格里菲思设定的时间表进行。③ 在停火计划中，沙特针对胡塞武装关心的物资和资金通道做出让步，包括重新开放萨那机场，恢复也门与外界的商业航班，以及将霍迪达港在进口石油时产生的税收、关税和其他费用存入也门中央银行的联合账户，该账户资金可供胡塞武装和也门公认的政府用于支付公务员工资和其他项目。④ 沙特领导的联军与胡塞武装围绕马里布展开激烈的攻防战，但在美国撤走对沙特联军的进攻性支持后，双方在战场上的形势有所变化，为通过协商谈判达成停火协议提供了可能。

2022 年 4 月 2 日，沙特领导的联军与胡塞武装达成协议，在斋月开始的第一天宣布停火，交战双方统一停止在也门及其边境的所有进攻性军事行动，还同意燃料船进入荷台达地区的港口，商业航班从首都萨那机场飞往该地区预定的目的地。⑤

---

① "Timothy A. Lenderking," https：//www.state.gov/biographies/timothy－a－lenderking/, accessed：2021-09-18.

② "The U. S. Should Reverse Its Huthi Terror Designation," https：//www.crisisgroup.org/middle-east－north－africa/gulf－and－arabian－peninsula/yemen/us－should－reverse－its－huthi－terror－designation, accessed：2021-09-20.

③ Jon Gambrell and Isabel Debre, " Saudi Arabia Offers Cease－fire Plan to Yemen Rebels," https：//abcnews.go.com/International/wireStory/saudi-arabia-offers-cease-fire-plan-yemen-rebels-76605987, accessed：2021-09-20.

④ "Saudis Offer Ceasefire to Yemen's Houthis as Conflict Escalates," https：//www.thedefensepost.com/2021/03/23/saudi-offer-houthis-ceasefire/, accessed：2021-09-20.

⑤ 《联合国欢迎也门宣布停火两个月》，联合国网站，2022 年 4 月 1 日，https：//news.un.org/zh/story/2022/04/1101362，最后访问日期：2022 年 4 月 10 日。

也门战争暂时停火，从短期来看是拜登政府决定减少对中东地区军事投入政策调整的结果，从长远来看则是美国结束也门战争的第一步。因为只有中东地区形势趋于安全稳定，才能使美国的军事力量更加顺利地撤出。军事干预力量撤出后，美国可以通过外交手段，继续以较低成本维护中东地区的安全秩序。按照拜登政府解决也门问题的思路，下一步是依靠包括沙特、阿联酋等周边国家，以及被国际承认的也门政府和胡塞武装力量共同谈判，最终达成解决也门问题的政治方案。实际上，也门问题能否按照拜登政府设想的方向妥善解决，主要取决于美国和伊朗之间就重返伊核协议的谈判结果。也就是说，伊朗只有在得到美国解除经济制裁并不再退出伊核协议的保障后，才有可能按照拜登政府划定的方向推动也门问题的解决。

与前三届美国政府相比，拜登政府减少对中东的战略资源投入，避免过度承诺，使美国中东政策朝着稳定可预测的方向发展。在可见的未来，美国仍然是中东地区最有影响力的参与者。拜登政府在中东政策上的调整促使中东地区国家采取更为积极的姿态，努力与其他外部参与者建立更深层次的联系，以做好应对安全形势变化的战略对冲。

二 阵营对抗有所缓和，地区国家
主动寻求战略对冲策略

2021年，中东地区阵营对抗的焦点聚焦在南北两大战场：叙利亚战事基本处于常态化状态，没有重大军事行动，政治解决方案也没有实质性进展，巴沙尔政府控制了大部分地区；也门战争在美国等多方参与推动下停火，伊朗支持的胡塞武装暂时同意停火计划。阵营对抗程度明显降低，说明美国、以色列、沙特与俄罗斯、伊朗、土耳其两大阵营对抗的意愿和形式发生变化。

首先，新冠疫情大流行给世界经济带来的沉重打击，促使各国将主要精力转到国内；其次，中东阵营对抗的参与者偃旗息鼓，但中东地区的结构性矛盾仍然存在，也门和叙利亚在短期内无法建立起具备合法性和包容性的治理体系；再次，参与阵营对抗的中东国家深陷安全困境和冲突陷阱，内战催生的非国家行为体使地区形势进一步复杂化；最后，拜登政府重返伊核协议的谈判和从阿富汗撤军，促使其中东盟友不得不考虑摆脱对美国军事存在的长期依赖，寻求与其他参与者合作探索解决地区问题的路径。

（一）海湾国家主动弥合海合会分歧，统一政策立场寻求共同安全

2021 年 1 月召开的第 41 届海合会首脑会议的主题是"坦率与和解"，旨在加强海合会内部的团结，维护地区安全稳定。在本届会议上，沙特宣布结束与卡塔尔持续将近 4 年的外交争端，恢复双边外交关系，将重新向卡塔尔开放领空以及陆地和海上边界。[①] 沙特作为美国在中东地区最重要的盟友之一，在拜登政府减少对中东军事投入后，主动解决与卡塔尔的外交争端，加强海合会国家内部团结，共同应对来自伊朗的安全压力。2021 年 12 月，第 42 届海合会首脑会议进一步统一了各成员国的政治立场，在区域和国际层面建立政治伙伴关系，强调统一成员国外交政策的重要性，各国避免受地区和国际冲突影响，避免内政遭到干预，实现共同的经济、国防和安全政策之间的支持和战略依存。[②] 从两次海合会首脑会议的公报来看，沙特大力推动海合会框架下的共同安全立场和统一政策，奠定了加强海合会内部的团结共同应对区域安全挑战的基调。

（二）积极创造条件，通过对话管控地区冲突

沙特对卡塔尔态度转变，一方面是海合会内部成员国努力促成的，

① 《第 41 届海合会首脑会议联合声明：恢复与卡塔尔的外交关系并强调尊重睦邻友好原则》，半岛电视台，2021 年 1 月 6 日，https：//www.aljazeera.net/news/politics/2021/1/6/%D8%A7%D9%84%D9%82%D9%85%D8%A9-%D8%A7%D9%84%D8%AE%D9%84%D9%8A%D8%AC%D9%8A%D8%A9-2，最后访问日期：2021 年 10 月 20 日。
② 《"利雅得宣言"……第 42 届海合会首脑会议联合声明》，https：//www.albayan.ae/world/gcc/2021-12-14-1.4324379，最后访问日期：2021 年 12 月 20 日。

另一方面，美国在其中也发挥了重要作用。沙特外交大臣费萨尔·本·法尔汉在第41届海合会首脑会议上表示，"没有美国和科威特的团结，不可能实现沙特与卡塔尔的和解"①。美国的"松绑"推动沙特、阿联酋等海湾国家扩大与伊朗接触，缓和双方对抗程度，特别是缓解在也门战场上的对抗。从阵营对抗的"双层博弈"结构看，也门内战是伊朗对抗美国制裁的延伸，而沙特、阿联酋等美国盟友国家在持续数年的内战中，没有实质性地改变地区安全形势，反而使胡塞武装越战越勇，坐大成势，自身却承担着高额战争支出。因此，在拜登政府启动重返伊核协议谈判之时，沙特、阿联酋等海湾国家也主动创造条件与伊朗接触，进一步缓和地区紧张局势，以防止美国减轻对伊朗制裁后面临更严峻的安全压力。

2021年8月，伊拉克邀请伊朗和其他海湾国家在巴格达举行峰会，会议讨论了也门战争、黎巴嫩危机以及地区水资源问题等。② 沙特和伊朗参加在巴格达举行的会谈，是两国2016年断绝外交关系后开展的首次直接对话，此后两国在巴格达展开多轮会谈。伊朗最高国家安全委员会工作秘书处的高级官员和沙特情报机构负责人参加谈判③，这将为两国外长举行联席会议奠

---

① 《第41届海合会首脑会议联合声明：恢复与卡塔尔的外交关系并强调尊重睦邻友好原则》，半岛电视台网站，2021年1月6日，https：//www.aljazeera.net/news/politics/2021/1/6/%D8%A7%D9%84%D9%82%D9%85%D8%A9-%D8%A7%D9%84%D8%AE%D9%84%D9%8A%D8%AC%D9%8A%D8%A9-2，最后访问日期：2021年10月20日。

② 《在巴格达主办的峰会上，伊拉克寻求缓和伊朗和沙特阿拉伯之间的敌对情绪》，https：//www.annahar.com/arabic/section/80-%D8%A7%D9%84%D8%B9%D8%A7%D9%84%D9%85-%D8%A7%D9%84%D8%B9%D8%B1%D8%A8%D9%8A/25082021102021924，最后访问日期：2022年3月20日。

③ 《据悉，2021年4月23日伊朗和沙特阿拉伯在巴格达举行了第五轮谈判》，https：//nabd.com/s/103387609-419ddb/%D8%A7%D9%84%D9%83%D8%B4%D9%81-%D8%B9%D9%86-%D8%B9%D9%82%D8%AF-%D8%AC%D9%88%D9%84%D8%A9-%D8%AE%D8%A7%D9%85%D8%B3%D8%A9-%D9%85%D9%86-%D8%A7%D9%84%D9%85%D9%81%D8%A7%D9%88%D8%B6%D8%A7%D8%AA-%D8%A8%D9%8A%D9%86-%D8%A5%D9%8A%D8%B1%D8%A7%D9%86-%D9%88%D8%A7%D9%84%D8%B3%D8%B9%D9%88%D8%AF%D9%8A%D8%A9-%D9%81%D9%8A-%D8%A8%D8%BA%D8%AF%D8%A7%D8%AF，最后访问日期：2022年4月25日。

定基础。①

作为沙特领导的阿拉伯联军重要成员，阿联酋也开始积极与伊朗接触，寻求缓和地区局势的途径。2021 年 12 月 6 日，阿联酋国家安全顾问谢赫·塔赫农·本·扎耶德·阿勒纳哈扬在德黑兰会见伊朗总统易卜拉欣·莱希。伊朗最高国家安全委员会表示，谢赫·塔赫农来访的目标是加强双边关系并讨论最新的地区事态发展。② 阿联酋在保证自身不受外部军事力量威胁的前提下，希望与胡塞武装及其背后的伊朗直接谈判，争取达成也门内战的政治解决方案。阿联酋常驻联合国代表努赛贝于 2022 年 1 月接受采访时表示，在寻求缓和地区局势方面，阿联酋已经采取措施与伊朗接触，将继续走缓和外交的道路，同时保留在该地区进行全面防御和进攻的权力。③

（三）对巴沙尔政府态度转圜，释放关系正常化信号

近年，阿拉伯国家对叙利亚的态度发生变化，积极谋求与叙利亚恢复外交关系，推动恢复叙利亚阿拉伯国家联盟成员国资格，这使两大阵营对抗的热点降温，逐步恢复地区国家关系正常化。

2021 年阿联酋外长谢赫·阿卜杜拉·本·扎耶德访问大马士革，并会

---

① 《据一家伊朗媒体透露，伊朗和沙特阿拉伯将于 2021 年 4 月 23 日在巴格达举行第五轮谈判》，https：//arabic. rt. com/world/1346978 -% D9% 88% D9% 83% D8% A7% D9% 84% D8% A9-%D8%A5% D9%8A% D8% B1% D8% A7% D9% 86% D9% 8A% D8% A9-% D8% AA% D9% 83%D8%B4%D9%81-% D8%B9%D9%86-% D8%B9%D9%82% D8% AF-% D8% AC% D9% 88% D9% 84% D8% A9-% D8% AE% D8% A7% D9% 85% D8% B3% D8% A9-% D9% 85% D9% 86-% D8%A7%D9%84%D9%85%D9%81% D8%A7% D9% 88% D8% B6% D8% A7% D8% AA-% D8% A8%D9%8A%D9%86-% D8%A5%D9%8A%D8%B1% D8% A7% D9% 86-% D9% 88% D8% A7%D9%84%D8%B3%D8%B9%D9%88%D8%AF%D9%8A% D8% A9-% D9% 81% D9% 8A-% D8% A8%D8%BA%D8%AF%D8%A7%D8%AF/，最后访问日期：2022 年 4 月 25 日。

② Yaghoub Fazeli, " UAE National Security Advisor Meets Iran's President," https：//english. alarabiya. net/News/gulf/2021/12/06/UAE - top - security - official - holds - talks - with - Iranian - counterpart-in-Tehran-，accessed：2022-03-20.

③ 《阿联酋：我们将持续与伊朗的缓和进程，保留自己的权利》，https：//arabic. cnn. com/middle-east/article/2022/01/25/uae-iran，最后访问日期：2022 年 3 月 20 日。

见叙利亚总统巴沙尔。这是叙利亚内战爆发 10 年来阿联酋外长对叙利亚的首次访问,反映两国关系正在改善。① 阿联酋推动恢复与叙利亚外交关系早在 2018 年就有迹象,在阿拉伯国家普遍抵制巴沙尔政权时,阿联酋于 2018 年 12 月重新开放驻大马士革使馆。2020 年 10 月,阿联酋阿布扎比王储穆罕默德·本·扎耶德·阿勒纳哈扬与叙利亚总统巴沙尔通话,讨论两国为共同利益加强各领域合作。② 在叙利亚战场持续降温的背景下,阿联酋与叙利亚关系迅速升温。2022 年 3 月 18 日,叙利亚总统巴沙尔访问阿联酋,分别与阿联酋副总统兼总理、迪拜酋长穆罕默德·本·拉希德·阿勒马克图姆和阿联酋阿布扎比王储穆罕默德·本·扎耶德·阿勒纳哈扬举行会谈。阿联酋副总统兼总理穆罕默德·本·拉希德·阿勒马克图姆称,双方在会谈中"回顾了两国兄弟般的关系",并强调"要维护叙利亚的领土完整",讨论了向叙利亚及其人民提供政治和人道主义支持。③

叙利亚战场局势趋于稳定后,埃及、约旦、伊拉克等阿拉伯国家与巴沙尔政府接触,呼吁恢复叙利亚阿盟成员国地位,提出叙利亚问题需要阿拉伯人共同解决。2021 年 3 月,俄罗斯外长拉夫罗夫与埃及外长舒克里举行联合记者会,拉夫罗夫表示一些阿拉伯国家欢迎叙利亚重返阿

---

① 《阿联酋外长访问叙利亚,近期两国关系发展如何?》,https://arabic.cnn.com/middle-east/article/2021/11/09/emirati-syrian-relations,最后访问日期:2022 年 3 月 20 日。

② https://arabic.rt.com/middle_east/1285417-%D9%88%D9%84%D9%8A-%D8%B9%D9%87%D8%AF-%D8%A3%D8%A8%D9%88%D8%B8%D8%A8%D9%8A-%D9%8A%D8%AA%D9%84%D9%82%D9%89-%D8%A7%D8%AA%D8%B5%D8%A7%D9%84%D8%A7-%D9%87%D8%A7%D8%AA%D9%81%D9%8A%D8%A7-%D9%85%D9%86-%D8%A7%D9%84%D8%B1%D8%A6%D9%8A%D8%B3-%D8%A7%D9%84%D8%B3%D9%88%D8%B1%D9%8A/,最后访问日期:2022 年 3 月 20 日。

③ 《叙利亚总统与阿布扎比王储通话》,https://www.tasnimnews.com/ar/news/2022/03/19/2684603/%D8%A7%D9%84%D8%B1%D8%A6%DB%8C%D8%B3-%D8%A7%D9%84%D8%B3%D9%88%D8%B1%DB%8C-%DB%8C%D8%B2%D9%88%D8%B1-%D8%A7%D9%84%D8%A5%D9%85%D8%A7%D8%B1%D8%A7%D8%AA,最后访问日期:2022 年 3 月 20 日。

拉伯国家联盟。① 2021 年 10 月，阿盟秘书长盖特表示，包括阿尔及利亚、伊拉克和约旦在内的阿拉伯国家已经表达了它们希望叙利亚重返阿拉伯国家联盟的愿望。②

阿拉伯国家对叙利亚巴沙尔政府转变态度，原因是解决叙利亚问题必须有阿拉伯国家参与其中，仅靠俄罗斯、伊朗和土耳其干预，无论巴沙尔政府和反对派达成怎样的政治解决方案，种族教派问题甚至恐怖分子都会成为再次引爆问题的导火索。推动叙利亚重返阿盟是阿拉伯力量参与解决叙利亚问题的开始，也标志着阵营对抗缓和由上层的外部大国向区域国家的传导。

（四）迫于国内形势变化转变外交方向

埃尔多安将土耳其政体转向总统制后，一直采取单边主义的强硬外交政策，但 2021 年土耳其陷入严重经济危机，给埃尔多安政府带来重大挑战。土耳其里拉 2021 年初开始贬值，一路狂跌至 12 月已贬值约 46%，在 11 月就贬值约 28.3%，一个月的跌幅相当于 1994 年、2001 年和 2018 年经济危

---

① 《拉夫罗夫强调叙利亚重返阿拉伯国家联盟》，https：//www.safirpress.net/2021/04/14/%
D9%84%D8%A7%D9%81%D8%B1%D9%88%D9%81-%D9%8A%D8%B4%D8%AF%D8%
AF-%D8%B9%D9%84%D9%89-%D8%A5%D8%B9%D8%A7%D8%AF%D8%A9-%D8%
B3%D9%88%D8%B1%D9%8A%D8%A7-%D8%A5%D9%84%D9%89-%D8%A7%D9%84%
D8%AC%D8%A7%D9%85%D8%B9/，最后访问日期：2022 年 3 月 20 日。

② 《叙利亚在阿尔及利亚峰会重返阿盟的外交运动》，https：//www.independentarabia.com/
node/272556/%D8%A7%D9%84%D8%A3%D8%AE%D8%A8%D8%A7%D8%B1/%D8%
A7%D9%84%D8%B9%D8%A7%D9%84%D9%85-%D8%A7%D9%84%D8%B9%D8%B1
D8%A8%D9%8A/%D8%AD%D8%B1%D8%A7%D9%83-%D8%AF%D8%A8%D9%84%D9%
88%D9%85%D8%A7%D8%B3%D9%8A-%D9%84%D8%B9%D8%A7%D8%AF
D8%A9-%D8%B3%D9%88%D8%B1%D9%8A%D8%A7-%D8%A5%D9%84%D9%89-%
D8%A7%D9%84%D8%AC%D8%A7%D9%85%D8%B9%D8%A9-%D8%A7%D9%84%D8%
B9%D8%B1%D8%A8%D9%8A%D8%A9-%D9%81%D9%8A-%D9%82%D9%85%D8%
A9-%D8%A7%D9%84%D8%AC%D8%B2%D8%A7%D8%A6%D8%B1，最后访问日期：
2021 年 12 月 2 日。

机造成货币贬值的总和。① 埃尔多安推行的非正统经济战略的措施之一就是持续降息，结果导致土耳其里拉短期内迅速贬值。货币贬值造成土耳其物价上涨，食品、药品及能源等基本消费品价格上涨严重影响了支持埃尔多安的选民。根据土耳其民调机构 Metropoll 的数据，2021 年 10 月总统的支持率降至 38.9%，较上月下降 2.5 个百分点，两位最高反对派领导人呼吁提前进行将于 2023 年举行的总统选举。②

埃尔多安以往面临严重国内问题时，大多会通过转向更为激进的外交举措来转移民众注意力，巩固自身的国内政治基础。这一运行多年的机制，在 2021 年面对极为严重的经济危机时却失灵了。埃尔多安政府具有侵略性、冒险性的单边主义外交，使土耳其在地区和国际上孤立无援，迫使埃尔多安政府改变政策方向，积极修复与地区国家关系，以获得经济支持。

土耳其和阿联酋关系缓和最为典型。此前，阿联酋与土耳其在内部和地区问题上存在分歧，两国长期处于敌对状态。双方矛盾可以追溯到"阿拉伯之春"，在对待穆斯林兄弟会问题上，两国立场针锋相对：2016 年土耳其指责阿联酋支持针对埃尔多安的政变活动；2017 年在沙特、卡塔尔断交事件中，土耳其与卡塔尔站在同一战线，反对沙特、阿联酋等国。两国相互指责对方在境外干涉他国内政，并在非洲之角地区竞争和扩大影响力。

① 《埃尔多安在土耳其进行危险实验》，https：//www.zamanarabic.com/2021/12/01/%D8%A7%D9%82%D8%AA%D8%B5%D8%A7%D8%AF%D9%8A%D9%88%D9%86-%D8%A3%D8%B1%D8%AF%D9%88%D8%BA%D8%A7%D9%86-%D9%8A%D9%82%D8%AF%85-%D8%B9%D9%84%D9%89-%D8%AA%D8%AC%D8%B1%D8%A8%D8%A9-%D8%AE%D8%B7%D9%8A%D8%B1/，最后访问日期：2021 年 12 月 2 日。
② 《美国报告：严重的经济危机席卷土耳其并将威胁到埃尔多安的总统宝座》，https：//www.alarabiya.net/arab-and-world/2021/11/20/%D8%AA%D9%82%D8%B1%D9%8A%D8%B1-%D8%A3%D9%85%D8%B1%D9%8A%D9%83%D9%8A-%D8%A3%D8%B2%D9%85%D8%A9-%D8%A7%D9%82%D8%AA%D8%B5%D8%A7%D8%AF%D9%8A%D8%A9-%D8%B9%D9%85%D9%8A%D9%82%D8%A9-%D8%AA%D8%B6%D8%B1%D8%A8-%D8%AA%D8%B1%D9%83%D9%8A%D8%A7-%D9%88%D8%AA%D9%87%D8%AF%D8%AF-%D8%B9%D8%B1%D8%B4-%D8%A3%D9%88%D8%B1%D8%AF%D9%88%D8%BA%D8%A7%D9%86-，最后访问日期：2021 年 12 月 2 日。

但进入 2021 年以来，土耳其为争取来自阿联酋的投资拉动经济增长，埃尔多安一改此前强硬态度，转而向阿联酋寻求经济合作。2021 年 11 月，阿联酋阿布扎比王储穆罕默德·本·扎耶德·阿勒纳哈扬访问土耳其，并会见土耳其总统埃尔多安。这次访问是 10 年来双方领导人首次会面，因此本次会晤被称为"历史性访问"。经济投资是本次访问的首要议程，双方还讨论整个地区的政治、经济和安全问题。[①] 2022 年 2 月 14 日，埃尔多安应邀访问阿联酋，这也是埃尔多安首次访问阿联酋，两国在多个领域签署了 13 项双边合作协议，涵盖投资、国防、交通、卫生、农业、媒体等领域，推动两国全面经济伙伴关系深入发展。扎耶德表示，"阿联酋热衷于与土耳其合作，通过对话、理解、协商和外交解决方案应对该地区所面临的多重共同挑战"[②]。

土耳其还积极与沙特改善关系。2022 年 4 月，土耳其将卡舒吉案 26 名被告的审判移交给沙特司法当局，而此前土耳其审判机关已经多次做出缺席审判。土耳其此举是主动修复与沙特的双边关系，同时为埃尔多安访问沙特创造条件，此前埃尔多安曾宣布将于 2022 年 2 月访问沙特，此后推迟访问计划。埃尔多安对海湾国家态度的转变说明，在 2023 年总统选举前，埃尔多安政府需要更多境外注资。解决经济危机顺利赢得大选是当前埃尔多安政府的首要任务，土耳其参与阵营对抗的兴趣大大下降，选择与阿拉伯国家修复关系以获取投资支持。

---

① 《历史性访问，多年敌对后埃尔多安首次会见本·扎耶德》，https：//thenewkhalij.news/article/249733/%D8%B2%D9%8A%D8%A7%D8%B1%D8%A9-%D8%AA%D8%A7%D8%B1%D9%8A%D8%AE%D9%8A%D8%A9-%D8%A3%D8%B1%D8%AF%D9%88%D8%BA%D8%A7%D9%86-%D9%8A%D9%84%D8%AA%D9%82%D9%8A-%D8%A8%D9%86-%D8%B2%D8%A7%D9%8A%D8%AF-%D8%A8%D8%B9%D8%AF-%D8%B3%D9%86%D9%88%D8%A7%D8%AA-%D9%85%D9%86-%D8%A7%D9%84%D8%AE%D8%B5%D9%88%D9%85%D8%A9，最后访问日期：2021 年 12 月 2 日。

② 《埃尔多安首次出访阿布扎比，会见本·扎耶德》，https：//www.alquds.co.uk/%D8%A7%D8%B1%D8%AF%D9%88%D8%BA%D8%A7%D9%86-%D9%8A%D9%84%D8%AA%D9%82%D9%8A-%D8%A8%D9%86-%D8%B2%D8%A7%D9%8A%D8%AF-%D9%81%D9%8A-%D8%A3%D9%88%D9%84-%D8%B2%D9%8A%D8%A7%D8%B1%D8%A9-%D9%84%D8%A3%D8%A8%D9%88/，最后访问日期：2022 年 2 月 20 日。

三 新技术发展赋能非国家行为体，阵营对抗增加不确定性因素

中东地区阵营长期对抗导致非国家行为体不断发展壮大，并在地区热点中发挥越来越大的作用和影响。而科学技术的进步迭代，给非国家行为体带来新的博弈工具，非国家行为体不受主权国家和国际法约束，因此在阵营对抗趋于缓和的趋势下增加了地区安全风险。

（一）武器装备迭代成本降低，进一步提升军事对抗的"不对称性"

也门内战初期，胡塞武装打击沙特与也门北部边境的目标，但对沙特的军事威胁有限。而现在胡塞武装武器的攻击范围和复杂性大大增加，能够在距离也门边境数百英里的阵地，准确地瞄准打击沙特和阿联酋的敏感目标。武器装备的升级扩大了战场范围，沙特东部的敏感目标也在胡塞武装的火力打击范围内。此外，武器装备成本降低也增加了沙特等国的战争成本。沙特从美国购进的F-15战斗机，每架价值上亿美元，而胡塞武装使用的无人机每架成本才几千美元。根据美国企业研究所的报告，胡塞武装已经拥有巡航导弹和弹道导弹，其中一些导弹射程达到700英里以上；胡塞武装还组建了可携带炸药的无人机攻击机群，攻击范围达到1300英里，可以打击阿拉伯国家海上目标。[①]

胡塞武装在多年的也门内战中形成了一套自己的战争经济学，即以较低成本持续性消耗沙特领导的联军的军事资源，并在对抗中升级自身武器装备，逐步实现武器自给。胡塞武装的一些武器装备是由伊朗提供通过走私的途径进入也门的，如无人机引擎和GPS系统。但胡塞武装的大部分武器是

① "Yemen's Houthis Went from Ragtag Militia to Force Threatening Gulf Powers," https://baystatelocal. com/2022/04/17/yemens-houthis-went-from-ragtag-militia-to-force-threatening-gulf-powers/, accessed：2022-04-20.

在也门当地制造的，无人机使用伊朗的技术，核心部件在也门境内组装，导弹也是通过改装增加射程范围达到沙特境内。沙特领导的联军在 2021 年 12 月底表示，2015 年战争开始以来，与伊朗结盟的胡塞组织已向沙特阿拉伯发射了 430 枚弹道导弹和 851 架武装无人机，造成 59 名沙特平民死亡。[①] 对沙特、阿联酋等海湾国家来说，用于防御胡塞武装空中打击的成本非常高，爱国者防御系统的导弹花费达 100 万美元，而胡塞武装的无人机和导弹花费在 1500~10000 美元之间。[②]

（二）掌控"数字权力"的技术公司成为地缘政治的新因素

信息技术高速发展，国际监管融合没有跟上技术进步和业态更新的速度，导致规则、行业和市场之间的结构性失衡。建立在新一代信息技术基础上的"数字权力"是影响国际政治经济格局的重要因素。"数字权力"的博弈不仅存在于中美俄欧四方，以色列也是掌控"数字权力"的重要竞争者，在人工智能、云计算等领域以色列吸引了全球新技术投资的 30%~40%，在互联网领域深刻改变着中东地区的地缘政治格局，该领域成为阵营对抗的新战场。

2021 年以色列科技公司 NSO Group 开发的标志性产品"飞马"（Pegasus）引发了国际社会的广泛关注。根据 NSO 公司的产品手册介绍，"飞马"是一款应用于手机的间谍软件，使执法和情报机构能够远程和秘密地从几乎任何移动设备中提取有价值的情报，能够渗透到市场上最流行的基于黑莓、安卓、IOS 和塞班操作系统的智能手机；"飞马"可以将从被监控人手机中窃取的信息、密码、联系人、照片、位置等数据发给监视者，甚至

---

① "Houthis Have Fired 430 Missiles, 851 Drones at Saudi Arabia since 2015-Saudi-Led Coalition," https：//www. usnews. com/news/world/articles/2021-12-26/houthis-have-fired-430-missiles-851-drones-at-saudi-arabia-since-2015-saudi-led-coalition, accessed：2022-02-20.

② Ben Hubbard, "Yemen's Houthis Went from Ragtag Militia to Force Threatening Gulf Powers," https：//bdnews24. com/world/middle-east/2022/04/18/yemens-houthis-went-from-ragtag-militia-to-force-threatening-gulf-powers, accessed：2022-04-20.

可以打开手机摄像头或麦克风创建秘密录音录像。①

NSO 公司曾表示仅与政府机构合作,对其开放"飞马"的使用权限,旨在打击恐怖主义和刑事调查期间帮助"政府情报和执法机构利用技术应对加密挑战"。② 而实际上"飞马"软件并非 NSO 公司所宣称的那样,在实际使用中已经被广泛地滥用,成为多国政要的工具。根据 2021 年法国非营利记者组织"禁闻"(Forbidden Stories)等公布的一份 NSO 公司"飞马"监控手机号码的清单:该份清单包含 5 万多个号码,其中包括 3 位总统、10 位总理、1 名国王;沙特、巴林、埃及、摩洛哥和阿联酋等中东国家政府都是"飞马"的用户。③

"飞马"间谍软件监控多国政要被曝光后,以色列成立了一个审查委员会来调查"飞马"的情况。2021 年 7 月 28 日,以色列国防部代表突击检查了 NSO 公司办公室。④ 11 月 3 日,美国商务部工业和安全局将以色列 NSO 公司列入制裁实体名单中,禁止向其出口美国的硬件和软件。⑤ 11 月 23 日,美国苹果公司正式起诉以色列 NSO 公司及其母公司,追究其对苹果用户的监视和定位的责任,并申请永久禁令禁止 NSO 公司使用任何苹果软件、服务或者设备。⑥

"飞马"间谍软件只是以色列将数字技术应用于地缘政治博弈的一个缩

---

① "Pegasus-Product Description," https：//s3. documentcloud. org/documents/4599753/NSO - Pegasus. pdf, pp. 9-10, accessed：2022-03-14.

② "Nso Spyware Pegasus Cellphones," https：//www. washingtonpost. com/investigations/interactive/ 2021/nso-spyware-pegasus-cellphones/, accessed：2022-03-14.

③ "Heads of State Pegasus Spyware," https：//www. washingtonpost. com/world/2021/07/20/heads- of-state-pegasus-spyware/, accessed：2022-03-14.

④ Lorenzo Franceschi-Bicchierai & Emanuel Maiberg, "Israeli Authorities Inspect NSO Offices After Damning Investigation," https：//www. vice. com/en/article/93y8w8/israeli-authorities-inspect- nso-offices-after-damning-investigation, accessed：2022-03-14.

⑤ Thomas Claburn, "US Dept of Commerce Sanctions NSO Group, Positive Technologies, Other Makers of Snoopware," https：//www. theregister. com/2021/11/03/us _ sanctions _ spyware/, accessed： 2022-03-14.

⑥ "Apple Sues NSO Group to Curb the Abuse of State-sponsored Spyware," November 23, 2021, https：//www. apple. com/newsroom/2021/11/apple-sues-nso-group-to-curb-the-abuse-of- state-sponsored-spyware/, accessed：2022-03-14.

影，以色列在发展数字技术方面的投资巨大，获得了强大的后发优势，拓展了中东地缘政治对抗的传统边界，说明非国家行为体在阵营对抗中的影响力越来越大，随着中东地区数字技术的普及，私人资本控制的技术公司也成为重塑中东地缘政治格局的重要参与者。

四　阵营对抗放缓趋稳，结构矛盾仍旧存在

中东地区阵营化趋于缓和，根本原因在于处于"双层博弈"结构上层的美国、俄罗斯减少对中东的战略资源投入，将战略竞争的焦点移出中东地区。特别是拜登政府重启伊核协议会谈、从阿富汗撤军两大标志性事件，进一步减少了美国在中东地区的军事投入，以较低的"成本"维持中东地区当前的安全格局，奠定了未来一段时间中东阵营对抗放缓趋稳的基调。

沙特、阿联酋等地区国家长期陷入硬对抗的"恶性循环"，不仅没有彻底解决问题，反而促使对抗长期化、复杂化。美国在中东"撤出"为地区盟友进一步"松绑"，促使其摆脱对美国军事力量的依赖。处于"双层博弈"结构下层的地区国家，在共同安全和经济利益基础上，寻求解决地区问题的区域方案，在处理不同阵营国家的外交关系上转向更加务实的立场，阵营对抗的热点逐步"降温"。

然而，中东地区阵营对抗烈度减弱，并不代表阵营的消失。这是因为，两大阵营的出现是中东地区结构性矛盾决定的。这些结构性矛盾短期内虽有缓解，但冲突风险并没有完全消失，未来再次引爆阵营对抗热点的风险仍然存在。

Y.11
2021年巴以问题进程与前景展望

关键词：　巴以冲突　美国　阿拉伯世界　碎片化

一　2021年巴以问题新进展

回顾2021年巴以问题发展历程可以发现，双方在和平进程上未取得进

展，相反，以色列国防军与巴勒斯坦伊斯兰抵抗运动（哈马斯）武装组织之间发生了 2014 年加沙战争以来最猛烈的交火。一方面，美国政府置巴勒斯坦人民的利益于不顾，完全站在以色列立场上，令巴方感到绝望。另一方面，以色列新总理贝内特在巴以问题上的立场比内塔尼亚胡还要强硬，加上以色列政府内部各党派之间的政见分歧，以色列政府在这一问题上更不愿意示弱，最终导致巴以冲突态势升级。

2021 年 4 月 13 日斋月开始以来，巴勒斯坦人称以色列警方阻止他们聚集在耶路撒冷老城外的台阶上进行晚祷活动。4 月下旬，上百名以色列极右翼分子在耶路撒冷街头游行示威，多次与巴勒斯坦民众发生对峙和肢体冲突。此前，以色列政府曾要求数十名居住在东耶路撒冷谢赫杰拉地区的巴勒斯坦人搬离住所，以便在该区建立犹太人定居点。上述一系列事件激起了巴勒斯坦民众的怒火，导致双方关系逐渐紧张，最终成为巴以冲突升级的导火索。①

5 月 10 日晚，以色列与巴勒斯坦加沙地带边界的局势急剧恶化，以色列居民点遭到火箭弹的连续袭击，造成 6 名平民和 1 名以色列军人死亡。② 5 月 12 日，冲突持续激化。以色列国防部和安全总局联合在加沙市、汗尤尼斯市等地开展定点清除行动，多名哈马斯下属武装部队卡桑旅高级指挥官在这次行动中被击杀，其中包括卡桑旅在加沙市的司令巴塞姆·伊萨。而巴勒斯坦方面为了报复以色列的空袭，分别向迪莫纳和阿什杜德发射了多枚火箭弹。③ 5 月 13 日，卡桑旅向以色列最南端港口城市埃拉特附近的拉蒙机场方向发射了重型火箭弹。以军坦克和战机也再次对加沙地带目标实施炮击和轰炸。④ 5 月 14 日凌晨，以色列国防军发言人办公室称，以色列空军和地面部队开始

---

① 《"巴以正走向全面战争"?》，中华网，2021 年 5 月 13 日，https：//3g. china. com/act/news/13004203/20210513/39568493. html，最后访问时间：2022 年 2 月 26 日。

② 《以色列空袭致 109 死 621 伤，安理会 15 国仅美国反对发联合声明》，网易，2021 年 5 月 14 日，https：//www. 163. com/dy/article/G9VE3HU60530NLC9. html，最后访问时间：2022 年 1 月 24 日。

③ 《联合国特使警告：巴以冲突趋于"全面战争"》，中华网，2021 年 5 月 13 日，https：//3g. china. com/act/news/13004206/20210513/39571692. html，最后访问时间：2022 年 2 月 24 日。

④ 《哈马斯向以色列拉蒙机场方向发射重型火箭弹》，中国文旅传媒网，2021 年 5 月 14 日，http：//www. hkzlcm. com/news/210601-4138. html，最后访问时间：2022 年 1 月 24 日。

对巴勒斯坦加沙地带发起进攻。① 5 月 15 日，加沙地带武装与以色列之间的严重冲突仍在持续，以军对加沙地带多个目标发动空袭，包括一栋内有多家国际新闻媒体分支机构的大楼。以境内也遭到来自加沙地带的火箭弹袭击。②

5 月 17 日，以军袭击了哈马斯位于加沙地带北部的一艘潜艇，致一名巴勒斯坦伊斯兰圣战组织（杰哈德）的高级指挥官身亡。③ 当日，以色列国防军炸毁了位于加沙地带的 16 个哈马斯火箭弹发射点，并对哈马斯的地下隧道网络进行打击。④ 而卡桑旅也宣称，为回应以色列对加沙地带的空袭以及对巴勒斯坦民众的持续侵略，已向加沙地带附近海域的一艘以色列战舰发动了导弹袭击。⑤

5 月 18 日，以色列战机对加沙城里玛勒区的一些目标进行了轰炸，致使加沙城内唯一能够从事新冠病毒检测的实验室运转瘫痪。⑥ 加沙地带一栋 6 层建筑在以色列空袭中被炸毁，内含图书馆、大学生训练中心和青年中心。⑦ 同日，巴勒斯坦哈马斯组织向位于以色列中部和南部的 6 个以色列空军基地发动了火箭弹袭击。⑧

---

① 《以色列国防军：以色列空军和地面部队开始进攻巴勒斯坦加沙地带》，腾讯网，2021 年 5 月 14 日，https：//new.qq.com/rain/a/20210514A00TII00，最后访问时间：2022 年 2 月 14 日。

② 《以军空袭加沙地带多家媒体所在大楼》，常州网，2021 年 5 月 17 日，https：//www.cz001.com.cn/index.php？m＝detail&id＝12369，最后访问时间：2022 年 1 月 24 日。

③ 《以军袭击一艘哈马斯潜艇》，凤凰新闻网，2021 年 5 月 18 日，https：//ishare.ifeng.com/c/s/v002--lJPK0R1mCtF4zckmGLHi--79oH08WiF-_K8-_LgogWJ--E_，最后访问时间：2022 年 3 月 24 日。

④ 《最新！以媒：以色列对哈马斯地下隧道系统实施打击》，环球新闻网，2021 年 5 月 17 日，https：//m.huanqiu.com/article/439x63zfnc5，最后访问时间：2022 年 4 月 24 日。

⑤ 《哈马斯下属武装派别空袭以色列战舰》，光明网，2021 年 5 月 17 日，https：//m.gmw.cn/baijia/2021-05/17/1302300637.html，最后访问日期：2022 年 1 月 14 日。

⑥ 《加沙卫生官员：以军轰炸致加沙唯一新冠病毒检测实验室严重受损》，百家号，2021 年 5 月 18 日，https：//baijiahao.baidu.com/s？id＝1700092763866080635&wfr＝spider&for＝pc，最后访问日期：2022 年 1 月 26 日。

⑦ 《加沙一建筑在以色列空袭中被毁，内含图书馆和青年中心》，海外网，2021 年 5 月 20 日，http：//news.haiwainet.cn/n/2021/0520/c3541092-32102554-3.html，最后访问日期：2022 年 4 月 24 日。

⑧ 《哈马斯向以色列中南部发动新一轮火箭弹袭击》，百家号，2021 年 5 月 19 日，https：//baijiahao.baidu.com/s？id＝1700139862032997296&wfr＝spider&for＝pc，最后访问日期：2022 年 1 月 24 日。

5月20日晚，哈马斯与以色列达成停火协议，双方同意于当地时间 2021年5月21日2时开始停火。以色列总理办公室也发表声明称，以安全 内阁当晚一致同意接受埃及斡旋的停火协议。① 在停火协议生效前几小时， 加沙地带武装组织持续向以色列境内发射火箭弹，造成以南部边境地区1人 受伤。随后以军对加沙发动空袭，击毁了30多处火箭弹发射设施。② 21日 中午，以色列警方冲入位于耶路撒冷的阿克萨清真寺，向前去参加周五聚礼 的民众投掷瓦斯弹和震荡弹。③

根据巴勒斯坦卫生部门统计的数据，截至当地时间20日晚，此轮巴以 冲突共计造成巴勒斯坦261人身亡，8000多人受伤。其中：加沙地带有232 人身亡，包括65名儿童和39名妇女，另有近2000人受伤；约旦河西岸及 东耶路撒冷地区有29人身亡，包括4名儿童，另有约6300人受伤。而以色 列方面，冲突则导致包括2名儿童在内的12人身亡，数百人受伤。④

停火协议生效不到一个月，6月15日，数千名以色列人举行"耶路撒 冷日"游行，再次引发巴以双方冲突。6月16日凌晨和17日晚，以军空袭 了加沙地带哈马斯的数个军事目标和多处军事基地。⑤

6月21日，以色列安全部队与部分巴勒斯坦民众在东耶路撒冷谢赫杰 拉地区再次发生冲突。巴勒斯坦民众向以军投掷烟花爆竹，以军则向巴勒斯 坦民众投掷震爆弹。⑥

---

① 《界面早报｜哈马斯与以色列达成停火协议　深圳赛格大厦震动具体原因仍在核查》，界面 新闻网，2021年5月21日，https：//www. jiemian. com/article/6123552. html，最后访问时 间：2022年3月14日。

② 《巴以停火协议生效》，搜狐网，2021年5月21日，https：//www. sohu. com/a/467666038_ 121106687，最后访问时间：2022年1月24日。

③ 《停火协议生效后，双方在阿克萨清真寺再起冲突》，澎湃新闻网，2021年5月21日， https：//www. thepaper. cn/newsDetail_forward_12786756，最后访问时间：2022年1月24日。

④ 《巴以停火协议生效》，搜狐网，2021年5月21日，https：//www. sohu. com/a/467666038_ 121106687，最后访问时间：2022年1月24日。

⑤ 《游行、纵火、空袭……巴以正式停火后冲突仍频繁发生》，杭州网，2021年6月22日， https：//news. hangzhou. com. cn/gjxw/content/2021-06/22/content_7991143. htm，最后访问 时间：2022年1月25日。

⑥ 《一天之内巴以在东耶路撒冷频繁冲突》，央视网，2021年6月22日，http：//m. news. cctv. com/ 2021/06/22/ARTIgHkEhmzESpmggxoPWDTi210622. shtml，最后访问时间：2022年3月24日。

6月29日，以色列警察与巴勒斯坦抗议者在东耶路撒冷再度爆发冲突。以色列警方向巴勒斯坦抗议者发射了催泪瓦斯和橡皮子弹，导致1名巴勒斯坦人被击中，3人因吸入催泪瓦斯而接受治疗。另有1名抗议者被以色列警察逮捕。[①]

2021年8月下旬以来，巴以双方冲突仍不时爆发。8月16日下午，巴勒斯坦向以色列南部地区发射2枚火箭弹[②]；21日，巴勒斯坦加沙地带数百名民众与以色列士兵发生了激烈的武力冲突，1名巴勒斯坦青年被以军士兵射杀身亡，另有22名巴勒斯坦人受伤。[③] 10月11日晚，以色列警察与巴勒斯坦民众在耶路撒冷老城大马士革门附近爆发冲突。[④] 10月19日，以色列警方再次与巴勒斯坦民众在大马士革门附近发生冲突，导致17名巴勒斯坦人受伤。[⑤] 12月10日，巴民众与以军方人员在约旦河西岸发生冲突，致1名巴勒斯坦人死亡。[⑥]

综上可以看到，在2021年，巴以冲突连续不断，紧张局面有所升级，和平进程受到严重阻碍。

二 影响2021年巴以问题发展进程的因素分析

2021年，巴以双方矛盾并无实质性进展，反而有所激化。究其影响因素，主要可以概括为以下几个方面。

---

① 《以色列警方与巴勒斯坦抗议者再度冲突多人受伤》，央视网，2021年6月30日，http://m. news. cctv. com/2021/06/30/ARTISpaNlx5NKvr5Ffh8PUmC210630. shtml，最后访问时间：2022年2月22日。

② 《突发！2枚火箭弹从加沙地带射向以色列》，每经网，2021年8月16日，http://www. nbd. com. cn/articles/2021-08-16/1877497. html，最后访问时间：2022年1月24日。

③ 《巴勒斯坦民众与以色列士兵在加沙地带发生冲突 致1死多伤》，央视网，2021年8月22日，http://m. news. cctv. com/2021/08/22/ARTIz8JCZMRiUAlj5yqbqHh7210822. shtml，最后访问时间：2022年5月24日。

④ 《以色列警察与巴勒斯坦人发生冲突 4人遭拘捕》，新浪网，2021年10月12日，https://news. sina. com. cn/w/2021-10-12/doc-iktzscyx9126514. shtml，最后访问时间：2022年1月24日。

⑤ 《巴以在东耶路撒冷爆发冲突 17名巴勒斯坦人受伤》，中国网，2021年10月20日，http://news. china. com. cn/2021-10/20/content_77820344. htm，最后访问时间：2022年3月4日。

⑥ 《约旦河西岸巴以冲突再起一名巴勒斯坦青年死亡》，中国新闻网，2021年12月11日，http://www. chinanews. com. cn/gj/2021/12-11/9627438. shtml，最后访问时间：2022年3月24日。

第一，阿拉伯世界趋于碎片化，各个阿拉伯国家不再将维护巴勒斯坦的利益视为己任。埃及、沙特、阿联酋等国，一直将哈马斯视为恐怖组织，对其加以提防。当以色列打击哈马斯时，阿盟和伊斯兰合作组织都召开了紧急会议，从外交层面对以色列的攻击行为进行了强烈的谴责。但除此之外，再无更多实质性举措。既没有像之前那样召回大使，也未采取任何军事行动。在这场冲突中，几乎所有的阿拉伯国家都持观望态度，在巴以纷争没有触及自身利益时，绝不轻举妄动。较之以前，阿拉伯世界各国间的"兄弟"情逐渐被各自的国家利益所取代，对巴勒斯坦的支持力度大不如前。

第二，巴勒斯坦国内原因。2021年5月巴勒斯坦原定举行大选。巴勒斯坦已有15年没有举行选举，哈马斯企图通过猛烈的攻势和强硬的抵抗博得民众好感。在对以立场上，法塔赫相比于哈马斯，主张以和平方式处理问题，甚至为了建国可以做出退让和妥协。大选在即，由于以色列拒绝批准在东耶路撒冷举行选举，巴勒斯坦总统阿巴斯宣布将原定于2021年5月22日的大选延期。而哈马斯则主张进行坚决的军事斗争，用暴力手段解决问题。在此轮巴以冲突中，哈马斯不断向以色列发射火箭弹，对以色列各种军事行为进行强硬的抵抗和回击，其目的就在于想借此获得巴勒斯坦国内民众的支持，博得民心，让民众相信软弱的法塔赫不能带领巴勒斯坦走向光明，只有哈马斯才是这个国家的希望。

第三，以色列国内大选的僵局促使内塔尼亚胡借助"巴以冲突"扩大民意基础。内塔尼亚胡在大选中组阁失败，加上之前因贪污腐败和欺诈受到指控，他急于通过对巴勒斯坦的强硬政策重获以色列右翼势力和民众的支持。

第四，由于"以色列游说集团"的存在，美国对以推行偏袒政策。本轮巴以冲突爆发以来，美国连续三次在联合国动用否决权，阻止停火草案的通过，声称联合国的介入有碍美国正在进行的"外交上的努力"。[1] 此外，拜登政府多次公开表示，以色列的军事行动不属于"过度反应"，甚至宣称哈马斯对以色列的攻击是恐怖袭击。除了言论上的欲盖弥彰，美国政府在双

---

① 杜赫：《"以色列游说集团"在巴以冲突中的作用探析》，《齐鲁师范学院学报》2021年第6期。

方尚未停火之际继续对以色列出售大批军火，以实际行动表明对以色列军事行动的支持和袒护。

一方面，阿拉伯世界内部的碎片化、巴以双方各自国内的政治形势以及美国对以色列的偏袒政策，诸多因素导致巴以双方矛盾趋于激化；另一方面，正是由于这轮纷争，巴以问题从逐渐被边缘化的境地重新回到了核心位置，再次受到了国际社会的重视和关注。

国际社会各方参与调解巴以冲突的意识正在增强。联合国秘书长古特雷斯在安理会巴以冲突问题紧急公开会上发表讲话，敦促巴以冲突方立即停止敌对行动①，称缓和巴以局势为"绝对必要"。中国国务委员兼外长王毅表示，巴以冲突不断升级，造成包括妇女和儿童在内的大量人员伤亡，形势十分危急严峻，停火止暴刻不容缓。他敦促国际社会紧急行动起来，全力阻止局势进一步恶化，防止地区再陷动荡，全力维护当地人民生命安全，欢迎巴以双方谈判代表在华举行直接谈判。② 与此同时，欧洲各国也纷纷呼吁巴以双方停止暴力冲突。法国呼吁巴以各方展现出最大程度的克制并避免挑衅行为，结束暴力冲突。法国表示会与德国、埃及、约旦等国共同致力于促使各方恢复对话，在国际法和安理会相关决议的框架下为解决冲突寻求公正持久的方案。欧盟外交与安全政策高级代表博雷利在欧盟外长会议后举行的新闻发布会上呼吁以色列和巴勒斯坦立即停止一切暴力活动并实现停火，以保护平民并为加沙地带打开畅通的人道主义通道。他呼吁重启政治进程，探索冲突各方重新接触并制定建立互信的措施，提高人民的生活水平，为重启被长期搁置的和平进程开辟道路。③此外，阿拉伯世界各国也都纷纷发表声明谴责以方，要求缓和局面。

---

① 《联合国秘书长敦促巴以立即停止敌对行动》，搜狐网，2021 年 5 月 17 日，https://www.sohu.com/a/466805263_267106，最后访问日期：2022 年 1 月 2 日。

② 《中方提供切实选项：中方欢迎巴以双方谈判代表在华举行直接谈判》，澎湃新闻网，2021 年 5 月 17 日，https://www.thepaper.cn/newsDetail_forward_12705879，登陆时间：2022 年 1 月 24 日。

③ 《超 5.2 万巴勒斯坦人流离失所！国际社会呼吁巴以双方立即停火》，央视网，2021 年 5 月 19 日，http://m.news.cctv.com/2021/05/19/ARTINBCGO5FaIAeRweZztnUC210519.shtml，最后访问时间：2022 年 1 月 24 日。

三　巴以问题发展前景展望

进入 2022 年，巴以矛盾依然没有得到解决，甚至愈演愈烈。但巴以问题作为中东地区根源性问题的地位并没有发生根本改变，其发展变化依然影响着国际和地区关系的发展和走向。

一是巴以问题作为区域核心问题的地位不会改变。近年来，在美国的斡旋和以色列"各个击破"策略的作用下，阿拉伯世界逐渐呈现碎片化局面，鲜有国家为了阿拉伯民族主义的理想苦苦支撑。2020 年，阿联酋、巴林等国纷纷与以色列建交，导致阿拉伯世界其他国家面临很大的民意压力。各国需要在不断变化的国内、国际环境下从自身利益出发，才能谋求长远发展。而巴以问题产生以来，虽然国际社会一直积极参与调解斡旋，但双方矛盾有愈演愈烈的趋势，问题长期以来得不到缓和与解决。在这种情况下，阿拉伯世界各国变得更为关注自身的发展。近期，美国的重心在于伊核问题，导致巴以问题曾经作为中东地区核心问题的地位被逐渐边缘化。但长远来看，巴以问题仍是中东和平的基础性、根源性问题，给巴以两国乃至整个中东地区的稳定与安全带来持续威胁，也成为孕育激进势力的温床。[1] 巴以和平一日不实现，区域内乃至域外国家都很难独善其身。

二是巴勒斯坦国内大选在即，激进派代表哈马斯为争取民众支持仍会坚持使用暴力手段。2022 年初，由哈马斯主导的针对以色列平民和军警的"反占领、反镇压"袭击行动加剧，加沙地带的巴勒斯坦武装分子向地中海连续发射两枚火箭弹，在特拉维夫海岸附近爆炸。[2] 哈马斯向来主张以暴力方式解决巴以两国间的冲突与纷争，大选之下，更是想以更

---

① 《丁隆：巴以冲突失控是美国种下的恶果》，环球网，2021 年 5 月 14 日，https://opinion. huanqiu. com/article/436zPjvN8A3，最后访问时间：2022 年 1 月 24 日。

② 《2022 年第一场冲突爆发：以色列空袭哈马斯，向海里发射火箭弹也要挨打》，腾讯开放平台，2022 年 1 月 2 日，https://page. om. qq. com/page/Ot0TsoJhH5p4FSIuiHaCpTfg0，最后访问日期：2022 年 1 月 4 日。

多对于冲突的强硬回应，为自己在巴勒斯坦民众当中收获更多政治上的支持。

三是以色列贝内特政府在巴勒斯坦问题上仍坚持右翼立场。2021 年 8 月和 12 月底，巴勒斯坦总统阿巴斯与以色列国防部部长甘茨进行了两次会谈，双方就约旦河西岸的紧张局势以及安全、经济和人道主义等领域的问题进行了交流。会晤结束后，以色列国防部宣布将与巴勒斯坦民族权力机构建立"互信措施"，并采取一系列举措，包括恢复代征代付给巴勒斯坦民族权力机构的过境预付款、增加向巴勒斯坦人发放 600 张额外的以色列入境工作许可证以及允许巴勒斯坦商人进入以色列境内，等等。以方这一系列积极举动显然有利于缓解目前巴以安全局势再趋紧张给双方带来的压力，但尽管如此，甘茨无法代表以色列政府，阿巴斯也无法代表巴勒斯坦，双方的会晤并不能为推进巴以和平进程带来实质性的影响。以色列总理贝内特是极右翼，其对巴政策比内塔尼亚胡更为强硬，认为"以色列和巴勒斯坦民族权力机构间没有，也永远不会有和平谈判"。而巴勒斯坦方面，哈马斯发言人贾瑟姆也表示，此次会谈"背离了巴勒斯坦人民的民族精神"，巴勒斯坦民族权力机构领导层的行为"将加深巴勒斯坦政治分歧并使巴勒斯坦局势复杂化"①。

四是巴以之间的军事冲突仍将持续。2022 年初，巴勒斯坦向以色列投掷 1000 多枚火箭弹，以方以炸毁加沙城内几座建筑物和死伤几名哈马斯指挥官作为回应，双方冲突仍有扩大趋势。一方面，以色列近年来对加沙地区的封锁更为严格，致使巴勒斯坦民众生活更加艰难。哈马斯利用民众的不满情绪来渲染反以行为，导致双方群情激愤。另一方面，以色列国内政治右倾化与政党分裂加剧，新总理贝内特领导下的以色列政府对巴政策愈加强硬，更使得巴以双方剑拔弩张。

五是美国拜登政府将继续推行偏袒以色列的政策。美国政府向来将哈马

---

① 《阿巴斯访以："勉强外交"换不来"新和平" | 京酿馆》，搜狐网，2021 年 12 月 31 日，https：//www.sohu.com/a/513517617_616821，最后访问日期：2022 年 1 月 24 日。

斯视为恐怖组织，强调以色列有权对其进行打击，将以色列的攻击行为定义为"合法自卫"，这无疑是对以方的明显偏袒。拜登政府表面宣布恢复对巴援助1.5亿美元，宣布美国支持以"两国方案"解决巴以问题。但实际上，美国政府并非真正想要缓和局势，推动巴以和平进程，而是仅仅想要在维护美以关系不变的基础上，改善其与巴勒斯坦的关系，将巴以双方共同纳入美国在中东的战略轨道。

六是联合国坚持主张通过两国方案解决巴以问题。2021年5月巴以冲突升级以来，联合国秘书长古特雷斯多次呼吁各方遵守停火协议，呼吁国际社会与联合国合作，制定一套综合、有力的方案，以支持巴勒斯坦人民以及巴国内的可持续重建和恢复。古特雷斯强调，以巴两国领导人有责任开启对话，力图从根源上解决冲突，实现民族和解。联合国坚定地致力于与以色列人和巴勒斯坦人以及国际和区域伙伴的合作，包括通过中东四方，重新走上有意义的谈判道路，以结束占领，并允许在1967年边界、联合国决议、国际法和相互协议的基础上实现两国方案。①

中国坚持2017年习近平总书记提出的关于解决巴勒斯坦问题的"四点主张"，致力于推动该问题早日得到全面、公正、持久的解决。中国国务委员兼外长王毅在主持联合国安理会巴以冲突问题紧急公开会时表明以下几点中方主张。第一，停火止暴是当务之急。中方敦促冲突双方立即停止军事和敌对行动，防止局势进一步恶化。第二，人道援助是迫切需要。中方敦促以色列切实履行国际条约义务，尽快全面解除对加沙的封锁围困，保障巴勒斯坦被占领土平民的安全和权利，为人道援助提供准入便利。第三，国际支持是应尽义务。安理会必须就巴以冲突采取有力行动，重申对"两国方案"的坚定支持，推动局势尽快降温。第四，"两国方案"是根本出路。中方支持巴以双方在"两国方案"基础上尽快重启和谈，早日建立以1967年边界为基础、以东耶路撒冷为首都、拥有完全主权、独立的巴勒斯坦国，从根本

---

① 《联合国秘书长古特雷斯欢迎巴以达成停火协议》，央视网，2021年5月21日，http://m.news.cctv.com/2021/05/21/ARTITTwXuDcXiN6qd4r1rbuR210521.shtml，最后访问时间：2022年1月24日。

上实现巴勒斯坦和以色列的和平共存，实现阿拉伯和犹太两大民族的和谐相处，实现中东地区的持久和平。①

结　语

2021 年，由于巴以双方各自内部的政治因素、阿拉伯世界渐趋碎片化以及美国的偏袒政策等，巴以矛盾有所升级，中东和平进程再次陷入僵局。巴以问题依然是中东问题的核心，其发展变化牵动着区域内外国家的利益。不解决好该问题，中东地区就永远无法实现真正的稳定与和平。有关各方应遵循"两国方案"，采取和平对话方式来缓和矛盾，唯有这样，才有可能最终实现巴以和解，实现中东和平。

---

① 《中方提供切实选项：中方欢迎巴以双方谈判代表在华举行直接谈判》，澎湃新闻网，2021年 5 月 17 日，https：//www.thepaper.cn/newsDetail_forward_12705879，最后访问时间：2022 年 1 月 24 日。

Y.12
"什叶派新月地带"与伊朗的地区政策*

王光远**

摘　要： "什叶派新月地带"是一个口号式的概念，反映了中东地区格局
变化与伊朗崛起所带来的多重影响，但却漠视了什叶派内部关系
和人口分布的基本事实。伊朗选择在伊拉克、叙利亚和黎巴嫩等
国扩大影响力，既是充分利用什叶派跨国网络的主观理性选择，
也是受地缘环境和综合国力等客观因素限制的结果。伊朗利用什
叶派民兵武装构建代理人网络的地区政策为本国带来了一定的好
处，但其负面影响也开始显现。受伊拉克动荡和叙利亚内战的影
响，"什叶派新月地带"的地区影响力有下降趋势。伊朗与"什
叶派新月地带"其他国家间的关系也存在变数。

关键词： 伊朗　"什叶派新月地带"　中东格局　伊拉克　叙利亚

一　问题的提出

2004 年，约旦国王阿卜杜拉提出"什叶派新月地带"后，这一概念迅
速引起了政界、媒体界和学术界的关注。在"阿拉伯之春"后，以伊朗圣
城旅为主导和组织核心，伊拉克等国的什叶派民兵和黎巴嫩真主党深度参与
叙利亚内战，为巴沙尔政府的生存发挥了巨大作用，进一步巩固了"什叶

＊　本文受北京语言大学院级项目（中央高校基本科研基金专项项目，项目批准号：20YJ020005）
　　资助。
＊＊　王光远，北京语言大学中东学院副教授，研究方向为海湾地区国际关系与国际政治。

派新月地带"存在的事实。可以说,"什叶派新月地带"自提出之日起,就一直是新闻报道中的热点话题,也成了中东研究中的重要术语和概念。

例如,笔者以中文"什叶派新月"为检索对象,以全文为检索范围,在 CNKI 数据库中进行检索后,可得到 527 项检索结果,其中期刊论文 336 篇,学位论文 129 篇,会议论文 10 篇,图书 6 本,时间跨度为 2005～2021 年。①

但是,当笔者以"什叶派新月"作为正题名进行检索后,却只能找到 3 篇期刊论文②,而将其作为关键词进行检索后,只发现了一篇硕士学位论文。当笔者尝试用英文"Shia Crescent"和"Shiite Crescent"在知网上进行全文检索后,只能检索到 9 篇期刊论文,时间跨度为 2006～2015 年。以"Shia Crescent"或"Shiite Crescent"为全部字段,在对 EBSCO、Web of Science、ProQuest、Project Muse 等外文数据库进行检索后,共发现期刊论文 133 篇,但以相同短语为关键词进行检索仅发现 12 篇。此外,在检索中未能发现任何一本以"什叶派新月"(Shia Crescent)为标题的英文或中文著作。

从检索结果可以发现,国内外学界对"什叶派新月"这一概念大都将其当作既成事实直接使用,却较少对这一概念在学理层面进行论述和讨论。而相比国外学界,国内学界对该概念的使用频率更高。在现有的国内研究中,一些学者对"什叶派新月地带"这一概念出现的原因和前景进行了深刻的分析,认为"什叶派新月地带"的形成,既有中东格局变化与伊朗崛

---

① 检索结果不仅限于"什叶派新月",还包括了"什叶派新月带"、"什叶派新月地带"和"什叶派新月区"三个在表述方面略有区别的术语。
② 参见秦天《克制的伊朗:巩固"什叶派新月区"》,《现代国际关系》2017 年第 7 期;李福泉《中东什叶派"新月"的形成及其影响》,《宁夏社会科学》2011 年第 1 期;汪波《海湾地区"什叶派新月带"兴起的宗教政治影响》,《阿拉伯世界研究》2009 年第 1 期。除此之外还有一篇会议论文和一篇皮书文章,参见汪波《伊战后"什叶派新月带"兴起的区域性影响》,载《和谐世界和平发展与文明多样性——上海市社会科学界第四届学术年会文集》(2006 年度)(世界经济·国际政治·国际关系学科卷),2006,第 121～126 页;吴冰冰《伊朗与什叶派新月地带》,载杨光主编《中东非洲发展报告(No. 11. 2007～2008:伊朗核问题多角透视)》,社会科学文献出版社,2009。

起的因素，也是美国和逊尼派威胁和压力的产物，但这一联盟的基础并不十分稳固。[1] 然而，仍有许多研究成果将"什叶派新月地带"当作一个高度统一的整体进行分析，将其视为由伊朗一手打造和控制的，以教派政治为基础的政治军事联盟，并为伊朗带来了巨大的利益。目前，学界对"什叶派新月地带"在不同历史时期的变化关注较少，对伊朗在地区国家中的影响力限度也缺乏足够的研究。[2] 此外，国内研究大多忽略了伊朗与"什叶派新月地带"其他国家的关系变化，也没有充分讨论伊朗地区政策对其自身和地区国家的负面影响。

经过将近 20 年的发展变化，"什叶派新月地带"这一概念的内涵是否已经发生变化？伊朗是否始终控制着"什叶派新月地带"？伊朗与"什叶派新月地带"其他国家间的关系发生了怎样的变化？伊朗的地区政策效果如何，又有何负面影响？笔者在对"什叶派新月地带"的特征和内涵进行讨论的基础上，对伊朗的地区政策以及伊朗与伊拉克和叙利亚的关系变化进行个案研究，以回答上述问题。

二 "什叶派新月地带"与伊朗的关系

（一）"什叶派新月地带"的缘起与问题

约旦国王侯赛因指出，由伊朗、伊拉克、叙利亚和黎巴嫩真主党组成的"什叶派新月"将对地区秩序造成破坏。但由这些国家和非国家行为体构成的"什叶派新月"到底指的是一种意识形态，一个政治军事同盟，一股地缘政治力量，还是以什叶派信仰为基础的宗教-政治共同体，并没有非常明

---

① 吴冰冰:《伊朗与什叶派新月地带》，载杨光主编《中东非洲发展报告（No. 11. 2007 ~ 2008: 伊朗核问题多角透视）》，社会科学文献出版社，2009，第 14 页。李福泉:《中东什叶派"新月"的形成及其影响》，《宁夏社会科学》2011 年第 1 期。

② 关于伊朗的限度问题，可参见陈翔、申亚娟《伊朗介入中东地区事务的动力及限度》，《阿拉伯世界研究》2021 年第 1 期。

确的定义。实际上，"什叶派新月地带"源自教派矛盾历史长河中形成的"什叶派威胁论"，其前身是沙特阿拉伯瓦哈比教派领袖萨费尔·哈瓦利（Sefr al-Hawali）提出的"什叶派之弧"。1991年海湾战争后，伊拉克南部什叶派反抗萨达姆政权。萨费尔·哈瓦利就此提出要警惕"什叶派之弧"的威胁。在他的叙述中，该"什叶派之弧"由阿富汗和巴基斯坦的什叶派，伊朗、伊拉克南部和黎巴嫩南部的什叶派，土耳其的阿莱维派和叙利亚阿拉维派组成，对海湾地区特别是沙特阿拉伯的什叶派产生影响。①

由此可见，"什叶派新月地带"这一源自宗教学者，后被政治家利用的口号式概念，自产生之日起就带有浓厚的教派主义色彩。由于这个概念没有经过缜密的论证和充分的讨论，其与中东地区的基本事实存在一定程度的背离。

首先，是对"新月状地带"的描述与使用。如果从教派人口的地理分布看，中东地区的什叶派人口或社区主要存在于三个区域。第一个是由伊朗和伊拉克南部、海湾沿岸巴林、科威特和沙特东部构成的片状区域，主要是什叶派十二伊玛目派。第二个是由三个什叶派的不同支派构成，即黎巴嫩南部和贝卡谷地的十二伊玛目派、叙利亚大马士革与西北部拉塔基亚山区以及土耳其南部的阿拉维派、集中分布在土耳其安纳托利亚高原腹地和伊斯肯德伦等地区的阿莱维派，其信仰主体是土耳其人、库尔德人和扎扎人（Zazas People）等族群。② 这三个支派基本形成了十二伊玛目派在南、阿拉维派在中、阿莱维派在东北的分布格局，其人口分布由黎巴嫩南部经地中海东海岸向土耳其东北部腹地延伸。第三个是也门西北部的宰德派。在这三个区域之间是以逊尼派人口为主的城镇和社区，在第一区域和第二区域间没有连接成"新月地带"。此外，叙利亚的阿拉维派与什叶派的主流十二伊玛目派在教义和教法上存在非常大的差异，在很长一段时间里阿拉维派都被认为不属于什叶派。

其次，"什叶派新月地带"中的"什叶派"一词并没有明确的指向对

---

① Sefr al-Hawali, Kissinger's Promise and the American Aims in the Gulf（Riyadh: al-Saudi'a, 1991），转引自 Mai Yamani, "The Two Faces of Saudi Arabia," *Survival*, Vol. 50, No. 1, 2008, p. 151。

② 大概1400万人，约占土耳其总人口的15%。

象。"什叶派"（Shia）是指作为伊斯兰教分支的什叶派信仰？还是指什叶派信众？抑或是指国家政权和军队的掌控者或势力集团是什叶派？

最后，"什叶派新月地带"并没有确定且统一的地缘战略目标。作为核心的伊朗，其意识形态融合了以什叶派十二伊玛目派信仰为内核的伊斯兰主义和波斯民族主义。但对于"什叶派新月"的另一个核心国家叙利亚而言，无论是推行什叶派信仰还是践行伊斯兰革命理念，都不会成为其考量的选项，世俗主义和阿拉伯民族主义仍是叙利亚官方意识形态的要素。伊拉克和黎巴嫩也是如此。由于复杂的民族、教派和宗派构成，伊朗教法学家监国的政治治理模式不可能在这两国推行，甚至伊朗所倡导的什叶派信仰也在伊拉克等地区遇到了抵制和反对。目前看，表面上能够将这些国家和组织联合在一起的因素就是反抗美国和以色列的立场。但这唯一的共同点，也并不牢固。从伊拉克内部来看，其对于反美和反以立场是存在明显分歧的。如 2021 年，数百名伊拉克社会活动家与部族首领在埃尔比勒呼吁实现伊拉克与以色列关系全面正常化。此外，叙利亚与伊朗的反以立场的出发点也不同。

（二）伊朗所处的地缘环境与非对称作战能力

"什叶派新月地带"是从伊朗开始，向西延伸至地中海东岸。一个普遍共识是这一地带存在大量什叶派人口。但如果什叶派人口数量是"什叶派新月地带"形成的核心因素的话，在阿塞拜疆、巴基斯坦、阿富汗甚至印度也存在大量什叶派人口，其人口数量的总和甚至比中东地区（不含伊朗）的什叶派人口数量还要多，且绝大部分属于十二伊玛目派[①]，为何没有在这些地区切实形成以伊朗为主导的地区性什叶派联盟或阵营？究其原因，伊朗所处的地缘环境决定了其对外扩张势力的首选和主要的方向是西向。

总体来看，伊朗是一个由群山环抱的国家。其境内的两支山脉——扎格罗斯山脉和厄尔布尔士山脉犹如一左一右两支手臂，把伊朗包裹起来。扎格

---

① 根据 2006 年的统计数据，十二伊玛目派在巴基斯坦约有 3320 万人，在印度约有 1100 万人，在阿富汗约有 500 万人，在阿塞拜疆约有 600 万人。参见 Vali Nasr, "When the Shiites Rise," *Foreign Affairs*, Vol. 85, No. 4, 2006 July / August, p. 65。

罗斯山脉由多条平行山脉构成，北起伊朗西北部的乌尔米耶湖，向南延伸到霍尔木兹海峡。厄尔布尔士山脉从里海南岸向东延伸，在伊朗与阿富汗边界向南连接上兴都库什山脉。山脉中央是伊朗高原，贫瘠的卡维尔盐漠和卢特荒漠占据了很大一部分面积。而伊朗若要向外发展，北方和东方是崇山峻岭和茫茫草原，向南是汪洋大海，只有西方是被称为"肥沃新月"的平原地带，自古以来就是重要的农业生产地区。因此，从古代起，波斯帝国向西扩张是地理条件所决定的。到了现代，伊朗周边的地缘政治则更加确定了向西发展的方向。伊朗北方的高加索地区和东北方的中亚地区都是受俄罗斯和土耳其影响颇深的地区，除塔吉克斯坦外，留给伊朗发挥作用的空间不多。东部的阿富汗和东南部的巴基斯坦地势险恶，资源不足，发展潜力受限。因此，只有政局不稳，处于权力真空期的伊拉克有战略机会。而且，向西发展可以打通伊朗从波斯湾到东地中海的战略通道。因此，从地缘政治角度看，西向就是伊朗为数不多的发展方向。这一战略方向的考量首先是由地缘因素和历史惯性决定的。

但是，伊朗的国力和常规军事力量不足以支持其向西大规模扩张。伊朗受经济制裁和武器禁运影响，无法购买先进的武器装备。伊朗有些服役的战机甚至还是巴列维国王从美国采购的。因此，伊朗可依靠的只能是非常规力量，以低成本和低风险的方式保障国家安全，扩大其地区影响力，实现利益最大化。

总体而言，伊朗的非常规军事力量由战略威慑和非对称作战能力两部分组成。战略威慑主要依靠发展弹道导弹，非对称作战能力则表现为以什叶派武装组织为载体的代理人网络。

弹道导弹是伊朗最为倚重的战略武器。在两伊战争中，伊朗长期遭到伊拉克飞毛腿导弹的袭击，惨痛的教训坚定了伊朗人自主发展导弹的决心。经过若干年的发展，伊朗已经具备了一定的弹道导弹打击能力，其导弹的射程范围覆盖整个中东，让沙特和以色列等敌对国家颇为忌惮。也正因如此，特朗普政府希望重签伊核协议，增加限制伊朗发展弹道导弹的若干条款。

而以什叶派教派认同为纽带组建的什叶派民兵武装力量，是伊朗非对称作战能力的核心体现，被认为取得了良好的效果。但是，这种以教派为纽带的跨境网络其实早就存在于中东的什叶派社区中，而并非由伊朗一手打造而成。什叶派联络网络的构成因素非常复杂，不仅有宗教联系，也有复杂的种族、民族、师生、婚姻和经济联系。这些复杂关系所构成的跨国关系网络，为什叶派的政治和军事运动提供了平台和环境。伊朗伊斯兰革命卫队下属的圣城旅充分利用了什叶派这种复杂的关系网络，其以反对美国和以色列为号召，以赋权什叶派为内在动力，以什叶派信仰为精神感召，组织什叶派进行武装斗争，为伊朗的国家利益和地区战略目标服务。特别是在苏莱曼尼担任圣城旅司令后，将按国别划分的多个民兵组织转变为跨国什叶派军事力量[1]，作战能力大幅提升。在伊拉克、黎巴嫩和叙利亚等阿拉伯国家，苏莱曼尼领导的圣城旅为亲伊朗的非国家行为体提供支持和援助，培训了大批什叶派民兵和指挥官。2018 年，伊朗的代理人网络作战人员有 14 万~18 万人。[2] 这些作战人员有效地帮助伊朗抵御威胁，保障盟友生存。

因此，利用教派和代理人的方式向伊拉克、叙利亚和黎巴嫩扩张影响力的地区政策，既是地缘环境、历史惯性和伊朗国家实力所致，也是伊朗对什叶派跨境网络资源的务实利用。从成本和收益的角度来看，伊朗的地区政策确实以较低的成本保障了盟友的生存，维护了国家安全，扩大了地区影响力。但这种地区政策也存在着很多负面因素。随着时间的推移和外部环境的变化，其负面影响愈加明显。下文将以伊拉克和叙利亚为例，分析伊朗地区政策的影响。

三 伊朗的伊拉克政策收益与困境

从历史上看，在奥斯曼帝国时期，控制伊拉克行省被视为在西亚建立持

---

① 吴冰冰：《伊朗为什么能顶住美国的极限施压?》，《文化纵横》2022 年第 1 期。
② Seth G. Jones, "War by Proxy: Iran's Growing Footprint in the Middle East," CSIS, 2019 March, https://csis-website-prod.s3.amazonaws.com/s3fs-public/publication/190312_IranProxyWar_FINAL.pdf, accessed: 2022-02-19.

久霸权的关键。也是制衡伊朗的关键。而对于萨法维王朝来说，伊拉克被掌握在敌人手里意味着随时被入侵。[①] 从地缘政治角度看，在两国 1000 多公里的边界线上有一部分难以逾越的山区，历来就是伊朗防守内部的第一道防线。而从宗教层面看，伊拉克是什叶派的中心地带。在纳杰夫和卡尔巴拉等地，阿里、侯赛因等伊玛目的陵墓每年都吸引大批什叶派信徒前往凭吊拜谒。历史悠久的宗教学校培养了大批什叶派宗教学者，是什叶派世界的学术中心。

因此，在萨达姆政权被推翻后，伊朗首先要避免美国以伊拉克为跳板进攻伊朗。2003 年伊拉克战争后，伊朗一方面利用伊斯兰革命最高委员会（SCIRI）、达瓦党（al-Dawa），并且鼓励它们与美国合作；另一方面，伊朗积极联络穆克塔达·萨德尔等反美什叶派人士，向其领导的什叶派武装组织迈赫迪军提供支持和援助。借助伊拉克的什叶派武装向美军发动袭击，伊朗既可以消耗和牵制美国在伊拉克的军事力量，又避免了与美军的直接冲突，还对美国形成了威慑。

同时，伊朗也想方设法增强其在伊拉克的影响力，利用软实力笼络人心，尤其希望能够控制伊拉克的什叶派地区。因此，在纳杰夫、卡尔巴拉等城市，伊朗投入大量资源，维护和修复宗教圣地和场所，修建机场、学校等基础设施。伊朗还通过多种渠道发展与伊拉克的公共外交，特别善于利用传统媒体和新媒体宣传伊朗与伊拉克患难与共的历史联系，并营造伊朗为伊拉克民众利益服务的良好形象。

可以说，伊朗的伊拉克政策在很大程度上取得了成功。伊朗支持的什叶派民兵武装不仅有效牵制了美国，还成为伊朗与美国谈判的政治筹码。由于伊朗在伊拉克各什叶派政党和民间武装力量中的强大影响力，小布什政府曾一度寻求与伊朗合作，以维护伊拉克国内形势稳定。2007 年，美国与伊朗代表就稳定伊拉克局势举行了数次会谈。

---

① Mahan Abedin, *Iran Resurgent*：*The Rise and Rise of the Shia State*, Oxford University Press, 2019, p. 101.

2014 年，极端组织"伊斯兰国"的出现为伊朗深度介入伊拉克事务提供了契机。为对抗"伊斯兰国"，伊朗伊斯兰革命卫队帮助伊拉克建立了什叶派民兵武装联盟——人民动员力量。伊朗在武器装备、人员培训和意识形态方面向该军事组织提供全方位的支持和援助。一些与伊朗关系密切的民兵武装如真主党旅（Kata'ib Hezbollah）和正义联盟（Asa'ib Ahl al-Haq）等具有较强的战斗力，在与"伊斯兰国"的作战中发挥了重要作用。此外，这些民兵组织还跨境进入叙利亚，帮助叙政府军与极端组织作战。

可以说，伊朗帮助伊拉克成功消除了"伊斯兰国"的威胁，伊朗在伊拉克民众心中的声望也达到了新的高度。一项民意调查显示，2014 年伊拉克约有 70% 的民众对伊朗持积极看法。[①] 可以说，伊朗在伊拉克和整个"什叶派新月地带"的影响力达到了新的高度。但在此之后，伊朗在伊拉克开始面临愈加严峻的挑战。

2018 年以来，伊拉克国内反对伊朗干涉内政的声音不断出现，社会上开始涌现反伊朗浪潮。2019 年 10 月，伊拉克爆发大规模反政府示威游行，人民走上街头要求解决腐败、失业和公共服务匮乏等问题，但抗议的矛头很快指向了伊朗。伊朗驻纳杰夫领事馆在一周内两次被烧毁。伊朗驻卡尔巴拉的领事馆也遭到了攻击。根据民意调查，在 2020 年，对伊朗持正面看法的伊拉克民众比例下降到 15%。[②]

在政治领域，亲伊朗的政治家执政受挫，与伊朗保持距离甚至反伊朗成为伊拉克的"政治正确"。2019 年，伊朗支持的总理阿迪勒·阿卜杜勒-迈赫迪因街头抗议被迫辞职下台，希望平衡伊拉克与伊朗、美国和海湾国家关系的"平衡派"穆斯塔法·卡迪米上台。一些宗教领袖和政治家对伊朗的立场和态度也发生了变化。2019 年，什叶派大阿亚图拉西斯塔尼呼吁通过

---

① Hamidreza Azizi, "Challenges to Iran's Role in Iraq in the Post-Soleimani Era: Complex Rivalries, Fragmented Alliances, Declining Soft Power," https://www.swp-berlin.org/10.18449/2021C44/, accessed: 2022-01-14.

② Hamidreza Azizi, "Challenges to Iran's Role in Iraq in the Post-Soleimani Era: Complex Rivalries, Fragmented Alliances, Declining Soft Power," https://www.swp-berlin.org/10.18449/2021C44/, accessed: 2022-01-14.

提前选举和新的选举法改变伊拉克政治体制，谴责政府对抗议者使用暴力，甚至暗示亲伊朗的民兵组织杀害抗议者。2020 年 12 月，亲西斯塔尼的武装组织表示反对个人或组织利用民兵武装谋取利益，宣布将组建一支隶属于伊拉克而不是伊朗的部队。① 穆克塔达·萨德尔则多次批评伊朗对伊拉克内政的干涉，甚至称"苏莱曼尼是伊拉克权势最大的人……决定了伊拉克的政治和教派等各项事务"②。将自身定位为伊拉克民族主义者的萨德尔致力于让伊拉克远离伊朗回归阿拉伯世界。2017 年 8 月，萨德尔一度前往沙特与王储穆罕默德·本·萨勒曼会谈，这被视为制衡伊朗的举动。2021 年，以"反美反伊朗"为主张的"萨德尔运动"赢得伊拉克议会组阁权。此外，伊拉克前总理努里·马利基似乎也在与伊朗划清界限，为再次竞选总理做准备。

对于伊朗在伊拉克所遭遇的抵制，究其原因，有以下几方面。一是伊朗培养的民兵组织在剿灭"伊斯兰国"后不愿放下武器回归社会，反而时常与政府发生冲突，干扰正常的政治、经济和社会活动。二是伊朗未能帮助伊拉克真正实现国家复兴，而是更多地利用伊拉克的混乱局势来扩大自身的影响力。2003 年战争结束后，伊拉克国内局势一直处于紧张和混乱状态，民众看不到国家复兴的希望。尽管造成伊拉克混乱局势的原因是多方面的，但伊朗作为深度介入的一方确有一定责任。有学者指出，"德黑兰要想取得影响力，就需要伊拉克有一个软弱的中央政府"③。尽管伊朗在"伊斯兰国"肆虐之时果断出手，防止伊拉克陷入更大的混乱和崩溃，但对伊拉克政治的干涉无疑影响了一部分伊拉克人民的民族感情。三是伊朗在伊拉克的经济行

---

① Mustafa Saadoun, "Shiite Factions Close to Sistani Move to Separate from Iran-backed Militias," https://www.al-monitor.com/pulse/originals/2020/12/iraq-iran-pmu-sistani.html#ixzz6nQopeOs5, accessed: 2021-01-29.

② 《萨德尔关于伊朗的言论在伊拉克引发争议》，https://www.aljazeera.net/news/reportsandinterviews/2013/12/23/تصريحات-الصدر-بشأن-إيران-تثير-الجدل，最后访问日期：2020 年 2 月 23 日。

③ Thomas Juneau, "Iran's Costly Intervention in Syria: A Pyrrhic Victory," *Mediterranean Politics*, Vol. 25, No. 1 (2020), p. 27.

为被认为牺牲了伊拉克人的利益。伊朗在伊拉克经济中占据着举足轻重的地位。伊朗商品充斥伊拉克的市场,伊朗投资的企业与不动产在伊拉克南部随处可见。但大量伊朗人来到伊拉克就业,在很多时候挤占了本属于伊拉克人的就业空间。此外,伊朗还试图通过投资大型商业项目来控制纳杰夫和卡尔巴拉,要求伊拉克政府在阿舒拉日期间给予伊朗人免费签证和免费医疗待遇。伊朗人在对外行动中经常表现出锱铢必较的商人传统和行事风格,往往重视眼前利益而忽视长远利益。[①] 这在一定程度上刺激了反伊朗思潮的出现。

继而,在苏莱曼尼被美国暗杀后,伊朗在伊拉克所要面对的形势变得更加复杂。苏莱曼尼生前游走于伊拉克各什叶派派系之间,利用个人魅力和威信协调分歧,维系团结,统筹军事行动。在他死后,伊拉克什叶派内部矛盾开始加剧,各派系民兵的行为也越来越不受伊朗控制。据说苏莱曼尼的继任者卡尼(Ghani)曾多次前往伊拉克,向亲伊朗民兵派系传达伊朗无意与美国开战的明确信息。[②] 但一些激进的什叶派民兵却置若罔闻,继续袭击美国驻巴格达大使馆等目标。什叶派民兵武装有从伊朗的战略工具向负资产转变的可能性。

四 伊朗的叙利亚政策收益与困境

一直以来,叙利亚都是伊朗在阿拉伯地区最亲密的盟友。20 世纪 70 年代中期,叙利亚就已经与伊朗的革命力量建立了联系。1980 年两伊战争爆发后,叙利亚采取与大多数阿拉伯国家相反的立场,支持伊朗反对伊拉克,两国开始了"联而不盟"的战略合作阶段。20 世纪 90 年代两国关系曾一度有所疏远,但 2000 年后又再度回归密切合作的轨道。总体上看,在"阿拉伯之春"爆发前,伊朗与叙利亚是基于实用主义的"准联盟"关系。"两国关系是一种隐性安全合作关系——准联盟,具有一定的隐蔽性,表现出

---

① 田文林:《伊朗对外行为的战略文化分析》,《阿拉伯世界研究》2016 年第 4 期。
② Ali Hashem, "Iran Struggles to Fill the Vacuum Left by Soleimani," https://newlinesinstitute. org/uncategorized/iran-struggles-to-fill-the-vacuum-left-by-soleimani/, accessed:2021-02-04.

'联'（参与安全合作）而不'盟'（签订军事盟约）的特点。"①

伊朗与叙利亚的联盟最初被认为是难以想象的，因为两国有着完全不同的政治制度和意识形态。叙利亚是以复兴党威权政治为统治模式、以阿拉伯民族主义为官方意识形态的世俗国家，而伊朗则是在教法学家治国理念下的神权政治国家。但是，对萨达姆政权的共同敌对促成了两国的友好合作关系。对伊朗而言，与叙利亚结盟可以遏制伊拉克，在阿拉伯国家中获得一个宝贵的盟友，打破阿拉伯国家的孤立。而且，叙利亚也可为黎巴嫩真主党输送战略物资提供渠道。除此之外，对于以色列和美国的敌视也是促进两国密切合作的重要因素。

但是，有学者认为叙利亚与伊朗的联盟是不稳固的。两国只是在面对安全压力和威胁时才联合起来。当地区安全形势趋向好转时，两国会更加关注自身的利益。② 虽然伊朗可通过叙利亚向黎巴嫩真主党运送支援物资，但真主党不只是伊朗的盟友，也是叙利亚的盟友，不能单纯地认为叙利亚是在为伊朗的利益服务。此外，在一些地区问题上，叙利亚与伊朗的立场和态度也有所不同。如在伊拉克政治中，巴沙尔一直都支持伊亚德·阿拉维，而不是伊朗支持的马利基。

2011 年叙利亚内战的爆发是伊朗两伊战争之后面临的最严峻的地缘政治挑战。如果叙利亚巴沙尔政权倒台，伊朗将失去中东地区最亲密也是最有实力的合作伙伴。因此，在各方势力介入叙内战后，伊朗果断宣布"无条件"支持叙利亚政府抵抗外部势力，在政治、军事和经济上对叙鼎力相助。伊朗的叙利亚政策很明确，即确保巴沙尔政权的生存。伊朗最高领袖外事顾问韦拉亚曾表示"巴沙尔政府是伊朗的红线"③。伊朗认为，保住巴沙尔政

---

① 孙德刚：《叙利亚与伊朗准联盟关系浅析》，《阿拉伯世界研究》2006 年第 6 期。

② Esther Pan, "Syria, Iran, and the Mideast Conflict," http：// www. cfr. org/publication/11122/，转引自吴冰冰《伊朗与什叶派新月地带》，载杨光主编《中东非洲发展报告（No. 11. 2007~2008：伊朗核问题多角透视）》，社会科学文献出版社，2009，第 55 页。

③ 《韦拉亚提：叙利亚是伊朗的红线》（阿文），半岛电视台，2015 年 7 月 27 日，http：// www. aljazeera. net/programs/ today-interview/ 2015/7/27/الإيراني-النووي-الاتفاق-تداعيات，最后访问日期：2021 年 3 月 19 日。

权，就是保住了与真主党的联系渠道，进而确保了伊朗在黎凡特地区投射影响力的能力。

在军事上，伊朗向叙利亚政府派遣了大量的军事顾问，协助政府军抵抗和打击反对派武装，并付出了巨大的代价。2017 年，伊朗军方公布叙利亚内战以来的"十大阵亡将领"名单，均是参加过两伊战争的功勋卓越的老兵。[①] 除派遣军事顾问外，伊朗还组织了伊拉克的什叶派民兵武装跨境进入叙利亚作战，并招募了数千名来自巴基斯坦、阿富汗和也门等地区的什叶派志愿军在叙利亚参战。2016 年，伊朗副总统兼烈士及退伍军人基金会主席萨希迪称，保卫圣地的伊朗志愿军牺牲人数已超过 1000 人。[②] 伊朗认为，如果没有伊朗对叙利亚的鼎力相助，大马士革可能在 2014 年前就被反对派攻陷了。[③]

除了政治和经济上的援助外，伊朗还向叙利亚提供了大量经济援助。2012 年 2 月，伊朗向叙利亚提供了 10 亿美元的援助。两国的贸易额也从 2010 年的约 2 亿美元增加到 2013 年的 10 亿美元。此外，伊朗还与叙利亚签署了自由贸易协定。

叙利亚内战走向终结与盟友巴沙尔政权的存续，让伊朗保住了连接伊拉克和黎巴嫩真主党的战略通道，使其能够继续向这些地区投射影响力。伊朗似乎成了叙利亚战争的赢家。但是，在后"叙利亚危机"时代，伊朗在享受胜利果实之时，也面临着更加复杂的环境与挑战。

第一，伊朗与哈马斯的关系受损严重。当叙利亚局势升级为内战时，哈马斯选择站在逊尼派反对派一边。作为回应，伊朗减少了对其的支持。双方的关系一度陷入低谷，此后虽有所缓和，但也已经回不到之前的紧密合作状

① 《叙利亚战场上阵亡的著名伊朗军人》，http：//www.aljazeera.net/encyclopedia/events/2015/ 10/15/أبرز-القتلى-العسكريين-الإيرانيين-في-سوريا；　《在叙利亚阵亡的十大伊朗将领》， https://www.enabbaladi.net/archives/53297，最后访问日期：2021 年 3 月 15 日。
② 《两千名伊朗人战斗在叙利亚和伊拉克》，http：//www.elwatannews.com/news/details/ 1928525，最后访问日期：2021 年 3 月 15 日。
③ 《伊朗对阿萨德政权的支持》，http：//www.aljazeera.net/encyclopedia/events/2018/2/11/ رصد-لحصيلة-الدعم-الإيراني-للأسد，最后访问日期：2021 年 3 月 15 日。

态。与哈马斯失和不仅削弱了伊朗对以色列的斗争能力，也动摇了伊朗一直标榜反以联盟"抵抗轴心"的合法性，影响了伊朗在伊斯兰世界"反以旗手"的形象。

第二，介入叙利亚内战让伊朗付出了高昂的代价。除了人员伤亡外，伊朗每年给予叙利亚的援助就高达数十亿美元。而从经济的角度看，伊朗无法从叙利亚重建中收回其所付出的经济成本。长期的内战让叙利亚变得千疮百孔，许多城市被夷为平地。若想恢复到战前的水平，至少需要几千亿美元的重建资金和几代人的努力才有可能实现。而伊朗的国内经济多年处于极其困难的境地，恶性通货膨胀和高失业率已经让民众怨声载道，几乎不可能再向叙利亚重建投入大量资金。因此有学者认为，介入叙利亚内战对伊朗来说是一个得不偿失的胜利，它已经被拖入了一个代价高昂且看不到尽头的泥潭。[①]

第三，伊朗不是战后叙利亚的唯一主导者。伊朗需要与俄罗斯共同主导叙利亚重建和发展，而两国在地区利益上存在很多不同点。此外，土耳其在叙北部对伊朗的影响力形成挑战。这些域外力量的存在都不可能让伊朗完全掌控叙利亚。

第四，伊朗与巴沙尔政权的关系存在变数。首先，阿拉伯国家改变敌视巴沙尔政权的立场，纷纷向其抛出"橄榄枝"，摆出欢迎叙利亚回归阿拉伯世界的姿态。叙利亚重建离不开阿拉伯国家的支持，特别是海湾石油富国的投资对巴沙尔政权有极强的吸引力。受此影响，未来叙政府势必会在一定程度上回归阿拉伯国家阵营，以换取经济利益。而与伊朗的关系会经历再平衡的过程。其次，伊朗通过介入叙利亚内战，也将伊朗特色的什叶派信仰传入叙利亚，希望扩大什叶派人口的基本盘。现在每年的阿舒拉日，在叙首都大马士革都会举行规模庞大的纪念仪式，而这在 2011 年之前是不可想象的。而以保卫宰乃白陵墓为主题的大量什叶派圣战歌曲也传入叙利亚民间，甚至

---

① Thomas Juneau, "Iran's Costly Intervention in Syria: A Pyrrhic Victory," *Mediterranean Politics*, Vol. 25, No. 1 (2020), p. 26.

被改编成流行歌曲在餐厅演奏。① 这些因伊朗而发生的变化已经引起了以复兴党为代表的叙世俗力量的警惕和不安。最后，在叙利亚活动的亲伊朗什叶派民兵已经脱离了巴沙尔政权的控制。除了从伊拉克、阿富汗、巴基斯坦等国招募什叶派民兵武装入叙作战外，伊朗还组织和培训叙本土什叶派与极端组织作战。这些什叶派武装力量深受伊朗意识形态的影响，将哈梅内伊认作效仿源泉和效忠对象。这与叙政府的民族主义意识形态背道而驰。未来这些什叶派武装不仅会在伊朗的授意下或出于自身的宗教狂热，从叙本土攻击以色列或美国军事目标，甚至可能会与叙政府军发生冲突。这无疑将加大巴沙尔政权的安全压力，与伊朗产生裂痕。

第五，一个虚弱的叙利亚短时间内无法在中东地区发挥影响力。2011年以前，叙利亚是中东的军事强国，是地区的主要参与力量。但旷日持久的内战极大地消耗了叙利亚的国力。虽然巴沙尔政权屹立未倒，但其能够管控的领土已经不复往日，军队作战能力也被极大削弱。叙利亚的强弱直接影响着伊朗和黎巴嫩真主党的地区活动能力。叙利亚本是伊朗抗击以色列的重要一环。在以色列对伊朗进行军事打击时，叙利亚和黎巴嫩真主党可以对以色列发动进攻。但在目前的情况下，伊朗依靠叙利亚牵制以色列的能力已经大幅下降。

结　语

综上所述，"什叶派新月地带"是个口号式的概念，虽能够部分反映中东地区的格局变化，但也漠视了一些基本事实。伊朗利用什叶派认同在伊拉克、叙利亚和黎巴嫩等国构建代理人网络，在很大程度上是受地缘环境和国情的影响。而"什叶派新月地带"这一概念的流行，也部分源于沙特、埃及等阿拉伯国家在面对伊朗崛起时所产生的集体焦虑。但是伊朗的地区作用和影响力在这一概念影响下被夸大和高估。事实上，一个以伊朗为核心的高

---

① https：//www. syria. tv/content/«بازينب لبيك»，最后访问日期：2020 年 9 月 10 日。

度统一的什叶派阵营从来就没有切实形成过。因此，将伊朗地区政策和影响力简单地描述为"伊朗一手打造了什叶派新月地带"，或者将伊朗描述为"什叶派盟主"控制伊拉克、叙利亚、黎巴嫩真主党，以及也门胡塞武装，都是一种高度简化的描述。无论是"伊朗威胁论"还是"伊朗全能论"，都背离了中东地区的基本事实，既不能真正反映伊朗的地区政策，也不利于深刻认识中东复杂的国家间关系和社会状况。

随着时间的推移，中东地区的战略格局和地区秩序不断发生剧烈变化。"什叶派新月地带"这一概念的内涵也在不断变化。近年来，由于胡塞武装的崛起，学界更多地使用"什叶派阵营"这一概念来取代"什叶新月"。但无论是何种表述，笔者认为以伊朗为核心的什叶派阵营是中东地区重要的地缘政治力量，但是，这一阵营并不是高度统一的，其内部也存在不稳定因素，且其影响力已经呈现下降的趋势。伊拉克和黎巴嫩国内政局不稳，经济崩溃，国内社会抗议不断。叙利亚则国力大损，已不可能恢复往日地位。

而伊朗与"什叶派新月地带"的重要国家伊拉克和叙利亚之间的关系正在经历新的变化。伊朗在这些国家的影响力面临严峻挑战。2018年以来，伊拉克国内的反伊朗情绪不断增长，民粹主义力量迅速上升。叙利亚在回归阿拉伯世界的大趋势下，与伊朗关系充满变数。而对于黎巴嫩真主党，其行动也并不总是与伊朗的地区战略相一致。

最后，教派主义和跨境什叶派民兵武装对于伊朗而言是一把双刃剑，在面临威胁时，该意识形态具有强大的动员和凝聚力，帮助伊朗抵御外敌，确保盟友的安全和政权存续。但在新的历史时期，这一地区政策的负面影响正在凸显。有学者指出，当伊朗代理人的自主性程度较高时，其会更关注自身利益与独立形象，从而影响伊朗代理人战争的效果。[1] 什叶派民兵武装有可能在未来成为伊朗的负担和负资产，其反噬作用不可忽视。

---

[1] 陈翔、申亚娟：《伊朗介入中东地区事务的动力及限度》，《阿拉伯世界研究》2021年第1期。

Y.13

莱希上台以来伊朗对中东地区
外交动态及展望

王泽壮　夏楚钰*

摘　要： 2021 年 8 月莱希政府执政以来，注重发展与中东地区邻国、阿拉伯国家和非阿拉伯国家的睦邻友好关系，积极发展经贸合作，初步表现出莱希政府对中东地区外交政策的温和、务实和灵活性。展望未来，莱希政府对中东地区的外交将会呈现"变中有不变，不变中有变"态势。伊朗在加强与周边邻国互动、寻求与海湾国家间增进经贸往来合作的同时，继续坚持传统的"国家安全与穆斯林共同体利益优先"的总体原则，以及"什叶派认同"为基础的宗教特色。伊朗面临的内外环境也会给莱希政府未来地区政策带来一定程度的不确定性。

关键词： 伊朗外交　莱希总统　中东政策

伊朗总统莱希 2021 年 8 月 5 日上任以来，在对外政策方面已做出了许多新表态，并逐步落实为具体的外交行动。在前一届政府鲁哈尼时期，为了克服国际制裁导致的内外困境，鲁哈尼政府曾在外交上做出了许多努力，尤其在第一任期，与奥巴马时期美国关系的改善和伊核协议的签署，似乎为伊朗内政外交带来了全面的转机，但特朗普上任后单方面撕毁伊核协议并加大

---

* 王泽壮，北京语言大学国别和区域研究院教授，主要研究伊朗问题；夏楚钰，安徽大学创新发展战略研究院国际关系专业硕士研究生，主要研究中东外交。

制裁力度，使鲁哈尼政府再次陷入被动和困难的局面。事实证明，鲁哈尼总统将外交重点置于与西方大国改善关系的"大国政治"外交策略并不成功。相反，在其执政期间所初步采取的"睦邻友好""向东看"等外交政策，反而为伊朗维持和改善内政外交带来了实实在在的效果。

正是在这一特定的背景和前提之下，伊朗内政外交在莱希时期出现新变化。从目前莱希政府整体对外政策的宣示和实际行动来看，"回归东方"、重视发展与亚洲大国关系已成为其对外政策的显著特点。与其整体外交政策相一致的是，莱希政府对发展与本地区国家关系同样积极主动。本文主要聚焦莱希政府对本地区国家的外交政策动态并进行展望。

一 莱希上台以来对中东地区及邻国的外交政策

莱希政府上台以来，无论对周边邻国、阿拉伯国家还是非阿拉伯国家都非常重视，这不仅体现在政策宣示上，同时也表现在具体的外交行动上。

首先，对周边邻国的外交政策。伊朗一向重视睦邻友好关系，重视与邻国开展务实合作，尤其在美国制裁的背景下，团结地区力量、巩固和扩大伊朗在地区的影响力是历届政府的重中之重。莱希政府上台伊始，就强调优先与邻国和亚洲国家发展关系，新外长阿卜杜拉希扬 2021 年 8 月 22 日在伊朗议会就职仪式上明确表示，他上任后将把外交政策重点放在解除美国制裁，以及积极与邻国和亚洲国家发展外交关系上。

对北方邻国亚美尼亚，伊朗保持了一贯的友好态度，在政治、经济、文化等领域继续扩大与亚美尼亚的合作，进一步加强双边贸易合作。2021 年 9 月 25 日，伊朗外长阿卜杜拉希扬在联合国大会期间，与亚美尼亚外长阿拉拉特·米尔佐扬举行会谈，讨论两国间的经济发展问题。亚美尼亚外长强调，有必要尽快举行"伊朗-亚美尼亚联合委员会"会议，呼吁两国在石油和能源领域应达成实际合作。伊朗外长表示，与亚美尼亚能源部门合作是双方经济关系的重要组成部分，伊朗准备接待亚美尼亚能源部部长，以评估两国能源合作的可能性。① 10 月 4 日，亚美尼亚外长正式访问德黑兰，与伊朗外长就两国面临共同的地区问题进行会谈和磋商。伊朗外长强调伊朗致力于在政治、经济和文化领域扩大与亚美尼亚的合作，并表示希望通过合作，把经济计划和一些项目成功落地，两国之间的交通问题等将很快得到解决，双边贸易将上升到一个新的水平。②

对邻国阿塞拜疆，莱希政府也表现了积极友好的态度。2021 年 9 月 24 日，伊朗外长在联合国大会期间与阿塞拜疆外长杰洪·拜拉莫夫举行会谈，阿塞拜疆外长表示，阿塞拜疆愿意在包括政治、经济、贸易和文化领域在内的所有领域同伊朗合作，阿塞拜疆准备与伊朗在里海开展联合开发项目，并呼吁在各层次定期进行互动和磋商。伊朗外长强调与阿塞拜疆在重要项目和各领域的合作，如电力、天然气、大坝建设、贸易和运输等，并称解放地区（纳戈尔诺-卡拉巴赫地区）的重建是两国广泛合作的基础。伊朗外长还强调，不应该允许某些第三方影响两国之间的良好关系。③ 虽然伊朗与阿塞拜疆随后因领土矛盾以及阿塞拜疆与以色列展开军事合作等问题产生了一些摩擦，但伊朗方面寻求与阿塞拜疆开展全面合作的积极性始终未变。两国外长于 2021 年 11 月 4 日再次通话，伊朗外长阿卜杜拉希扬表示，伊朗决心克服双边关系中的障碍，加强双边合作，更好地管理公共生活与媒体，并成立一个两国联合委员会。④ 2021 年 11 月 16 日，伊朗外交部发言人哈提卜扎德对阿塞拜疆与亚美尼亚间的冲突表示关切，呼吁两国避免扩大、升级冲突，通过对话与和平手段解决问题，并表示伊朗如常愿意帮助双方解决争端，保障地区稳定与安全。⑤ 伊朗

---

① "Iran, Armenia FMs Discuss Economic Ties," https://en. mfa. gov. ir/portal/newsview/653226, accessed：2022-04-07.

② "Iranian, Armenian FMs Discuss Issues of Mutual Interest, intl. Developments," https://en. mfa. gov. ir/portal/newsview/654177, accessed：2022-04-07.

③ "Iranian FM：Three Parties Should not Be Allowed to Affect Tehran-Baku Ties," https://en. mfa. gov. ir/portal/newsview/653042, accessed：2022-04-07.

④ "Iran FM：Tehran, Baku Determined to Overcome Obstacles in Bilateral Ties," https://en. mfa. gov. ir/portal/newsview/657664, accessed：2022-04-07.

⑤ "Khatibzadeh Expresses Concern over New Clashes between Armenia, Azerbaijan Republic," https://en. mfa. gov. ir/portal/NewsView/658912, accessed：2022-04-07.

总统莱希与阿塞拜疆总统阿利耶夫随后于 2021 年 11 月 30 日在阿什哈巴德经济合作组织峰会期间进行会晤，共同见证了一系列合作项目协议的签署。①

2021 年 11 月 28 日，伊朗、土库曼斯坦和阿塞拜疆签署了一项每年 20 亿立方米天然气的互换协议。② 2021 年 12 月 13 日，莱希总统同土库曼斯坦总统库尔班古力·别尔德穆哈梅多夫通话，商讨加强过境物流合作，随即在两国官员的共同努力下制定了一系列具体落实措施。土库曼斯坦总统强调了邻国合作的重要性，并表示土库曼斯坦和伊朗有着悠久的历史关系，两国应继续在国际舞台上开展合作，强调了阿塞拜疆和土库曼斯坦在伊朗领土上达成的天然气互换协议的重要性，呼吁三个国家成立联合委员会，以进一步扩大在该领域的合作。③

对邻国和地区大国的土耳其，伊朗自鲁哈尼政府时期就试图通过团结卡塔尔和土耳其，分化削弱美国和沙特的地区盟友体系。莱希政府延续了这一政策，且表现得更为积极。2021 年 9 月 23 日，在联合国大会期间，伊朗外长阿卜杜拉希扬与土耳其外长恰武什奥卢举行闭门会谈，讨论了双边和地区问题，特别是阿富汗和叙利亚形势，重申伊土两国之间战略安全和稳定对本地区的重要性。④ 随后，伊朗外长与土耳其外长分别于 2021 年 11 月 15 日、12 月 19 日举行电话会谈，以及在德黑兰举行会晤，商讨双方合作事项，并就两国发展及地区形势交换意见。⑤

① "Abdollahian's Instagram Post," https：//en. mfa. gov. ir/portal/newsview/660485, accessed：2022-04-07.

② "In the Presence of the Presidents of Iran and Azerbaijan; Signing of a Tripartite Gas Swap Agreement between Iran, Turkmenistan, Azerbaijan," https：//en. mfa. gov. ir/portal/NewsView/660358, accessed：2022-04-07.

③ "Discussed in a Phone Conversation between Iranian, Turkmen Presidents; Promote Economic, Trade, Energy Cooperation Important," https：//en. mfa. gov. ir/portal/NewsView/662003, accessed：2022-04-07.

④ "Iran, Turkey Discuss Closer Mutual Cooperation," https：//en. mfa. gov. ir/portal/newsview/652848, accessed：2022-04-07.

⑤ "Iran, Turkey FMs Discuss Issues of Mutual Interest," https：//en. mfa. gov. ir/portal/newsview/658748, accessed：2022-04-07.

对伊朗最大的贸易伙伴伊拉克，莱希政府尤其重视。虽然两国间爆发过使双方损失惨重的两伊战争，但萨达姆政府被推翻后，同为什叶派阵营的伊朗与伊拉克关系又再次走向缓和并日益密切，这其中不乏存在什叶派认同的价值因素，更有参与后萨达姆时代经济合作与伊拉克重建的现实考虑。莱希政府上台后，与伊拉克之间全面、务实的合作关系得以继续。2021 年 8 月 28 日，伊朗外长阿卜杜拉希扬访问巴格达时着重强调了伊拉克在地区稳定和安全方面的作用，并重申伊朗在处理地区问题上坚持对话和谈判，通过相互信任和依赖才能实现地区安全的外交立场，并表示伊朗比以往任何时候更需要地区国家参与的"可持续地区安全"，区域安全将取决于利用经济资源建立一个和平与发展联盟。① 在 2021 年 9 月 22 日联合国大会期间，伊朗外长与伊拉克总统萨利赫会谈，就共同关心的各种问题交换了意见，再次强调区域合作创造稳定与安全，伊朗坚定支持本地区兄弟国家实现稳定、安全和发展的原则立场。② 2021 年 10 月 20 日，伊朗外长与伊拉克总理穆斯塔法·卡迪米会谈时表示，伊朗和伊拉克之间政治、经济、文化和民众关系的潜力可付诸实践，强调伊朗与伊拉克政府全面合作的决心，伊朗一贯欢迎伊拉克的和平与稳定，欢迎伊拉克在地区关系中发挥建设性作用。③ 莱希政府重视与伊拉克的关系，不仅体现在双方频繁的外交互动上，更体现在一系列具体而实际的合作行动中。2022 年 2 月 5 日，伊拉克总理卡迪米与伊朗总统莱希通电话，共同表示将扩大两国在各领域、各层次的合作与协调。卡迪米说，伊拉克和伊朗有着良好的关系，伊拉克希望进一步拓展两国关系。莱希在通话中对伊拉克为加强地区安全与稳定所做努力以及为伊朗与沙特阿拉伯举行会谈提供支持表示赞赏，重申伊朗反对任何破坏伊拉克安全与稳定以及

① "The Full Text of the Iranian Foreign Minister's Speech at Baghdad Summit," https：//en. mfa. gov. ir/portal/newsview/649796，accessed：2022-04-08.

② "Iran, Iraq Call for All-Out Cooperation on Different Fronts," https：//en. mfa. gov. ir/portal/newsview/652845，accessed：2022-04-08.

③ "Iranian FM Meets Former Iraqi PM Adel Abdul Mahdi," https：//en. mfa. gov. ir/portal/NewsView/649808，accessed：2022-04-08.

影响其国际和地区地位的行为。①

伊朗与东部邻国阿富汗关系向来密切而特殊，但复杂多变的阿富汗国内形势给两国关系带来诸多不确定因素。2021年7~8月，美国撤军、加尼政府垮台以及塔利班迅速接管政权，尽管塔利班政权通过各种渠道向伊朗释放或表达友好和靠拢伊朗的信号，但伊朗态度谨慎，表现消极。阿富汗塔利班曾经的恐怖主义劣迹和国际负面形象，令伊朗在与塔利班打交道时十分审慎。但伊朗与塔利班在反美立场上存在一致性，加之历史、地理、语言和文化等诸多根源，阿富汗和伊朗两国在民间交往层面存在无法割裂的关系。2021年10月27日，伊朗主持的主题为"共同和平与发展"的第二次阿富汗邻国外长圆桌会议在德黑兰召开，伊朗、巴基斯坦、塔吉克斯坦、乌兹别克斯坦、土库曼斯坦五国外长出席，中国和俄罗斯两国外长以视频方式出席。会议的主要目的是商讨和交换关于阿富汗形势的意见，共同解决阿富汗面临的人道主义危机。伊朗外长阿卜杜拉希扬在会议上严厉谴责美国侵略行为对阿富汗安全和稳定造成的严重危害，并提出解决阿富汗危机的六点倡议。② 从伊朗与阿富汗关系的实际表现来看，伊朗在外交上重视阿富汗，但对塔利班政权和阿富汗安全形势仍处于密切观察、观望的阶段，不过双方经贸往来仍在继续。

对东南部邻国巴基斯坦，莱希政府同样予以重视。2021年9月16日，伊朗总统莱希在塔吉克斯坦首都杜尚别与巴基斯坦总理伊姆兰·汗举行会谈，讨论的重点是双边经济合作和阿富汗局势问题。莱希在会谈中表示，伊朗和巴基斯坦关系发展具有潜力，强调巴基斯坦的特殊地位，并表示两国友好关系不应被"外来者"破坏及影响。在谈及阿富汗局势时，莱希表示解决阿富汗问题的关键是组建一个包容性政府。伊姆兰·汗也表示，相信巴伊两国提高合作水平将对地区和全球产生积极影响，巴伊两国应密切合作，相

---

① 《两伊领导人通电话讨论双边关系等问题》，新华网，2022年2月6日，http：//www. news. cn/world/2022-02/06/c_1128334573. htm，最后访问日期：2022年4月8日。

② "The Text of the Speech by the Respected Minister of Foreign Affairs at The 2nd Meeting of Foreign Ministers of Afghanistan's Neighboring Countries," https：//en. mfa. gov. ir/portal/NewsView/ 656844，accessed：2022-04-10.

互沟通，共同推动阿富汗的国家重建与和平进程。① 2021 年 11 月 28 日，伊朗总统莱希与巴基斯坦总统阿里夫·阿尔维在土库曼斯坦首都阿什哈巴德举行会晤，讨论两国合作发展的共同基础和巨大潜能。莱希在会晤中表示，伊朗决心发展和深化与巴基斯坦的全面关系，在谈及两国在边境市场、过境贸易、交通、能源和旅游开发方面的合作潜力时，他强调"伊朗伊斯兰共和国对发展与巴基斯坦的关系没有任何限制。阿尔维也表示巴基斯坦愿意积极扩大与伊朗的经贸合作"②。2021 年 12 月 19 日，在伊斯兰堡出席伊斯兰国家外长紧急会议的伊朗外长阿卜杜拉希扬会见了巴基斯坦总理伊姆兰·汗。伊朗外长强调，所有伊斯兰国家都需要在迅速向阿富汗提供人道主义援助方面开展合作，双方还讨论了两国边境合作问题。③ 同日，伊朗外长在会议期间会见了巴基斯坦陆军参谋长卡马尔·贾维德·巴杰瓦将军，两人就伊巴共同关心的边境安全问题进行讨论。阿卜杜拉希扬呼吁两国在边境地区开展合作，进一步加强边境安全，共同打击恐怖主义，两国存在巨大的合作潜力，伊朗愿意向巴基斯坦出口电力和天然气，巴杰瓦将军强调，有必要启动两国边境安全联合委员会，以进一步强化两国共同边界安全。④

其次，对本地区阿拉伯国家的外交政策。在伊朗对外政策中，阿拉伯国家处于十分重要而特殊的地位：宗教派系和政治倾向高度多元的阿拉伯国家既是伊朗构建国家安全屏障和国际同盟体系的直接来源，同时也是对伊朗国家安全战略和生存空间足以构成压力和挑战的危险地带。因此，在阿拉伯国家中寻找属于自己的生存空间一直是伊朗对阿拉伯国家政策制定的出发点和落脚点。从莱希上台以来对阿拉伯国家政策的实际表现看，他在延续以往

---

① "Iran FM Discusses Afghanistan in Meeting with Pakistan Counterpart," https：//en. mfa. gov. ir/portal/newsview/652067, accessed：2022-04-09.

② "Ayatollah Raisi in a Meeting with the President of Pakistan：Iran Determined to Deepen Comprehensive Relations with Pakistan," https：//en. mfa. gov. ir/portal/newsview/662724, accessed：2022-04-09.

③ "Iran's FM Meets Pakistani PM," https：//en. mfa. gov. ir/portal/newsview/662738, accessed：2022-04-09.

④ "Iran FM Meets with Pakistan Army Chief," https：//en. mfa. gov. ir/portal/newsview/662738, accessed：2022-04-09.

"国家安全与穆斯林共同体利益优先"的基本原则的同时，也初步表现出进一步扩大在阿拉伯国家的影响力和朋友圈的态势。其一，在巴以问题上坚持一贯立场，即坚定支持巴勒斯坦一方。巴以问题是牵动阿拉伯世界与以美国为首的西方之间关系、伊朗与阿拉伯国家和以色列三方关系的核心议题。2021年12月19日，伊朗外长阿卜杜拉希扬在伊斯兰堡举行的伊斯兰国家外长紧急会议期间，会见了巴勒斯坦外长马利基。伊朗外长重申伊朗支持巴勒斯坦人民和圣城的解放，并谴责犹太复国主义政权在巴勒斯坦被占领土上持续犯下的罪行。① 对伊朗来说，在巴以问题上支持巴勒斯坦人民的合法权益，既是其反犹反美外交立场的直接战场，也是其维护"伊斯兰世界代言人"形象的有效手段。其二，继续重视和维护与本地区阿拉伯盟友的战略关系。伊朗伊斯兰政权自诞生伊始，虽以"捍卫全世界穆斯林权益"为口号，但实际外交行为中一向重视发展以什叶派伊斯兰认同为纽带的什叶派盟友关系。正因如此，在中东地区，以什叶派穆斯林为主体的伊拉克和叙利亚被伊朗视为最重要的盟友，尤其是叙利亚更被视为"什叶派新月地带"的"脊梁"，以此作为抵制和消解以色列和西方在中东地区影响力的安全屏障。因此，莱希政府十分注重与叙利亚之间的交往。伊朗外长阿卜杜拉希扬于2021年8月29日在上任后首度出访对象就选择了叙利亚。在与叙利亚外长梅克达德的会谈中，阿卜杜拉希扬强调两国政治合作的必要性。② 2021年9月23日，利用联合国大会期间，伊朗外长再次与叙利亚外长会晤，重申伊朗坚定支持叙利亚抵抗外来势力的立场，谴责域外势力违背叙利亚政府和人民意愿的干涉行为，并邀请叙利亚外长访问德黑兰，为进一步深化两国政治和商业合作创造必要条件。③

除了盟邦叙利亚外，莱希政府在发展与黎巴嫩之间的双边合作上也表现

① "Iran, Palestine FMs Hold Consultations in Islamabad," https：//en. mfa. gov. ir/portal/NewsView/662721, accessed：2022-04-11.
② "Amir Abdollahian Meets Syria counterpart in Damascus," https：//en. mfa. gov. ir/portal/newsview/649844, accessed：2022-04-11.
③ "Iran, Syrian FMs Discuss Regional Issues," https：//en. mfa. gov. ir/portal/newsview/652902, accessed：2022-04-11.

得十分抢眼。2021 年 9 月 3 日，黎巴嫩时任外长格布兰·巴西尔致电伊朗外长阿卜杜拉希扬，感谢伊朗向黎巴嫩出售和运送石油，伊朗外长在电话中则强调，如果黎巴嫩政府和商人需要更多的石油，伊朗已做好准备。另外，阿卜杜拉希扬还表示，扩大与黎巴嫩的双边关系没有限制，并强调伊朗将永远支持黎巴嫩政府、军队和抵抗力量。① 2021 年 10 月 7 日，伊朗外长在贝鲁特会见黎巴嫩议长贝里，表示加强与伊朗盟友的关系是新政府对外政策的主要任务之一，伊朗准备为扩大两国之间的合作铺平道路，并鼓励伊朗经济学家在黎巴嫩发挥更大作用。阿卜杜拉希扬还强调，伊朗能源部门准备通过实施一系列供电工程以解决黎巴嫩电力短缺问题，伊朗的技术和工程公司也能够以较低的价格向黎巴嫩市场提供世界级的高质量服务。次日，伊朗外长与黎巴嫩外长在贝鲁特会晤，共同表达了加强全面合作的愿望，还讨论了通过遏制新冠疫情以扩大旅游业的可能性。②

伊朗同样重视与约旦的关系。2021 年 10 月 12 日，伊朗外长与约旦外长萨法迪通话，表示两国关系的友好基础在于相互尊重，两国应该受益于该地区的经济和贸易机会，以改善双边关系；伊朗支持在不受外国干涉的情况下开展地区对话与合作，并强调扩大地区国家，特别是伊朗、伊拉克、叙利亚和约旦之间的合作，这是本地区进一步经济繁荣与稳定的基础和动力，对约旦作为圣城和圣城其他伊斯兰和基督教遗址的守护者所发挥的历史作用表示支持，约旦外长表示约旦反对犹太复国主义政权对这些地方的种种危害。③

对于本地区具有相当影响力的海湾阿拉伯国家合作委员会（以下简称"海合会"），伊朗更是高度重视。莱希政府上台伊始，即 2021 年 9 月 17 日就对海合会关于伊朗拥有三个波斯湾岛屿即阿布穆萨岛、大通步岛和小通步岛的 149 号声明做出回应。伊朗发言人哈提卜扎德称，伊朗拒绝任何对本

---

① "Ex-Lebanese FM Holds Phone Talks with Amir Abdollahian," https：//en. mfa. gov. ir/portal/ newsview/650483，accessed：2022-04-11.

② "Iran's FM, Lebanon's Parl. Speaker Meet in Beirut," https：//en. mfa. gov. ir/portal/newsview/ 654498，accessed：2022-04-11.

③ "Iran, Jordan FMs Voice Support for Palestinian Rights," https：//en. mfa. gov. ir/portal/ newsview/654890，accessed：2022-04-11.

国的和平核项目、导弹项目以及与国防政策有关的问题的干涉，并强调伊朗第十三届政府优先重视在不受外国干涉的情况下加强与所有邻国的合作与关系。① 2021 年 12 月 15 日，伊朗外交部发言人再次对海合会首脑会议最后公报中对伊朗在也门问题、波斯湾三个岛屿的主权问题上的指责表示反对，呼吁少数仍躲在海合会内部并以该机构的名义发表非建设性立场的国家（沙特）重新考虑它们对区域问题的看法。这位发言人还表示，伊朗新政府根据其战略愿景和原则政策，积极主动加强与邻国之间的沟通和合作，在国际法和国际惯例的约束下发展与邻国之间的全面合作。②

对于海合会成员国科威特、卡塔尔、阿曼、阿联酋和巴林，莱希政府的目标和重点是维护和发展经贸关系。2021 年 8 月 29 日，伊朗外长阿卜杜拉希扬在伊拉克首都巴格达举行的地区峰会期间表示，伊朗随时准备与科威特建立更密切的合作关系，支持任何旨在通过创新方式激活伊朗-科威特联合经济合作委员会的行动。③ 9 月 9 日，卡塔尔外交部部长阿勒萨尼正式访问德黑兰，与伊朗外长讨论双边改善两国之间经贸关系、加快贸易签证签发、为贸易商和私营部门的流动提供便利等具体事宜，以及伊朗和卡塔尔在2022 年世界杯上的合作等议题。④ 10 月 19 日，卡塔尔外长与伊朗外长通过电话会谈，就双方官员交往、商业机构往来以及海湾形势等广泛议题进行了深入交流。⑤ 同日，伊朗和阿曼两国外长通过电话会谈共同表达了维护双边关系、在地区和国际问题上加强协调的愿望，转达伊朗新总统莱希对阿曼苏

---

① "Iran Berates GCC Statement on Three Persian Gulf Islands," https：//en. mfa. gov. ir/portal/NewsView/551878，accessed：2022-04-11.

② "Foreign Ministry Spokesman's Reaction to Final Communiqué of the Persian Gulf Cooperation Council Summit Meeting," https：//en. mfa. gov. ir/portal/NewsView/662285，accessed：2022-04-11.

③ "Iran FM Meets Kuwaiti Counterpart in Baghdad," https：//en. mfa. gov. ir/portal/newsview/649807，accessed：2022-04-11.

④ "Bilateral Issues, Regional Developments, Take Center Stage at Iran-Qatar FMs Talks," https：//en. mfa. gov. ir/portal/newsview/651174，accessed：2022-04-11.

⑤ "Iranian, Qatari FMs Discuss Tehran-Doha Ties," https：//en. mfa. gov. ir/portal/newsview/655732，accessed：2022-04-11.

丹的问候。阿曼外长表示支持伊核协议，对伊朗在核问题上的立场表示理解。①12月6日，伊朗总统莱希在德黑兰会见阿联酋国家安全顾问阿勒纳哈扬时表示，与该地区的国家保持良好关系是伊朗新政府外交政策的优先事项之一，这也是我们欢迎与阿联酋发展关系的原因。莱希总统还表示，"伊朗和阿联酋这两个伊斯兰国家之间不应该有任何障碍，而且这些关系不应该受到外界的影响"，"该地区国家的安全是相互交织的，伊朗支持波斯湾沿岸国家的安全"②。

对于海合会"领头羊"沙特，伊朗长期坚持"斗而不破，破而不战"的外交立场。伊朗与沙特关系不和既有宗教、文化原因，也有地缘政治和现实利益冲突等因素。沙特是美国的地区盟友、逊尼派中瓦哈比教义的拥护者以及两圣地的保护者，两国关系自1979年以来始终不和，甚至还因2016年1月"尼姆尔事件"之后一直处于断交状态。但从2020年鲁哈尼政府后期开始，在美国撤军伊拉克、《亚伯拉罕协议》的签订以及特朗普下台等众多因素推动下，伊朗与沙特几乎同时向对方释放改善关系的信号，两国关系初显"破冰"之相。2021年4月20日，伊沙两国政府代表在伊拉克首都巴格达首次举行直接对话，甚至在鲁哈尼政府的最后几天，伊朗与沙特的谈判仍在继续进行。③

莱希政府上台后，两国关系向好的态势仍在继续。根据伊朗外交部官网，2021年10月20日，伊朗和沙特围绕双边和地区问题在伊拉克首都巴格达举行了第四轮会谈，海湾安全和也门局势问题始终是会谈重点。伊朗外交部发言人哈提卜扎德当天在记者会上表示，包括伊朗和沙特在内的地区各方间会谈可以成为海湾地区和平与稳定的保障之一，希望伊朗和沙特之间的

---

① "Iran and Oman FMs Hold Phone Talks," https：//en. mfa. gov. ir/portal/NewsView/662046，accessed：2022-04-11.

② "Iran and Oman FMs Hold Phone Talks," https：//en. mfa. gov. ir/portal/NewsView/662046，accessed：2022-04-11.

③ "In a Meeting with the Special Envoy of the United Arab Emirates：Ayatollah Raisi：Iran Serious，Sincere in Developing Relations with the UAE," https：//en. mfa. gov. ir/portal/NewsView/647610，accessed：2022-04-11.

关系有助于地区和平与稳定。① 另外，伊朗外长阿卜杜拉希扬于 2021 年 12 月 23 日在德黑兰与到访的伊拉克外长侯赛因会谈后举行的新闻发布会上称，伊朗和沙特就两国关系问题将在巴格达举行直接会谈。他表示，此前伊朗向沙特方面提出了一系列务实和建设性建议，两国代表团不久将在巴格达进行协商，讨论下一阶段的工作。伊朗愿重新开放驻沙特大使馆，使两国关系正常化。阿卜杜拉希扬还表示，伊拉克政府在促成伊朗与沙特对话、解除与沙特之间的误解进而使伊朗与沙特关系正常化方面做了许多工作，伊朗对此表示感谢，伊拉克总理和外长也将参加伊朗与沙特即将在巴格举行的会谈。② 整体来看，伊朗和沙特两国改善关系的愿望都是真诚而务实的，国际社会有理由期待这一积极的结果。

最后，伊朗对以色列的政策动向同样值得关注。中东主要的非阿拉伯国家，除了上文提及的土耳其以外，还有一个重要的国家就是以色列。伊朗与以色列关系一直处于紧张状态，双方围绕代理人战争与地缘政治的公开交锋或暗中角力自 1979 年伊斯兰革命以来从未停止过。在影响伊朗与以色列关系的外部因素中，美国因素尤其关键。特朗普政府单方面撕毁伊核协议、对伊朗的"极限制裁"以及以色列一手策划和实施的暗杀苏莱曼尼事件等，不仅给鲁哈尼政府带来难以摆脱的压力，而且必将给莱希政府处理以色列关系造成难以摆脱的阴影和障碍。从莱希上台以来两国关系的实际表现来看，还看不出任何改善的迹象。2021 年 10 月 2 日，伊朗外长阿卜杜拉希扬在推特上评论以色列总理贝内特访问巴林，认为这只会给巴林和整个地区带来不安全因素③，12 月 14 日又通过社交媒体再次警告以色列在该地区的破坏性表现，并针对以色列总理贝内特访问阿联酋的行为，表示要警惕以色列在西亚国际关系中的破坏和煽动行为带来的影响，以色列是造成巴勒斯坦地区悲

① 《伊朗已与沙特举行四轮会谈，利雅得应解除也门有关封锁》，伊朗国家通讯社（中文网），https：//zh. irna. ir/news/84512093，最后访问时间：2020 年 4 月 11 日。
② 《伊朗和沙特近期将在巴格达举行直接会谈》，人民网，2021 年 12 月 24 日，http：//world. people. com. cn/n1/2021/1224/c1002-32316461. html，最后访问时间：2022 年 4 月 11 日。
③ "Amirabdollahian's Tweet on Visit of the Zionist Regime's FM to Bahrain," https：//en. mfa. gov. ir/portal/newsview/653968，accessed：2022-04-11。

剧的根源，最后还强调犹太复国主义政权是伊斯兰世界和阿拉伯国家的死敌，任何正常化举措都不会扼杀巴勒斯坦的崇高事业。[①]

二 莱希政府对中东地区外交政策的趋势

随着美国中东战略的收缩，中东格局和秩序进入再调整和再平衡过程。作为地区大国的伊朗自然也会借助这一战略机遇期来获取更加有益的外交主动。根据莱希政府执政以来的外交表态和有限的外交实践来推断，未来几年，伊朗对本地区外交政策制定、实施和影响将会从以下几个方面展开。

首先，莱希政府未来对中东地区的外交政策将会更加灵活多变，整体呈现更明显的"变中有不变，不变中有变"态势。"变"的是，莱希政府与周边邻国进一步加强互动，与海湾阿拉伯国家更加积极寻求经贸往来和务实合作的机会，对海湾阿拉伯国家的"领头羊"沙特则会释放更多改善关系的善意，将地区外交作为侧重点的政策将会常态化。这是莱希政府基于伊朗自身安全以及发展要求的考量，也是对冲美国制裁、改善地区安全生存环境的现实选择。"不变"的是，莱希政府在延续以往"国家安全与穆斯林共同体利益优先"的总体外交政策的同时，以"什叶派认同"为基础的地区外交的优先选项将会继续加强。这是伊朗政权属性所决定的，也是伊朗国家政治意识形态在外交上的必然体现。

其次，莱希政府对中东地区的外交政策将会继续受到美国、中国、俄罗斯和欧盟等域外因素的影响。一方面，美国对伊朗的经济制裁以及在重返伊核协议上的阻碍会对伊朗在地区政策上的调整产生影响。美国在中东地区的盟友包括以色列、沙特等，受美国影响极深，伊朗虽然存在与本地区阿拉伯国家改善关系的主观愿望，但美国对这些国家的影响依然不可小觑。对莱希政府来说，伊美关系以及美国对中东地区的实际影响力的存在仍然是制约和

---

① "Amir Abdollahian's Instagram Post and Related Pictures Regarding His Meeting with Iraqi, FM," https：//en. mfa. gov. ir/portal/newsview/663341, accessed：2022-04-11.

影响伊朗在制定和实施本地区外交政策的最重要的外部因素之一。另一方面，伊朗的地区外交政策也受到中俄的影响。《中伊 25 年全面合作协议》的签订，加入上合组织，以及"中伊俄三国联合军演"等，都意味着"中伊全面战略伙伴关系"从外交理念正在变成现实。伊朗与俄罗斯则同属被美国打压的阵营，两国之间长期存在安全合作、军备交易以及"消除共同威胁"等合作议题。此外，欧盟作为单一超国家行为体，主要成员国在中东地区均有深厚的利益关联，这也是伊朗对本地区外交不可忽视的外部因素。

最后，伊朗国内形势变化也是影响其对外政策的一个重要因素。从政治方面来讲：一方面，伊朗最高领袖哈梅内伊拥有最高话语权，是左右伊朗内外政策的关键人物，但由于年事已高和健康原因，其对伊朗内政外交的实际控制力也随之下降，尤其是最高领袖未来人选悬而未决，都会给莱希总统未来外交政策增加不确定因素；另一方面，复杂而多元的伊朗国内政治派别斗争也会给莱希政府未来的外交政策带来不确定因素，如以共和国卫队部分官兵为代表的反美反以强硬派、民间社会根深蒂固的反阿去阿派（De-Arabization）等，都是不可忽视的内部因素。从经济上来看，以美国为首的西方国家对伊朗的经济制裁和外交封锁使伊朗经济深受重创，新冠疫情更使得伊朗经济雪上加霜，高财政赤字、高失业率、高通胀以及难以根治的经济腐败等，都是民众生怨生变的现实理由，自然也是影响莱希政府未来内政外交的内部因素。

Y.14
欧盟对阿富汗政策演变及效果评估*

贾烈英　郝博闻**

摘　要： 本文旨在梳理欧盟对阿富汗不同时期的政策，并评估政策产生的效果，然后分析欧盟在美国从阿富汗撤军背景下的政策调整。欧洲从 20 世纪 90 年代成为阿富汗最大的人道主义捐助者，致力于阿富汗的现代化和发展。"9·11"事件后，欧盟认识到人道主义方法收效甚微，不得不调整对阿富汗的政策。2001 年《波恩协定》确定了欧洲的主要目标为推行重建和民主化，然而，这一政策实则成为掩盖欧盟缺乏自主性的遮羞布。随着 2021 年美国从阿富汗撤军，欧盟不得不再次调整政策，以化解其在阿富汗问题上的外交困境。

关键词： 欧盟　阿富汗　援助政策

　　阿富汗在欧盟地缘政治和安全战略中具有重要地位。阿富汗地理位置非常重要，从 15 世纪开始就是连接欧洲、中东贸易的枢纽，更是连接南亚、中亚和西亚的咽喉。若将亚欧大陆和非洲结合在一起会发现，阿富汗处于两块版图的中心。19 世纪以来，英国和沙俄不惜耗费大量的财力物力去争夺阿富汗的控制权，尽管最后都深陷战争泥潭，但丝毫没有影响这片土地在大

* 本文为北京语言大学梧桐创新平台项目"软权力视域下的中美亚太政策走势研究"（中央高校基本科研业务费专项资金资助，项目编号：18PT03）阶段性成果。

** 贾烈英，北京语言大学国际关系学院院长、教授、博士生导师，研究方向为国际组织、国别与区域问题；郝博闻，北京语言大学国别与区域研究院博士研究生。

国心目中的战略地位。

对欧盟来说，其近些年几次对阿富汗政策做出调整，都是因为出现了危机事件，而非单纯的政策失灵。从最开始的人道主义援助，到推行重建和民主化政策，再到如今倡导"欧洲战略主动权"，都是为了适应新的国际形势。政策调整的成本和难度本身就很高，道格拉斯·诺斯用"制度变迁理论"揭示了各种制度在演进的过程中，由于"惯性"，所处的路径无论好和坏，都会因变革的成本难以估计或过高而难以脱离现状。[1] 从制度层面看，欧盟每次创建新路径去实施对阿政策所产生的成本越来越高。笔者认为分析这些政策制定的背景和效果，有助于更深刻地理解欧盟现行的阿富汗政策。一些学者认为，欧盟对于阿富汗的关注始于"9·11"事件之后[2]，但实例表明，欧盟在20世纪90年代就开始想方设法参与关于阿富汗地区发展的事项。总体来说，欧盟对阿富汗巨大的财力物力投入和取得的效果并不对称。

一　欧盟对阿富汗的人道主义援助

冷战结束后，美国一直在享受冷战带来的"红利"，欧盟则忙于扩大亚欧大陆的组织网络来提升自己的形象。欧洲大陆一直有疏解难民压力的考虑，所以欧盟在20世纪90年代初，围绕着用提供人道主义援助的方法帮助阿富汗实现发展，既能将难民"主力军"留在阿富汗，也可以提升其在国际舞台上的影响力。于是，欧盟绕过联合国直接向阿富汗的难民提供就地安置方案，解决住宿、食物和水等问题。1990年，欧盟对阿富汗提供了超过5亿欧元的援助，一跃成为阿富汗最大的人道主义捐助方，相当于阿富汗在

[1] Douglass C. North, *Institutions*, *Institutional Change and Economic Performance*, 1992, Cambridge, Mass: Cambridge University, pp. 73-83.

[2] Richard G. Whitman, Stefan Wolff, eds., *The European Union as a Global Conflict Manager*, Routledge, 2012, pp. 125-137.

1990~1999 年收到的其他援助经费的 25%。① 人道主义援助将阿富汗政府、非政府组织、难民有机结合起来，形成了推动阿富汗战后发展的功能合力。除了提供基础生活保障外，欧盟还资助了上百所学校和医疗治疗点，其中大多数为妇女和儿童提供服务。

这一时期，欧盟对阿富汗的人道主义援助导致其与塔利班关系出现一定程度的紧张，也对之后实施人道主义产生了一定影响。欧盟成员国拒绝向极端歧视妇女权利的塔利班提供外交承认，甚至欧盟高官在多个场合抨击塔利班无视人权的行径，这导致欧盟的一些援助手段被塔利班成员破坏，这让20 世纪 90 年代末期欧洲共同体人道主义办公室（ECHO）的活动范围缩减至个别需要帮助的地区。② 2001 年 9 月 11 日，纽约世界贸易中心、美国五角大楼先后遭恐怖袭击，欧盟想通过人道主义援助政策帮助阿富汗发展的幻想破灭，逐渐制度化的援助方法被美国随之而来的军事打击所弱化，战争再次将阿富汗人民推向水深火热之中。

二 欧盟推行重建和民主化的20年

（一）重建政策的由来及初期的挑战

"9·11" 事件是美国历史上遭受最严重的本土恐怖袭击活动。布什政府随即对阿富汗发动军事行动。这次军事行动对美国政府安抚美国民众是必要的，但塔利班和 "基地" 组织并未因此消亡，反而使阿富汗局势更加恶化了，让欧盟人道主义行动的成效化为泡影。美国发动军事打击符合本身利益，但却使欧盟及其成员国左右为难：一方面，欧盟成员国需要在北约框架

---

① Oz Hassan, "The Evolution of the European Union's Failed Approach to Afghanistan," *European Security*, Vol. 29, No. 1, 2020, pp. 74-95.

② Internation Crisis Group, "Rebuilding the Afghan State: The European Union's Role," https://www.crisisgroup.org/asia/south-asia/afghanistan/rebuilding-afghan-state-european-unions-role, accessed: 2022-01-03.

下支持美国打击恐怖主义；另一方面，欧盟担忧之前的阿富汗援助会被战争逐渐蚕食。换句话说，美国对阿富汗发动军事行动将作为安全参与者的欧盟边缘化，因此欧盟不得不重新调整政策方向。

欧盟参与阿富汗治理的目的是维护欧洲的安全和利益，但阿富汗战争的爆发与欧盟的这一初衷相背离。人道主义援助本可以成为阿富汗国家解决发展问题的先决条件和促进因素，但由于美国发动战争，英、法、德等欧盟成员国追随美国投身到阿富汗战场，其他实力相对较弱的成员国的态度被忽视，欧盟一体化和集体行动的愿景被打破。欧盟不得不调整对阿富汗的政策；2001 年在布鲁塞尔召开的第 2397 次理事会会议决定，欧盟对阿富汗政策从专注于人道主义转向强调"重建"和推行"民主化"。[①] 值得一提的是，欧盟外交与安全政策高级代表呼吁欧盟虽然不想成为"超级大国"，但必须习惯在国际事件中发挥更大作用。换句话说，欧盟需要一支快速反应部队来管理危机事件，这对维护欧洲和平至关重要。然而，这一倡议至今未取得实质性突破。[②]

欧盟迅速调整政策，将推行"民主化"和"重建"作为新的工作重点和应对措施。该政策既能满足阿富汗战后发展需求，也能和盼望阿富汗成为稳定民主国家的憧憬产生共鸣。经历人道主义的长期实践造成的路径依赖现象，也在一定程度上催化了《波恩协定》，欧洲总务和对外关系理事会（GAERC）肯定了人道主义在一定时期内所产生的效果，但为防止战后可能出现的难民问题和极端伊斯兰势力扩散问题，2001 年底欧盟正式确立"重建"作为之前人道主义方法的优先补充，并同联合国一起将维护区域内安全作为主要目标。

然而，美国不顾其他国家反对，仍将打击恐怖主义作为阿富汗的工作重点，这同欧盟一体化进程与《大西洋关系宣言》中强调的共同防务相互冲突。美国是世界上唯一的超级大国，欧盟一些有话语权的成员国跟随美国的

---

① "2397th Council Meeting-GENERAL AFFAIRS-Brussels,"https：//ec. europa. eu/commission/presscorner/detail/en/PRES_01_460，accessed 2022-01-03.
② 夏晓文：《浅析欧盟的战略自主——以防务合作为切入点》，《国际展望》2020 年第 2 期。

战略意图共同进入阿富汗战场，但实际指挥权却让渡给美国，这也为后来欧盟多次尝试建立统一快速反应部队的失败埋下伏笔。美国前国务卿基辛格指出，欧洲国家只有联合起来，才可以扮演大国角色，发挥重要作用。① 若是各自为政，将沦落到二流地位。比利时外交部前部长马克·利斯肯斯曾将欧盟这一高度发展的国际行为体比作"经济上的巨人，政治上的侏儒，军事上的幼虫"②。国家为理性行为体，由这些理性行为体组建的共同体势必会有先天的局限，经济上的双赢局面难以上升到政治，统一军事力量更有可能会与主权国家行为体的利益发生冲突。因此，欧盟的政治、军事、对外政策战略往往难以做出统一政策。受限于外交领域的一票否决制，欧盟往往依赖于法国和德国等在欧盟相对较强的国家去表现自己的地缘政治目标，而非统一声明。

（二）阿富汗战后重建与民主化探索

尽管欧盟前期的重建政策受到美国反恐战略的影响，但并未阻碍欧盟重建阿富汗的决心。"重建"的核心要义就是帮助阿富汗政府关注国家建设，致力于建立一个能融合多民族、具有代表性的政府，同时减少对性别的偏见和提升妇女的地位。2001 年底随着《波恩协定》的正式启动，欧盟外交事务委员会提出了三个方面的具体实施办法。③

第一，认为人道主义援助仍对维护欧洲安全具有重要意义，但明确提出重建的内容，并相继出台了两份"阿富汗国家战略文件"，包含基础设施和政府的建设。为阿富汗民众提供医疗、教育等公共服务，帮助阿富汗政府建立法制和保障人权。

第二，认为需要重新评估阿富汗在战后的安全局势。尽管联合国和欧盟

---

① H. Kissinger, *American Foreign Policy*, New York：W. W. Norton & Company, 1977, pp. 51–97.

② M. Leonard, "Europe for Itself ｜ by Mark Leonard," https：//www. project – syndicate. org/ commentary/trump–and–eu–foreign–policy–by–mark–leonard–2018–07, accessed：2022–01–02.

③ Country Strategy Paper （CSP）：Afghanistan 2003 – 2006, https：//doi. org/http：// afghandata. org：8080/xmlui/handle/azu/13215, accessed：2022–01–02.

都认为维护战后阿富汗安全局势是第一要义，但美国仍将反恐置于战略优先地位，用"报复"的心态去打击阿富汗恐怖势力。值得一提的是，第二个安全事项因美欧产生分歧，并不适用于欧盟的成员国，因为当时欧盟一些主要成员国拒绝了欧盟对阿富汗的外交安全政策，反而坚持同美国领导的联盟一起针对阿富汗。这代表了欧盟主要成员国对欧盟在全球的政治军事影响力有着不同的看法。[1] 尽管欧盟对驻扎在阿富汗首都的由欧盟 21 个成员国组成的武装力量具有控制权，但并没有改变欧盟成员国对欧盟统一安全战略的独立性。这意味着欧盟尝试建立快速联合反应机制和危机管理工具的失败，欧盟对于国际事件的话语权再次被降低。

第三项实施办法与第一项较为接近，即立即开始对阿富汗的重建计划和建立长远发展目标。欧盟的设想是将阿富汗转变为一个正常发展的民主化国家，有着稳定的政权和有效的宏观经济框架。根据欧盟 2003 年的报告，在阿富汗推行民主化符合欧盟及其成员国集体安全目标和集体利益，有助于解决潜在的难民问题和提升欧盟地位。

随着三个具体办法的实施，早期的人道主义援助的路径依赖被克服，融合到了新的重建目标中，并将推行民主化作为长期坚持的目标。

（三）阿富汗重建与民主化进程的成效和弊端

欧盟作为阿富汗重建指导小组的创始成员之一，对重建初期的五年所需要的资金进行了评估，并依据《波恩协定》内容开始了长期的重建和民主化进程。根据 2006 年欧盟委员会的报告，欧盟在重建进程中致力于建立有效的宏观经济和货币框架，打击恐怖主义，保护妇女地位，为难民提供社会保障和服务。换句话说，《波恩协定》是想迅速建立一个政权稳定、功能齐全的民主国家，并实现快速发展和现代化。这一政策的具体成效主要体现在两个方面。

---

[1] Oz Hassan, "The Evolution of the European Union's Failed Approach to Afghanistan," *European Security*, Vol. 29, No. 1, 2020, pp. 74-95.

　　一方面是经济援助为阿富汗基础设施建设和城市发展提供了可能，并促进阿富汗与周边国家的贸易关系。据经济合作与发展组织（OECD）数据库统计，欧盟在 2002 年加大对阿富汗的经济援助，用于支持阿富汗基础设施建设和城市发展。图 1 展现了 2002 年至 2019 年欧盟和发展援助委员会（DAC）[①] 成员国对阿富汗援助捐款的走势。为便于对不同主体捐助数额的比较，另外引入"欧盟"与"发展援助委员会中的欧盟国家"捐助数额总数。可以看出，美国作为国家行为体对阿富汗捐助最多，但从 2012 年开始，援助金额有下降趋势，直到 2016 年被"欧盟"与"发展援助委员会中的欧盟国家"总额超过（2002~2004 年除外）。值得一提的是，阿富汗战争后（2002 年），欧盟及其成员国的援助金额达到 6 亿美元，相当于当年阿富汗收到官方援助总金额的 34%，其中"发展援助委员会中的欧盟国家"贡献了 4.6 亿美元，超过美国的 3.6 亿美元，这些援助对战后初期的重建起到了至关重要的作用。

　　2002 年至 2019 年，阿富汗国内生产总值从最开始的 40.55 亿美元增加到了 87.9 亿美元，国民平均寿命从 56.8 岁增长到 64.8 岁。[②] 从数据上看，欧盟成员国在发展援助上提供的金额已经超出欧盟机构，说明欧盟成员国对于援助阿富汗的方法与欧盟本身出现了"分歧"，也为后续欧盟成员国选择不同援助方向提供了解释路径。阿富汗战争结束后的初期，欧盟除了直接援助，还与阿富汗在贸易方面保持了紧密的联系，保持着进口额和出口额整体上涨的趋势一直到 2012 年。欧盟也在阿富汗首都喀布尔启动一项为期 3 年的援助计划，提供 450 万英镑用于提升阿富汗贸易水平，帮助阿富汗创造良好商业环境，融入国际贸易圈，从而促进阿经济增长、增加就业、减少贫穷

---

① 发展援助委员会（Development Assistance Committee）：经济合作与发展组织属下的委员会之一。该委员会负责协调向发展中国家提供的官方发展援助，是国际社会援助发展中国家的核心机构。发展援助委员会现有 30 个成员（29 个经合组织成员国和欧盟）。

② 曾璐：《阿富汗：国际援助来自何处，又将去向何方？》，国际发展观察，2021 年 8 月 25 日，https://www.idobserver.org/2021/08/25/%e9%98%bf%e5%af%8c%e6%b1%97%ef%bc%9a%e5%9b%bd%e9%99%85%e6%8f%b4%e5%8a%a9%e6%9d%a5%e8%87%aa%e4%bd%95%e5%a4%84%ef%bc%8c%e5%8f%88%e5%b0%86%e5%8e%bb%e5%90%91%e4%bd%95%e6%96%b9%ef%bc%9f/，最后访问时间：2022 年 1 月 2 日。

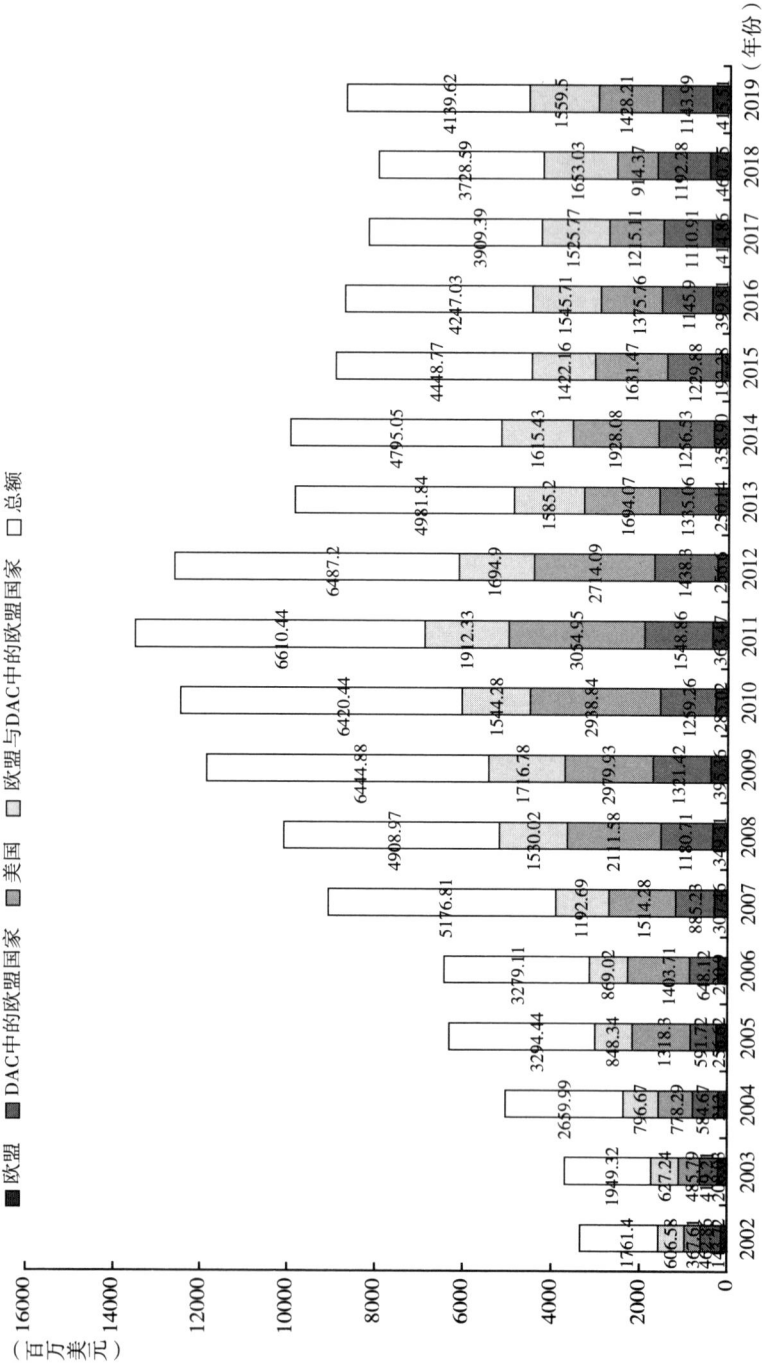

（百万美元）

■ 欧盟　■ DAC中的欧盟国家　■ 美国　□ 欧盟与DAC中的欧盟国家　□ 总额

16000
14000
12000
10000
8000
6000
4000
2000
0

2002　2003　2004　2005　2006　2007　2008　2009　2010　2011　2012　2013　2014　2015　2016　2017　2018　2019（年份）

2002: 1761.4, 606.58
2003: 1949.32, 627.24, 485.79
2004: 2659.59, 796.67, 778.29, 584.67
2005: 3294.44, 848.34, 1318.3, 591.72
2006: 3279.11, 869.02, 1403.71, 648.12
2007: 5176.81, 1192.69, 1554.28, 885.23
2008: 4908.97, 1530.02, 2111.58, 1180.71
2009: 6444.88, 1716.78, 2979.93, 1321.42
2010: 6420.44, 1544.28, 2938.84, 1259.26
2011: 6610.44, 1912.33, 3054.95, 1548.86
2012: 6487.2, 1694.9, 2714.09, 1438.3
2013: 4981.84, 1585.2, 1694.07, 1335.66
2014: 4795.05, 1615.43, 1928.08, 1256.53
2015: 4448.77, 1422.16, 1631.47, 1229.88
2016: 4247.03, 1545.71, 1375.76, 1145.9
2017: 3909.39, 1525.77, 1215.1, 1110.91
2018: 3728.59, 1653.03, 914.37, 1192.28, 1143.99
2019: 4139.62, 1559.5, 1428.21, 1143.99

图 1

资料来源：经济合作与发展组织数据库，https：//stats. oecd. org/qwids/#? x = 1&y = 6&f = 3：51，4：1，5：3，7：1，2：2&q = 3：51+4：1+5：3+7：1，2：2+1：2，24，36，27+6：2002，2003，2004，2005，2006，2007，2008，2009，2010，2011，2012，2013，2014，2015，2016，2017，2018，2019，2020，最后访问日期：2022 年 1 月 4 日。

和进行地区合作。① 欧盟与阿富汗之间的贸易不对称性非常明显，2020 年阿富汗是欧盟排名第 138 位的贸易合作伙伴，而欧盟却是阿富汗排名第 12 位的贸易合作伙伴。② 这与阿富汗本身生产能力有关。阿富汗在出口产品种类方面有限，一般以初级产品的出口为主，在国际贸易中缺少竞争力。③

另一方面，欧盟在阿富汗地区推行的民主化取得一定进展。阿富汗的妇女地位得到显著提升。1996~2001 年塔利班掌权时期，女性没有上学和工作机会，更无法参与政治活动。但在过去 20 年，阿富汗女性开始接受教育和加入劳动力市场：女孩的小学入学率从 2003 年不到 10%，到 2017 年增长到 33%；阿富汗劳动力中的女性参与率从 2009 年的约 15% 上升到 2019 年的近 22%。④ 这些成果是欧盟与国际社会共同努力的结果，欧盟将"民主"作为自身决策机制，这一机制在欧盟自身的发展过程中不断得到深化，将"民主"作为参与全球治理的核心，将其打造成一种令世界向往的"规范性力量"。

尽管欧盟为阿富汗重建和推行民主化付出了大量精力和财力，但期待中的阿富汗民主化目标并没有实现。有学者称，"欧盟只在一些小的方面产生了一些影响，但实质上是失败的，因为阿富汗已经变成了毒品犯罪的天堂"⑤。为了加快进程而忽略了人道主义的重要性，在联合国开发计划署 2017 年发布的人类发展指数（HDI）中，阿富汗世界排名第 168 位，其仍然属于人类发展水平低下的国家之一。

欧盟推行重建和民主化政策失败的原因主要有三个方面。

第一，为了加快政治重建进程，忽视了人道主义援助重要性。2002 年以来，欧盟为了加速建立一个民主、现代化的阿富汗，按照《波恩协定》

---

① 中华人民共和国商务部网站转载：《欧盟为阿富汗贸易发展提供援助》，《国别贸易投资环境信息半月刊》2016 年第 12 期。

② "European Union, Trade in Goods with Afghanistan," https://webgate. ec. europa. eu/isdb_ results/factsheets/country/details_afghanistan_en. pdf, accessed：2022-01-05.

③ 钮松：《欧盟的中东民主治理：以阿富汗为例》，《南亚研究季刊》2009 年第 2 期。

④ 张磊：《阿富汗妇女的权益的过去、现在和未来》，新京报网，2021 年 9 月 24 日，https：// www. bjnews. com. cn/detail/163248528314757. html，最后访问日期 2022 年 1 月 4 日。

⑤ Francesc Vendrell, http：//news. bbc. co. uk/2/hi/programmes/hardtalk/7606022. stm, accessed：2022-01-05.

的约束框架，与国际社会一起加速政治进程，因为国家重建的重要目标就是扶持政府，进而才是经济社会发展。在美国强势的反恐战略背景下，欧盟设想的重建与民主化的过程与当时紧迫的反恐战争目标相冲突，欧盟层面努力的效果被削弱。再加上欧盟和国际社会认为当时的阿富汗处于冲突状态，因此将注意力集中于支持政府而非人道救援。① 随后 20 年局势的日益紧张证明了阿富汗并没有适合重建和推行民主化的土壤。

第二，欧盟成员国难以统一行动。实力较强的欧盟成员国与美国有着千丝万缕的联系，但又不想与欧盟分道扬镳，所以欧盟成员国一方面为自己的联盟共同制定了在外交政策领域中更有抱负的目标，另一方面每个成员国仍将捍卫本身执行独立外交政策作为底线。有学者表示欧盟的共同外交政策也许只能被认为是最低共同点政治的表达，它不能挑战任何国家的核心外交政策利益。② 即使欧盟成员国联合围绕着稳定阿富汗局势和重建思路向其提供了大量援助，但缺乏统一行动导致成员国援助目标出现分歧。比如：法国支持美国，投身到重建阿富汗国民军当中；德国将帮助阿富汗建设警察部队作为未来重点；意大利在阿富汗司法改革方面提供思路；英国在毒品管制方面做出努力。由此可见，成员国往往难以跟随欧盟统一对外政策行动，这样会导致一旦成员国主导的援助因其他原因终止，将会带来更多的麻烦。比如，德国负责培训警察的职责由 2007 年开始转移给欧盟，导致后期的阿富汗警务改革实际上由国际社会过渡到地方政府，而地方政府又将警察定位为准军事化力量，也就是国内维和、反恐、缉毒的重要力量。这种对治安秩序、国内安全需求的误读最终导致阿富汗警务力量逐年减弱，公共安全受到严重影响。

第三，欧盟及其成员国对阿富汗高水平的国际发展援助和薄弱的问责机

---

① Francesc Vendrell, http：//news. bbc. co. uk/2/hi/programmes/hardtalk/7606022. stm, accessed：2022−01−05.

② Ben T. and Thomas C. , *The Study of EU Foreign Policy between International Relations and European Studies* , Manchester University Press, 2018, p. 8.

制为阿富汗内部腐败创造了机会。① 大量稳定的资金分配环节加剧了局部冲突，助长了既得利益者的腐败心态。阿富汗政府军还通过做假账的方式制造"幽灵士兵"，指挥官们就靠捏造虚拟的士兵名字来吃空饷，仅在赫尔曼德省，大约40%记录在册的安全部队人员根本不存在②，这也是后来美国撤军，阿富汗政府迅速倒台，而塔利班能迅速掌握政权的一个原因之一。国际社会的援助最终造成了阿富汗的系统性腐败，欧盟是提倡重建和推行民主化的主要力量，所以对于阿富汗的系统性腐败欧盟是有一定责任的。

总的来说，欧盟推行的重建和民主化随着美国的撤军而最终失败，反映出包括欧盟在内的西方对外进行"民主扩张、民主移植、民主转型"以强行推广西方政治模式的做法不符合广大发展中国家的发展规律。③ 这让欧盟不得不反思自身的政策，在阿富汗20年的努力经营，包括大量援助所带来的社会效益在短短的20天内被消磨殆尽。这也暴露了欧盟在对外政策上长期未解决的问题，就是缺乏先行的战略自主。欧盟在安全防务和战略布局方面依赖美国，而美国在做战略决策时却又不顾欧盟及其成员国的利益，导致欧盟做决策时丧失先发制人的主动权，总是被动做出应对和改变。

三　阿富汗变局对欧盟政策的影响

2021年8月，美国和北约仓促从阿富汗撤军，塔利班接管阿富汗政权意味着欧盟几十年投入的军事、人力、财力化为泡影。当各个主权国家都在评估美军撤军和塔利班上台的影响时，欧盟却不断质疑美国，指责美国没有与欧盟充分协商匆忙撤军，导致一些欧盟成员国无奈跟随撤军。因为没有美

---

① Lattanzio Advisory et al., *Independent Evaluation of the European Union's Cooperation with Afghanistan* (*2007-2016*), Development and Cooperation Europe Aid, 2018 June.

② The Guardian, "Afghanistan's 'Ghost Soldiers': Thousands Enlisted to Fight Taliban don't Exist," https：//www.theguardian.com/world/2016/may/17/afghanistan-ghost-soldiers-taliban-babaji, accessed：2022-01-06.

③ 《美国从阿富汗撤军，欧盟怎么看？》，复旦发展研究院网站，2021年9月3日，https：// fddi.fudan.edu.cn/3f/3d/c21257a409405/page.htm，最后访问日期：2022年1月6日。

国军队的支持，欧盟没有能力及时从阿富汗撤走本国人员。[①] 美国仓促且不考虑后果的撤军让欧盟和世界其他国家对美国和北约的领导力产生了质疑。欧盟应对突发事件的糟糕表现，引发了欧盟成员国的自我反思。

（一）对外政策加强战略自主，减少对美国的依赖

美国在同盟关系中掌握绝对话语权，欧盟及其成员国在国际重大安全和战略问题上同美国步调一致，而且也习惯于依赖美国，越来越缺少战略自主，尤其是军事力量的自主。虽然欧盟大部分成员国拥有自己的军事力量，但无法满足欧盟实现安全自主的需要。欧盟跟随美国的节奏撤军意味着之前推行的战略以失败告终，这不仅会影响欧盟在国际社会上的影响力，也会坐实欧盟在地缘政治上缺乏战略眼光以及依赖美国的问题。[②]

塔利班实现对阿富汗政权的控制，增加了地区安全的不确定性，欧盟更加难以从这片"帝国坟场"抽身。欧盟成员国虽然在今后对外政策上可能仍然存在步调不一致现象，但经过阿富汗变局，欧盟成员国在维护战略自主方面基本达成共识，目的不单单是发展军事硬实力狭隘的概念，更是针对世界和平与发展的主题，维护其地缘政治的影响力、话语权。2016 年欧盟的全球战略文件提到的战略自主体现出对传统安全力量的不自信。2019 年欧盟重新对战略自主进行了定义，突破了传统安全领域，扩充到了数字、产业、环境、能源等领域，说明军事只是战略自主的基础和保障，发挥地缘影响力最直接的手段，推进自身军事能力的建设迫在眉睫。

欧盟加强战略自主的方式主要有三个方面。

一是将战略自主作为实施对外政策的原则立场，落实"永久结构性合

---

① 张健：《从阿富汗变局看欧盟战略困境》，《现代国际关系》2021 年第 9 期。

② 《美国从阿富汗撤军，欧盟怎么看？》，复旦发展研究院网站，2021 年 9 月 3 日，https：//fddi.fudan.edu.cn/3f/3d/c21257a409405/page.htm，最后访问日期：2022 年 1 月 6 日。

作"（PESCO），降低自身及成员国在安全方面对美国的依赖。[①] 欧盟在传统安全力量上始终难以摆脱对美国的依附，主要原因是主动寻求发展的能动性不够，而非本身不具备发展军事自主的能力。进入 21 世纪，欧洲认为战争不再是世界的主旋律，传统的假想敌已经消失，再加上 2008 年的金融危机和 2010 年爆发的欧洲债务危机，欧洲各国开始大量削减军费开支，因此对北约的依赖逐步加深。尽管乌克兰事件让欧盟开始重新审视潜在的军事威胁，但临时的重视传统安全力量，并不能帮助欧盟建立统一行之有效的军事力量。[②] 欧盟实际上具备实施战略自主的先决条件和基础，比如冷战时期欧盟成功建立欧洲货币体系和货币单位，抵抗"美元"在国际贸易和结算手段上的垄断，以及伊朗核问题上所表现的与美国特朗普政府抗衡等。2018 年，欧盟推出建立"永久结构性合作"，目的就是提高军事硬实力。

二是继续发挥"经济巨人"的影响力，抵御美国金融霸权和贸易保护主义的侵袭，争夺国际货币体制和金融规则的话语权。在伊核问题上，欧盟创建欧洲专用的贸易互换支持工具（Instrument for Supporting Trade Exchanges，INSTEX）维持伊朗的对外贸易正常进行，即商品进入特殊目的载体（SPV）以后，通过欧元计价，然后从欧盟购买商品时进行信用抵付。尽管这个机制不会给伊朗带来显著的财务增长，但这个平台可以保证伊朗经济在相当长时间内不会因美国制裁而崩溃。目前国际上超过 40% 的贸易以美元结算，欧元紧随其后占比超过 30%，而且美国对国际金融组织占据较大的投票否决权。因此，当美国想插手国际事务或制裁其他行为体时，首选的必然是用这些具有公共属性的金融平台和服务来作为要挟。欧盟要想实现战略自主，需要在一定程度上制衡美国的金融霸权并削弱美元的计价权地位。

三是在后疫情时代，机遇和挑战并存，需要加强成员国内部团结和一体

---

① 郑春荣、范一杨：《重塑欧盟安全关系》，《欧洲研究》2019 年第 4 期。
② 张健：《从阿富汗变局看欧盟战略困境》，《现代国际关系》2021 年第 9 期。

化建设。外交是内政的延续。欧盟成员国若是各自为政，将不利于资源统筹和未来发展。疫情的到来无疑让经济增速缓慢的欧洲变得雪上加霜，失业率攀升让以"高福利待遇"著称的欧洲国家的财政捉襟见肘，高物流费用让赖以国际贸易生存的欧洲企业陷入两难境地，再加上各国仍需花费巨资投入医疗、疫苗研发和阻止疫情扩散，让欧盟重新认识到一体化建设的重要性。2020年，欧盟通过7500亿欧元复苏基金，以众筹的形式，支持陷入受疫情和债务危机最严重的国家，尤其是安抚南欧经济受损严重的国家。这是欧盟向财政一体化迈出的重要一步。[①] 欧盟在经济层面还推出了新的贸易法和投资保护条例，来增强一体化建设。但除经济层面外，其他一体化建设受各国外交战略和美国干预因素的影响，仍然难以有突破性进展。

（二）内部成员国采取协调联动，解决潜在难民危机

除了欧盟本身一直急需解决的战略自主问题外，阿富汗难民问题也再次凸显，一旦控制不好，有可能重蹈2015年难民危机的覆辙，出现新一轮难民潮。[②] 曾经欧洲难民的主要来源地就是阿富汗，如今美国撤军，部分阿富汗国人忌惮塔利班的政权，必然会采取一切可能的措施逃离本国。因此欧盟成员国在这一问题上将协调联动，避免难民危机重演。欧盟外交与安全政策高级代表对塔利班接管阿富汗政权之后就难民问题做出表态，防范阿富汗难民大规模涌入欧洲是目前重要优先事项。欧盟通过与阿富汗邻国合作，将难民留在该地区内并提供经济帮助来解决此次危机。欧盟委员会高级官员表示，面对与日俱增的阿富汗难民，成员国尽管对接受难民的态度不一，但在将难民问题放在欧盟之外解决的想法上取得共识，并打算提供10亿欧元的预算来资助那些愿意接收难民的阿富汗邻国。有学者称，本次危机预案与

[①] 《欧委会提议举债设立7500亿欧元"恢复基金"》，新华网，2020年5月28日，http://www.xinhuanet.com/world/2020-05/28/c_1126043589.htm，最后访问日期：2021年1月10日。

[②] 简军波：《阿富汗战争：欧洲的错误与教训?》，中国-中东欧国家智库交流与合作网站，2021年9月3日，https://www.17plus1-thinktank.com/article/1305.html?source=article_link，最后访问日期：2021年1月10日。

2015 年为缓解欧盟难民危机所使用的权宜之计相同①，与之不同的是，欧盟此次决心联合行动，准备协调有序的应对措施，避免成员国贸然通过单边或双边解决难民问题，防止出现大规模非法难民不受控制地涌入欧洲的情况。

结　语

本文通过梳理欧盟不同时期对阿富汗政策，总结了欧盟在不同时期的应对策略和所面临的战略困境。阿富汗塔利班重新接管政权后，在一定程度上坚定了欧盟采取措施摆脱缺乏战略自主的决心。美国从阿富汗战场的抽身让曾经的盟友意识到"没有永恒的盟友，只有永恒的利益"。尽管拜登政府宣称放弃"美国优先"理念，但美国整体对外政策的"零和博弈"心态并没有改变，因此欧盟无论是否愿意承认，用经济援助、经济制裁的手段去参与国际事务已时过境迁。在国际形势动荡、地缘政治竞争加剧的环境下，只有重新审视本身发展的优势和劣势，让高度经济一体化的优势带动防务、对外政策一体化的实施，才能保护成员国利益，让欧盟成为参与国际事务的关键一环，而非逐渐被边缘化。

---

① Valentinal Pop, Henry Foy, "EU Plans € 600m Package for Afghanistan's Neighbours to Avert Refugee Crisis," https://www.ft.com/content/c3688ac7 - f7e0 - 473c - 98ea - 91735e3278d5, accessed: 2022-01-06.

Y.15
政权安全与卡塔尔国家行为的根源*

包澄章　黄耀漫**

摘　要： 哈马德和塔米姆时期，内外安全威胁、政权合法性不足以及国家
　　　　认同缺失等问题，不同程度地冲击着卡塔尔的政权安全。政权安
　　　　全是卡塔尔国家安全的核心目标，国内和地区安全环境变动引发
　　　　统治者深层次的政权不安全感，维护政权安全构成了卡塔尔国家
　　　　行为及其转变的逻辑起点和主要动力。卡塔尔通过支持政治伊斯
　　　　兰意识形态、实践激进外交政策、重塑国家形象、强化民族主义
　　　　叙事和转移国内压力等手段，应对政权安全受到的外部冲击和威
　　　　胁。通过一系列国家行为，卡塔尔成功抵御住"阿拉伯之春"、
　　　　断交危机等外部安全威胁，解决了国内部落、移民和外籍劳工等
　　　　群体的国家认同困境，有效维护了本国政权安全。

关键词： 卡塔尔　政权安全　国家行为　哈马德·本·哈利法　塔米姆·
　　　　本·哈马德

　　国家行为是以国家名义实施的、体现国家主权的行为。安德鲁·多尔曼
（Andrew M. Dorman）和乔伊斯·考夫曼（Joyce P. Kaufman）在《提供国
家安全：一项比较分析》（*Providing for National Security：A Comparative*

＊　本文系 2022 年度国家社会科学基金项目"中东地区中等强国'东向'政策研究"（批准号：
　　22BGJ082）的阶段性成果。

＊＊　包澄章，博士，上海外国语大学中东研究所副研究员，研究领域包括伊斯兰教与中东政治、
　　中东国际关系；黄耀漫，上海外国语大学国际关系与公共事务学院、中东研究所硕士研究
　　生，研究领域包括卡塔尔政治、海湾地区安全。

Analysis）一书中，将国家行为定义为"由宪法和法律授权特定主体代表整个国家，以国家名义实施的、体现国家主权的行为，任何国家机关的任何行为都属于国际法意义上的国家行为。国家行为的主体既可以是国家机关，也可以是行使政府权力要素的个人或实体，这些个人或实体可以是依国内法有权行使政府职能或由国家指挥和控制的"①。

卡塔尔是君主立宪制国家，阿勒萨尼家族长期是卡塔尔的统治家族。由阿勒萨尼家族成员世袭的埃米尔担任国家元首和武装部队最高司令，掌握国家最高权力。埃米尔在国内外所有重大场合和国际关系中代表国家行使权力。② 国家内部设有协商会议与内阁。协商会议协助埃米尔行使统治权力，有权对立法进行审议并向内阁提出政策建议，内阁是卡塔尔的最高行政机构，负责管理国家所有对内和对外事务，制定和实施国家重大方针政策，内政外交领域的重大决策都需提交埃米尔批准。从这个意义上讲，卡塔尔埃米尔代表国家在内政、外交领域行使权力的行为，均可被视为国家行为。

政权安全是卡塔尔实现国家安全的核心目标，国内和地区安全环境变动引发统治者深层次的政权不安全感，维护政权安全是卡塔尔国家行为的逻辑起点和主要动力。从政权合法性来看，1995 年哈马德通过政变上台后，于次年发生反政变行动，两者都导致卡塔尔政权缺乏政治合法性。新上台的哈马德在国内缺乏执政基础，且国内众多部落与外国存在联系，尤其是曾经参与反政变的毛拉部落与沙特关系密切。从外部环境来看，卡塔尔在海湾地区处于沙特和伊朗两个大国的"夹缝"之中，且在历史上沙特一直存在吞并卡塔尔的野心和倾向。卡塔尔独立后，卡沙两国之间边境摩擦不断。除历史原因造成的政权不安全感以外，卡塔尔还在 2014 年与 2017 年先后陷入两次断交危机，这加重了其政权不安全感。因此，卡塔尔对内国家行为的主要手段是在巩固政权合法性过程中突出合法性话语中的"安全"因素，对外国家行为的主要手段是结盟、军事干预和发动信息战。

---

① Andrew M. Dorman and Joyce P. Kaufman, eds., *Providing for National Security: A Comparative Analysis*, Redwood City: Stanford University Press, 2014, pp. 3-4.
② 李光斌、梁燕玲编著《卡塔尔》，社会科学文献出版社，2019，第 37 页。

哈马德·本·哈利法·阿勒萨尼（Hamad bin Khalifa Al Thani）和塔米姆·本·哈马德·阿勒萨尼（Tamim bin Hamad Al Thani）时期，内外安全威胁、政权合法性不足以及国家认同缺失等不同程度地冲击着卡塔尔的政权安全。卡塔尔国家行为的转变正是源自维护政权安全的根本要求，支持政治伊斯兰意识形态、实践激进外交政策、重塑国家形象、强化民族主义叙事和转移国内压力，构成了卡塔尔维护政权安全的主要手段。

一　国家认同困境对政权安全的冲击

至 2019 年，卡塔尔外籍移民数量约 222.97 万人，占该国总人口的 78.7%。① 外籍移民占国家人口多数，且本国公民分布在不同部落，人口结构失衡一直是卡塔尔政府亟待解决的问题之一。卡塔尔国内部落认同高于国家认同的现实困境对政权安全造成冲击，外籍劳工恶劣的生存环境引发国际舆论批评，这些挑战在很大程度上考验着卡塔尔政府的治理能力。哈马德与塔米姆时期，两位埃米尔采取了不同措施构建国家认同，以维护政权安全和社会稳定。

（一）国家认同

根据指称对象和具体内容的不同，国家认同可分为归属性国家认同和赞同性国家认同。归属性国家认同指"公民对集领土、主权、人口于一体的国家共同体的认同"，即"公民确认自己在文化-心理上归属哪个国家"②；赞同性国家认同指"公民对国家政权系统的认同"，即"公民基于对一个国家特定的政治、经济、社会制度的肯定而产生的赞同性国家认同"③。"公民

① "Country Profiles：Qatar," https：//migrants – refugees. va/country – profile/qatar/, accessed：2022–01–10.
② 肖滨：《两种公民身份与国家认同的双元结构》，《武汉大学学报》（哲学社会科学版）2010年第1期。
③ 肖滨：《两种公民身份与国家认同的双元结构》，《武汉大学学报》（哲学社会科学版）2010年第1期。

个体对国家的认同取决于国家制度满足、维护公民权利的程度。"① 生活在母国的公民"可以寻求归属性国家认同与赞同性国家认同的统一","对保障公民权利、有助于促进赞同性国家认同的国家制度会有更多要求和期待";而移居他国的公民即外籍移民对移居国持赞同性国家认同即可以选择赞同该国的制度,"只需要认可、接受移居国的政治文化,而无须放弃其祖先的文化生活形式"②。

国家在构建公民国家认同的过程中,需要实现赞同性国家认同和归属性国家认同的统一。一方面,构建公民的赞同性国家认同要求国家确保宪法赋予的公民权利,持续回应公民的权利诉求,获取公民对本国制度和政治文化的赞同及支持,在此基础上强化国家统治权威的合法性和正当性;另一方面,构建公民的归属性国家认同要求国家"强化民族内部的族群团结、维护国家领土主权、传承民族的历史传统、培育民族的公共文化、诠释国家的象征符号,使国家/民族共同体不仅成为公民寻求文化-心理归属的认同对象,而且成为公民在国家危急关头勇于牺牲自己以保卫祖国的忠诚对象",以"增强国家/民族的凝聚力和向心力","维护国家共同体的独立性和统一性"③。

这又涉及公民身份的界定。哈贝马斯将公民身份分为两类,即公民权利确立的身份以及文化民族的归属感。④ 其中,公民权利确立的身份即公民面对国家政权系统或统治组织所享有的权利和承担的义务,是公民权利和义务的集合体,即政治-法律层面的公民身份;文化民族的归属感是公民为了解自己并确立自己在世界上的定位⑤,在由国家/民族共同体组成的世界中确

---

① 肖滨:《两种公民身份与国家认同的双元结构》,《武汉大学学报》(哲学社会科学版) 2010年第 1 期。
② 肖滨:《两种公民身份与国家认同的双元结构》,《武汉大学学报》(哲学社会科学版) 2010年第 1 期。
③ 肖滨:《两种公民身份与国家认同的双元结构》,《武汉大学学报》(哲学社会科学版) 2010年第 1 期。
④ [德] 尤尔根·哈贝马斯:《包容他者》,曹卫东译,上海人民出版社,2002,第 133 页。
⑤ [美] 约瑟夫·拉彼德等:《文化的认同:国际关系回归理论》,金烨译,浙江人民出版社,2003。

立自己的归属感，这是公民文化-心理归属的汇聚，即文化-心理层面的公民身份。①

在卡塔尔，哈马德和塔米姆政权分别采取了一系列措施构建并强化本国公民的赞同性国家认同和归属性国家认同。对于外籍移民，政权则通过制定有针对性的管理措施，试图从法律上给予外籍移民卡塔尔公民身份，强化移民在政治层面对卡塔尔制度和政治文化的认同，确立文化-心理层面的公民身份及归属感。

（二）卡塔尔的国家认同困境

卡塔尔的国家认同面临来自国内外的多重挑战，这些挑战因持续增长的外籍移民人口比例和不断变动的地缘政治格局而日益严峻。

长期以来，部落作为卡塔尔基本的社会单元，是承载沙漠文化和维系社会制度的重要主体，也是政府在实施国家治理过程中的倚重对象。纵观卡塔尔历史，部落间的冲突与竞争导致国家长期处于分裂状态。② 穆罕默德·本·萨尼和英国于1868年签订条约，确立了阿勒萨尼家族在卡塔尔的地位。后在贾西姆·本·穆罕默德的领导下，卡塔尔各部落实现统一，击败奥斯曼人，实现了国家独立。此后至哈马德掌权，阿勒萨尼家族的继承权问题在法律层面一直没有得到解决。直到2004年卡塔尔通过永久宪法，阿勒萨尼家族世袭的继承制度才得以确立。根据永久宪法，协商会议（议会）由45名成员组成，其中2/3即30名成员通过直接投票选出，其余15名成员由埃米尔直接任命。永久宪法的实施为卡塔尔实践实行议会制的政治改革奠定了法律基础，议会制的建立旨在平衡国内各部落力量，确保各部落对政权的效忠和支持。需要指出的是，卡塔尔这一政治制度是建立在埃米尔和公民之间的"非正式协议"上，政府通过食利体系将财富分配给公民，公民相应地要通

---

① 肖滨：《两种公民身份与国家认同的双元结构》，《武汉大学学报》（哲学社会科学版）2010年第1期。

② Ali Alshawi and Andrew Gardner, "Tribalism, Identity and Citizenship in Contemporary Qatar," *Anthropology of the Middle East*, Vol. 8, Issue 2, p. 47.

过部落酋长将部落权力部分移交给政府。①

　　大多数卡塔尔人在教派上属于伊斯兰教逊尼派，在民族上属于阿拉伯人，但国内部落的血统存在多元性。卡塔尔主要部落大多是从今天沙特的内志地区迁移至卡塔尔境内的，也有来自也门等其他国家的部落，一些部落和家族还有波斯或非洲血统。② 基于血统的部落认同多元性成为卡塔尔构建公民的国家认同的主要阻碍。海湾国家的一个普遍现象是，国内各部落之间关系复杂，一些部落还存在跨国联系，多元化的部落认同超越国家认同，对卡塔尔政权安全构成了一定威胁。

　　移民问题同样是造成卡塔尔国家认同困境的重要根源。卡塔尔严重依赖外国劳动力，外国移民占国家人口多数，国内人口结构极不平衡。至 2020 年，卡塔尔国民仅占 270 万人总人口的 10%～12%③，外籍移民数量远超卡塔尔国民数量，同样对卡塔尔政权安全和社会稳定构成挑战。首先，卡塔尔本国公民将外籍移民的大量涌入视为卡塔尔西化的结果。政府主导的教育改革在战略规划和政策制定上严重依赖西方咨询公司，尤其是美国兰德公司。卡塔尔在教育改革过程中将英语作为公立学校的主要教学语言，这在一定程度上引起了卡塔尔民众的不满。其次，在卡塔尔外籍劳工政策实施过程中引发的外籍劳工人权问题以及劳工恶劣的生存环境，经常使卡塔尔受到国际社会的质疑和批评，致使卡塔尔国家形象受损。最后，根据 2008 年卡塔尔发布的"2030 国家愿景"，卡塔尔为推行经济多元化战略、实现国家的可持续发展、维持高水平的社会生活，需要吸纳大量国外高技术人才和外籍劳工参与国家建设。

---

① Mahjoob Zweiri and Farah Al Qawasmi, eds., *Contemporary Qatar: Examining State and Society*, 2021, Springer, p. 21.

② Mahjoob Zweiri and Farah Al Qawasmi, eds., *Contemporary Qatar: Examining State and Society*, 2021, Springer, p. 199.

③ "Population, Total-Qatar," https://data.worldbank.org/indicator/SP.POP.TOTL? end = 2015&locations = QA&start = 1990&view = chart, accessed: 2022-04-01.

（三）卡塔尔构建国家认同的实践

哈马德上台以来，卡塔尔政府推出多项举措，提升卡塔尔民众的归属性国家认同和赞同性国家认同，构建外籍移民对卡塔尔的赞同性国家认同。哈马德在构建国家认同方面，延续了其父的部分政策。

在塑造赞同性国家认同方面，卡塔尔政府采取了以下几项措施。在政治领域，哈马德上台后即着手进行政治改革，塑造民主自由的国家形象。塔米姆上台后也通过任命非王室成员担任包括内阁大臣在内的政府要职，提高民众的政治参与，彰显政府推进政治民主化的决心。在经济领域，卡塔尔大力开发石油和天然气资源，通过能源出口构建本国食利体系，以向公民提供经济补贴、提高政府公共部门薪资水平、实行免费医疗和教育等，换取民众对政权的支持。2017 年卡塔尔人均 GDP 世界排名第三。在社会领域，卡塔尔政府积极推动国内社会发展，通过修建机场、公路等基础设施，提高国家现代化水平，回应民众对现代生活的需求。2017 年断交危机爆发后，面对断交国实行的封锁，卡塔尔政府努力提高国内物资的自给自足，同时借助外部力量平稳渡过外部封锁导致的国内危机，很大程度上增强了国内的凝聚力和提升了公民的赞同性认同。

在塑造归属性认同方面，卡塔尔政府通过建立国家博物馆、更改国歌、修改国庆日等一系列举措，强调阿勒萨尼家族对卡塔尔国家发展的历史贡献，强化"卡塔尔人"的身份认同。

2007 年起，卡塔尔开始建设国家博物馆，突出卡塔尔的国家身份。经过 10 多年的建设，卡塔尔国家博物馆于 2019 年 3 月正式对外开放。馆内设有 11 个永久展厅，围绕"卡塔尔的生活方式""卡塔尔现代史""自 16 世纪以来卡塔尔政治历史和社会经济的增长"三大主题，介绍卡塔尔的历史与文化。场馆内特别强调 1848 年至 1868 年卡塔尔的政治史，即阿勒萨尼家族首位领导人带领卡塔尔人民抵抗奥斯曼帝国、巴林等国的外部入侵，维护卡塔尔的主权和人民权利的历史。阿勒萨尼家族带领卡塔尔人民抵御外部入侵的历史叙事，强化了卡塔尔人的国家认同，尤其是 2017 年卡塔尔断交危机发生后，国家博物馆举办了一系列唤起民众的同理心和民族自豪感的展览活动。①

针对外籍劳工赞同性国家认同的构建，卡塔尔政府主要采取了以下措施。首先，卡塔尔政府多次出台、修订相关政策，改善和保障外籍劳工在卡的权益，回应国际社会对卡塔尔国内外籍劳工人权问题的批评。其次，塔米姆在国内多次发表公开讲话，强调外籍移民对卡塔尔社会经济发展的突出贡献，称卡塔尔是外籍移民的第二个家园，试图以此增强外籍移民对卡塔尔的归属感。2017 年断交危机爆发后，沙特等国驱逐境内卡塔尔公民和召回本国公民引发人道主义危机，卡塔尔政府借机修订外籍人士入籍政策，给予外籍人士免费医疗、教育和永久居留权等权利。塔米姆政权在断交危机中由此迅速实现国内社会稳定，在保障外籍移民生活物资供应和安全的同时，也提升了外籍人士对卡塔尔的赞同性国家认同和归属感。

二　发展道路选择与应对外部挑战

一国对本国道路的选择深刻影响该国的国家行为。在国家道路选择方面，卡塔尔积极发展多元经济。卡塔尔政府大力开发天然气，强化能源出口对经济的支撑作用，大幅提升国家财政收入。在国家形象塑造方面，卡塔尔依靠发展多元经济积累的巨额财富，加大外交投入，强化军事力量，打造新的国家品牌。在意识形态方面，卡塔尔支持以穆兄会为代表的地区政治伊斯兰力量，但这一政策在"阿拉伯之春"发生后对卡塔尔带来了负面影响。塔米姆掌权后，在延续其父哈马德政策基调的同时，对卡塔尔内政外交政策做出了调整。

（一）官方意识形态与发展道路选择

卡塔尔官方宗教意识形态属于伊斯兰教逊尼派罕百里学派的瓦哈比主

---

① Jocelyn Sage Mitchell, "Transnational Identity and the Gulf Crisis: Changing Narratives of Belonging in Qatar," *International Affairs*, Vol. 97, Issue 4, 2021, p. 938.

义。但卡塔尔对瓦哈比主义的阐释与实践与同样将瓦哈比主义作为官方宗教的沙特具有本质差异，卡塔尔对瓦哈比主义的实践明显较沙特温和。1972年独立后的卡塔尔在阿拉伯世界长期缺乏宗教话语权和地区影响力。[1] 1995年6月哈马德通过不流血政变掌权后，为巩固政权合法性和增强国家影响力，开始重视通过影响地区政治伊斯兰力量提升卡塔尔的宗教话语权。穆兄会作为地区最具影响力的逊尼派伊斯兰主义运动，成为卡塔尔在阿拉伯世界塑造宗教影响力的主要倚重对象。[2]

穆兄会奉行的意识形态是哈桑·班纳（Hassan al-Banna）建立的一种基于伊斯兰原则的现代伊斯兰主义，提倡通过伊斯兰治理、机构和结构来实现伊斯兰的政治意识形态，但同时具有倡导以暴力手段进行"圣战"的激进主义倾向。[3] 卡塔尔信奉的伊斯兰主义较为温和，且因长期追随信奉瓦哈比派保守教义的沙特，时常被外界视为与沙特持相同的保守意识形态，哈马德上台后卡塔尔急于通过塑造区别于沙特的意识形态来摆脱沙特长期的影响力。因此，卡塔尔在意识形态上转而支持政治伊斯兰，但避免其激进主义倾向和暴力的方式。在卡塔尔的穆兄会理论家强调以伊斯兰教法统治代替封建君主制度下的人治，强调基于伊斯兰传统，将"真主、祖国和埃米尔"视为卡塔尔社会的三大支柱，主张通过非暴力形式进行内部社会改革与政治改革，在维护社会稳定和领袖权威的基础上建立体现民主协商、公正、廉洁、法治以及包容开放文化的伊斯兰社会模式。[4]

1995年哈马德发动宫廷政变后，穆兄会学者多次通过颁布宗教法令（法特瓦）等方式，对哈马德政权合法性进行宗教法理层面的阐述，呼吁民众支持哈马德的统治。穆兄会与阿勒萨尼家族成员之间良好的私人关系为穆

---

[1] David Roberts, "Qatar and the Muslim Brotherhood: Pragmatism or Preference?" *Middle East Policy*, Vol. 21, No. 3, 2014, p. 89.

[2] 刘中民、赵跃晨：《"博弈"穆兄会与中东地区的国际关系走势》，《外交评论》2018年第5期，第89页。

[3] Engin Yüksel and Haşim Tekineş, *Turkey's Love - in with Qatar: A Marriage of Convenience*, Clingendael Institute, Research Report, 2021 January, p. 14.

[4] 丁俊：《尤素夫·盖尔达维及其伊斯兰中间主义思想》，《世界宗教研究》2015年第2期。

兄会效忠卡塔尔和支持政府管理等奠定了基础。哈马德曾在公开场合多次表示，优素福·格尔达维等穆兄会学者是卡塔尔王室和政府的重要伙伴，是构建稳定、和谐、先进、繁荣的卡塔尔社会的重要基础。① 卡塔尔支持穆兄会力量旨在借此为本国政权合法性提供意识形态层面的支持，同时以政治伊斯兰推行国内温和改革，为卡塔尔树立民主自由的国家形象，迎合西方政治价值观。

除利用穆兄会知名学者的宗教权威维护本国政治合法性外，卡塔尔将穆兄会视为在阿拉伯地区乃至整个伊斯兰世界一股不可忽视的政治力量和扩大本国政治影响力的重要依托。

卡塔尔政府通过资助以格尔达维为代表的穆兄会学者，支持穆兄会及其分支机构在地区开展活动，利用穆兄会在伊斯兰世界的影响力，构建覆盖中东地区的伊斯兰主义网络，穆兄会实际上成为卡塔尔提升地区影响力和实施地区政策的主要代理人。卡塔尔半岛电视台为穆兄会等政治伊斯兰力量的对外宣传提供了平台。"阿拉伯之春"爆发后，卡塔尔成为地区政治反对派和叛乱运动的主要推动者和支持者，企图通过代理人战略推翻利比亚卡扎菲政权和叙利亚巴沙尔政权。

除支持埃及穆兄会主导的穆尔西政府外，卡塔尔还资助突尼斯"复兴运动"、加沙哈马斯、叙利亚穆兄会以及利比亚、也门、摩洛哥的伊斯兰主义力量，对伊斯兰主义政党领导的政府提供财政援助和大规模投资的承诺，同时对于流亡的反对派领导人给予政治庇护。卡塔尔通过接触地区动荡国家的政治伊斯兰运动领导人，与突尼斯、埃及、利比亚、叙利亚和也门等动荡国家具有重要影响力的反对派领导人建立联系。在这些国家，政治伊斯兰力量较其他世俗反对派团体拥有更强的动员网络和组织能力。

"阿拉伯之春"爆发以来，地区转型国家的一些政治人员在流亡卡塔尔后返回原国并担任政府要职，实际上为卡塔尔影响该国政局走向提供了条件。同时，在埃及旧政权垮台后上台执政的穆兄会势力受到卡塔尔的进一步

---

① 刘辰：《卡塔尔穆斯林兄弟会与政府的特殊关系及其影响》，《西亚非洲》2019 年第 3 期。

资助，使得卡塔尔在对地区事务施加重要影响的同时，成功避免了"阿拉伯之春"溢出效应蔓延至卡塔尔境内并威胁政权安全。[①]

"阿拉伯之春"以来，伊斯兰主义政党在埃及等多个政权倒台的阿拉伯国家上台，卡塔尔随即将支持政治伊斯兰运动作为外交政策的重要支柱，将其视为重塑中东地缘政治格局的工具。[②] 塔米姆上台后，调整了哈马德时期卡塔尔的外交干涉政策，在介入地区冲突问题上有所收敛，但卡塔尔与土耳其和伊朗两个同沙特竞争地区领导权的地区大国日益走近。从结果来看，卡塔尔在"阿拉伯之春"期间支持穆兄会并与同样支持政治伊斯兰势力的土耳其走近，曾招致沙特和阿联酋等反政治伊斯兰力量的不满，而卡塔尔与沙特的地区对手伊朗的走近，进一步招致沙特、阿联酋的严厉制裁，一定程度上为2017年6月爆发的断交危机埋下了隐患。但从另一个角度看，卡塔尔凭借与土耳其、伊朗建立起的密切关系，才得以迅速渡过断交事件引发的国内危机。

（二）国家品牌与国家形象塑造

作为小国的卡塔尔无法凭借有限的硬实力来提升国际地位和维护政权安全，因此选择通过国际合作、外交议程等特定的手段来实现其他大国凭借硬实力才能实现的目标。实行"利基外交"、致力于第三方调解是卡塔尔外交政策的重要支柱。卡塔尔调解外交的成功源于其丰富的天然气储量，丰富的天然气储量为卡塔尔利用能源出口带来的巨额资金，这为它实施外交政策奠定了坚实的经济基础。

哈马德时期，卡塔尔外交政策主要依靠埃米尔和首相等高层的个人参与、精英和决策集团在地区建立的私人关系网以及对冲突方承诺大量财政援助来实施，"小国大外交"的实践为卡塔尔积累了参与冲突调解的政治资源。卡塔尔的外交努力赢得了日益增长的国家声誉，使其成为地区政治和国

[①] Kristian Coates Ulrichsen, *Qatar and the Arab Spring: Policy Drivers and Regional Implications*, Carnegie Endowment for International Peace, 2014 September, p. 7.

[②] 丁隆：《卡塔尔在阿富汗变局中展示"小国大外交"》，《世界知识》2021年第20期。

际事务中具有重要影响力的小国。但因缺乏持久有效的外交调解机制，卡塔尔调解外交的效果往往不尽如人意。"阿拉伯之春"爆发后，因过度干预地区事务，卡塔尔此前塑造的国家形象遭受重创，引发了地区国家尤其是邻国沙特的不满。塔米姆上台后，在此前的政策基础上做出调整，在执政初期缓和了哈马德后期激进的外交政策，将重心转移至国内，重拾此前温和的调解外交政策，逐渐建立起持久有效的调解机制。

卡塔尔身处地缘政治长期紧张的海湾地区，周边生存环境十分恶劣。因此，卡塔尔的外交战略在很大程度上是一种旨在确保政权安全的生存战略。在地区民族矛盾和跨国冲突频仍的中东地区，斡旋和调解帮助卡塔尔建立起中立国家的形象。同时，为确保政权安全，卡塔尔寻求在不同的争议国和非国家行为体之间保持开放的沟通渠道，确保本国在外部敌对势力相对较少的情况下，还可将这种关系作为谈判的筹码，尽可能地维护政权安全和实现国家利益。调解已经成为卡塔尔提升软实力和全球形象的核心工具之一。[1] 卡塔尔支持政治伊斯兰意识形态在一定程度上帮助它在地区发展同土耳其、伊朗等国以及穆兄会等非国家行为体之间的关系。

除调解外交外，卡塔尔积极举办国际会议，试图将多哈打造成为世界性会议的聚集地和经济中转中心。同时，积极举办体育活动也是卡塔尔打造国家品牌的重要举措之一。2010 年，在时任王储塔米姆的领导下，卡塔尔成功申办 2022 年世界杯，使卡塔尔的国际知名度迅速提升。

卡塔尔致力于通过调解外交与举办大型国际活动来提升国际地位与地区影响力，进而塑造独立的国家品牌，提升对地区事务的话语权，逐渐摆脱沙特主导的海合会政策框架。在断交危机中，卡塔尔凭借之前发展与土耳其、伊朗关系等外交努力，得到了地区国家的有力支持，迅速缓解了国内危机。断交危机在一定程度上为卡塔尔发展国内军事力量和塑造国家认同提供了契机，使其政权安全得到进一步巩固。

---

[1] Mehran Kamrava, "Mediation and Qatar Diplomacy," *Middle East Journal*, Vol. 65, No. 4, 2011, p. 540.

三 压力转移与机会主义外交

2011 年席卷整个中东地区的"阿拉伯之春"爆发后，卡塔尔一改以往中立调解的外交政策，加大了对地区冲突和动荡国家内部事务的干涉，企图利用动荡国家内部的权力真空提升本国对地区事务的影响力和话语权。但卡塔尔激进的外交干预政策收效甚微，不仅引发国内民众的不满，还导致卡塔尔与周边国家爆发外交冲突，尤其是 2017 年 6 月发生断交危机。但断交危机引发的外部封锁，反过来又为卡塔尔转移国内压力提供了契机。

（一）"阿拉伯之春"与卡塔尔的机会主义外交

2011 年"阿拉伯之春"在整个中东地区引发多米诺骨牌效应，突尼斯、埃及、利比亚等国政权倒台，叙利亚、也门等国陷入长期动荡。这场民众抗议浪潮也蔓延至海湾地区，巴林国内爆发针对政权的大规模抗议运动，海湾国家的政权安全受到严重威胁，王室统治受到来自民间的挑战，政权安全遂成为海湾阿拉伯君主国亟待解决的问题。[①] 海合会国家内部面对"阿拉伯之春"反应不一。沙特和阿联酋倾向于维护地区现状，对抗伊朗政权以及以穆兄会为代表的政治伊斯兰力量。在土耳其的支持下，以政治伊斯兰为代表的"温和伊斯兰模式"成为阿拉伯地区改革效仿的对象，奉行伊斯兰主义的土耳其正义与发展党取得的政治和经济成就，引发了奉行保守治国理念的海湾君主国对政权安全的担忧，尤其是沙特和阿联酋与土耳其的模式之争和地缘政治竞争日益加剧。

"阿拉伯之春"爆发后，沙特和阿联酋为应对政治伊斯兰运动在地区国家的兴起，利用雄厚的资金支持相关国家国内保守伊斯兰主义运动。通过民选上台的穆兄会领导人穆尔西作为埃及首个民选政府，最终被一场受沙特支

---

① Esra Çavuşoğlu, "From Rise to Crisis: The Qatari Leadership," *Turkish Journal of Middle Eastern Studies*, Vol. 7, No. 1, 2020, p. 32.

持的军事政变推翻。与沙特不同，卡塔尔没有将政治伊斯兰作为政权威胁来源，反而利用"阿拉伯之春"，通过支持政治伊斯兰运动和政治反对派，对动荡和转型国家施加影响。穆兄会及其分支与卡塔尔政府长期保持良好关系，卡塔尔的君主制统治并没有受到"阿拉伯之春"的冲击，国内也没有出现要求推翻王室统治的政治反对派和大规模民众抗议浪潮。

卡塔尔在"阿拉伯之春"爆发伊始就选择了不同于沙特的外交政策立场，其机会主义外交在"阿拉伯之春"中展露无遗。为进一步提升国家影响力、转移国内压力和维护政权安全，卡塔尔对冲突和动荡国家加大了外交干预力度，同时在爆发大规模民众抗议运动的国家内部扶植代理人势力，以期在目标国实现利益最大化。

首先，哈马德上台至"阿拉伯之春"爆发，卡塔尔大力发展国内经济，吸收大量外籍移民，卡塔尔国内人口增长了一倍多，政府面临人口治理以及移民带来的社会问题。2008 年后国际石油价格暴跌，对卡塔尔经济造成了一定影响。

其次，随着"阿拉伯之春"抗议浪潮蔓延至多个阿拉伯国家，沙特等海湾国家忙于应对抗议浪潮对政权的冲击。但卡塔尔政权受到的冲击十分有限，这为卡塔尔开展机会主义外交，影响地区局势，通过宣扬国内政治、人权和新闻自由以及打造国家形象提供了契机。①

最后，2010 年卡塔尔成功申获 2022 年世界杯举办权后，国际知名度与认可度显著上升。卡塔尔的外交野心使其利用爆发"阿拉伯之春"的国家动荡局势形成的权力真空，以"支持民主"为由积极干涉他国内政，借助半岛电视台为政治反对派和民众抗议活动宣传造势。对卡塔尔而言，这一方面有助于防止他国反对派对本国形成示范效应以危及政权安全，另一方面有利于卡外交政策与西方宣扬的民主自由理念保持一致，提升卡塔尔的国际影响力，并以此巩固同西方盟友的关系。在对利比亚的干涉获得收益后，卡塔

---

① Kristian Coates Ulrichsen, *Qatar and the Arab Spring*, New York: Oxford University Press, 2014, p. 110.

尔加大了对埃及、叙利亚等动荡国的干涉力度。

但卡塔尔支持穆兄会势力和干涉地区国家内政的外交政策，遭到了周边国家的强烈不满，这导致 2014 年 3 月沙特、阿联酋、巴林作出撤回本国驻卡塔尔大使的决定，此次事件成为塔米姆掌权后卡塔尔陷入的首次外交危机，凸显了海合会内部的严重分歧。

（二）2017年断交危机与国内压力转移

2017 年断交危机爆发后，卡塔尔迅速采取措施，视因受外部封锁而恶化的国内环境为调动民族主义的契机。由外部封锁导致的粮食短缺和国家安全危机促使卡塔尔加快了国家经济转型和安全多元化的步伐，利用断交危机改善与土耳其、伊朗等地区反沙特阵营成员之间的贸易关系和安全合作。

断交危机爆发前，卡塔尔政府面临诸多国内问题。首先，2011 年后卡塔尔过度干预的外交政策引发了国内民众的不满，政府被指在外交上投入过多，尤其是 2014 年以来石油价格的走低，使得以能源经济为主的卡塔尔受到较大冲击。其次，为筹办世界杯和建设基础设施，卡塔尔外籍移民人数不断增加，国内外籍劳工问题不断遭受国际社会的批评，国内民众对于激增的外籍移民人口也颇有微词。最后，卡塔尔非王室部落借"阿拉伯之春"肆虐中东之际积极培植国外势力，扩大部落的跨境影响力。卡塔尔国内部落对王室的忠诚成为阿勒萨尼家族在维护政权安全方面十分棘手的问题。

断交危机也为卡塔尔带来了转机。外部封锁一度为卡塔尔政权带来一定的外部压力和国内危机，但凭借此前建立的地区关系网络，卡塔尔迅速建立起应对封锁带来的负面影响的机制。外部封锁还激发了卡塔尔国民的民族主义情绪，卡塔尔政府成功将国内注意力转移到同封锁国的对抗中。在此过程中，卡塔尔实现了一系列有效维护政权安全的目标。首先，外部封锁引发的人道主义危机使卡塔尔政府加快了实现粮食自给自足的步伐，减轻国内必需生活物资对进口的依赖。其次，外部威胁促使卡塔尔加快经济和安全多元化转型，突出表现为卡塔尔加强了同伊朗、土耳其的政治、经济和军事联系，并借此大力提升国内军事能力建设。最后，民族主义情绪有效强化了卡塔尔公民和外籍移民的国家认同，一定程度上解决了国内部落认同与国家认同之间的冲突以及外籍移民问题。

结 论

卡塔尔通过支持政治伊斯兰意识形态、实践激进外交政策、重塑国家形象、强化民族主义叙事和转移国内压力等手段，成功抵御住"阿拉伯之春"、断交危机等外部威胁，解决了国内部落、移民等群体的国家认同困境，对内和对外国家行为在维护政权安全方面发挥了重要的支撑作用。

首先，在意识形态方面，卡塔尔官方支持地区政治伊斯兰运动，在国内通过宗教人士宣传阿勒萨尼家族执政的合法性，开展稳健的政治民主化改革，在满足民众政治参与需求的同时，推行迎合西方价值观的政治改革。同时，卡塔尔当局利用两次断交危机加大国内民族主义动员力度，增强卡塔尔民众和外籍移民对国家的认同感。

其次，在政府绩效方面，哈马德上台后大力发展天然气产业，提升国家财政收入。塔米姆时期，卡塔尔加快推动国内经济多元化进程。能源经济带来的可观收入通过食利体系向公民再分配，使得卡塔尔民众保持高收入。同时，卡塔尔政府积极举办各类国际赛事，加快投资国内城市建设，提升国家形象，培养民众的国家自豪感。

最后，在制度化方面，卡塔尔在 2004 年颁布永久宪法，规定埃米尔只在阿勒萨尼家族内部哈马德的后代中产生，将埃米尔产生程序合法化和制度化。同时，卡塔尔开启舒拉议会选举与市政议会选举的政治改革尝试，政府统治精英通过选举产生。这些举措在卡塔尔国内受到欢迎，在国际上为卡塔尔赢得了良好声誉。

Y.16
矛盾交织中的叙利亚问题

曹磊*

摘　要： 随着伊核协议、乌克兰危机等热点问题的发酵，叙利亚问题正在被边缘化。"日内瓦和谈""阿斯塔纳进程"或是其他解决方案都没能发挥期待中的作用，反而更有利于相关势力完成在叙境内势力范围的划分。美国主导的制裁措施一度深刻影响着叙利亚的命运，但2021年开始，制裁措施也逐渐失去了效力，连美国自己也开始"遗忘"这个命运多舛的国家。叙利亚危机证明，要么是美国对叙政策及整体中东政策的失败，要么是美国对外宣称的战略目标及对巴沙尔政权的指责不实。无论怎样，在美国干预减弱的背景下，叙利亚问题相关势力的相互"磨合"，反倒促进了该地区相对稳定局面的形成，尽管这些还不足以带给叙利亚彻底的和平和统一，但相比内战已是质的转变，是朝着解决问题方向发展的基础。借此契机，中叙关系在两国元首定调的基础上，达成共识，稳步发展，向着构建人类命运共同体的目标勇毅前行。

关键词： 叙利亚　美叙关系　巴沙尔政权

一　矛盾交织下的最新局势

（一）存在与忽视

2021年，叙利亚境内冲突依旧，各方境外势力一番明争暗斗后依然没

---

* 曹磊，北京语言大学中东学院讲师，国别和区域问题专业博士研究生，研究方向为国际组织。

有角逐出胜负。在新冠疫情持续蔓延、中美贸易摩擦逐渐升级、乌克兰危机加剧等背景下，叙利亚的战争与和平问题少有人问津。这既反映出国际社会对叙利亚目前局势的默认与无可奈何，也反映出影响该问题的最大变量——美国，对叙利亚问题的干预程度正在逐步降低。

2021 年美国主要智库以"叙利亚"为主题的研究状况，也显示出美国对该问题的关注出现明显下降。例如：布鲁金斯学会（Brookings Institution）2021 年"叙利亚"主题研究数量为 3 篇，而近十年该主题的研究数量为 1114 篇；传统基金会（The Heritage Foundation）在 2021 年"叙利亚"主题的文献数量也为 3 篇，而近十年该主题的文献数量高达 1809 篇；外交关系委员会（Council on Foreign Relations）在 2021 年以"叙利亚"为主题的文章仅有 2 篇，所有该主题文章为 2282 篇。① 美国其他主要智库在 2021 年的涉叙研究同样呈下降趋势。以上涉叙研究没有太多新意，主要就美国对叙干预效果陷入停滞需要调整，以及拜登政府中东政策解析等两个主题进行分析与阐述。

2021 年，美国政府关于涉叙问题的表态和外交活动也明显减少，但继续坚持"巴沙尔·阿萨德政权必须下台"的基本论调，以及《凯撒叙利亚民事保护法》（Caesar's Syrian Civil Protection Act，以下简称《凯撒法案》）为主的制裁手段。在放任各方势力交战的同时，美国通过偶尔的军事行动宣示美军在这一地区的存在，提醒有关冲突方保持克制，以求达到战略平衡的目的。

综上说明，美国并没有放弃对叙利亚局势的干预，只是干预方式继续由"台前"走向"幕后"演进。干预方式方法发生改变，但破坏叙利亚及其周围地区的稳定战略目的没有发生改变。

（二）冲突与稳定

目前，叙利亚已沦为各方势力缓冲区。2021 年，巴沙尔政权在俄罗斯、伊朗等盟国的支持下，依然控制约 65% 的土地，库尔德人控制约 25% 的土

---

① 各研究机构对关键词和文章类型定义不同，数据为约数，但是数量减少非常明显。

地，逊尼派反政府势力控制约 10% 的土地。较上一年，三方割据的范围和比例未发生明显变化，只是在个别战略要地的争夺上，各方势力形成拉锯或对峙态势。这种情况反而使叙利亚战事总体减少，战争破坏程度降低。

叙北部地区在俄罗斯介入后，局势变得尤为简化。俄罗斯严守的 M5 公路沿线，强势隔断了逊尼派、什叶派、库尔德人的势力范围。曾在此地苦心经营的伊朗势力被挤压至 M5 公路以南，伊方企图直接从地理上通过哈塞克（Al Hasaka）省在北部打通什叶连线的战略计划不得不被搁置。伊朗势力只能以卡米什利（Kameshli）机场为中心，盘踞在中心城市以南的乡村和荒漠。伊方依旧和市内叙利亚部分政府机构和逊尼派部落保持合作，但影响力开始减弱。例如：市内重要的逊尼派盟友塔伊（Taay）部落已经和土耳其支持的逊尼派"叙利亚自由军"（Free Syrian Army）达成联盟，这也是 2021 年叙境内各方势力对比中变化最大之处。作为逊尼派部落，尽管塔伊部落曾因反库尔德人和支持巴沙尔政权的共同立场与什叶派有过同盟，但在"叙利亚自由军"以反库尔德人作为首要目标后，上述的联盟关系更显得顺理成章。

目前来看，卡米什利应该是什叶派在叙北部的极限扩张范围，北侧有对 M4 公路沿线虎视眈眈的土耳其势力，南侧有库尔德人，各方都不会轻易放任什叶派对这一地区的渗透。各方势力以卡米什利为中心划分已基本形成默契。当然，伊朗也没有显示出完全放弃的迹象，在可以利用的乡村和荒漠，伊朗建有什叶派军事训练营，并一改以往高调公开军事训练的态度，采取低调的民兵化训练，辅以面向当地部落的同化教育和物资提供，延续什叶派在这一地区的影响力。[1]

叙东部由伊朗为首的什叶派势力共同拱卫，核心范围在亚阿卢比亚（Al-Yaarubiyah）和布卡麦尔（Al-Bukamal）两个过境点间。此处为叙东部交通要道，北向连通叙北地区公路，南向已与黎巴嫩真主党打通了势力范

---

① Mohammed Hassan, Samer al-Ahmed, الوجود الإيراني في الحسكة السورية دور متنامي ومصدر تهديد مباشر للقوات الأمريكية, https：//www. mei. edu/blog/alwjwd - alayrany - fy - alhskt - alswryt - dwr-mtnamy-wmsdr-thdyd-mbashr-llqwat-alamrykyt, accessed：2022-05-01.

围。2020 年遇袭身亡的伊朗伊斯兰革命卫队"圣城旅"指挥官卡西姆·苏莱曼尼（Qasem Soleimani）将军曾主要负责经略此处。2022 年初，在苏莱曼尼遇刺事件两周年之际，伊朗高调袭击了巴格达机场附近的美国军事设施，反映出伊朗对苏莱曼尼及其战果的重视。同时，叙东部边境为什叶派聚集区和美军最后的驻扎区，伊方格外重视这一地区的战略意义。反倒是南部连通的什叶派走廊，由于严重侵犯叙主权，且直接威胁西部以色列及南部海湾逊尼派国家的安全，未来更有可能成为伊朗在谈判桌上的筹码。

叙利亚东部继续受到以色列侵扰。2015 年叙利亚内战期间，以方对大马士革省南部基斯瓦（Al-Kiswah）市进行轰炸，2018 年对西北部哈马（Hamâh）省和阿勒颇（Halab）省实施域外轰炸，2021 年以来重点袭击大马士革省及拉塔基亚（Lattakia）港口的路线，基本符合以色列对外宣称的"消除伊朗军事威胁"的描述，也基本符合什叶派势力在叙各地区活跃点变化的轨迹。轰炸范围基本圈定地理意义上的大沙姆地区（Great Syria），即托鲁斯山脉（Taurus Mountains）以南，地中海东岸，阿拉伯沙漠以北，上美索不达米亚平原以西的范围。这一范围应该是以方按地缘圈定的势力范围，战略目的应与 1974 年与哈菲兹·阿萨德（Hafiz Assad）政权签订的《以色列与叙利亚脱离接触协定》（*Agreement on Disengagement between Israel and Syria*）相仿，即建立一定范围的、没有外国军队的军事缓冲区。尽管 1974 年缓冲区是对旧缓冲区的扩张，目前大沙姆地区又是在此基础上的进一步扩张，但向外再扩是大片的沙漠和平原，无险可守，以色列如果继续以安全问题作为扩张借口，难以得到国际社会支持，并且会与什叶派在叙西部，与海湾逊尼派在叙南部的圈定核心势力范围发生接触。因此，大沙姆地区应该是以方势力极限扩张的范围。

目前，除在叙东北部伊德利卜（Idlib）地区，叙利亚政府军继续与反政府武装反复拉锯外，其他在叙境内爆发的冲突都与巴沙尔政权无直接关系，而是周边各国划分势力范围的相互试探。随着各自核心区域和极限势力范围的逐步确定，各方坐下来和谈或停止敌对行为的可能性正在增加。任何一点冲突都将至少牵扯三方以上的势力卷入，因此，在叙境内冲突升级的可能性也不高。但叙利亚作为各方势力的缓冲区，领土和主权完整已经受到严重侵犯，只能无可奈何地向非军事化方向发展。至于向军事化缓冲区发展的可能，会打破目前的相对均势，不会被任何一方所接受，且以叙利亚目前的国力更是难以达成。

（三）共识与分歧

2021年是叙利亚危机爆发十周年，有关各方就协力解决叙利亚问题达成的共识越来越多。

首先是对叙利亚割据现状的共识，其基本符合各方势力早先预期的底线。目前，叙利亚政府多份正式公告和公开表态中对"战后"的表述，反映出巴沙尔政权基本否定了未来由政府军主导大规模军事行动的可能，亦可认为是叙当局对库尔德人和逊尼派反政府势力自治而不独立状态的默许。这样也侧面回应了外界对于巴沙尔政权独裁统治的指责。

在叙利亚问题解决方式上，各方也已形成共识，即叙利亚遭受结构性破坏，缺乏重建资金、劳动力和基础能源等原因，不具备自我重建能力，必须在域外势力停止干涉、国际社会大力援助前提下，通过很长时间来解决各种矛盾。叙政府于2020年公布的十年发展计划，虽有绑定巴沙尔长期执政的嫌疑，但符合联合国《2030年可持续发展议程》，也符合国际货币基金组织前任总干事克里斯蒂娜·拉加德（Christine Lagarde）关于"叙利亚需要至少二十年重建"的论断。[①]

在对外关系上，叙政府尽可能保持低调，尽可能展现渴望回归国际大家庭的积极态度。目前对巴沙尔政权承诺的十年发展计划进行绩效评估还为时过早。但只要战事逐步平息，就是恢复秩序的最积极指标。一旦战事重启或升级，所有努力都可能前功尽弃。因此，维护叙利亚境内和平才是解决叙利

---

① Christine Lagarde, "The Calculus of Conflict in the Middle East," https：//blogs.imf.org/bloggers/christine-lagarde/, accessed：2019-12-10.

亚僵局的先决条件，目前来看还困难重重。

在人权问题上，巴沙尔政府与其他势力也逐渐形成一些共识。尽管继续遭受《凯撒法案》全面制裁，巴沙尔政府在其十年发展计划中，提出一些改善人权问题的具体方案。如在《可持续发展目标自愿国家审查报告2020年第一次报告》（以下简称《报告》）第二章论述政治保障基础时，将对话机制列为优先关注对象，强调叙政府主动接受联合国人权理事会（United Nations Human Rights Council）29条改善人权状况的建议；在涉及社会与人类发展的第三章，通篇强调人权重要性，围绕贫困、社会保障、医疗卫生等问题，男女性别差异、流离失所者和难民、被占领土居民等人群，以及教育和培训三方面的事务展开论述；在涉及经济领域发展的第四章，《报告》强调了经济包容性发展，肯定了私营企业的巨大贡献，提出提高就业率、改善工作环境的理念；在涉及环境和基础设施建设的第五章，《报告》强调了改善国民居住环境和加强公共设施的规划；《报告》第六章第5节还设立了包括人权相关概念在内的23个量化指标，供国际社会监督和评估。① 以上内容在其他政府报告和公开讲话中亦有体现。

目前，关于叙利亚人权问题的分歧被限定在一个伪命题上，即反对势力提出和解的前提必须是巴沙尔下台。该分歧的基本逻辑又折回到上述关于独裁问题的悖论，即使巴沙尔政权坐实在教派、民族等问题上欺压弱势群体的所有指控，但目前割据而不独立的事实，使原先弱势群体在各自治区内受到保护。因此这样的和解前提是保护还是报复、是制造新问题还是解决老问题，都是不言而喻的。而2021年大选结果又证明，巴沙尔在政府控制区内仍具有绝对地位。尽管西方国家不愿意承认这次选举的合法性，但指责尚停留在有罪推定，反倒是号称为保护叙利亚人权而施行的《凯撒法案》在制裁巴沙尔政府的同时，实际使更多无辜平民、社会力量、外国投资者受到损失，促使一大批原本既不支持也不反对巴沙尔的中间势力，倒向目前弱势的

① الجمهورية العربية السوريةرئاسة مجلس الوزراء هيئة التخطيط والتعاون الدولي: الاستعراض الوطني الطوعي للأول عن أهداف التنمية المستدامة، حزيران 2020, https://sustainabledevelopment.un.org/content/documents/26292VNR_2020_Syria_Report_Arabic.pdf, accessed: 2022-05-01.

巴沙尔政府。美国智库在 2021 年叙利亚主题研究的主论调之一就是反思之前的制裁是否有效。

在阿拉伯世界内部，最早提出"什叶派新月"（Shia Crescent）威胁论的约旦国王阿卜杜拉二世·本·侯赛因（Abdullah II bin Hussein）率先于 2021 年 10 月 4 日致电巴沙尔总统，明确支持巴沙尔总统为维护叙利亚主权、稳定、领土完整和人民所做的努力。[①] 阿联酋外长于 2021 年 11 月率先实现了对叙利亚的破冰访问，表示相信在巴沙尔总统领导下，及其人民的努力下，叙利亚能够克服战争带来的挑战。[②] 目前大多数阿拉伯国家都与叙利亚开展了不同级别、不同形式的往来，其中 9 国已采取措施，恢复与叙利亚外交关系正常化。在 2021 年 12 月 14 日发布的第 42 届海湾合作委员会最高委员会最后声明中，原本对巴沙尔政权持敌对态度的海湾国家已统一口径，表示应维护兄弟国家叙利亚的统一，尊重其领土独立与主权，反对干涉区域内政。声明还确认，应基于日内瓦原则的政治解决方案（即安理会第 2254 号决议）的决定解决叙利亚问题，希望叙宪法委员会会议能够达成共识，为政治解决叙利亚危机做出努力，重申支持联合国为照顾叙利亚难民和流离失所者，及送他们安全返回城市和村庄而做的努力，拒绝任何旨在改变叙利亚人口结构的企图。[③]

综上，叙本土民众和地区阿拉伯国家未把人权问题视为不可调和的矛盾，而是主张依托国际社会解决分歧。可见，真的分歧还是故意制造的分

[①] وكالة الأنباء الأردني: الملك يتلقى اتصالا هاتفيا من الرئيس السوري، 4 أكتوبر 2021, https://www. petra. gov. jo/Include/InnerPage. jsp? ID = 190980&lang = ar&name = news，accessed：2022-05-01.

[②] وكالة الأنباء الإماراتية: وزير الخارجية الإماراتي من دمشق: سوريا بقيادة الأسد قادرة على تجاوز التحديات، 9 نوفمبر 2021، https：//www. almayadeen. net/news/politics/%D9%88%D8%B3%D8%A7%D8%A6%D9%84-%D8%A5%D8%B9%D9%84%D8%A7%D9%85：-%D9%88%D8%B2%D9%8A%D8%B1-%D8%A7%D9%84%D8%AE%D8%A7%D8%B1%D8%AC%D9%8A%D8%A9-%D8%A7%D9%84%D8%A5%D9%85%D8%A7%D8%B1%D8%A7%D8%AA%D9%8A-%D9%8A%D8%B2%D9%88%D8%B1-%D8%AF%D9%85%D8%B4%D982，accessed：2022-05-01.

[③] الأمانة العامة: البيان الختامي الصادر عن المجلس الأعلى في دورته الثانية والأربعين، 14 ديسمبر 2021, https：// www. gcc - sg. org/ar - sa/Statements/SupremeCouncil/Pages/Announcement42. aspx，accessed：2022-05-01.

歧，两者性质截然不同。无视共识，拒绝解决问题的那一方使叙利亚问题陷入长期僵局。

二　令人怀疑的美式解决方案

（一）虚虚实实的战略目标

当前叙利亚问题呈现多重矛盾交织的尴尬局面，是美国为首的西方势力干预的结果。它们对叙利亚的指责与自身涉叙问题的行为严重相悖，尤其是美国作为全球唯一的超级大国，以及封锁、阻挠国际社会援助叙利亚的推手，掌握着解决问题的钥匙却迟迟不用，只能说明其另有所图。

二战后，美国历届政府在中东推行的政策主要基于三个战略目标：保证该地区能源资源自由流动；确保以色列的安全；维持美国在中东的影响力。[①] 然而，美国中东政策的实施过程证明，前两条战略目标本身就是虚晃一枪。1973 年第四次中东战争期间，美国明确站队以色列，遭遇石油禁运；1982 年美国放任以色列大规模入侵黎巴嫩，挑起第五次中东战争；1990 年参与海湾危机；2003 年在以一瓶"化学试剂"为名入侵伊拉克前，美英联军曾于 1998 年大规模轰炸伊拉克军事设施，以 500 枚左右巡航导弹袭击的方式极限施压萨达姆政权，轰炸规模超过 1991 年、1993 年和 1994 年三次共 100 枚巡航导弹"常规轰炸"的总和；2011 年助推叙利亚内战，主动撤军放任恐怖组织壮大；2020 年初在伊拉克境内暗杀伊朗将领苏莱曼尼，年底在伊朗首都德黑兰刺杀核物理专家穆赫辛·法克里扎德（Mohsen Fakhrizadeh）。综上可以看出，每 8~10 年，即使中东各方没有动静，美国也会主动挑起纷争，如果不是有关方面隐忍态度，冲突发生的节奏可能要比约 10 年一次的经济危机还要准时。如此高频动荡根本不可能保障中东

---

① Steven A. Cook, "Nobody Knows Why Syria Matters," https：//www.cfr.org/article/nobody-knows-why-syria-matters, accessed：2022-05-01.

地区的能源自由流动。美国还多次助推冲突升级，牵扯以色列卷入旋涡。在叙利亚境内，土耳其走私者、恐怖分子、驻叙美军、库尔德人在近 10 年曾不间断地经营石油生意，能源流动是否中断与内战相关联。以上事实要么证明半个世纪以来的美国中东政策持续失败，要么就是政策制定者本身另有所图。

此外，美国的前两条战略目标也是相互矛盾的。确保以色列的安全需要以及达成与阿拉伯人的和解，而巴以矛盾的焦点是土地问题，美式解决方案是"土地换和平"。然而，在实现路径上，美国却先无视以色列早期对阿拉伯领土的侵占和蚕食行径，再组织"土地换和平"协议，并通过不断扩大缓冲区满足以色列的安全需求。制造新矛盾代替旧矛盾的解决问题方式，必然会侵犯阿拉伯国家的领土完整和主权独立，加深阿拉伯国家对以色列的仇恨，衍生出新的问题。同时，这一地区能源主要来自阿拉伯国家，牺牲阿拉伯国家利益保障以色列，又以何立场要求阿拉伯国家保障能源自由流动？更何况用于换和平的土地都涉及能源陆上输送的要道咽喉。因此，所谓的能源自由流动只能是美国控制下的自由。

综上，包括叙利亚、以色列在内的中东冲突各方，无论与美国合作与否，都无法阻止地区冲突的发生，而无休止的战乱远远甩开重建的步伐。维持美国在中东的影响力是美国中东政策真实的战略目标，而达到这一目标的方式是保持这一地区持续动荡，并且各方需要依赖美方保持平衡。

（二）自相矛盾的解决路径

美国极为重视价值观，也就是美式"普世价值"输出，尤其在赢得与苏联对抗、提出"历史终结"论调后，以民主、自由和人权为核心的美式"软实力"被提升到前所未有的高度，营造出"普世价值"带来民主政治和全球化经济繁荣的虚假逻辑。在叙利亚问题上，美国一如既往地站在道德高地，以人道主义为切入口，通过保护弱势群体、销毁大规模杀伤性武器和打击恐怖主义路径，全面否定巴沙尔政权的合理性。

在保护弱势群体方面，联合国人权事务高级专员米歇尔·巴切莱特

（Michelle Bachelet）公布了联合国始于 2013 年的调查数据，认为 10 年内战至少造成 35 万人丧生，其中包括 2 万多名儿童。① 联合国紧急救济协调员的调查报告称，在战乱、疫情、恐怖主义等多重因素叠加下，大约 60% 的叙利亚人面临粮食不安全问题，超过 70% 的叙利亚人债务扩大，50 万名 5 岁以下儿童面临发育迟缓问题，人们正面临更加绝望的生存方式。② 联合国人道主义事务官员对叙利亚难民营的"恐怖场景"表达关切，尤其是在叙利亚西北部，认为那里的营地"即使在最好的情况下也很糟糕"，老年人和残疾人住在破旧不堪的帐篷里，孩子们则穿着凉鞋在雪地里行走。③ 事实证明，无论是因为保护弱势群体而助推叙利亚内战，还是战后对弱势群体的同情，抑或是继续以保护弱势群体为名，实施《凯撒法案》封锁叙利亚，美国所做的每个举措都在加剧这一地区的人道主义悲剧。

目前美国主导的解决方案是：一方面制裁巴沙尔政府、封锁叙利亚；另一方面配合联合国在周边国家建立难民营，组织西方国家按一定数量接收难民。但《凯撒法案》不但没有达到逼迫巴沙尔政府垮台的目的，反而恶化了叙利亚国内及周边普通民众的生存环境，阻碍国际救援力量的有效执行。十年来的低效救援，使得国际社会对叙利亚难民的关注度持续降低，救助力度逐渐减弱。周边主要收容力量，如黎巴嫩、土耳其和约旦等东道国已经筋疲力尽、资源枯竭。对这些本身实力有限的国家来说，越来越多的难民改变了人口结构，导致国内民族或宗教矛盾更加复杂。当初以美国为首的高调救助难民的西方声音也不复存在，取而代之的是本土民众与难民间的冲突问题，以及极端民粹主义的借题发挥。尽管 2021 年 3 月欧洲议会决议第 39 条

---

① 《保守估计：叙利亚十年战争夺走至少 35 万人的生命》，联合国网站，2021 年 9 月 24 日，https：//news. un. org/zh/story/2021/09/1091782，最后访问日期：2022 年 5 月 1 日。

② 《叙利亚：经济衰退、饥饿加剧和人道主义需求激增》，联合国网站，2021 年 2 月 25 日，https：//news. un. org/en/story/2021/02/1085722，最后访问日期：2022 年 5 月 1 日。

③ 《联合国人道事务官员对叙利亚难民营的"恐怖场景"表达关切》，联合国网站，2022 年 1 月 24 日，https：//news. un. org/zh/story/2022/01/1098172，最后访问日期：2022 年 5 月 1 日。

还在描述叙利亚不是一个可以安全返回的国家①，亲西方的人权观察组织
（Human Rights Watch）也于 2021 年 10 月发布报告，认为 2017 年至 2021 年
从黎巴嫩和约旦返回叙利亚的难民面临虐待和失踪的威胁②，但一些国家已
经考虑如何让难民尽快返回叙利亚。2022 年 4 月，丹麦更是率先直接驱逐
叙利亚难民。③

价值观从来不是解决人道主义危机的良药，否则美国也不会动辄使用经
济制裁的措施。拜登政府上任以来，美国多次公开将价值观置于外交政策的
前沿，使得叙利亚问题为代表的各种危机变得更加复杂。④ 因为在同一时
期、同一地区，海湾王权的专制统治、土耳其对叙利亚的侵略及对库尔德人
的敌对政策，都是在公开挑战美国的价值观底线，美国却选择无视，甚至加
以保护。拜登政府的中东政策如果继续以价值观为核心，叙利亚问题必然无
法解决。

在销毁大规模杀伤性武器方面，美国及其盟友没有改变对叙利亚 2007
年核问题和 2013 年化学武器问题的指责。但叙利亚核威胁的指责只存在于
以色列单方证词，且相关证据未被公开，无法印证。各方在化学武器问题上
存在诸多分歧。目前，各方对叙利亚境内曾经存在和使用过化学武器已无大
的争议，但在究竟是巴沙尔政府还是逊尼派反政府力量使用问题上分歧较
大。2021 年 11 月，联合国秘书长裁军事务高级代表中满泉（Izumi
Nakamitsu）表示，调查叙利亚化学武器问题没有任何进展，禁化武组织申
报评估小组（Declaration Assessment Team）在 2014 年提出的 24 个关于叙境

---

① The European Parliament, *European Parliament Resolution of 11 March 2021 on the Syrian Conflict-10 Years after the Uprising* (2021/2576 (RSP)), https：//www. europarl. europa. eu/doceo/document/TA-9-2021-0088_EN. html, accessed：2022-05-01.

② "Our Lives Are Like Death," https：//www. hrw. org/report/2021/10/20/our-lives-are-death/syrian-refugee-returns-lebanon-and-jordan, accessed：2022-05-01.

③ Kelly Petillo, "Stuck in Limbo：How Europe Can Protect Syrian Refugees," https：//ecfr. eu/article/stuck-in-limbo-how-europe-can-protect-syrian-refugees, accessed：2022-05-01.

④ Steven A. Cook, "Biden's Middle East Strategy Is Ruthless Pragmatism January, Council on Foreign Relations," https：//www. cfr. org/article/bidens - middle - east - strategy - ruthless - pragmatism, accessed：2022-05-01.

内的悬而未决的化武问题中，仍有 20 个尚未解决。《关于禁止发展、生产、储存和使用化学武器及销毁此种武器的公约》（*Convention on the Prohibition of the Development，Production，Stockpiling and Use of Chemical Weapons and on Their Destruction*，以下简称《公约》）的缔约国大会目前继续暂停叙利亚在《公约》下的权利和特权。①

叙利亚化武问题目前仍处于调查阶段。叙方对两个调查主体——联合国裁军事务厅（United Nations Office for Disarmament Affairs）和第三方的禁止化学武器组织（Organisation for the Prohibition of Chemical Weapons）都缺乏信任，没有充分配合相关组织的调查，加之新冠疫情影响，调查陷入僵局。巴沙尔政权坚称，相关调查组织未到访声称的事件现场，也未亲自取样，调查报告基于恐怖组织"白头盔"，缺乏可信度。②

以化学武器问题为代表的大规模杀伤性武器问题，确实对周边国家和叙利亚平民构成潜在的巨大威胁。但巴沙尔政权在内战期间一度被反政府力量和恐怖组织逼入绝境的糟糕表现，让人怀疑掌握大规模杀伤性武器和大规模杀伤事实孰重孰轻。以色列在叙境内肆意轰炸，以及反政府逊尼派武装和库尔德人割据的事实，各派间的冲突对叙利亚平民造成严重伤害。

在世界范围内，拥有核武器或其他大规模杀伤性武器的国家不在少数，其中美国还是迄今唯一拥有化学武器的国家。国际社会一再要求美国尽快完成库存化学武器的销毁工作，但美国库存化学武器的销毁工作却已经两次逾期。因此，对有关叙境内化武事件的调查和处理应重回《公约》框架下完成，调查鉴定组的工作方法和程序应严格遵循《公约》有关规定，确保证据链的完整和闭合。在此情况下，强行推动缔约国大会仓促采取行动，将进一步加剧缔约国分裂，进一步将禁化武组织工作政治化，进

---

① 《调查叙利亚化学武器问题没有任何进展》，联合国网站，2021 年 12 月 8 日，https：//news. un. org/zh/story/2021/12/1095702，最后访问日期：2022 年 5 月 1 日。

② الوكالة العربية السورية للانباء: سورية ترفض تقرير منظمة حظر الأسلحة الكيميائية حول حادثة سراقب المزعومة: تزوير للحقائق، 14 إبريل 2021، http：//www. sana. sy/? p = 1359359，accessed：2022-05-01.

一步损害禁化武国际体系的权威性和有效性，损害国际社会共同利益。[①]

在打击恐怖主义方面，在叙境内一度猖獗的"伊斯兰国"从未真正消失过。尽管早在2017年恐怖分子就放弃了位于布卡马尔（Al-Bukamal）最后一个据点，其领导人阿布·巴克尔·巴格达迪（Abu Bakr al-Baghdadi）也于2019年遭遇美军突袭身亡，但近几年该组织一直在伊拉克-叙利亚边境地区发动袭击。根据华盛顿中东研究所的研究报告，"伊斯兰国"于2021年11月后重新开始活跃，其中在叙境内的大规模行动是连续袭击了位于哈塞克省内关押该组织成员的监狱。2021年11月，100多名武装分子杀死了至少140名库尔德民兵，释放了约100名包括该组织两名核心成员在内的恐怖分子。2022年1月，"伊斯兰国"一度抢夺了一座监狱的控制权，造成数百人丧生，美军估计有200名囚犯逃脱。上述逃犯通过叙利亚南部与伊拉克边境线巴古兹（Baghouz）以北，布萨里亚（Al-Busayrah）以东的沙漠地区撤离，而该地区已成为"伊斯兰国"事实上的据点。该组织对当地平民和小企业的定期征税，并大肆招募新的成员。同时，"伊斯兰国"组织在叙利亚中部巴迪亚沙漠（Badia desert）深处，依然拥有一个由安全屋、沙漠营地和小型沙漠训练营组成的网络。此外，该组织还在互联网及世界各地的金融网络中保持存在。[②]

美国打击"伊斯兰国"延续了打击"基地"组织时的模式，即以击毙恐怖组织首领为宣告胜利的标志。但在击毙巴格达迪后，叙利亚的恐怖问题并没有解决。2022年2月，美军宣布击杀新的继任者领导阿布·易卜拉欣·库拉什（Abu Ibrahim al-Qurashi），但当地恐怖活动依旧猖獗。如同阿拉伯传统部落社会的兴衰，阿拉伯式恐怖组织因为扁平式的组织架构，可能因为一个强人的出现而迅速壮大，但也不可能因为一个领导

---

① 《2022年4月29日外交部发言人赵立坚主持例行记者会》，中华人民共和国外交部网站，2022年4月29日，http://switzerlandemb. fmprc. gov. cn/fyrbt_ 673021/202204/t20220429_ 10680663. shtml，最后访问日期：2022年5月1日。

② Charles Lister，"ISIS Is Recovering in Syria, But Stability Is Vitally Needed，"https：// www. mei. edu/blog/isis-recovering-syria-stability-vitally-needed, accessed：2022-05-01.

人的死亡而终结，新的代替者会层出不穷，"斩首"行动不可能解决恐怖主义问题。

不但如此，对恐怖主义的认知同样具有浓郁的政治化色彩。不同国家对同一组织，或对其不同分支，又或在不同时期对同一组织的认定，都会不断变化。所谓的恐怖组织，其多数通过极端手段表达诉求。中东地区大多数类似组织与美国有关。如"伊斯兰国"发展于美国推翻伊拉克萨达姆·侯赛因（Saddam Hussein）政权后放任各方势力相互制衡，兴起于叙利亚内战初期美军大规模撤出中东。美国培植这些组织，目的是平衡地区各方势力，瓦解当地的民族团结，但也可能养虎为患。"9·11"事件发生后，美国展开轰轰烈烈的反恐战争。系列"斩首"行动后，恐怖主义不断死灰复燃。

美国既在战略上需要恐怖组织扰乱中东局势，又害怕其威胁本土安全，目前采取政治化恐怖主义的方式：在特定时间，使特定的组织具备代理人身份，在中东制造乱战局面，规避其对美国本土的威胁。叙利亚普通民众大规模参与"伊斯兰国"的背后，是地区不断动荡带来的叙利亚落后的工业制造能力和不断加大的贫富差距的社会现实。这种现实容易导致民众日益绝望，失去通过自我奋斗摆脱现状的勇气和信心。每到此时，极端主义思想就会重新活跃起来，抓住民众普遍存在的挫败感、反叛观念和渴望变革的社会情绪，蛊惑使用暴力极端手段推翻现行的公平秩序。①

（三）无法掩饰的根本目的

叙利亚问题是中东诸多问题的组成部分，美国在长达10年的处理过程中，表现出诸多矛盾与失败。即使是无心之失，经过多年积累的实践经验，也有足够多的修正机会。因此，一系列事实更符合一场精心的布局。美国在维护自身中东战略目的的背后，还有在全球范围内维护其霸主宝座的根本目的。美国霸权主义全球化战略是其制定中东战略的基点，中东战略是影响叙

---

① 田文林：《伊斯兰极端主义的表现、根源和困境》，《阿拉伯世界研究》2018年第4期。

利亚问题的最重要变量。

美国全球化战略的运行基础是美式经济全球化，石油美元体系又是美式经济全球化形成的基础。通过 1974 年以来与海湾富油国间签署的一系列协议，美元成为国际原油计价和结算的货币，从购买力上形成"美元>原油>其他国际贸易货币>其他主权货币"的基本规则。此外，美国在中东地区以保护海湾政权为名，蓄意制造逊尼派和什叶派之间的教派冲突，同时又竭力使两者维持互相威胁，却无力消灭对方的僵持局面，使得该地区主要矛盾逐渐由阿拉伯-犹太民族矛盾，转变为范围更广、规模更大、因素更复杂的伊斯兰教教派矛盾。美国通过操控石油富产国，进而操控国际原油市场份额和价格，维护美元世界第一的信用等级。

由于叙利亚地缘上的特殊性，无论叙利亚政府是否选择合作，美国都会以霸权主义视角，判定叙利亚在其全球战略中的价值。自 2004 年 5 月时任美国总统乔治·布什宣布对叙利亚实施经济制裁开始①，此后连续多届美国政府的对叙政策，都表现出摧毁破坏这个交通枢纽的意图，而不仅仅像表面看来以推翻某个政权为目的。至于是采用利比亚式的经济制裁，还是伊拉克式的直接动武，又或是"阿拉伯之春"式的反政府运动，只是手段选择的不同而已。

2016 年 7 月的阿勒颇大战表面上奠定了"俄进美退"的基本格局，但当时的叙利亚已成为无法在短期内挽回的烂摊子。因此，美国选择降低成本，一面挑唆土耳其、以色列、沙特、库尔德人等一众代理人维持地区乱局，一面利用石油美元体系优势，挥舞经济制裁武器，消耗俄罗斯等试图介入这一地区局势的其他势力，拖其进入乱局泥潭。无论是稍早 2016 年 6 月，国际货币基金组织正式发布的叙利亚研究报告，还是 5 年来在叙利亚发生的事实，都证明美国在叙利亚的战略目的已经达成，对叙政策早已成为美国中东战略和全球战略的支线任务。

---

① "Bush Signs Syria Sanctions Bill," https：//edition. cnn. com/2003/US/12/12/bush. syria/，accessed 2022-05-01.

三 未来局势动向

（一）能源路线关键节点的变化

美国的全球战略不止为叙利亚一国制定，全球也不止中东一条陆上能源输送线路。2021 年底以来发酵的俄乌危机，继续印证美国破坏陆上能源输送线路，撕裂欧亚大陆，并通过石油美元体系操控全球的野心。从另一角度看，顾此难免失彼，尤其是面对俄罗斯体量的国家作为直接对手时，美国必然放松对叙利亚的控制。欧洲国家中断俄罗斯方向的能源输送线路，未来也有可能考虑恢复中东线路的稳定。意大利、波兰、匈牙利、捷克等国都有恢复与叙利亚关系的举措。

目前的中东地区正沿着托马斯·霍布斯（Thomas Hobbes）描述的"无政府状态"方向发展。在这个小型国际社会系统内，在美国不再扮演绝对控制者、俄罗斯无暇深入干涉的情况下，之前制定的旧规则将失去约束力，这一地区实际接近"自然状态"。同时，由于"无政府状态"下不存在所谓的主权者，每个政治实体都须独立参与国际政治活动，奉行"自助原则"，自担风险，系统内也不存在某个国家会主动为区域内所有国家分担风险的情况。

尽管一些逊尼派国家还在强调叙利亚人口结构改变的问题，但维护安全将成为这个区域内各政治实体优先考虑的战略目的。稍强的国家会"秀肌肉"，但也会谨慎选择实际的扩张行为。敌对各方更可能达成权力均势的默契，从而维持系统结构的稳定状态，但小规模的冲突依然无法避免。近年来，国际组织关于叙利亚问题的运行实效，多方势力在这个主权国家境内肆意搏杀，以及一些国家不顾美国禁令尝试与巴沙尔政权接触等行为，都是"无政府状态"的具体表现。

随着地区内各方安全意识的加强，各方势力重新组合的可能性也在变大。比如曾经出现分歧的海合会在 2021 年底正式达成了和解，在包括对叙问题上罕见地达成统一口径。美国也在基于国家安全，助推处于敌对关系的以色列与海湾国家进行合作。区域内原本存在多方势力，可能围绕安全问题升级随时向更为稳定的两极对立演变。目前看这两极依然是逊尼派和什叶派的对立，巴沙尔政权的阿拉维派在 1973 年前是中立派，投靠什叶阵营不过半个世纪，比起其他两个派别的千年之争不是什么原则问题，所以两边都会争取。但叙利亚问题本身并不会在区域关系发生任何一种转变中，或转变的任何一个时间段成为焦点。包括巴沙尔政府在内，叙国内任何一方势力也无力主导区域内各种转变。但叙利亚作为区域关系转变过程中各方认定的缓冲区，可能保持冲突状态，甚至可能是未来这一地区唯一保持冲突状态的地方。

（二）自身民族意识的建设

无论外部环境如何演变，主权国家自身不会听天由命。对巴沙尔政权来说，主要任务是结束割据，重塑国家。现代民族国家构建包括国家构建、民族构建和公民构建。尽管多民族国家解决民族问题的核心任务是在尊重多元民族或族群认同基础上构建以公民认同为核心的国家认同[1]，但叙利亚的割据事实说明，国家构建和民族构建面临众多挑战。但目前国内势力自治而未独立的状态，以及美国干涉的放松，使得一切仍有可能，尤其在公民构建方面。因此，公民个人权利、政治权利、社会权利的构建成为巴沙尔政府优先操作的选项。

从叙利亚建国历史看，阿拉维派作为少数派能够在这片历史背景复杂，多民族、多宗教的土地上实现对多数派的统治，也是因为阿拉维派长期被奴役的历史，与复兴党早期主张超越传统部落、家族、教派分歧的主张，以及普通民众反殖民、反压迫，追求安居乐业的基本需求高度契合，从而实现超越宗教、政党、民族差异的阶级共通。建立这种阶级共通的基础是公民个人权利、政治权利和社会权利的平等。这些都以法律的形式写在 1950 年叙利

---

① 沈桂萍《民族国家构建的涵义及其现实需要》，《上海市社会主义学院学报》2015 年第 3 期。

亚民选制宪议会起草的宪法的序言中，"我们，阿拉伯叙利亚人民的代表，制宪会议的成员，奉真主的旨意和人民的自由意志，宣布我们制定这部宪法是为了实现遵循神圣的目标：通过支持司法系统并在自由民主和共和的统治下巩固其独立性，在坚实的基础上建立正义，以保障每个人不受恐惧或偏见的权利"①。进而成为现代叙利亚民族形成的法律基础。而民族构建完成，又成为现代民族国家——叙利亚，成为国际社会承认和国际法保护的主权国家的基础。

在解决当前叙利亚问题的各种国际机制中，组建新的叙利亚制宪委员会被列为优先执行项。在组建之初，围绕委员名额分配问题，各方争议不断，历经两年半七轮会议，委员会于 2022 年 3 月才展开关于治理基础、国家认同、国家象征以及公共机构结构与职能四项最基本议题的讨论。其实这样的争议完全可以淡化，因为只要任何一方都没有单独占据通过宪法所需的 75%的名额，委员会就存在相互制衡。最终，在联合国的协调下，在宗教配额、境内外配额和性别配额都做了调整后，制宪委员会的成员构成才相对稳定。这些都是公民构建方向具有建设性意义的调整，正如联合国妇女署所说："当妇女能够影响这一进程时，达成和平协议和维持和平的可能性就会大大提高。"②

以此类推，从年龄角度看，该委员会在 60 岁以上成员约占 26%，配额较高，未来可能增加 32 岁以下的青年代表，目前该年龄段的委员人数为 0，年轻一代叙利亚人对宗教的作用和政治权力分配的看法往往与老一辈人截然不同；从地域配额角度看，阿勒颇（Aleppo）、拉卡（Ar-Raqqa）和代尔祖尔（Deir ez-Zor）三省的代表约占 13%，而三省总人口约占全国总人口的1/3，未来也存在调整空间；约 47%的成员具有硕士及以上学位，约 42%的成

---

① 1950 دستور سوريا, Constitutionnet, https：//constitutionnet.org/sites/default/files/syrian_constitution_-1950-arabic.pdf, accessed：2022-05-01.

② Karam Shaar, Ayman Dasouki, "Syria's Constitutional Committee：The Devil in the Detail," https：//www.mei.edu/publications/syrias-constitutional-committee-devil-detail, accessed：2022-05-01.

员有法律专业学习背景。[①]

此外，未来在议会、内阁，以及其他机构重新组建过程中，巴沙尔政权也应注重这些有利于公民构建的世俗化调整，而不是纠结于阿拉维派、逊尼派或库尔德人这样拆分叙利亚民族构建的争议，各项进程必然大大加快。值得一提的是，叙利亚司法部正式宣布，为执行巴沙尔总统针对恐怖主义罪行发布的第 7 号特赦令，已有数百名囚犯得到释放。[②] 这反映出叙利亚政府在公民构建方向释放的积极信号，对实现民族和解大有裨益。

（三）中叙合作前景

截至 2022 年，中国与叙利亚已建交 66 年，两国关系经历多重考验，一直相互理解与扶持。

2021 年 7 月 17 日，巴沙尔连任叙利亚总统当日，中国国务委员兼外交部部长王毅成为第一位受到接见的外国官员。王毅代表中国政府，对巴沙尔总统表达了中方对叙利亚的"六个坚定支持"：中方坚定支持叙方维护国家主权、领土完整和民族尊严，反对任何在叙实施政权更迭的企图；坚定支持叙方按照联合国安理会确定的"叙人主导、叙人所有"原则处理好国内问题，形成广泛包容、团结一致的政治解决方案；坚定支持叙方抗击新冠疫情，将继续向叙提供疫苗和抗疫物资；坚定支持叙方改善民生、加快重建，欢迎叙成为共建"一带一路"新伙伴，支持叙反对单边制裁、缓解人道主义困境；坚定支持叙方打击一切恐怖主义势力，愿同叙加强沟通协作，帮助叙提高反恐能力；坚定支持叙方在地区和国际事务中发挥应有作用。[③]

在与叙外长会谈时，王毅阐述了中方关于解决叙利亚问题的四点主张，

---

① Karam Shaar, Ayman Dasouki, "Syria's Constitutional Committee: The Devil in the Detail," https://www.mei.edu/publications/syrias - constitutional - committee - devil - detail, accessed: 2022-05-01.

② الوكالة العربية السورية للأنباء،2022 ،العدل: تطبيقاًلمرسوم العفو رقم7 إطلاق سراح مئات السجناء،3 مايو http://www.sana.sy/? p=1640802, accessed: 2022-05-03.

③ 《叙利亚总统巴沙尔会见王毅》，新华网，2021 年 7 月 18 日，http://www.xinhuanet.com/world/2021-07/18/c_1127666219.htm，最后访问日期：2022 年 5 月 1 日。

包括：坚持尊重叙利亚国家主权和领土完整，让叙利亚人民自主决定国家前途命运；坚持民生为先和加快重建，立即解除所有对叙利亚的单边制裁和经济封锁；坚持有效打击恐怖主义，不搞双重标准，反对借反恐操纵民族分裂；坚持包容和解的政治解决方向，通过对话协商弥合各派分歧。① 叙方各级官员表示对与中国友好关系的高度重视，支持"一带一路"倡议，希望同中方拓展深化合作，欢迎中国企业加大对叙投资。叙方认同中国特色社会主义取得的巨大成功，愿意学习借鉴中方有关理念经验，并继续在涉疆、涉藏、涉港、人权、涉台、南海等问题上坚定支持中方。②

2021 年 11 月 5 日，国家主席习近平同巴沙尔总统通电话，双方都重申了上述观点。③ 在两国元首定调的基础上，中叙关系将在四点主张的基础上，围绕六个坚定具体执行。在合作过程中既要防范因地区安全局势紧张，过度强调现实主义理念而导致的冷战思维，避免国际组织沦为权力斗争工具，警惕横向撕裂国际社会的零和博弈，单纯追求无政府状态下的霸权或均势只能带来牺牲弱国前提下的安全感，而不是实现真正的安全；在合作过程中也要防范新自由主义思潮引导下，强迫规范他国行为的沙文主义行径，打破维护石油美元体系的旧国际制度的束缚，警惕垄断资本裹挟政治，以"普世价值"为表，政治正确为里，纵向撕裂国际社会，完全服务资本自由流动需求的阴谋。

中叙交往应秉承民族国家构建基本理念，在尊重多元民族或族群认同基础上，以应对世界经济危机、地区安全问题、后疫情挑战等共同关心的重大国际问题为契机，深化伙伴合作关系，增进彼此信任，推进和落实联合国《2030 年可持续发展议程》和"一带一路"倡议，既不屈服于丛林法则下的政治或军事霸权，也不同化于强国的经济、文化规则，以具体事务具体商

---

① 《王毅与叙外长会谈，阐述中方关于解决叙利亚问题的四点主张》，澎湃新闻，2021 年 7 月 18 日，https：//m. thepaper. cn/baijiahao_13633486，最后访问日期：2022 年 5 月 1 日。

② 《叙利亚总统巴沙尔会见王毅》，新华网，2021 年 7 月 18 日，http：//www. xinhuanet. com/world/2021-07/18/c_1127666219. htm，最后访问日期：2022 年 5 月 1 日。

③ 《习近平同叙利亚总统巴沙尔通电话》，新华网，2021 年 11 月 5 日，http：//m. news. cn/2021-11/05/c_1128035846. htm，最后访问日期：2022 年 5 月 1 日。

议、共同事务多边商议的方式，在新世界秩序形成背景下构建人类命运共同体。

结　语

美国主导的全球化进程发展到今天，尽管把全世界紧密联系在一起，但由于其基础是代表西方大企业、大公司利益，无法克服资本逐利的本质，导致在全球化利益分配上严重失衡，美国积极推动全球化时，就会显现出各种双重标准，前后不一。无论是叙利亚问题、中叙关系，还是其他国际问题，有关政治主体只有达成共有观念，认同共同身份，才可能寻找到共同利益，真正解决问题。

Y.17
地缘政治竞争视角下阿尔及利亚与摩洛哥关系波动评析[*]

摆永刚　陆映波[**]

摘　要： 阿尔及利亚建国以来，其与摩洛哥的关系起起落落，2021 年 8 月最终断交。引发双边关系波动的因素有很多，但地缘政治因素最为突出。阿尔及利亚和摩洛哥均是大国地缘竞争与博弈的关注点，同时两国"地缘重量"差别较小，双方保持脆弱与微妙的地缘平衡态势。一旦一方内部出现重大变动，这些变动可能影响对方发展战略，或者另一方被有野心"大国"诱导，做出影响平衡的出格举动，必然会导致另一方采取措施追求维持原先的状态。阿摩关系要想摆脱地缘竞争"魔咒"，应该走合作道路，否则两国关系还会在历史惯性下循环往复。

关键词： 阿尔及利亚　摩洛哥　地缘政治　双边关系

　　阿尔及利亚位于非洲西北部，是非洲面积最大的国家。摩洛哥是阿尔及利亚的邻国。从 1962 年阿尔及利亚独立至今，阿、摩两国关系经历了起起落落的五个阶段，其中包括一次战争、两次关系正常化、两次断交。两国关系的起起落落与地缘政治，特别是地缘竞争有着千丝万缕的联系。因篇幅所

　　[*] 本文为北京语言大学研究生创新基金（中央高校基本科研业务费专项资金）项目成果之一，项目批准号为22YCX115。

　　[**] 摆永刚，石河子大学教师，现为北京语言大学中东学院在读博士研究生，研究方向为国别和区域问题；陆映波，北京语言大学中东学院教授，博士，研究方向为阿拉伯语言文化。

限，本文主要从地缘政治竞争视角分析两国起伏不定的关系。

阿、摩两国在北非均有举足轻重的地位，双方与我国在很多领域均有重要的战略合作。阿尔及利亚建国以来，中、阿两国元首及高层领导互访不断，阿尔及利亚曾经为中国恢复联合国合法席位做出突出贡献，中国也是第一个承认阿尔及利亚最初临时政府的非阿拉伯国家。2004 年，中、阿两国便建立战略合作关系，2014 年两国签署全面战略伙伴协议。中国多年保持阿尔及利亚第一大进口来源国地位，双方经贸关系较为密切。近年来，阿尔及利亚重大交通项目均由中方企业承建，如东西高速公路项目、南北高速公路项目。与此同时，中国与摩洛哥双边关系也较为密切，2016 年双方建立战略伙伴关系，并且在各方面都取得了长足的发展，政治互信不断提高。经济方面，中国是摩洛哥第三大贸易伙伴。中国铁建、中国交建、中国路桥等企业在摩洛哥均有较大项目。"2021 年，中国与摩洛哥双边贸易额 65.1 亿美元，同比增长 36.6%，其中，中方出口 56.9 亿美元，同比增长 36.3%，进口 8.2 亿美元，同比增长 38.3%。2021 年，中国企业对摩直接投资 2400 万美元。"①

开展阿、摩两国关系的专题研究，有助于我国与有关各方持续发展双边或多边关系时，正确把握有关各方的外交战略，正确对待双方或多方周边环境、相关历史以及有关立场，需要了解相关问题的变化与波动，并由此判断相关问题走势，以便更好地与有关各方互动，并在解决有关问题时做到客观公正、游刃有余。

一　相关理论阐释

"地缘政治"这一术语起源于 19 世纪后期，到 20 世纪 80 年代，许多政治家、学者、新闻媒体，甚至一般民众在其演讲、著作、论文中，都会不加界定地引用这个词，使其含义变得更加模糊不清。到 20 世纪 90 年代，西方地缘政治

---

① 《中国—摩洛哥经贸合作简况（2021 年）》，中华人民共和国商务部网站，2023 年 2 月 13 日，http://www.mofcom.gov.cn/article/tongjizitiao/sjtj/xyfztjsj/202302/20230203384619.shtml，最后访问日期：2023 年 2 月 14 日。

学由地缘政治研究拓展为地缘经济、地缘文化和地缘政治经济社会研究，同时向批判地缘政治学、流行地缘政治学、女性主义地缘政治学的研究方向发展。

然而，"地缘政治"术语一出现就引发极大争议。① 这是因为，地缘政治是一个较难定义的术语。② 知名学者摩根索说："地缘政治学是伪科学，将地理因素抬高到绝对地位，假定地理因素决定国家的权力，甚至国家的命运。"③ 拉祖瓦耶夫归纳了地缘政治的三个基本点：一是地缘政治学突出了地理和政治之间的关系，侧重于地理对政治的影响；二是把地缘政治学推广到列强争夺世界或地区优势和权力的斗争上，最一般的是，人们称国家间竞争，特别是全球性竞争的典型情况为地缘政治；三是认为地缘政治学首先反映了国际舞台上争取权力的斗争同地理的联系，地缘政治学被看作外交政策的工具，它从地理决定论原则出发规定外交政策的可能性和优先权。④ 因此，由于"人们经常交替或混合使用上述三种说法，这就造成了混乱"⑤。

中国学者阎学通认为："Geo（地缘）的含义是与地球的自然地理相关，事实上，自然地理对国际事务并无决定性影响，甚至相关性也不普遍。虽然地缘政治学在国际关系理论界的影响很有限，但像其他的伪科学一样，其对非专业人士的影响却很大。地缘政治思维对一些人的国际战略观的影响，有如姻缘卦术对一些人的婚姻观的影响。"⑥ 阎学通从地缘政治思维的内生缺陷、网络时代不需要地缘战略通道、改革固有思维三个方面批判了传统地缘政治思维。⑦ 如此一来，地缘政治概念变得更加模糊，甚至其价值分量也遭到质疑。

---

① 〔英〕杰弗里·帕克：《地缘政治学：过去、现在和未来》，刘丛德译，新华出版社，2003，第1页。
② L. K. D. Kristof, "The Origins and Evolution of Geopolitics," *The Journal of Conflict Resolution*, 1960, Vol. 4. No. 1, pp. 15–55.
③ H. J. Morgenthau, *Politics Among Nations: The Struggle for Power and Peace*, New York: McGraw Hill Companies, 2006, p. 170.
④ 〔俄〕拉祖瓦耶夫：《"论地缘政治学"概念》，《现代外国哲学社会科学文摘》1994年第10期。
⑤ 孙向东：《地缘政治学的性质：人-境关系的视角》，《东方论坛》2002年第4期。
⑥ 阎学通：《超越地缘战略思维》，《国际政治科学》2019年第4期。
⑦ 阎学通：《超越地缘战略思维》，《国际政治科学》2019年第4期。

　　地缘政治这一问题研究视角是否毫无价值？本文认为，不能因其对某些国际问题的解释力或某些现象的说服力不明显、有争议，就全盘否认其研究价值。比如，阿尔及利亚与摩洛哥的关系波动中就包含地缘政治因素。"世间并没有一套统一的'证据代码'（codes of evidence）适用于所有严肃的分析推理。"[①] 国际关系本来就纷繁复杂，任何分析不可能运用某单一证据就断定一些关系的走向。"一个论证由一个结论以及支撑这一结论的各种理由组成"[②]，因此我们可以说"地缘政治"理论或者思维是解释某一个结论的众多理由之一，却不能说是唯一的理由。

　　事实上，"人在与环境的关系中是一种积极的而不是消极的力量"[③]。"在自然的作用和人文现实之间，还存在着人类的自由主宰力量。自然往往提供多种可能性，人类可以从中进行选择。"[④] 在探求人与客观环境关系的各种努力中，环境决定论和可能论（亦称作"或然论"）是最具概括性的两大传统。在分析国家间关系时不能一味地强调环境决定论，但也不可忽视人甚至是行为单元（国家）的主观能动性。决定论观点认为："相同或相似的地理条件必须伴随着相同或相似的人类生活。决定论的地缘政治学因为坚信地理对政治的制约或控制，从地理中寻求政治的权力来源。决定论的因果分析是建立在相关性的必然性基础之上的，在这种因果分析中，地理学家也就自然而然地面对自然因素的原因导致的社会现象的重复出现，即规律。决定论地缘政治学家正是从这种必然性出发，得出了许多地缘政治学铁律和法则。"

　　维达尔所开创的可能论"更强调由于不同文化和个人决定所产生的人地关系中的不肯定因子。所以发展了这样一个概念，自然并不决定人应该做

---

① 〔美〕尼尔·布朗、〔美〕斯图尔特·基利：《学会提问》，吴礼敬译，机械工业出版社，2013，第61页。

② 〔美〕尼尔·布朗、〔美〕斯图尔特·基利：《学会提问》，吴礼敬译，机械工业出版社，2013，第58页。

③ 〔英〕R.J. 约翰斯顿：《地理学与地理学家：1945年以来的英美人文地理学》，唐晓峰译，商务印书馆，1999，第26页。

④ 〔法〕安德烈·梅尼埃：《法国地理学思想史》，蔡宗夏译，商务印书馆，1999，第21页。

什么，但决定一些有限定的可能途径，人可从中选择"①。在理解到两国关系时，地缘环境应该是可能导致采取某些行动的依据与部分理由，但不是唯一采取某种行动的决定性因素。勒克曼（F. Lukermann）指出："法国地理学思想比其他学派具有更为内在的一致性，它表明，我们具有的经验世界情景，在它的范围和变化方面，只能以或然性而不是以确定性来描述和解释——以相关条件而不是以必然性来描述和解释。"② 分析阿尔及利亚与摩洛哥近60年的双边关系时，地缘因素不是唯一决定性因素，但不可否认，它是双方采取有关行动的选择依据。本文在以"地缘政治"有关理论作为考虑影响双边关系的要素的同时，尽可能分析一些人文要素的作用。

二 阿尔及利亚和摩洛哥关系的历史梳理

阿、摩两国独立以来，两国关系起起落落，共经历五个发展阶段，每个阶段都与地缘政治有着千丝万缕的联系。

第一阶段是最低谷的战争阶段（1962年7月至1964年2月）。1962年阿尔及利亚宣布独立的第二天，摩洛哥就根据"瓦尔涅线"占领了阿尔及利亚境内的贝沙尔地区，由此拉开了双方领土争端的序幕。1962年7月，摩洛哥军队入侵科隆布－贝沙尔附近的萨夫·萨夫等地，同时鼓励廷杜夫地区的一些部落领袖及代表团"效忠"摩洛哥王室。"大摩洛哥主义"的领土野心导致摩、阿两国关系加速恶化。1963年9月，摩洛哥军队深入阿尔及利亚境内，战争在廷杜夫地区和哈西阿尔贝达的郊区爆发，然后蔓延到摩洛哥的菲吉格，导致阿尔及利亚800多名士兵阵亡。最终战争在阿拉伯联盟和非洲统一组织的调解下于当年11月5日暂停，两国于1964年2月20日在非洲统一组织协调下达成停火协议。

第二阶段是关系缓和阶段（1964年2月至1976年2月）。两国爆发边

---

① 〔美〕R. 哈特向：《地理学性质的透视》，黎樵译，商务印书馆，1963，第57~58页。
② 〔英〕大卫·哈维：《地理学中的解释》，高泳源等译，商务印书馆，1996，第313页。

境战争后，突尼斯总统布尔吉巴就积极斡旋。1963 年 10 月，布尔吉巴邀请摩洛哥与阿尔及利亚两国元首在突尼斯举行最高级别会议。阿、摩两国领导人接受邀请，但两国关系未得到改善。此后，叙利亚和伊拉克也积极调解，但没有取得任何效果。同年 10 月 19 日，阿拉伯联盟理事会召开紧急会议，通过了关于摩洛哥与阿尔及利亚两国边界争端的决议，决议指出："根据阿拉伯国家联盟条约、原则和决定，要求双方立即停止战斗。在阿拉伯范围内，寻求和平解决办法。"1963 年 10 月 20 日，阿盟理事会再次通过决议，要求双方将各自的部队撤至武装冲突发生前的位置，并停止敌对宣传，成立由黎巴嫩、利比亚、突尼斯、埃及代表团团长以及阿盟主席和秘书长组成的调解委员会，通过和平方式解决两国冲突。因摩洛哥拒绝从已占领土上撤出，阿盟调解无果而终。此后，埃塞俄比亚国王海尔·塞拉西和马里总统莫迪博·凯塔也为摩洛哥与阿尔及利亚冲突积极斡旋。塞拉西于 10 月两次前往摩洛哥和阿尔及利亚，促摩洛哥与阿尔及利亚两国元首进行会晤。马里总统凯塔致信哈桑二世和本贝拉，表达了愿意为此进行调解，建议在巴马科会晤。在塞拉西和凯塔的多次斡旋和努力下，摩、阿两国元首于 1963 年 10 月 29~30 日在巴马科举行摩洛哥、阿尔及利亚、埃塞俄比亚和马里四国首脑会议，共同签署了一项协定，协议特别提出召开非统部长理事会特别会议，以便建立仲裁委员会来确定解决摩洛哥与阿尔及利亚边界争端的明确办法。

虽然一开始停火协议未能得到有效落实，双方小冲突时有发生，非军事区的建立也未能实现，但申请非洲统一组织仲裁的请求得到落实。最终非统部长理事会特别会议在亚的斯亚贝巴举行。经过双方在非统部长理事会特别会议上激烈辩论后，会议决定采纳巴马科协定第四点的建议，成立一个特别委员会来负责解决具体争端，最终成立七国委员会，主要任务是促成建立非军事区。1963 年 12 月 2~5 日，七国委员会在阿比让举行第一次会议，会议的根本任务是考察冲突的原因以及为争端方提出具体建议。

1964 年 1 月 23~28 日，七国委员会在巴马科举行第二次会议。会议主要审阅了阿尔及利亚和摩洛哥政府双方提交的文件，安排双方交换文件等事宜。这次调节使阿尔及利亚和摩洛哥的关系得到改善，虽然还存在军事对峙，但局势趋于稳定。1964年2月20日，摩洛哥与阿尔及利亚两国政府最终宣布签署一项结束争端和恢复外交关系的协定。两国不仅同意菲吉格附近的战略高地实现非军事化，还决定从10月1日冲突位置上各自后撤7公里。此后，阿摩关系持续改善。到1964年5月11日，两国发表的联合公报决定成立一个大使级的混合委员会，服务于双边会晤。5月29日，两国就对战争受害者的补偿等问题达成一致意见，两国基本实现关系正常化。1965年5月，阿、摩两国元首举行会晤，两国关系进一步升华，走向新阶段。1970年5月27日，布迈丁和哈桑二世签署了一项协议，决定成立一个对等委员会，专门负责划定从菲吉格到廷杜夫之间的边界线。双方成立双方委员会，研究共同开发卡拉杰比莱矿藏的事项。由此，双方边境争端基本得到解决。

第三阶段是双边关系再次恶化阶段（1976年2月至1988年5月）。1976年2月27日，西撒人阵宣布成立"阿拉伯撒哈拉民主共和国"。此时阿尔及利亚全力支持西撒人阵武装争取独立运动。1979年8月，毛里塔尼亚同西撒人阵签订协议，放弃对西撒哈拉的领土要求，决定退出西撒战争。此后，摩洛哥趁势占领毛里塔尼亚退出的西撒南部地区。这个时期，阿尔及利亚积极支持西撒人阵，而且率先承认其独立，同时在舆论上极力谴责摩洛哥在西撒的行动，此举最终导致两国断交。

1983年，阿尔及利亚与摩洛哥签署友好和睦条约，两个北非阿拉伯国家开始逐渐和好，两国元首恢复接触。1984年，阿尔及利亚沙德利总统连任，此后开始主张扩大民主化进程，注重团结各方，致力于缓和国内各派间的矛盾，同时也致力于发展民族经济，经济和农业领域也取得了一定的成果。沙德利对外强调坚持不结盟，坚持反对帝国主义、反对殖民主义、反对犹太复国主义，支持非洲民族解放斗争。1988年，两国复交的环境趋于完备，两国关系开始得到改善，到了5月两国正式恢复了外交关系。

第四阶段是关系恢复至历史最佳阶段（1988年5月至2013年10月）。1988年6月10日，阿尔及利亚、摩洛哥、突尼斯、利比亚、毛里塔尼亚五国元首在阿尔及利亚泽拉尔达举行会议，决定成立联合委员会，组建五国联盟事宜（即"马格里布联盟"）。1989年2月17日，经过8个月筹备，上述五国元首在摩洛哥马拉喀什会晤，会后发布《马拉喀什宣言》，马格里布联盟正式成立，马格里布联盟决定每6个月举行一次元首会议，元首委员会主席由成员国元首轮流担任，任期6个月。马格里布联盟自成立直至1994年共举行六次元首会议。第六次会议特别强调，要在法律、国际法规和人权的基础上建立国际秩序，消灭一切形式的恐怖、暴力和极端活动。会议还重申了马格里布联盟寻求和平方式解决洛克比危机的主张。1995年，由于马格里布联盟五国内部在洛克比危机和西撒哈拉问题上的严重分歧，马格里布联盟再未举行元首会议。至1996年底，马格里布联盟活动基本停顿。目前，马格里布联盟还会举行一些较低层次的会议。

1999年4月，布特弗利卡当选阿尔及利亚总统，摩洛哥国王哈桑二世致电祝贺。1999年7月23日，哈桑二世国王病逝，布特弗利卡前往摩洛哥参加葬礼，同时与新任国王穆罕默德六世建立联系，两国领导人联系增多。2003年，阿、摩两国元首在联合国大会期间还举行单独会谈。2004年，阿、摩两国关系得到进一步发展，到同年7月，摩洛哥宣布免除阿尔及利亚公民赴摩签证。2005年3月，摩洛哥国王赴阿出席阿盟首脑会议，并与阿总统布特弗利卡总统举行会晤。至此，阿、摩两国恢复中断14年之久的元首会晤。与此同时，阿尔及利亚也宣布免除摩洛哥公民赴阿签证。同年4月，两国企业家论坛在阿举行，还成立了两国混合商会。双方友好关系迈上新台阶。

但好景不长。2005年5月，马格里布联盟首脑会议召开前夕，因阿尔及利亚总统布特弗利卡致电祝贺西撒人阵成立32周年，并重申坚定支持西撒人阵的立场，摩、阿两国关系再次波动。此后双方关系有所缓和：2007年3月，阿布特弗利卡总统致电摩洛哥国王穆罕默德六世祝贺其女儿诞生；同年11月，摩洛哥国王致电布特弗利卡，对阿首都发生爆炸造成人员伤亡表示慰问；2011年3月，阿、摩两国水资源部部长/大臣先后互访；2012年1月，摩洛哥外交与合作大臣访阿，随后阿、摩教育大臣官员互访。相比2005年，两国关系发展有所改善。

第五阶段是再次断交阶段（2013年10月至2021年8月）。2013年10

月，摩洛哥抗议阿方在西撒问题上的相关表态，并召回摩驻阿大使，两国关系再次紧张。此后两国关系不温不火。2020 年 11 月，摩洛哥对西撒哈拉盖尔盖拉特缓冲区发动军事行动，阿尔及利亚随即谴责摩方行动。2021 年 8 月 9 日，阿尔及利亚数个地区几乎同时发生森林火灾，并最终造成 90 人死亡（包括 33 名军人），火灾还造成了大量橄榄树和牲畜死亡。阿尔及利亚政府将此次火灾认定由卡比利亚分离主义运动——"卡比利亚自治运动"策划的，该组织被阿尔及利亚认为接受摩洛哥政府资金资助。2021 年 5 月，阿尔及利亚政府将该组织认定为恐怖主义组织。此外，2021 年 7 月，摩洛哥驻联合国外交官公开呼吁卡比利亚人拥有自决权，此举遭到阿尔及利亚强烈谴责，并召回其驻摩洛哥大使。2021 年 8 月 24 日，阿尔及利亚外长拉马姆拉宣布，由于邻国摩洛哥长期针对阿尔及利亚实行"敌对政策"，阿尔及利亚决定与之断绝外交关系。总体看，阿尔及利亚建国以来，与摩洛哥关系起起落落。

三　阿尔及利亚与摩洛哥关系波动中的地缘政治因素

（一）阿、摩两国的"地缘重量"

阿、摩两国是近年来北非地区经济发展较为稳定的地区强国。两国均加入了非洲联盟、阿拉伯国家联盟、马格里布联盟。分析研究两国关系必然会涉及两国的"地缘重量"。"权力资源包括由国土、经济、军事等实力构成的硬实力和文化、教育、外交等实力构成的软实力，在此被定义为'地缘重量'。"[①] 本部分依据以上各要素简单梳理两国"地缘重量"的重要指标。

国土及资源。阿尔及利亚人口为 4370 万人（2020 年），面积为 238 万平方公里，为非洲面积最大的国家，世界排名第十。阿尔及利亚海岸线长约

---

① 李希雅、杜德斌、陈俊华、夏启繁：《地缘位势视角下中美俄与伊朗的地缘关系解析》，《热带地理》2021 年第 6 期。

1200 公里，共有港口 45 个。2019 年阿尔及利亚全国港口吞吐量为 1.2 亿吨。[①] 阿尔及利亚资源较为丰富。摩洛哥人口为 3595.2 万人（2020 年），面积为 45.9 万平方公里（不包括西撒哈拉 26.6 万平方公里），国土面积在非洲排名第 39 位。摩洛哥海岸线长约 1700 公里，共有港口 33 个。2018 年摩洛哥港口吞吐量为 1.375 亿吨。[②] 摩洛哥资源也较为丰富，磷酸盐为主要资源，其他矿产资源还有铁、铅、锌、钴、锰、钡、铜、盐、磁铁矿、无烟煤、油页岩等。[③]

经济领域。阿尔及利亚宏观经济规模在非洲位居前列，马格里布地区排名第 1，属于发展中中等收入国家。石油与天然气是阿尔及利亚支柱产业。摩洛哥宏观经济规模在非洲排名靠前，在非洲最富有的国家中名列第 5。

军事领域。阿尔及利亚在世界军力排名网站"全球军力"（Global Firepower）发布的 2020 年世界 140 个国家军力排名中位列第 31[④]，在非洲国家排名第 3，紧随埃及与南非之后。摩洛哥在世界军力排名网站"全球军力"发布的 2020 年世界 140 个国家军力排名中位列第 55。[⑤]

从阿、摩"地缘重量"看，阿尔及利亚在区域竞争的天平上稍有优势。首先，阿尔及利亚在陆地面积、宏观经济规模、石油天然气资源方面具有优势。其次，阿尔及利亚在军事能力、军队规模、军费预算等方面与摩洛哥相比也有明显优势。由此可见，阿尔及利亚在处理与摩洛哥关系时也会自然而然依据自己在马格里布地区"大哥"的地缘重量行事。

---

① 龙俞辰、印宇轩、王福强：《阿尔及利亚港现状及发展趋势》，《交通企业管理》2021 年第 5 期。

② 《摩洛哥 2018 年港口运量为 1.375 亿吨》，中华人民共和国驻摩洛哥王国大使馆经济商务处官网，2019 年 3 月 2 日，http：//ma. mofcom. gov. cn/article/jmxw/201903/20190302839467. shtml 最后访问时间：2022 年 3 月 10 日。

③ 《摩洛哥国家概况》，中华人民共和国外交部官网，https：//www. mfa. gov. cn/web/gjhdq_ 676201/gj_676203/fz_677316/1206_678212/1206x0_678214/，最后登录时间：2023 年 1 月 10 日。

④ 数据来源，https：//www. globalfirepower. com/countries-listing. php，最后访问时间：2022 年 1 月 25 日。

⑤ 数据来源，https：//www. globalfirepower. com/countries-listing. php，最后访问时间：2022 年 1 月 25 日。

与阿尔及利亚相比，摩洛哥在地缘重量方面表现也不俗。在国土面积与资源矿藏方面，摩洛哥虽与阿尔及利亚有较大差异，但摩洛哥有其地缘优势，比如扼守直布罗陀海峡占据重要海洋通道，属于地缘战略要地。摩拥有较长海岸线优势，北面与西面均有较好的港口，从北面港口出发向东可直达地中海欧盟成员国与西亚国家。从西面港口出发向北可达西欧、北欧，向西可达美洲。摩洛哥港口运量明显优于阿尔及利亚。虽然摩洛哥宏观经济规模小于阿尔及利亚，但经济结构优于阿尔及利亚，三大产业分布也优于阿尔及利亚。此外，摩洛哥经济增长率明显高于阿尔及利亚，且投资经商环境较优于阿尔及利亚，基础设施更加发达与现代化。军事方面，虽然在军力排名与相关数据方面低于阿尔及利亚，但与阿尔及利亚差距并不是十分巨大。摩洛哥为美国盟友，一旦阿尔及利亚与摩洛哥在军事领域差距变大，特别是未来购买俄罗斯先进隐身战机等高端武器时，美国等西方国家必然不会坐视不管。

从双方总体"地缘重量"的数据与分析来看，双方均有优势与劣势，基本属于势均力敌的状态。阿尔及利亚虽有部分优势，但是摩洛哥的潜力与战略"野心"，特别是传统"大摩洛哥"思想总是存在。考虑到马格里布地区因利比亚的"没落"，未来地区的主要竞争必然会在区域"老大"与差距不大的"老二"之间展开。由于两者均被视为大国战略延伸要地，加之双方之间的政治制度差异等其他因素，未来两者之间的消极竞争甚至是冲突可能成为基本常态。

（二）两国关系波动的地缘政治因素

阿尔及利亚与摩洛哥近60年双边关系经历了三次下行波动，地缘政治因素虽不是决定性因素，但不可否认，地缘竞争是双方采取有关行动的主要动因。

阿尔及利亚与摩洛哥虽然同为法国殖民地或势力范围，但摩洛哥独立后长期得到西方国家支持，特别是摩洛哥与美国关系密切。摩洛哥被美国视为其在非洲的"最后的力量支柱之一"。美国在摩洛哥建有战略油库，可为第六舰队提供补给。经济方面，美国与摩洛哥签署自由贸易协定，美国已取代摩洛哥传统农产品等进口国法国，成为摩洛哥最大的小麦供应国。文化与传播领域，美国在摩洛哥丹吉尔建有其本土之外最大的"美国之音"转播站，如果说军事补给站是盟友关系的体现，那么允许建立具有传播意识形态功能的转播站显然超出了一般盟友关系。因为"美国之音"从建立之初就以反共宣传为主要职能，曾被看作"美国政府颠覆共产党的工具，搞暴乱的指挥部"。

一方面，摩美关系密切，美国还给予摩洛哥非北约成员主要盟国地位。2012年至2019年，双方共同举办四届摩美战略对话。截止到2018年4月，摩洛哥与美国共召开四届摩美经贸论坛。近年来，摩洛哥外交大臣与美国国务卿交流不断，但摩洛哥外交大臣只访问过阿尔及利亚1次。2020年12月，摩洛哥国王穆罕默德六世同美国总统特朗普通电话，随后特朗普签署声明，承认摩洛哥在西撒拥有完全主权，并宣布美国将在西撒达赫拉设领事馆。这必然会影响未来地区微妙的平衡与稳定。特别是一旦西撒问题彻底有利于摩洛哥，地区原先的平衡自然会遭到破坏，这是阿尔及利亚最不想看到的。

另一方面，阿尔及利亚与俄罗斯具有良好关系。值得一提的是，2020年末，阿尔及利亚与俄罗斯签下20亿美元的军售合同。根据合同，俄罗斯从2025年开始向阿尔及利亚提供第五代苏-57隐身战斗机的出口型号（苏-57E），订单数量为14架。这是该型号战机的第一笔出口订单，而且是在该机型还未有大批量装备俄罗斯空天军的背景下签署的协议，届时阿尔及利亚将成为非洲首个拥有第5代隐形战机的国家。此外，阿尔及利亚港口长期为俄罗斯开放，俄很多重要战舰经常在阿港口访问与停泊。俄罗斯在摩洛哥就没有如此待遇。2020年新冠疫情暴发以来，阿尔及利亚与俄罗斯在疫情防控方面加强合作。2021年，阿尔及利亚制药工业部部长表示，两国已签署了有关合作生产俄罗斯疫苗的合作意向书，由此阿尔及利亚成为首个批准俄罗斯"卫星-V"疫苗的非洲国家。阿尔及利亚和摩洛哥背后分别得到俄罗斯和美国的支持。

阿、摩两国各自背靠外部大国，由此双方关系受到外部大国的地缘政治博弈影响。1976 年摩、阿两国关系再次下行断交时，表面看来是摩洛哥对阿尔及利亚承认"西撒国"建国的反应，实则与苏联当时在北非的地缘竞争直接相关。2021 年双方第二次断交前，美国便为摩洛哥做出巨大承诺——承认摩洛哥在西撒哈拉的主权，并拟建领事馆。阿尔及利亚国内数次遭受分离主义"卡比利亚自治运动"困扰。由于摩洛哥驻联合国外交官公开呼吁卡比利亚人拥有自决权，阿尔及利亚对摩洛哥进行强烈谴责，并召回其驻摩洛哥大使，最终双方关系破裂。此外，两国政治制度差异、国内矛盾等因素也是促使两国一次次做出断交选项的重要因素。

结　语

阿尔及利亚建国以来，阿、摩两国经历了五个发展阶段。每次关系恶化，背后总能发现地缘政治的身影。阿、摩两国均是大国地缘竞争与博弈的关注点，同时两国综合实力旗鼓相当，因此一旦某一方内部出现重大变动，或受到大国诱导，均会导致双方采取消极措施——轻则召回大使，重则断交。两国要想破除"地缘魔咒"，避免成为大国地缘博弈的牺牲品，应该走合作共赢之路，建设马格里布命运共同体、非洲命运共同体乃至人类命运共同体。

Y.18

苏丹"10·25政变"动因及影响

周 华 黄元鹏*

摘 要： 2021年10月25日，苏丹军方发动政变，宣布国家进入紧急状态，军队接管国家事务，但在国内国际强大的反对声浪中，军方一度被迫做出让步，过渡政府总理哈姆杜克官复原职，着手重组文官政府。这起政变事件对苏丹过渡期政治重建造成了强烈冲击，引起了国际社会的高度关注。本文试分析苏丹军方发动政变的主要因素，探究苏丹国内各派势力在局势演变中的立场和作用，解析地区和域外国家对苏丹局势发展的影响，并在此基础上对政变后的苏丹局势走向做初步的预估。

关键词： 苏丹 "10·25政变" 政治重建

一 "10·25政变"动因分析

苏丹军方自国家独立，素有执政、干政的传统，前总统巴希尔正是通过发动军事政变上台的。在巴希尔执政的30年间，苏丹军方势力已深度渗入政治、经济、社会各领域。为了维护自身政治和经济利益，苏丹军方有独揽国家大权的动机和意愿。2021年10月25日，苏丹军方发动政变并得以在一定程度上控制住局势，有三个重要的因素贯穿始终：一是军方和文官势力的利益冲突加剧，军方"不得不发"；二是反对派文官内部争权夺势，难以

---

* 周华，北京语言大学教授，主要研究方向为中东问题；黄元鹏，中央广播电视总台副译审。

形成对抗军方势力的合力；三是文官领导的过渡政府执政期间经济民生形势恶化，民意基础动摇。

（一）"反赋能"运动下文官势力与军方矛盾深化

2019 年 8 月，苏丹过渡军事委员会与当时的主要反对派"自由与变革力量"联盟签署《宪法宣言》，明确过渡期间设立主权委员会掌管国家权力，同时规定文官代表占据主权委员会多数、委员会主席一职到期轮换。这一安排产生于民众对过渡军事委员会强烈不满、持续发动抗议示威向军方施压的背景下。主权委员会成立后，反对派文官势力主导的倾向仍比较明显。特别是主权委员会于 2019 年 12 月组建的"去赋能、反腐败、追赃款委员会"（以下简称"去赋能委员会"），正是响应了"自由与变革力量"联盟彻底粉碎前政权"救国体制"的呼声。

去赋能委员会成立后，致力于"全面终结巴希尔政权对国家命脉的控制、打击腐败和追回赃款"，迅速开展一系列行动，在一年多的时间里没收了前政权高级官员非法占有的数十万平方米土地，缴获了超过 10 亿美元赃款，解雇了"以不公正方式窃据公职"的数百名行政、司法、检察和媒体机构工作人员，解散大量被认为与巴希尔政权勾结的民间组织。此后"去赋能"运动继续扩大，前执政党成员被大批抓捕。2021 年 2 月，在去赋能委员会的要求下，苏丹检察机关逮捕了包括前副总统哈萨博·阿卜杜勒-拉赫曼在内的 77 名国民大会党前高级成员，并在杰济拉州、北科尔多凡州等地大量逮捕国民大会党原党员，在加达里夫州创下单日逮捕 135 人的纪录。①

在"去赋能"运动走向深入的同时，民众对于去赋能委员会公正性的质疑日趋激烈。根据计划，应由一个专门的委员会处理针对去赋能委员会决定的申诉，但这个"上诉委员会"却迟迟没有成立，导致被去赋能委员会

---

① 《针对巴希尔政权关键人物的大抓捕》（阿文），《阿拉伯圣城报》网站，2021 年 2 月 12 日，https://www.alquds.co.uk/الاعتقالات-تتواصل-ضد-رموز-نظام-البشير/，最后访问日期：2022 年 4 月 30 日。

处理者投告无门。尽管该委员会一直声称有关逮捕和没收的决定均是行政和检察系统在其提供证据的基础上依法做出的，但却屡次与检察、司法机关发生矛盾。去赋能委员会内部也多次被爆出腐败丑闻。反对者指责该委员会以清算旧政权的名义打击异己、牟取私利、任人唯亲。苏丹各行各业开展清退"前政权关系人员"的运动，一度影响民航、水利等行业正常运行，造成一定程度上的社会分裂。①

　　正如一些当地分析人士所指出的，苏丹反对派文官势力的"去赋能"行动缺乏政治智慧，无限制地扩大打击面不利于实现政治和解和社会稳定。随着"去赋能"行动走向深入，越来越多的"前政权关系人员"遭到调查和拘捕，曾与巴希尔政权密切合作的苏丹军方不得不提高警惕。2020年初，去赋能委员会着手调查土耳其商人奥卡泰·胡斯尼，迫使军方直接插手。

　　奥卡泰·胡斯尼从 2002 年开始在苏丹经商，与苏丹前总统巴希尔以及苏丹军方的关系十分密切。他名下的"苏尔"公司，自 2011 年起一直是苏丹军服的独家供应商。此后，胡斯尼在苏丹的业务范围不断扩大，插手电力基础设施、水资源和矿产开发等行业，"拥有很多苏丹本国企业家无法享受的特权"。去赋能委员会将胡斯尼在苏丹的发迹视为前政权贪污腐败、官商勾结，造成苏丹经济混乱的典型案例。在去赋能委员会的要求下，通过国际刑警组织的协助，苏丹检方于 2020 年 1 月中旬将胡斯尼从土耳其传唤至喀土穆接受调查。然而，在接受调查数日后，胡斯尼就乘私人飞机离开苏丹并一去不返。多个接近去赋能委员会的消息源指出，正是苏丹主权委员会主席布尔汉直接指示苏丹检方释放了胡斯尼。在舆论发酵后，去赋能委员会放出主权委员会办公室向苏丹总检察长发函的照片，其中明确要求"允许胡斯尼为处理苏丹国家电网相关事务而自由旅行"，并保证其"随时可被检察机

---

① 《去赋能委员会的工作遭遇政治和法律障碍》（阿文），"达尔"研究和媒体制作中心网站，2021 年 2 月 17 日，https://www.hafryat.com/ar/blog/؟وقانونية-تهدد-عمل-لجنة-إزالة-التمكين، السودان-عوائق-سياسية，最后访问日期：2022 年 4 月 30 日。

关传唤到案"①。至此，反对派文官势力和军方在"去赋能"运动下的分歧公开化。

经历此次丑闻后，苏丹军方越发感受到"去赋能"运动的巨大威胁，大大降低了支持该运动的调门。2021年2月4日，去赋能委员会主席亚西尔·阿塔宣布辞职。阿塔是主权委员会中的军方代表之一，他在去赋能委员会成立之初担任主席一职，表现了当时军方对"去赋能"运动的支持立场。阿塔在辞职当天接受采访时抨击去赋能委员会的公正性，声称他将继续投身于"重要程度不亚于'去赋能'的其他革命任务"，这一表态昭示了军方势力对"去赋能"运动的态度发生明显转变。2月底，苏丹主权委员会发布命令，禁止去赋能委员会部分成员进入共和国宫（总统府），双方矛盾进一步深化。此后，去赋能委员会位于首都和地方的多个办公地点遭到袭击。9月26日，在过渡政府宣布"挫败一场军事政变阴谋"后不到一周，主权委员会下令撤去保卫去赋能委员会办公地点的军警联合卫队。军队的卫兵迅速撤离，而接受过渡政府（行政机关）管理的警察则没有执行这一命令。② 这些迹象表明，文官集团和军方势力的对抗日益白热化，军事政变的前兆越来越明显。

根据2019年《宪法宣言》关于主权委员会主席一职"前21个月由军方代表担任，后18个月由文官代表担任"的规定，苏丹军方须于2021年11月将主权委员会主席一职移交给文官集团。后者或将利用占据国家元首一职的优势，充分使用"去赋能"这一武器，随时敲打军方，正如军方曾利用这一地位干预司法调查、打击去赋能委员会一样。因此，军方在和文官集团的对抗中，选择在10月下旬最终摊牌，可以说是将自身的优势地位利用到最后一刻，抓住最后的有利时机发动了致命一击。

---

① 《去赋能委员会的文职官员证实其与释放奥卡泰一事无关》（阿文），苏丹马达米克网，2021年2月24日，https：//www.medameek.com/？p=38062，最后访问日期：2022年4月30日。

② 《苏丹执政集团围绕去赋能委员会的分歧升级》（阿文），半岛网，2021年9月26日，https：//mubasher.aljazeera.net/news/2021/9/26/رغم-قرار-العسكر-بالانسحاب-والتوتر，最后访问日期：2022年4月30日。

2021 年 10 月 25 日政变当天，除了解散过渡政府和逮捕总理哈姆杜克以外，苏丹军方还宣布了两项重要决定。一是解散其仍占据主席职务的主权委员会，组建新的"过渡主权委员会"，仍由军方领导人布尔汉担任主席，间接废除了原主权委员会主席一职轮换机制；二是冻结去赋能委员会的一切行动并着手对其进行改造。2022 年 2 月，在多名前去赋能委员会成员因各种罪名遭到逮捕后，军方扶持的新去赋能委员会开始工作，承诺将纠正前去赋能委员会的不当行为。由此，军方基本解除了反对派文官集团高举"去赋能"大旗对其清算历史旧账的重大威胁。

（二）"自由与变革力量"联盟持续分裂

2019 年初，苏丹反对派组织"专业人士协会"发布《自由与变革宣言》，获得反对派政党和社会团体的广泛支持，产生了由《自由与变革宣言》签字方组成的政治联盟，即"自由与变革力量"联盟。这一联盟在推翻巴希尔政权的运动中，发挥了主要作用。在巴希尔被军方罢黜后，该联盟发动民众抗议军事统治，代表反对派与军方谈判。谈判过后，主权委员会中的文官代表全部从该联盟中产生，过渡政府内阁中除内政部部长和国防部部长以外均由该组织提名。可以说，"自由与变革力量"联盟在当时已成为苏丹反对派文官势力的代名词，也是事实上的执政集团。然而，这一联盟在实现其首要目标——推翻巴希尔政权之后，就已经开始分裂。主张彻底"革命"的左派与主张"软着陆"的右派之间不断爆发争论。苏丹军方在这种纷争中巧妙施力，得以坐收渔翁之利。

"自由与变革力量"联盟中以"全国共识力量"联盟等为代表的左派，希望实现苏丹政治的根本性变革。该联盟吸纳了苏丹共产党、阿拉伯社会主义复兴党（苏丹）、纳赛尔主义党等在巴希尔时代遭到最严厉镇压的左翼党派。它们要求彻底清算旧势力，建立完全政教分离的世俗政权，将"革命"进行到底。此外，以"苏丹呼声力量"为代表的中间偏右势力则要求平衡各派利益，避免剧烈动荡，反对持续扩大的政治审查与隔离。这一势力的代表包括民族乌玛党、人民大会党等曾经为巴希尔政权所容许的保守派非执政党。这些党派在旧时代或多或少与巴希尔政权合作，甚至其重要人物曾在苏丹政府和议会中身居高位，因而强烈反对左派继续"革命"、彻底"去赋能"等主张。

2020年10月，经历长期的艰苦博弈，苏丹过渡政府与地方反对派武装在南苏丹首都朱巴签署《最终和平协议》。最主要的两个地方反对派武装组织"正义与公平运动"和"苏丹解放运动"（米纳维派）加入"自由与变革力量"联盟。前者的领导人吉布里勒·易卜拉欣出任过渡政府财政部部长，后者的领导人明尼·米纳维出任达尔富尔州州长。这一协议签署实施后，"自由与变革力量"联盟中的左派势力宣称，重组的过渡政府已经变质，旧势力重新上场分割"革命"果实，"自由与变革力量"联盟的领导层"欺骗苏丹人民"。苏丹共产党等左翼政党和苏丹"专业人士协会"等左翼团体因此宣布退出"自由与变革力量"联盟或冻结其在联盟中的活动。此外，联盟中的右翼势力也并不满足于已有的成果，而是要求彻底终止政治隔离和禁足，并成立了一个由21个政党和反对派组织组成的"改革'自由与变革力量'技术委员会"（اللجنة الفنية لإصلاح "الحرية والتغيير"，以下简称"技术委员会"），要求对联盟的领导机构进行改革。"自由与变革力量"联盟中左右两派势力的分歧到了难以弥合的地步。

苏丹军方敏锐地抓住"自由与变革力量"联盟内部的矛盾，为该联盟内部的分离趋势推波助澜。2021年7月，布尔汉在总统府接见"技术委员会"代表，对该委员会"不得将任何一个联盟成员和革命力量排除在外"的口号表示高度赞赏。"技术委员会"投桃报李，不断向"自由与变革力量"联盟领导层发难。对于过渡政府总理哈姆杜克提出的各派别签署新的共同政治宣言、理顺过渡时期决策与行政机制的倡议，"技术委员会"多次发表声明抨击，公然呼吁军方介入。[①] 军方利用文官集团中的右翼势力分裂

[①] 《技术委员会："哈姆杜克倡议"的执行机制注定了它的彻底失败》（阿文），达尔富尔电台网站，2021年8月24日，https://www.dabangasudan.org/ar/all-news/article/اللجنة-الفنية-لإصلاح-الحرية-والتغيير-آلية-تنفيذ-مبادرة-حمدوك-تضرب-المبادرة-في-مقتل，最后访问日期：2022年4月30日。

"自由与变革力量"联盟的企图昭然若揭。

在此背景下，经过"自由与变革力量"联盟领导层的长期协调，苏丹43个政党和反对派组织于2021年9月8日在喀土穆签署《关于统一自由与变革力量、处理过渡事务和建立国民的世俗的民主的国家的政治宣言》（المواطنة المدينة الديمقراطية الإعلان السياسي لوحدة قوى الحرية والتغيير وقضايا الانتقال وبناء دولة，以下简称《政治宣言》）。参与签署方包括苏丹人民大会党、阿拉伯社会主义复兴党（苏丹）、"乌玛"系政党、"专业人士协会"等政党以及部分地方武装组织代表。过渡政府总理哈姆杜克在出席《政治宣言》签署仪式时踌躇满志地表示，宣言的签署是苏丹前进道路中历史性的一步，其基础是全体苏丹人民力量的大团结，并再次盛赞文官与军队合作的"苏丹模式"。似乎苏丹各派政治势力又将团结在一份新的政治宣言之下。然而，《政治宣言》的签署方中，少了"苏丹解放运动"（米纳维派）和"正义与公平运动"，也没有吸收此前拒绝签署《最终和平协议》的苏丹东部地区武装组织，未能团结所有必须团结的力量。宣言签署后，"自由与变革力量"联盟内部的分裂反而愈加剧烈，苏丹军方在背后的操作不容忽视。

《政治宣言》签署后，主权委员会中的军方代表质询文官代表，为何将军队排除在宣言签署方之外，文官代表以军队本就不应插手政治作为回应。9月21日，约40名苏丹装甲部队军官策动政变，企图控制位于首都的国家广播电台。尽管此次政变很快被挫败，苏丹军方领导层也再次承诺支持苏丹民主过渡，但它反映出苏丹军队内部对文官集团要让其"靠边站"的极大不满。9月22日，军方领导人布尔汉发表讲话，称文官集团应该对未遂政变的发生负责，并对文官集团的分裂提出严厉批评，声称苏丹革命的精神旗帜——自由与公正——已经在政客们的争斗中丧失殆尽。值得注意的是，这里布尔汉的措辞是"自由与公正"，用"公正"替换了"变革"，透露出军方微妙的心态。此外，"自由与变革力量"联盟中的右翼势力也迅速行动，指责《政治宣言》的执行机制缺乏包容性和代表性，将重要的"革命"力量排除在外。① 由"正义与公平运动"和"苏丹解放运动"（米纳维派）这两个拒绝签署《政治宣言》的反对派武装组织所主导的"'自由与变革力量'联盟（《国民宪章》派）"，也提出自己的政治和解倡议，要求在过渡进程中增强与军方的合作。②

2021 年 9 月和 10 月，"自由与变革力量"联盟内部的分裂空前尖锐，支持《政治宣言》和临时政府的派别，与反对《政治宣言》并要求与军方合作的派别，相继组织支持者上街游行示威，导致流血冲突不断升级。在局势濒临失控的背景下，苏丹军方抓住时机，在 10 月 25 日发动政变。

军事政变后，反对派文官集团暂时统一在反对军事统治的旗帜下，掀起了声势浩大的抗议游行，并积极争取国际支持。在国内、国际两方面的压力下，苏丹军方领导人布尔汉和原过渡政府总理哈姆杜克于 2021 年 11 月 21 日达成协议，哈姆杜克官复原职，重新组织文官政府。然而，"自由与变革力量"联盟内部的分裂积重难返，在各派的纷争和军方的压力之下，哈姆杜克经过一个多月的努力，仍然未能成功组阁，于 2022 年 1 月 2 日在抗议声中宣布辞职。在此之后，苏丹反对派文官集团陷入群龙无首的境地，短时期内也难以产生各派均认同的领袖。苏丹军方领导人则成为最大的赢家。

可以说，"自由与变革力量"联盟前期的成功，正是由于其团结了绝大多数反巴希尔政权的力量，但这也注定了它后期的分裂与失败——联盟的参与方除了反巴希尔这一共同点外，存在诸多不可调和的根本性的利益冲突。文官集团的软弱、摇摆和冲突，被苏丹军方在政变前后充分利用，将自己塑造成唯一有能力保卫"革命"成果的力量，最终成功掌控最高权力。

---

① 《"自由与变革力量"联盟的政治宣言——分歧与冲突》（阿文），苏丹人网，2021 年 9 月 13 日，https://www.alsudaninews.com/ar/？p=137483，最后访问日期：2022 年 4 月 30 日。
② 《苏丹"国家宪章"派要求扩大参政基础并坚持与军方的伙伴关系》（阿文），半岛网，2021 年 10 月 12 日，https://mubasher.aljazeera.net/news/politics/2021/10/12/يدعو-لتوسيع الوطني-الميثاق-السودان，最后访问日期：2022 年 4 月 30 日。

（三）过渡政府治下经济民生形势恶化、民意基础动摇

反对派文官集团主导的苏丹过渡政府成立以来尽管在发展经济、改善民生方面取得了一定成绩，但仍然没有从根本上扭转苏丹的经济危机，导致其民意基础动摇，客观上有利于军方向其发难。

巴希尔政权后期内部贪腐严重，外部制裁持续，经济濒临崩溃。至其倒台前夕，苏丹外债已累积至约580亿美元，是其2019年国内生产总值的166%，通货膨胀率连续数月超过60%。过渡政府成立后，在改善苏丹经济外部环境方面做出很大努力，取得较大进展。2020年12月，美国宣布将苏丹从"支持恐怖主义国家"名单中移除，为国际社会全面解除对苏丹制裁，吸引外部资本进入苏丹创造了有利环境。2021年3月，苏丹借助美国和世界银行提供的"过桥贷款"，完成向世界银行偿还债务的程序，并进入国际货币基金组织和世界银行的"重债穷国倡议"。至2021年6月，苏丹已在此倡议框架下获得235亿美元的债务减免。过渡政府总理哈姆杜克也曾宣称，苏丹约80%的外债将得到豁免。

然而，过渡政府2021年在国际货币基金组织和世界银行指导下实施的财政与货币政策改革未能快速改善苏丹国内经济形势，反而引发更大的社会动荡。2021年2月，苏丹央行宣布实行美元兑苏丹镑的"部分浮动汇率"，这也是实现国际货币基金组织"消灭影子汇率"要求的第一步。过渡政府相信，这一政策将改变苏丹外汇储备迅速萎缩的状况，吸引外国投资者，并有助于争取国际货币基金组织和世界银行更多的债务减免和贷款支持。这一决定发布数日后，美元兑苏丹镑官方汇率从1∶55变为1∶375，至2021年6月达到1∶460左右并持续至今。本国货币的剧烈贬值令粮食和其他必需品的进口成本大幅上升，加上货币政策宽松、生产和出口疲软等因素综合影响，苏丹国内物价飞涨，通货膨胀率在2021年下半年一度达到惊人的359%。批评者指出，在政局不稳的情况下，仅靠苏丹央行的汇率改革并不足以吸引外国投资，这一政策没有起到预想中的积极作用，反而导致

民生状况继续恶化。① 由于"部分浮动汇率"实施效果不佳，苏丹央行推迟实施"完全浮动汇率"的计划。

过渡政府采取的另一项重要政策是取消食品和燃料补贴。补贴是苏丹经济长期以来的一大顽疾。巴希尔执政后期的"民族和解政府"也曾根据国际货币基金组织的要求，开始逐步取消对面粉、汽油的补贴，以获取后者的贷款支持，结果迅速发生经济危机，一定程度上引发了2018年下半年至2019年上半年巴希尔下台的政治危机。然而，在政府债台高筑、财政赤字高企、进口成本直线上升的背景下，取消补贴是苏丹经济结构性改革的必由之路。由于取消补贴极有可能导致广泛社会影响和不良政治后果，过渡政府在2019年和2020年继续实施补贴政策，对基本消费品的补贴资金占到2020年财政预算总支出的40%，这样的状况显然不可持续。2021年6月，过渡政府开始降低补贴范围和水平，不出意外地导致基本消费品价格大幅上涨。原价2苏丹镑的大饼在补贴市场上涨至5苏丹镑，并伴随着质量下降和供应不足，而自由市场上的同等商品售价高达35苏丹镑。与此同时，"油荒"和"大饼荒"愈演愈烈，食品店和加油站前继续排起长龙。取消补贴的政策导致绝大多数苏丹家庭的基本生活成本急剧上涨，民生危机更加严重。

糟糕的经济和民生状况令苏丹民众对过渡政府失去信任。在此背景下，苏丹军方不断指责文官集团争权夺利，宣扬只有军方可以保护"革命"等论调，引导民众将矛头对准过渡政府，并支持军方对其进行改组。2021年下半年，苏丹国内持续发生反对过渡政府的示威游行，并在10月中下旬达到高潮。10月16日，在总理哈姆杜克拒绝军方解散过渡政府的要求后，支持军方的数千名民众在喀土穆举行示威游行。值得注意的是，在这次游行中，"军警没有如往常一样在市中心设置路障"。而就在不到10天后，做足舆论和民意准备的苏丹军方发动政变，推翻了过渡政府。尽管2021年11月后哈姆杜克曾短暂地官复原职，但其显然不可能在短期内改变苏丹复杂的经

---

① 《部分浮动之后，苏丹是否完全放开汇率管制?》（阿文），土耳其阿纳多卢通讯社，2021年3月25日，https：//www.aa.com.tr/ar/2187517/-الجزئي-هل-يتجه-السودان-لتحرير-الجنيه-بالكامل اقتصاد/بعد-التعويم，最后访问日期：2022年4月30日。

济困局，重组内阁的任务也在军方的监控和民众的批评中迅速流产。可以说，苏丹军方在政变前后积极利用苏丹积重难返的经济困难和民生危机，为其推翻文官主导的行政机关争取到了宝贵的民意基础。

二 外部势力对苏丹国内局势的影响

苏丹的人口、面积和资源在西亚北非地区国家中排在前列，同时占据尼罗河谷和非洲之角核心的重要地理区位。因此，苏丹国内局势的变化不能不引起地区和域外大国的高度关注乃至干涉。实际上，2019 年以来，苏丹国内政局的发展始终受到国外势力的影响。

（一）主要地区国家对苏丹国内局势的影响

无论从地理位置、历史渊源还是现实利益的角度来看，埃及都是最为关注、最有意愿和能力影响苏丹局势发展的地区国家。埃及军方自 2013 年罢黜时任总统穆尔西，军方领导人塞西于 2014 年当选总统并执政至今。在此背景下，埃及对苏丹政策的天平逐步向苏丹军方倾斜。

当巴希尔政权在 2018 年底至 2019 年初摇摇欲坠之时，埃及一度给予巴希尔明确的支持信号，引发苏丹反对派势力强烈不满，埃及驻喀土穆使馆一度在反政府示威中遭到冲击。① 然而，当 2019 年 4 月苏丹军方罢黜巴希尔时，埃及迅速表态支持。此后在苏丹文官集团与军方的斗争中，埃及也始终偏向苏丹军方，导致非洲联盟框架下的调解数月无果，苏丹反对派团体"专业人士协会"声明"拒绝接受埃及在苏丹局势中发挥任何作用"。此后，苏丹的另一邻国埃塞俄比亚成为苏丹文官集团与军方之间的主要调解人，为促成双方达成协议发挥了重要作用。埃塞俄比亚在此番斡旋中增进了与苏丹文官集团的关系。在埃及、苏丹、埃塞俄比亚三方争议的"复兴大坝"问

① 《塞西想从苏丹得到什么》（阿文），卡内基国际和平基金会网站，2019 年 2 月 14 日，https：//carnegieendowment.org/sada/78368，最后访问日期：2022 年 4 月 30 日。

题上，苏丹过渡政府的立场逐渐倾向埃塞俄比亚，过渡政府总理哈姆杜克公开表示，"复兴大坝"不会围困埃及和苏丹等下游国家。2020 年 7 月，过渡政府外长阿斯玛·阿卜杜拉在联合国安理会的发言中，首先肯定"复兴大坝"对苏丹的积极作用。① 与文官集团倒向埃塞俄比亚相反，苏丹军方则明确支持埃及确保其尼罗河流域水资源份额的立场。此外，2021 年 3 月，哈姆杜克要求重启关于埃及实际控制的两国争议领土的谈判。而苏丹军方领导人布尔汉随即于 4 月表示苏丹与埃及已就争议领土达成谅解，目前不是讨论这一问题的合适时机。②

经历上述若干事件，埃及政府更加反感苏丹文官集团，倾向于扶持苏丹军方势力。美国《华尔街日报》援引多个消息源报道称，阿巴斯·卡迈勒在 2021 年 10 月苏丹军方发动政变前几日曾会见布尔汉，表示过渡政府总理哈姆杜克"必须离开"，而布尔汉则在 25 日发动政变当夜突访埃及。值得注意的是，在苏丹军方发动政变后，埃及外交部只发布了一份不温不火的声明表示支持苏丹稳定，没有对苏丹军方的行动表示谴责。此后，埃及也没有加入美、英、沙特和阿联酋发表的恢复文官政府、拒绝军事统治的联合声明。2022 年 2 月，埃塞俄比亚启动"复兴大坝"发电机组，苏丹和埃及采取了基本一致的反对立场。3 月，埃及总统塞西和苏丹过渡主权委员会主席布尔汉互访，双方就"复兴大坝"、红海航行安全等事项巩固了共同立场。

沙特、阿联酋为首的海湾国家也特别注重扩大在苏丹的影响力，这主要与其主导的打击也门胡塞族武装的联合军事行动有关。海湾国家在这一行动中曾雇用约 15000 名苏丹士兵参战。沙特、阿联酋两国因而与苏丹军方，特别是当时的苏丹陆军司令布尔汉以及快速反应部队负责人穆罕默德·哈姆

---

① 《外交部长阿斯玛·阿卜杜拉在联合国安理会关于复兴大坝会议上的讲话全文》（阿文），《罗斯·优素福》杂志网站，2021 年 7 月 9 日，https：//www.rosaelyoussef.com/864010/ نص-كلمة-وزيرة-الخارجية-السودانية-في-مجلس-الأمن-الدولي-حول-سد-النهضة，最后访问日期：2022 年 4 月 30 日。

② 《布尔汉称已与埃及就哈拉伊卜问题达成良好谅解》（阿文），土耳其阿纳多卢通讯社，2021 年 4 月 9 日，https：//www.aa.com.tr/ar/مصر-حول-حلايب-ولا-نريد-هاشوكة-بالعلاقات الدول-العربية/البرهان-متفاهمون-مع，最后访问日期：2022 年 4 月 30 日。

丹·达加洛（赫梅蒂）保持密切联系。巴希尔政权倒台后，沙特、阿联酋曾向苏丹主权委员会提供累计超过 30 亿美元的经济援助，并大量进口苏丹黄金，而苏丹的黄金开采和出口基本上由军方及其关系企业垄断。尽管苏丹过渡政府在民意压力下宣布撤出大部分在也门的雇佣军，计划将在也门的驻军减少至 650 人，但和沙特、阿联酋关系密切的苏丹军方则要求撤军必须在"合法"的前提下进行，阻碍了计划的有效实施。2020 年下半年至 2021 年，还有数批总数达数千人的苏丹雇佣军继续被派往也门战场。① 和埃及略有不同的是，2021 年 10 月，沙特、阿联酋两国加入了英美要求恢复文官政府的联合声明，但这并不意味着两国改变在苏丹政局中支持有利于自身利益一方的大策略。2022 年 3 月，布尔汉在哈姆杜克再次下台后连续访问阿联酋和沙特。在与阿联酋阿布扎比王储穆罕默德的会谈中，双方同意深化"战略经济伙伴关系"，在公路、港口、铁路、军事等领域进行大规模的合作。沙特王储穆罕默德·本·萨勒曼则承诺沙特已准备好"在苏丹各个领域进行投资"，并与苏丹签署了红海安全和军事合作协议。

此外，以色列在苏丹政变前后对苏丹政局的影响也不容忽视。据当地媒体报道，由于民意强烈反对，苏丹过渡政府内部对于与以色列关系正常化存在较大争议。苏丹过渡政府总理哈姆杜克于 2020 年 2 月在肯尼亚与以色列总理内塔尼亚胡的会谈不欢而散。2020 年 10 月在美国总统特朗普的斡旋下，美国、苏丹、以色列发表联合声明，同意苏丹与以色列实现关系正常化。但此后苏、以签署关系正常化协议的进程裹足不前，哈姆杜克宣称这一协议必须交由未来的苏丹议会批准。2021 年 10 月政变前，阿联酋曾主持苏、以会谈，试图推进协议签署，但最终未果。而苏丹军方则对改善与以色列关系更加积极。有报道称，苏丹过渡军事委员会主席赫梅蒂曾在政变前两周秘密访问以色列。2022 年 2 月，以色列代表团过境埃及沙姆沙伊赫访问

---

① 《苏丹当局向也门派遣数千名士兵——"正常化和敌对"联盟》（阿文），伊拉克"现场"卫视网站，2020 年 12 月 15 日，https://www.almayadeen.net/news/politics/1442796/ سلطات-السودان-ترسل-آلاف-الجنود-إلى-اليمن--تحالف--التطبيع-وا，最后访问日期：2022 年 4 月 30 日。

苏丹并会见军方领导人。3 月,苏丹军方代表团访问以色列,承诺继续推进苏丹与以色列关系正常化的相关程序。因此,以色列被苏丹文官集团认定在背后支持苏丹军方的政变行动。①

(二)区域外大国对苏丹国内局势的影响

2020 年 12 月,在苏丹过渡政府支付肯尼亚内罗毕美国使馆爆炸案赔偿金、同意与以色列关系正常化之后,美国正式将苏丹从 "支持恐怖主义国家" 名单中移除。这一压制苏丹的有力武器被美国牢牢握持了 27 年之久。此后,美国并未放弃 "胡萝卜加大棒" 的传统干涉套路,利用自身在全球事务中的影响力插手苏丹政治过渡进程。对于符合自身意识形态的苏丹过渡政府及其背后的文官势力,美国政府积极予以扶持,包括支持其将苏丹加入 "重债穷国倡议" 的外交努力,促成西方大国主导的 "巴黎统筹委员会" 于 2021 年中大幅减免苏丹外债,并于 2021 年 8 月承诺向苏丹提供价值 7 亿美元的大额援助等。2021 年 10 月苏丹军方发动政变解散过渡政府后,美国带头发表声明谴责,并立即冻结了援助苏丹的计划。此外,联合国安理会本应于 2021 年 9 月调整对苏丹的武器禁运等制裁措施,但苏丹局势发生动荡后,这一议程被延宕至今。在 2021 年 11 月 21 日哈姆杜克与苏丹军方达成协议重新受命组织文官政府后,美国于 28 日正式任命 1996 年以来的第一位美国驻苏丹大使。2022 年 2 月,在苏丹全国各地抗议示威持续升级并造成流血冲突后,美国国务院发表声明,威胁使用各种常规和非常规手段 "切断苏丹军事当局的财源"。这些都是美国支持苏丹向文官集团统治过渡的明确信号。

然而,分析人士指出,避免伊斯兰主义势力在中东地区抬头,是美国在全球推行美式民主自由之外更加核心的利益诉求。2010 年 "阿拉伯之春" 导致伊斯兰主义领导人通过民主选举上台的剧本绝不能在苏丹重演。而在这方面,具备强大执行力的军方似乎比软弱且四分五裂的文官集团可靠得多。

---

① 《苏丹特使向以色列承诺继续推进两国关系》(阿文),《中东报》2022 年 2 月 10 日。

而苏丹军方也深知这一点，在 2022 年 1 月初哈姆杜克辞职后，布尔汉立即会见美国驻喀土穆使馆临时代办，重申苏丹将坚持与美国的合作。因此，不排除美国在苏丹事务中采取实用主义立场，接受表面由文官政府执政、实权由亲美的军方领导人掌控的情况。

与此同时，俄罗斯在 2021 年下半年开始与苏丹军方互动频繁，其中最引人关注的动向是俄罗斯在苏丹红海沿岸建设海军基地的计划。这一计划可追溯至巴希尔执政时期，两国于 2017 年在莫斯科签订全面的军事合作协议，包括建设一个可以同时停泊 4 艘军舰、容纳 300 名士兵驻扎的俄海军后勤基地。由于埃及和沙特的反对，2018 年在利雅得举行的红海和亚丁湾沿岸国家外长会上，各国达成协议，冻结一切红海沿岸的域外国家军事基地项目。该计划因此暂停。2022 年 3 月，苏丹过渡主权委员会副主席赫梅蒂访问俄罗斯，双方就俄罗斯进口苏丹黄金，以及在苏丹港附近建立俄海军后勤基地等事宜进行了协商。赫梅蒂此后进一步表示，只要不威胁苏丹的国家安全，苏丹对于任何国家在其红海沿岸建设海军基地持开放态度。① 值得注意的是，俄罗斯与苏丹军方关系的快速升温，是在乌克兰危机爆发以及俄罗斯因此受到西方全面金融制裁威胁的背景下进行的。俄罗斯迫切需要充实黄金储备以备对外贸易急需，同时也期待通过在红海沿岸的军事布局，扼住一条国际贸易的重要航道，威慑西方国家。而苏丹军方通过增进与俄罗斯的关系，或可一定程度上减轻对西方和地区大国援助的依赖，摆脱随之而来的干涉。

三　苏丹未来局势的不确定性

苏丹未来的过渡进程，将很大程度上取决于苏丹国内各政治派别斗争与和解的进展，地区和域外大国的干涉也将在一定程度上影响局势的发展。

苏丹军方作为目前掌控苏丹大局的最主要的力量，其最大的挑战在于如

---

① 《赫梅蒂俄罗斯之行引发埃及担忧》（阿文），《阿拉伯邮报》网站，2022 年 3 月 11 日，https：//arabicpost.net/أخبار/2022/03/11/حميدتي-مصر-روسيا-السودان，最后访问日期：2022 年 4 月 30 日。

何组织其计划于2023年举行的苏丹大选。尽管苏丹军方领导人布尔汉曾多次承诺"还政于民",但在2021年11月和哈姆杜克签署的政治协议中,苏丹军方坚持由其组织2023年大选,这一点也令哈姆杜克饱受民众和反对派势力诟病。12月,布尔汉在受访时强调,除全国大会党以外,所有参与苏丹"革命"的力量都可以参加未来的苏丹大选,包括军队。①

在苏丹文官集团和军方势力、中央和地方武装、反对派势力内部的尖锐矛盾在短期内无法缓解的情况下,2023年举行大选的条件并不成熟。如何确保选举委员会的独立、公正,如何在过渡时期立法机构难产的情形下修订巴希尔时代的选举法,如何甄别候选资格和议会席位分配等问题都将引起各方争议。为了使未来的大选能够具备公信力,实现苏丹的和平转型,苏丹各派势力必须实现真正意义上的"全国和解",就上述各项问题达成谅解。然而,苏丹军方是否真心致力于此,有待时间的检验。如果苏丹军方在国内各派政治势力极度分裂的背景下强行举行大选,将完全有能力利用自身在苏丹的强势地位,确保选举结果符合军队利益。但这样的大选无疑无法得到各方广泛认同,苏丹政局的混乱或将持续下去。

此外,苏丹军方内部也绝非铁板一块,苏丹军方领导层内部的分歧在对待地区和域外大国影响的不同态度上显现出来。在前述俄罗斯在红海建设军事基地的问题上,苏丹过渡主权委员会主席、苏丹陆军前司令布尔汉倾向于照顾埃及和沙特的利益,曾多次承诺阻止这一项目的实施;而掌控苏丹快速反应部队的赫梅蒂则倾向于利用红海海岸线的战略地位拉拢俄罗斯乃至其他域外国家。据当地媒体报道,2022年前几个月,赫梅蒂和布尔汉曾各自单独访问阿联酋等地区国家,布尔汉曾对埃及情报部门表示,赫梅蒂在过渡主权委员会内部采取诸多"可疑动作",担忧其有"政变"企图。② 值得注意

---

① 《布尔汉决定谁能参加2023年苏丹大选》(阿文),阿联酋艾因新闻网,2021年12月5日,https://al-ain.com/article/alburhan-politicians-elections,最后访问日期:2022年4月30日。

② 《布尔汉告知开罗其担忧赫梅蒂在外国势力策动下发动政变》(阿文),新阿拉伯人网,2022年2月24日,https://www.alaraby.co.uk/politics/خارجية-وأطراف-حميدتي-من-بترتيب, البرهان-يبلغ-القاهرة-خشيته-من-انقلاب,最后访问日期:2022年4月30日。

的是，在乌克兰危机造成全球粮食和能源价格急剧上涨后，苏丹面临更加严重的经济和民生危机，执政者将不可避免地寻求更多的外部援助，这将为外部势力借机干涉苏丹事务大开方便之门。域外大国之间的斗争和地区强国之间的冲突，都将不同程度地投射在苏丹国内不同派别的斗争中。在内部高度分裂、缺乏各方认可的领导力量的情况下，苏丹利用这些矛盾左右逢源、最大化自身利益的可能性微乎其微。如果布尔汉"政变"在内部争权夺利和外部势力操纵的背景下再次发生，苏丹政局或将陷入更加混乱和分裂的境地。总之，当前苏丹的政治过渡进程可谓内外交困，很难在短期内获得成功。

Y.19
2021年阿拉伯油气市场及其影响分析

陈 静 彭仪慧*

摘 要： 2020年，受新冠疫情蔓延等因素影响，世界油气市场一片惨淡，全年油价在低位徘徊。进入2021年后，随着新冠疫情的缓解，全球生产和经济逐渐恢复。在这样的背景下，主要产油国利用石油生产进行价格博弈，从而影响油价。同时，能源结构向多元化、清洁化方向发展的趋势没有改变。种种因素造成国际油价在波动中上行。通过分析2021年阿拉伯油气市场的变化，及其对阿拉伯国家在政治、经济、民生等方面造成的影响，阐述不同阿拉伯国家未来可能的发展思路和应对措施，本文认为阿拉伯国家只有从区域一体化的角度整体着眼，才能塑造一个更具可持续发展的阿拉伯油气市场，来应对未来能源领域的变化。

关键词： 国际油价 阿拉伯地区 油气市场 新冠疫情 能源结构

2021年，在新冠疫情出现缓解，世界经济活动持续复苏，生产和消费活动逐渐回到正轨的背景下，国际社会对石油等能源的需求不断增长，石油价格出现上涨。阿拉伯油气市场作为世界能源市场中最重要的组成部分，对其变化进行分析十分重要。

---

* 陈静，博士，北京语言大学中东学院副教授，硕士研究生导师。中国文化译言网（CCTSS）国家工程语言阿拉伯语专家委员会专家，多次从事大型会议同传、交传工作。2019年外研社"教学之星"大赛阿拉伯语组全国总冠军。主要教授阿拉伯语翻译、写作多门课程，研究方向为阿拉伯社会文化、中东问题、中阿互译等。彭仪慧，北京语言大学硕士研究生在读，研究方向为数字经济、绿色金融等。

一 2021年阿拉伯世界油气市场概况

随着新冠疫情得到有效控制，世界范围内的经济活动逐渐复苏，各国对能源的需求也不断增长。油气市场的复苏和价格水平的恢复是意料之中的。

从整体上来看，2021年初（2021年1月4日）纽约WTI油价为47.62美元/桶，年底（2021年12月31日）为75.21美元/桶，涨幅为57.94%。全年最高油价为10月26日的84.65美元/桶，最低为1月4日的47.62美元/桶。全年均价为68.21美元/桶。[①] 伦敦布伦特原油价格也由2021年初（2021年1月4日）的50.37美元/桶涨至年底（2021年12月31日）的77.24美元/桶，涨幅为53.35%。[②] 全年均价为70.89美元/桶，为2018年以来最高的年均价。从整体上来看，2021年全年，国际油价有三个时段明显的上涨，分别为年初至3月初、4月至7月初、8月至11月初，全年平均价格大幅高于上年。

与石油市场紧密相关的天然气市场，其价格表现也处于波动上涨的状态，2021年初（2021年1月4日）美国天然气期货合约价格为2.581美元每百万英热单位，年底（2021年12月31日）为3.730美元每百万英热单位，涨幅为44.52%。[③]

阿拉伯国家对全球油气市场有着举足轻重的作用。根据阿拉伯货币基金组织发布的《2021年阿拉伯经济报告》，到2020年底，阿拉伯国家石油和天然气储量及原油产量分别占全球石油已探明储量的55.7%左右、天然气储量的26.5%左右、全球原油产量的26.8%。2020年阿拉伯国家原油探明储量为7158亿桶，主要集中在沙特（37.3%）、伊拉克（20.7%）、科威特

---

① 数据来源：美国能源信息署，US Energy Information Administration，https：//www.eia.gov/dnav/pet/hist/RCLC1D.htm，最后访问日期：2022年1月24日。

② 数据来源：美国能源信息署，US Energy Information Administration，https：//www.eia.gov/dnav/pet/hist/RBRTED.htm，最后访问日期：2022年1月24日。

③ 数据来源：美国能源信息署，US Energy Information Administration，https：//www.eia.gov/dnav/ng/NG_PRI_FUT_S1_D.htm，最后访问日期：2022年1月24日。

（14.2%）、阿联酋（13.7%）和利比亚（6.8%）。2020年阿拉伯国家天然气储量为54.4万亿立方米，主要集中在卡塔尔（43.8%）、沙特（16.9%）和阿联酋（11.2%）。①

从这些数据可以看出，阿拉伯国家对世界油气市场起主导作用的基本面没有改变。由于阿拉伯国家石油储量巨大，石油质量好、开采难度较低、价格低廉，以沙特为主导的石油输出国组织（OPEC）和阿拉伯石油输出国组织（OAPEC）等产油国组织通过控制产油政策等多种方式，可以从供应方面对国际油价起到关键性影响，甚至能在短期内左右国际油价。而长期以来阿拉伯国家的产油国经济结构单一，高度依赖石油产业，虽然近年来阿拉伯国家，尤其是产油国采取了多种措施，力争实现经济多元化，但是其主要收入仍然来自石油，石油价格的波动对阿拉伯国家产生了巨大影响。

二 2021年阿拉伯油气市场解读

与2020年油价在低位震荡，甚至出现负油价的情况相比，2021年全球石油市场出现回暖。影响2021年阿拉伯油气市场的因素纷繁复杂，主要有以下几个因素。

1. 供需关系回暖，新冠疫情仍然是影响阿拉伯油气市场的重要因素

2021年10月，国际货币基金组织（IMF）的《世界经济展望》指出：2020年全球经济增长-3.1%（2019年为2.8%），GDP为84.7万亿美元；发达经济体经济增速为-4.5%，其中，美国为-3.4%，欧元区为-6.3%，日本为-4.6%；新兴市场和发展中经济体经济增速为-2.1%，其中，印度为-7.3%，中国为2.3%。进入2021年后，全球经济出现了明显好转。IMF当时预测：2021年全球经济增长5.9%；发达经济体经济增长5.2%，其中，美国为6.0%，欧元区为5.0%，日本为2.4%；新兴市场和发展中经济经

---

① 《阿拉伯国家占全球石油已探明储量的55.7%左右》，http://news.cnpc.com.cn/system/2022/01/18/030056491.shtml，最后访问日期：2022年1月26日。

济增长 6.4%，其中，印度为 9.5%，中国为 8.0%。

此外，IMF 预测 2022 年全球经济增长 4.9%。[①] 2022 年 1 月，IMF 发表的报告指出，进入 2022 年，全球经济发展的状况不及此前预期，因此将全球经济增长预期进行了下调，降低为 4.4%。这主要是奥密克戎变异毒株的出现，增加了全球经济复苏的不确定性。美联储也于 2021 年 9 月宣布下调美国 2021 年经济增长率，从 7.0% 降至 5.9%。虽然不同机构的估值有所差异，但可以明显看出，由于新冠疫情的肆虐，2020 年全球经济受到重创，不仅经济增速大幅下降，主要发达经济体甚至出现了负增长。

2021 年，随着新冠疫情得到有效控制，全球经济活动逐渐恢复，一些国家逐渐放宽了新冠疫情防控措施。比如从 2022 年 2 月 24 日起，英国英格兰地区所有法定新冠疫情限制措施都开始取消。这意味着，即使是确诊感染新冠肺炎的人也不再需要隔离，对于感染患者的密接者追踪程序也同时取消。在英国之前，丹麦、挪威、瑞典都已经宣布取消所有的新冠疫情限制措施。

全球经济活动的恢复，影响了 2021 年油气市场的供需关系，需求增加成为油价上涨的主要动力。疫情对于油价的影响还体现在几次疫情的反复过程中。2021 年 3 月，欧洲多国疫情转重，美国原油库存大幅增加，伦敦布伦特、纽约 WTI 油价跌至 60 美元/桶附近，并震荡盘整近 1 个月。3 月 18 日，国际油价下跌 7%，创 2020 年上半年以来最大单日跌幅。紧接着，随着新冠病毒疫苗接种速度加快，欧美逐步放松疫情封锁管控，经济活动明显增多，市场对全球经济复苏及原油需求增长较为乐观。2021 年 7 月，此后，新冠肺炎变异病毒德尔塔持续扩散，全球新增确诊病例连续一个多月保持增长势头，7 月 19 日伦敦布伦特、纽约 WTI 原油期货价格分别下跌 6.75%、7.51%，双双跌破 70 美元/桶关口，油价在 8 月中旬回落至 65 美元/桶。11 月，欧洲多国重新实施疫情防控强制措施，经济活动受限。新冠肺炎新型变

[①] 《全球经济持续复苏，但复苏势头已经减弱，不确定性已经增加》，https://www.imf.org/zh/Publications/WEO/Issues/2021/10/12/world-economic-outlook-october-2021，最后访问日期：2022 年 2 月 26 日。

异病毒奥密克戎被发现，西方国家对非洲南部多国发布旅行禁令，11 月 26 日伦敦布伦特、纽约 WTI 油价分别下跌 11.55%、13.06%，均创 2020 年 4 月以来最大单日跌幅。

全球经济和石油市场经历了 2020 年新冠疫情大流行导致的历史性需求降低后，如今正在复苏。积累的大量过剩库存得到消耗，除战略储备外，全球石油库存基本在 2021 年回到疫情前的水平。然而，"后疫情时代"的石油市场可能再也不会回归"常态"。新冠疫情给全球经济活动按下暂停键的同时，也迫使人们对生活和社会模式进行了更多思考，远程办公、旅行减少等行为变化已经成为人们生活的日常。同时，越来越多的国家关注可持续发展，希望借此助推实现低碳未来。国际能源署预计，在 2023 年之前世界石油需求不会恢复到 2019 年的水平。如果没有明显政策干预和行为改变，长期增长驱动因素将继续推高石油需求。到 2026 年，全球石油消费量预计将达到 104.1 百万桶/日。这将比 2019 年的水平高出 4.4 百万桶/日。①

2. 产油国产能释放缓慢，能源博弈和传统地缘政治在油气市场中起到举足轻重的作用

长期以来，沙特主导的石油输出国组织通过控制石油产量，进而实现对国际市场油价的操控。除石油输出国组织以外，阿拉伯国家内部产油国还成立了阿拉伯石油输出国组织，进一步加强了阿拉伯国家对油价的话语权。在 1973 年爆发的第四次中东战争中，这两个石油输出国组织发挥了重要的作用，石油价格快速上升，开创了以石油为武器的先河。此次阿拉伯油气市场的价格波动，与产油国多变的政策也有紧密的联系。2021 年 1 月，沙特宣布 2 月至 4 月在 OPEC+ 减产决议的基础上，自愿额外减产 100 万桶/日，给市场注入了强大的信心，伦敦布伦特、纽约 WTI、上海原油期货分别升至 3 月初的每桶 69 美元、66 美元、440 元，涨幅分别为 35%、38%、38%。7 月，"OPEC+"达成协议，每月小幅增产 40 万桶/日。

---

① 《石油 2021~2026 年分析和预测（执行摘要）》，https：//www.iea.org/reports/oil-2021？language=zh，最后访问日期：2022 年 2 月 28 日。

在原油产量问题上，OPEC+内部也存在分歧，沙特为首的OPEC国家与俄罗斯等国的意见并不一致。2021年1月，沙特单方面宣布自愿减产之前，俄罗斯就一度提议从2021年2月起，增产50万桶/日。沙特的目的是在以美国为主导的页岩油产量尚未恢复的情况下，通过对原油产量进行把控，从而在原油定价权上占有更多主动。至2020年新冠疫情之前，美国原油产量已达到了1300万桶/日，超过沙特和俄罗斯成为第一大原油生产国。但是，新冠疫情后，原油价格再次跌破其现金成本（运营成本），美国原油生产商受损严重。但在2020~2021年，美国原油生产的恢复速度缓慢。这一期间，国际油价已从20~30美元/桶恢复至70~80美元/桶，而钻机恢复水平有限，截至2021年11月，美国活跃钻机数仅为2018年的一半不到。2022年初，美国原油产量约1140万桶/日，页岩油总体产量约830万桶/日，占美国原油总产量的73%左右。

第一季度沙特的减产决议对上半年油价上升起到持续刺激的作用，3月，OPEC+宣布将减产协议延长到4月，直接导致5月的布伦特原油期货价格突破70美元/桶。7月，沙特与阿联酋就是否继延续减产协议到2022年底产生了较大的分歧，阿联酋不断要求重新计算和评估基准产量，用以提高生产配额，并声称基准产量计算过低，限制了阿联酋的产能。沙特拒绝了阿联酋这一提议，导致阿联酋拒绝执行减产协议。7月18日的部长级会议中，沙特与阿联酋达成和解，主要产油国就增产计划达成一致，OPEC+从8月起增加产量，每月增产40万桶/日，到年底累计增产200万桶/日，并且到2022年9月全面结束石油减产。

虽然作为产油国联盟的OPEC等组织一直对外宣称，成立组织的目的是维持世界范围内油气市场稳定，并且一直强调避免OPEC等组织的政治化，力图摆脱地缘政治的影响。但实际上，产油国通过控制产量，凸显自己在地区和世界政治舞台上的作用，在地缘政治方面对他国起到制约，已经是众所周知的事情。新冠疫情以来，沙特就一直宣称是疫情的流行使其需要更加"谨慎"的思考，借此对石油产量一直牢牢控制。实际上，这种"饥饿营销"对油价的上涨起到了推波助澜的作用，并为沙特在中东地区占据主导地位提供了强有力的帮助。而阿联酋在 2021 年对沙特的不满和抵抗，正是两国在地区和国际政治角力的表现。阿联酋一直试图在地区内摆脱沙特对其影响，并意图在国际舞台上走出独立路线。

OPEC 等组织强大的话语权，美国、英国等国家对此并不满意。2021 年 11 月 23 日，美国总统拜登宣布，美国能源部将从战略石油储备中释放 5000 万桶石油以抑制油价，这是美国历史上最大的储备释放。英国政府也表示，将允许英国公司自愿释放部分石油储备。紧接着，日本、韩国和印度等主要石油消费国，都将参与美国提议的共同释放石油储备计划。OPEC+则回应称，如果多国协调释放战略石油储备，可能会重新评估石油增产计划，这一消息大大抵消释放储备的影响。

3. "碳中和"与"碳达峰"背景下，全球能源结构更趋多元化，可再生能源比重持续上升

应对气候变化是全人类的共同使命，实现"碳达峰、碳中和"的目标关系到全人类的共同利益，为此全球 190 多个国家和地区已经达成高度共识，积极兑现碳中和承诺，共同推进全球节能减排工作的进行。2021 年 11 月，《联合国气候变化框架公约》第二十六次缔约方大会在英国闭幕。大会达成《巴黎协定》实施细则一揽子决议，开启国际社会全面落实《巴黎协定》的新征程。《巴黎协定》是继 1992 年《联合国气候变化框架公约》、1997 年《京都议定书》之后，人类历史上应对气候变化的第三个里程碑式的国际法律文本，形成新的全球气候治理格局。《巴黎协定》明确规定各方将加强对气候变化威胁的全球应对，把全球平均气温较工业化前水平升高控制在 2℃ 之内，并为把升温控制在 1.5℃ 之内努力。

对于油气市场来说，《巴黎协定》将推动各方以"自主贡献"的方式参与全球应对气候变化行动，积极向绿色可持续的增长方式转型，避免过去几十年严重依赖石化产品的增长模式继续对自然生态系统构成威胁，并且会促进发达国家继续带头减排并加强对发展中国家提供财力支持，在技术周期的不同阶段强化技术发展和技术转让的合作行为，帮助后者减缓和适应气候变化。此外，还将通过市场和非市场双重手段，进行国际间合作。

对于阿拉伯国家来说，2017 年叙利亚加入《巴黎协定》之后，22 个阿拉伯国家都已加入该协定。自然，这一协定所倡导的能源转型，将对阿拉伯油气市场、阿拉伯社会和经济产生重要影响。能源研究和咨询公司伍德麦肯兹（Wood Mackenzie）调查显示，如果实现《巴黎协定》目标，在加速能源转型的背景下，截至 2050 年，能源市场将渐渐实现电气化，从而将石油等污染最严重的碳氢化合物"挤出市场"。在这种情况下，石油需求将从 2023 年开始下降，此后下降速度将迅速加快，每天同比下降约 200 万桶。到 2050 年，油价可能会暴跌至每桶 10 美元。[①]

2021 年，在碳中和政策的推动下，可再生能源正经历着巨大的发展势头，甚至得到了世界各国政府的明确支持，以努力减少碳排放。根据国际能源署的数据，2020 年，在风电和水电的引领下，可再生能源发电装机容量在同比增长近 4% 后达到了 200 吉瓦的历史新高。太阳能继续成为可再生电力容量增长的驱动力，其新增容量在 2021 年增长 17%，达到近 160 吉瓦。根据能源研究公司睿咨得能源（Rystad Energy）的数据，2021 年全球可再生能源新增装机容量达到 227 吉瓦，较 2020 年水平增长 4.7%。德勤数据显示，2021 年前 8 个月风能和太阳能装机容量同比增长 28%，达到 13.8 吉瓦。尽管预计化石燃料将继续占据主导地位，但根据 OPEC 的预测，得益于技术发展、规模经济和效率提高，到 2045 年，可再生能源将成为全球能源结构中增长最快的能源，其份额将升至 10.4%。

可再生清洁能源的增长和广泛运用，对传统油气行业必然具有挑战和威胁，对阿拉伯国家也同样如此。阿拉伯货币基金组织发布的《2021 年阿拉伯经济报告》称，2020 年石油和天然气仍然是阿拉伯国家满足其能源需求的主要来源，占其能源总量的 97.7%。2020 年阿拉伯国家天然气储量与 2019 年底的 54.4 万亿立方米持平，主要集中在卡塔尔（43.8%）、沙特（16.9%）和阿联酋（11.2%）。长期来看，石油和天然气虽然将继续在阿

---

① 《能源咨询公司：若实现巴黎协定目标，国际油价或跌至每桶 10 美元》，https://baijiahao.baidu.com/s? id=1697119127094452724&wfr=spider&for=pc，最后访问日期：2022 年 1 月 25 日。

拉伯国家能源消费结构中占主导地位，但是这一比例也会逐渐下降。预计到
2040 年，天然气将占 49.7%，石油为 44.9%，可再生能源为 3.9%，核能为
1.3%，煤炭为 0.2%。可再生能源的需求将实现最快的增长速度，主要来自
摩洛哥、埃及、沙特、阿联酋、阿尔及利亚和科威特。[①]

三　油价上涨对阿拉伯国家的影响

受 2021 年的诸多因素影响，阿拉伯油气市场处于显著的上行状态。阿
拉伯国家中油气生产国高度依赖石油产业，油价上涨使得政府收入大增，财
政赤字减少；而对阿拉伯国家中的石油消费国来说，油价上涨对其财政产生
巨大压力。

1. 石油生产国政府石油收入增多，财政赤字减少，有助于政府各项事业
的进行

众所周知，阿拉伯国家产油国，尤其是海湾国家，多年来一直将石油收
入作为其财政收入的主要来源，政府预算是根据全年预期的平均油价制定
的。如果价格超过预期，这些预算将实现财政盈余；而如果价格下降，则将
面临财政赤字。这些阿拉伯国家面对人口增长、公共部门冗杂、雄心勃勃的
发展计划以及重大文化、体育事件都需要巨额支出，2020 年可以说是海湾
国家"手头紧张"的一年。石油价格暴跌扩大了除卡塔尔外的所有阿拉伯
石油出口国的财政赤字。2014 年下半年油价开始下跌之后，海湾国家预算
中的财政赤字已接近记录的水平，2020 年的疫情无疑使其雪上加霜。2014~
2020 年，海湾阿拉伯国家合作委员会成员国的财政赤字总计超过 8500 亿美
元，仅沙特就达 4370 亿美元。[②]

但在 2021 年，这一情况发生了明显的变化，伴随着国际市场油价的

---

① 《阿拉伯国家占全球石油已探明储量的 55.7% 左右》，https：//baijiahao. baidu. com/s？ id =
1722194188419752158&wfr = spider&for = pc，最后访问日期：2022 年 3 月 24 日。

② 《海湾国家油价上涨：是消费回归还是生产多样化的机会》，https：//studies. aljazeera. net/
ar/article/4959#a2，最后访问日期：2021 年 1 月 8 日。

上涨，标准普尔机构曾预计海湾预算赤字将从 2020 年的 1430 亿美元减少到 2021 年的 800 亿美元。2021 年底，沙特财政部公布 2022 年度预算，预计总收入约 10450 亿里亚尔（约合 2787 亿美元），总支出约 9550 亿里亚尔（约合 2547 亿美元），盈余约 900 亿里亚尔（约合 240 亿美元），有望实现 2013 年以来首次财政盈余。① 沙特的财政盈余不仅来源于石油收入的"开源"，还得益于财政方面的"节流"。沙特持续多年的经济改革取得了较为明显的成效，财政赤字占国内生产总值的比例从 2016 年的 12.8% 减少到 2021 年的预计 2.7%，而 2022 的财政盈余占国内生产总值的比例预计为 2.5%。

除沙特以外，其他海湾国家的财政状况也得到了明显的改善。巴林财政部公布的初步财务报表显示，2021 年公共收入总额为 68.5 亿美元，比 2020 年的 55.6 亿美元增长 23%。2021 年公共支出总额为 97.3 亿美元，比 2020 年的 100.2 亿美元减少 3%。2021 年的财政总赤字为 28.8 亿美元，比 2020 年的 44.6 亿美元减少了 35%。② 卡塔尔 2022 年预算收入估计数为 538.5 亿美元，比 2021 年增长 22.4%，2022 年预算支出 561.3 亿美元，比 2021 年增长 4.9%。该预算基于每桶 55 美元的平均油价，相对来说比较保守，以维持财政平衡并降低油价波动对公共财政影响。预算支出增加主要是 2022 年世界杯足球赛主办活动相关运营费用增加，包括世界杯相关的安保和运营成本。预算赤字约为 22.8 亿美元，2021 年为 95 亿美元。③ 国际货币基金组织预计，阿联酋经济在 2020 年因新冠疫情而收缩 5.8% 之后，2021 年将增长 2.2%。2021 年预算赤字将缩减至 GDP 的 0.7%，并在 2022 年转为

---

① 《沙特有望实现财政盈余》，http：//intl. ce. cn/specials/zxgjzh/202112/18/t20211218_37
183498. shtml，最后访问日期：2022 年 2 月 13 日。

② 《巴林 2021 年财政状况明显改善》，http：//bh. mofcom. gov. cn/article/jmxw/202202/2022020
3281267. shtml，最后访问日期：2022 年 2 月 13 日。

③ 《卡塔尔 2022 年预算支出达 561.3 亿美元》，https：//baijiahao. baidu. com/s? id=171863656
3693238118&wfr=spider&for=pc，最后访问日期：2022 年 2 月 13 日。

盈余。①根据阿曼经济部公布的数据，截至 12 月底阿曼财政总收入约为 42.2 亿美元，同比增长 28.71%，总支出约为 46.9 亿美元，同比减少 5.87%，财政赤字约为 4.7 亿美元，同比减少 45.4%。② 科威特海湾经济商务研究中心预计，如若油价保持在每桶 80 美元以上，科威特将在 2021 ~ 2022 财年实现 8 年来的首次预算盈余。③

在资本市场，2021 年海湾地区股市也表现尚佳。海湾地区股市包括股息在内的回报率已高达 36%，有望实现 2007 年以来最大的年度涨幅。而相比之下，追踪发达国家市场的 MSCI 全球指数（MSCI World Index）的涨幅仅为 20%，MSCI 新兴市场指数（MSCI Emerging Market Index）更是下跌了 1.9%。④

对于非海合会的石油生产国来说，新冠疫情带来的巨大财政压力，随着石油价格的上涨，得到了很大的缓解。比如收入九成依赖石油的伊拉克就宣布，2021 年实现原油出口收入 756.5 亿美元。过去两年的石油收入的锐减和新冠疫情给挣扎求生的伊拉克人增加了巨大的经济压力，并引发针对经济疲软和政府腐败的多次抗议活动甚至暴力冲突。这种状况在油价恢复的情况下将得到很大的改善。伊拉克 2022 年财政预算中的石油价格基准将定在每桶 100 美元，这将帮助伊拉克走出长期借贷、入不敷出的困境。

---

① 《预测阿联酋经济增长 2.2%，仍有 "重大风险"》，https：//alkhaleejonline. net/%D8% A7%D9%82%D8%AA%D8%B5%D8%A7%D8%AF/%D8%AA%D9%88%D9%82%D8%B9 %D8%A7%D8%AA-%D8%A8%D9%86%D9%85%D9%88-%D8%A7%D9%82%D8%AA%D8% B5%D8%A7%D8%AF-%D8%A7%D9%84%D8%A5%D9%85%D8%A7%D8%B1%D8%A7 %D8%AA-22-%D9%85%D8%B9-%D8%A7%D8%B3%D8%AA%D9%85%D8%B1%D8%A7 %D8%B1-%D9%85%D8%AE%D8%A7%D8%B7%D8%B1-%D9%83%D8%A8%D9%8A %D8%B1%D8%A9，最后访问日期：2022 年 3 月 13 日。

② 《阿曼 2021 年财政总收入达 109.4 亿里亚尔》，http：//om. mofcom. gov. cn/article/jmxw/ 202203/20220303286895. shtml，最后访问日期：2022 年 3 月 13 日。

③ 《科威特本财年有望实现财政盈余》，https：//baijiahao. baidu. com/s? id = 172542741622 5595883&wfr=spider&for=pc，最后访问日期：2022 年 3 月 13 日。

④ 《沙特多年赤字将 "翻篇"》，https：//view. inews. qq. com/a/20211213A0CX3000，最后访问日期：2022 年 3 月 13 日。

2.非石油生产国财政负担加重，对整体经济作用影响复杂

从整体上看，与 2020 年相比，2021 年阿拉伯国家经济状况显著改善，人均 GDP 达 6375 美元，预计 2022 年将增加至 6612 美元。① 当然这也要归功于石油收入的增加，2021 年阿拉伯国家原油产量为 2190 万桶/日，同比增长 2.7%，出口为 1620 万桶/日，同比增长 2.9%，液化天然气平均产量为 1180 万桶/日，同比增长 6.9%，出口为 460 万桶/日，同比增长 6.1%。阿拉伯国家预算总赤字为 1021 亿美元，同比下降 53.8%，占阿拉伯国家 GDP 的 3.7%；各国政府负债占 GDP 比例下降至 56.5%，外债占 GDP 总量的 62%，预计 2022 年将分别降至 54.3% 和 56.7%。②

在大多数人的印象中，阿拉伯国家往往与富有、石油等关键词挂钩，但实际上，除了产油国之外，阿拉伯国家中还有油气消费国，根据不同产品的细分也有所不同。比如埃及是原油进口国、也门是精炼油产品进口国等。从理论逻辑上说，2021 年油价的上涨，提高了石油进口国的能源成本。国际金融研究所估计，阿拉伯石油进口国家由石油和天然气及其衍生品价格上涨导致的总额外成本可能达到约 80 亿美元，经常项目逆差总额将从 2020 年的 270 亿美元增加到 2021 年的 350 亿美元，其中排在前列的是摩洛哥、埃及、突尼斯、约旦和黎巴嫩。但实际上，由于和海湾国家等石油生产国地理位置的接近等因素，石油价格对于这些阿拉伯国家的影响，结合到各国自身的经济情况来看，也是非常复杂的。

以中东大国埃及为例，埃及从 2010 年开始就已经是石油进口国。2020~2021 财年③中，由于油价上涨等一系列因素，埃及的财政赤字约为 GDP 的 7.4%，这一比例低于上一财年的 8%，并且预计 2021~2022 财年这一比例下降到 6.7%。虽然石油资源并不丰富，但是埃及从 2018 年开始，就

---

① 《2021 年阿拉伯国家 GDP 增长达到 4.4%》，http://ae.mofcom.gov.cn/article/jmxw/202201/20220103236169.shtml，最后访问日期：2022 年 3 月 14 日。
② 《2021 年阿拉伯国家经济情况总体向好》，http://jedda.mofcom.gov.cn/article/jmxw/202201/20220103239534.shtml，最后访问日期：2022 年 3 月 15 日。
③ 埃及财年为每年的 7 月 1 日开始，至次年 6 月 30 日结束。

已经实现了天然气的自给自足。2015 年，埃及宣布近海海域发现迄今地中海范围内最大天然气田，并和以色列等国合作，致力于将自身打造成北非与地中海地区的区域能源中心。2020 年 7 月至 2021 年 9 月底，埃及液化气出口量约为 100 万吨，而 2020 年同期仅为 10 万吨，这意味着每年增长 900%，主要出口至欧洲、亚洲及环太平洋地区。2018~2019 财年，石油和天然气产值占埃及国内生产总值的 27%。2020 年，埃及总统塞西宣布，居民购买新车须安装燃油和天然气"双燃料"系统才能上牌。为配合这一政策，埃及贸易与工业部承诺，政府将拨款 200 亿美元分阶段、分车型改装国内汽车并兴建 366 个天然气加气站。2021 年，塞西又宣布了新的天然气汽车取代旧燃油车的更新和改装计划，计划改装 40 万辆汽车。

长期以来，埃及对石油产品进行了大量的财政补贴，导致政府负担严重。从 2019 年开始，埃及对石油消费品采用每三个月一变的自动定价机制，该定价综合考虑国际油价、埃镑汇率和运输成本，涨跌幅度不超过 10%，这是国家减少石油补贴计划的一部分。2021 年油价的上涨导致 2021 年埃及石油补贴上升。2021 年 7~9 月，也就是 2021~2022 财年的第一季度，埃及石油贸易逆差为 1.011 亿美元，上一财年同期顺差为 1.437 亿美元。2020~2021 年预算中的石油补贴约为 282 亿埃镑。据世界银行计算，2020~2021 财年，国际油价每桶比埃及总预算的估计价格上涨 10 美元，将导致 GDP 赤字增加 0.2%~0.3%。[①]

油价上涨对埃及来说也并不全是坏事，服务业将受益最大。因为油价上涨，刺激了埃及游客的逗留时间延长，并将利好影响海湾国家工人的汇款，

---

① 《油价的持续高涨，对埃及有何影响》，https://www.masrawy.com/news/news_economy/details/2022/3/7/2187129/%D8%A8%D8%B9%D8%AF-%D8%A7%D8%B3%D8%AA%D9%85%D8%B1%D8%A7%D8%B1%D9%87%D8%A7-%D9%81%D9%8A-%D8%A7%D9%84%D8%AA%D8%AD%D9%84%D9%8A%D9%82-%D9%83%D9%8A%D9%81-%D9%8A%D8%A4%D8%AB%D8%B1-%D8%A7%D8%B1%D8%AA%D9%81%D8%A7%D8%B9-%D8%A3%D8%B3%D8%B9%D8%A7%D8%B1-%D8%A7%D9%84%D8%A8%D8%AA%D8%B1%D9%88%D9%84-%D8%B9%D9%84%D9%89-%D9%85%D8%B5%D8%B1-，最后访问日期：2022 年 3 月 15 日。

其占汇款总额的 15%。2021 年，随着新冠疫苗的出现，以及空中交通和各国经济在 2020 年疫情负面影响中的恢复，埃及的旅游业出现了复苏。本财年第一季度埃及旅游收入同比增长 253.3%，实现旅游收入 28.3 亿美元。7月至 9 月底，上一财年同期为 8.01 亿美元。所以，油气价格上涨对阿拉伯非产油国来说，既有积极影响也有消极影响，根据具体国家和具体行业的不同来综合判断。

四 2022年阿拉伯世界油气市场发展走向

随着新冠疫情的缓解，全球经济的发展逐步回到正常轨道上来，在 2022 年中，发达经济体这几年所采取的刺激经济的措施也将逐步缩减。再加上供应的逐渐恢复，包括 OPEC+产能的逐渐恢复，石油的供需关系也将在 2022 年下半年得到一定程度的改善。因此，未来油价可能会经历持续升高后逐渐回落的过程。

1.新冠疫情、地缘政治、通货膨胀等因素多重叠加，石油价格短期内仍将居高不下，后半年可能理性回落

决定油价最重要的因素依然还是供需关系。2021 年底，由于具有较强传染性的奥密克戎变异毒株的出现，再次打击了全球经济市场的信心，国际油价应声下跌。这也导致 12 月 OPEC+减产例会上，该组织表示继续增产 40万桶/日的计划可能会根据具体情况有所调整。沙特更是一直以新冠疫情为理由，保持审慎态度，实际上是准备有限地释放产量。花旗银行的数据显示，2021 年末 OPEC+每月实际增产 26.2 万桶/日，而不是 40 万桶/日，因为部分产油国无力增产，这意味着在全球石油供需平衡中扣下这些增产基本上没有意义。① 再加上前几年的新冠疫情，使得各国不断采取大规模的宽松政策。这些政策有助于全球经济走出衰退局面，但流动性的宽裕也带来了全球的通货膨胀压力增大和原油等大宗商品的投机需求溢价。所以在 2022 年

---

① 《国际油市不确定因素激增》，http://center.cnpc.com.cn/bk/system/2021/12/12/030052736.shtml，最后访问日期：2022 年 2 月 13 日。

初的短期内，国际油价还将继续保持高位运行的态势。

从整年来看，随着新冠疫情的缓解，全球经济逐渐恢复到正常轨道上来，对于原油的需求也逐渐平稳。如果 OPEC+可以退出减产，伴随着美国产量逐渐恢复，全球的原油供需将朝着平衡的大方向发展。根据国际能源署对全球原油供需平衡表的预测，2022 年原油产量预计增至 1.0093 亿桶/天，需求预计增至 1.0046 亿桶/天，2022 年全球原油供给过剩约达 470 万桶/天。[①] 受美国、欧佩克和俄罗斯产量增长的推动，全球石油产量预计将在 2022 年每天增加 550 万桶，这些国家的产量合计占每天增长的 84%，即 460 万桶。在消费方面，预计 2022 年全球石油消费量将增加 360 万桶/日，这主要得益于美国和中国的消费增加，这两个国家合计占消费增长的 39%。

但还有一点不可忽视的，就是地缘政治带来的一些意外因素和短期影响。2022 年的"黑天鹅"可谓比比皆是，年初哈萨克斯坦发生的暴动，俄罗斯通过集安组织出兵，极大地提高了俄罗斯在整个中亚地区的影响力和安全话语权，也为今后俄罗斯和乌克兰之间危机的爆发埋下伏笔。在中东地区，虽然伊朗同地区大国关系趋向缓和，但是也门的胡塞武装长期袭击沙特、阿联酋的重要设施，包括石油管道、炼油厂等，虽然攻击力不大，但持续的"骚扰"也给国际油价带来了一些不确定的因素。

2. 中东缓和趋势利好阿拉伯油气市场

拜登政府上台后，美军在军事上的收缩趋向愈加明显，尤其对于中东地区的控制明显放松。中东吹起了一阵和煦的"春风"，阿拉伯国家与伊朗、土耳其、以色列三个地区强国关系明显缓和，三国领导人与阿拉伯国家领导人展开了多次互访和积极有效的互动，给长期动荡的地区局势注入了和平稳定的信心。在阿拉伯国家内部，卡塔尔外交危机基本结束，伊拉克、叙利亚、利比亚等国的重建工作也提上了日程。

在这样的背景下，阿拉伯经济一体化项目层面取得重大进展，阿拉伯国

---

① 《国家发改委：预计 2022 年国际油价走势前高后低》，https：//baijiahao. baidu. com/s？id=1720654925160891286&wfr=spider&for=pc，最后访问日期：2022 年 2 月 13 日。

家内部在能源合作方面体现出了互帮互助的精神。地区关系的改善体现到了能源合作领域当中。在黎巴嫩年底遭受"电荒"，全国断电的情况下，求助的正是伊拉克、叙利亚和埃及。2021年9月3日，在美国的默许下，黎巴嫩和叙利亚商讨关于能源输送项目过境叙利亚领土议题，具体内容是将埃及天然气输送到约旦，发电后经叙利亚陆路输往黎巴嫩，叙政府对此表示同意。9月11日，叙利亚确认阿拉伯天然气管道将从约旦边境至叙利亚中部地区，最后抵达黎巴嫩，其中叙利亚段管道全长320公里，直径36英寸，年输送能力达100亿立方米，黎巴嫩当前每年需要6亿立方米天然气，平均每天需要160万立方米。①

除了从埃及"借电"以外，约旦也向黎巴嫩伸出援手。2021年10月6日，约旦、叙利亚和黎巴嫩三国能源部部长达成协议，同意将约旦电力经叙利亚电网输送至黎巴嫩，以帮助黎尽快摆脱能源短缺危机。11月30日，约旦和埃及宣布电力合作项目将于2024年底启动，双方电力互连容量将从目前的500兆瓦提高到1000兆瓦。此外，约旦与沙特的电力互连合作项目已经到签署技术合作协议的阶段。约旦和伊拉克之间的电力连接基础设施建设也在建设过程中。与伊拉克的联动工程完成后，约旦将真正成为伊拉克、叙利亚、黎巴嫩、约旦河西岸和埃及之间的配电中心。12月，伊拉克电力部表示，伊拉克与海湾地区的电力互联已完成了88%。伊拉克与沙特签署了电力互联谅解备忘录，以加强区域电力互联。第一阶段沙特将向伊拉克输入500兆瓦的电力，约占伊朗此前向伊拉克出口电力的50%。此外，两国还探讨了在可再生能源项目、石油、天然气、农业、石化和智慧城市领域的合作。②

实际上，阿拉伯国家之间电力互联的计划由来已久，也是阿拉伯国家经济一体化的重要组成部分之一。该计划最早追溯到20世纪50年代阿尔及利

---

① 《美国默许通过叙利亚领土为黎巴嫩供应天然气和电力》，https://baijiahao.baidu.com/s?id=1710773309364419809&wfr=spider&for=pc，最后访问日期：2022年3月24日。
② 《伊拉克与沙特签署电力互联备忘录》，http://iq.mofcom.gov.cn/article/ztdy/202201/20220103239954.shtml，最后访问日期：2022年3月24日。

亚和突尼斯的互联计划，然后是 1979 年摩洛哥和阿尔及利亚的互联。这一方面是为了在参与协议的国家之间分配剩余能源；另一方面是为了减轻每个国家投资建设电厂的财政负担。20 世纪 80 年代，阿拉伯电力互联的趋势在传输能力或互联国家数量方面都有所增加。有 7 个阿拉伯国家实施了连接电网的项目：埃及、伊拉克、约旦、黎巴嫩、利比亚、巴勒斯坦和叙利亚。1998 年，埃及和利比亚之间实现了电力互联，2001 年实现了连接埃及和约旦的线路，然后是约旦和叙利亚，2009 年实现了连接黎巴嫩和叙利亚，巴勒斯坦、约旦和埃及的线路。

中东安全局势的缓解，有助于阿拉伯国家之间相互抱团，发挥兄弟精神，保障能源和电力安全。除了中东地区自身局势的缓和利好阿拉伯油气市场以外，阿拉伯国家与中国的良好合作关系也有利于阿拉伯油气市场的良性发展。沙特阿美在与中国进行辽宁盘锦大型炼化项目合作时，还首次提出未来 50 年优先向中国供应原油，并且公开宣布首要战略是保障中国的能源供应。这种明确的表态是沙特方面之前从未表示的，不仅代表了两国在能源领域合作的互惠互利达到了新的高度，也体现了中沙两国在长期战略合作方面的信心。

3. 经济多元化和清洁能源开发仍然是阿拉伯国家发展的主题

2021 年的油价上涨给长期负债的阿拉伯产油国提供了喘息机会，基础项目的实施和公共财政支出得到缓解。但从长远来看，随着石油资源的消耗和清洁能源的不断开发，阿拉伯产油国的石油收入下降是必然趋势。目前，尽管海湾国家在过去十年中经济多元化取得一些进展，但除阿联酋和巴林外，其中大多数国家的石油和天然气生产仍占 GDP 的 40% 以上。

因此，在阿拉伯国家制定的未来发展目标中，经济多元化依然是明确的发展方向。以沙特为例，根据沙特财政部公布的初步数据，沙特 2021 年预算中的非石油收入创下历史新高，约为 992 亿美元，约占国家总收入 2480 亿美元的 40%，而石油收入约为 1488 亿美元，相当于总收入的 60%。在"2030 愿景"战略的支持下，非石油收入在 7 年内增长了 93%，约 653.8 亿美元，2014 年为 338.1 亿美元。2021 年沙特非石油出口收入同比增长 37%，是过去 4 年的最高水平。①

这主要得益于"2030 愿景"的不断实施，以及非石油收入多样化的推进。沙特的主要思路一方面是建设开发大型项目，增加国内就业，刺激国内市场消费；另一方面大力推动能源多样化，提出到 2030 年将能源产能的 50%转移到可再生能源，并承诺到 2060 年实现温室气体净零排放。2021 年 1 月，沙特发布公共投资基金五年战略规划，目标是到 2025 年基金资产达到 4 万亿里亚尔（约合 10666.6 亿美元），创造 180 万个工作岗位，重点投资房地产、卫生保健、可再生能源、电信科技、航空航天与国防等行业。此外，沙特计划投入超过 7000 亿里亚尔发展绿色经济。位于红海海岸的红海新城就是沙特推动能源转型、"2030 愿景"规划中的一大重点项目，被称为"新一代的城市"。按照建设规划，红海新城将以"光伏+储能"的方式，在可持续发展方面树立标杆，做到零垃圾填埋、零废弃物排海、零一次性塑料制品以及 100%碳中和。②

对于阿联酋来说，国际货币基金组织报告显示，由于阿联酋对疫情控制得力，加上国际油价的上涨等，阿联酋经济增长速度增加，尤其是阿联酋政府推动经济多元化的努力促进了私营企业及非石油行业的增长。2021 年，阿联酋经济增长 2.2%，其中非石油行业表现优异，增长 3.2%；2022 年，阿联酋经济预计增长 3.5%，其中非石油行业预计增长 3.4%。阿联酋央行发布的数据对本国的经济表现更为乐观，认为阿经济有望增长 4.2%，高于此前 3.8%的预测。③

阿拉伯非产油国也面临着经济结构不合理带来的挑战。在埃及 2016 年制定的可持续发展战略"2030 愿景"中，明确将经济未来的发展定位为"竞争和多元化的经济"，除了明确提供对私营部门的支持外，还指出

---

① 《沙特努力推动经济多元化》，https：//baijiahao. baidu. com/s？id =17285351722005774-68&wfr=spider&for=pc，最后访问日期：2022 年 3 月 29 日。

② 《沙特努力推动经济多元化》，https：//baijiahao. baidu. com/s？id = 1728535172200577468&wfr=spider&for=pc，最后访问日期：2022 年 3 月 29 日。

③ 《阿联酋经济复苏动力强劲》，https：//baijiahao. baidu. com/s？id = 1725686092430195768&wfr=spider&for=pc，最后访问日期：2022 年 3 月 24 日。

要提高金融包容性，旨在实现数字经济和知识经济的转型。也正是从这一年起，塞西开始进行一系列经济改革。在第一阶段的大型项目上马之后，埃及又开始关注生产结构的多元化，增强经济的灵活性，尤其是五个优先领域，分别为农业、工业、建筑业、旅游业、电信和信息技术。实际上，埃及在数字经济转型方面一直也在付出努力。2017年，埃及成立了国家支付委员会，负责构建国家电子支付体系并对该体系框架进行监督以减少相应风险。目前，埃及已经上线了政府财务信息系统"GFMIS"、电子支付系统"GPS"和国库单一账户"TSA"。2021年，埃及的电子商务交易额达800亿埃镑，其中最主要的电子商务网站有Souq、Noon等。并且从2021年起，埃及海关开始强制推行货物预检信息"ACID"系统，使用区块链技术通过供应链网络连接系统"Nafeza"，提前处理电子发票等手续。这些数字经济领域的改革和努力，都为埃及经济的发展注入了新的活力。

在关注经济多元化方面，清洁能源的开发和环境保护也是阿拉伯国家努力的方向。2021年，沙特提出了"绿色沙特倡议"和"绿色中东倡议"。根据"绿色沙特倡议"，将在未来数十年内种植100亿棵树，恢复4000万公顷退化土地，将现有植被覆盖率提高12倍以上；加强对动植物、海洋生物的保护，将自然保护区占地面积扩大到国土面积的30%以上；积极落实节能减排，到2030年可再生能源项目提供超过50%的电力供应，降低1.3亿吨碳排放量，废物利用率提高到94%以上。此外，在中东地区通过与其他国家合作，将再种植400亿棵树木，项目建成后将成为世界上最大规模的造林计划。而在2021年"绿色沙特计划"峰会上，沙特明确宣布计划每年减少超过2.7亿吨的碳排放，到2060年将实现碳净零排放，标志着全球最大石油出口国在能源转型立场上发生了重大转变。

后石油阶段中，传统能源向新能源转型成为时代的要求。沙特在这方面主要是蓝氢与绿氢并举开发，蓝氢开发是利用传统化石能源加低碳技术，绿氢开发则是利用可再生能源实现氢能价值创新。沙特计划将贾富拉（Jafurah）天然气田开采的大部分天然气用于制造蓝氢。在绿氢方面，沙特国际电力和水务公司与美国空气产品公司签署了一项 50 亿美元的合资协议，启动沙特太阳神绿色燃料项目。该项目计划于 2025 年投产，届时将实现 650 吨绿氢的日产量，为沙特北部新未来城提供清洁能源，并向全球市场出口。[①] 无独有偶，阿联酋和埃及也计划在苏伊士运河经济区以及地中海沿岸建设绿氢工厂，到 2030 年电解槽容量将会达到 4 吉瓦，年产绿氢将会达到 48 万吨。[②] 此外，阿曼也计划建设可再生能源容量为 30 吉瓦的国家氢经济项目，预计到 2040 年将涉及价值约 340 亿美元的绿色项目投资。[③]

2017 年，阿联酋启动了"2050 能源战略"，该战略被认为是该国第一个平衡生产和消费方面以及全球环境义务的统一能源计划，旨在将个人和机构消费效率提高 40%，将清洁能源在该国生产的总能源结构中的贡献从 25% 提高到 50%，以及在未来 30 年将电力生产过程中的碳排放减少 70%。根据该战略，能源结构包括清洁煤、天然气、核能、太阳能、风能和生物燃料等。2020 年，阿拉伯世界首座核电站巴拉卡（Barakah）核电站于阿联酋阿布扎比酋长国投入运行。2021 年，巴拉卡核电站 2 号机组开始运行，预计到 2025 年，它将生产阿布扎比 85% 的清洁电力。

2021 年，道达尔能源（TotalEnergies）以 270 亿美元斩获伊拉克巨型项目，这是一个化石能源与新能源相互协同的综合能源利用项目。根据伊拉克政府的规划，到 2030 年，该国的太阳能装机容量将提升至 1000 万千瓦，届时该国 20% 的电力来自太阳能。事实上，伊拉克的地理位置十分利于发展太阳能，该国除东北部山区外均属热带沙漠气候，太阳能光照资源十分丰富，夏季最高气温在 50 摄氏度以上。国际能源署预计，伊拉克有潜力在

---

① 《2022 能源软实力：沙特蓝氢绿氢并举开发 争做全球氢能软实力大国》，https：//baijiahao. baidu. com/s？id=1727790628269126638&wfr=spider&for=pc，最后访问日期：2022 年 3 月 25 日。

② 《年产达 48 万吨，阿联酋与埃及合作绿氢项目！欲打进欧洲能源市场？》，https：//baijiahao. baidu. com/s？id=1731252118747426000&wfr=spider&for=pc，最后访问日期：2022 年 5 月 25 日。

③ 《阿曼预计到 2040 年绿色氢投资将达到 340 亿美元》，https：//baijiahao. baidu. com/s？id=1718119705058607550&wfr=spider&for=pc，最后访问日期：2022 年 3 月 25 日。

2030 年前拥有装机 2100 万千瓦的太阳能发电能力。阿拉伯国家清洁能源倡导组织可再生能源和能效区域中心则预计，到 2025 年伊拉克可再生能源发电量将达 224 万千瓦时。

阿拉伯国家是全球油气市场的重要参与者，它们已经意识到，在寻求实现经济多样化的同时，必须实现能源生产多样化，并将能源转型作为其发展战略的核心，才能保证其在未来能源市场中不再依赖于传统油气产品。

结　语

总体上看，2021 年国际油价在疫情、地缘政治、产油国石油定价策略等多方面因素的影响下上涨。对于阿拉伯产油国来说，2021 年上涨的油价一方面帮助它们从沉重的债务和巨大的财政赤字当中得到喘息的机会，另一方面也为阿拉伯产油国稳固能源市场主导地位和大力推动经济多元化与能源转型赢得了时间。对于非产油国的阿拉伯国家来说，由于和产油国地理位置的接近以及阿拉伯地缘政治的状态趋缓，它们应当利用这个时机，积极部署经济多元化发展。未来阿拉伯国家只有避免地区冲突，从区域一体化的角度整体着眼，才能塑造一个更有可持续发展能力的阿拉伯油气市场，来应对未来能源领域不可预测的变化。

大国与中东

Great Powers and the Middle East

Y.20
2021年美国中东政策评估

寿慧生*

摘　要： 2021年初拜登入主白宫后，美国的中东政策普遍被认为会出现较大变动，意味着特朗普政府四年执政期间造成的混乱和不确定有可能告一段落，美国的中东政策将回归理性和多边主义，一个更稳健、更符合传统外交理念的决策团队有可能会为近年来进退失据的美国中东政策带来某些期许。但是在拜登入主白宫一年后，他的中东政策在相当大程度上可以被认为并未偏离特朗普的即有框架和政策理念。相比以往各届政府，拜登团队似乎对中东事务少了很多热情，除了伊核问题和阿富汗问题之外，在其他中东事务上更多是勉强应付而非积极进取。即使是在伊核问题这个关键议题上，拜登团队既不如奥巴马政府那样以多边主义的方式积极寻求合作，也不像特朗普政府那样以咄咄逼人的单边主义方式来遏制伊朗的核发展。在阿富汗撤军问

---

* 寿慧生，博士，北京语言大学中东学院教师，教育部国别和区域研究备案中心土耳其研究中心主任，主要研究方向为美国中东外交、土耳其政治与外交等。

题上，拜登团队基本上是在落实完成奥巴马和特朗普两任政府既定的政策路线和目标，却并未像前两任政府那样试图在撤军后为维护当地稳定以及美国的影响力而做出太多努力。总之，拜登政府第一年的中东政策给人的感觉是既无心，又无力，有一种"随波逐流"之感。这固然反映了美国在中东地区总体收缩的战略走势不可逆转，但同时也与拜登政府团队的自身特点和政策导向不无关系。

关键词：　美国　中东　拜登　伊朗　阿富汗

对于关注美国中东政策的人来说，2021年是一个充满期待的年份。拜登新政府的上台意味着特朗普政府四年执政期间造成的混乱和不确定有可能告一段落，美国的中东政策将回归理性和多边主义。这样的期待并不意味着特朗普政府的中东政策毫无建树，但特朗普四年间的中东政策确实对传统中东观察者造成极大冲击，因此一个更稳健、更符合传统外交理念的决策方式有可能会为近年来进退失据的美国中东政策带来某些期许。何况，因党派更替而产生摇摆是美国外交政策的固有特点，这一特点进一步增强了人们对美国外交政策转变的预期。此外，拜登在很大程度上被视为奥巴马政策的继承人，他的执政必然会将美国中东政策从特朗普时期拉回到奥巴马时代。

但事情发展并未完全符合这种期待。拜登入主白宫一年后，从政策的内涵看，拜登政府的中东政策在相当大程度上被认为更多接近于特朗普而非奥巴马时期的中东政策，尽管从决策理念来说拜登更多拥护多边主义和外交协商的手段而非特朗普式的极限施压和个人化的处理方式。最为明显的是，作为近期美国中东政策的两大核心议题，伊核问题和阿富汗问题在过去一年当中的解决并未在很大程度上偏离特朗普的即有框架，也未超越特朗普的政策理念。

一 拜登政府中东政策的总体导向：
无欲无求，随波逐流

在拜登上任伊始，其中东政策的一些新举措令各界颇为关注。但一年下来，这些早期的热情似乎都没能持续下去或者产生重大影响。例如，新上台不久，拜登于 2021 年 2 月 25 日下令向叙利亚东部地区伊朗支持的民兵组织发动空袭，以报复其对美国和伊拉克联军军事基地发动的袭击。此次空袭是拜登政府采取的首次军事行动。第二天，拜登向媒体表示，美国这次空袭传递的信号就是警告伊朗"小心点"。此次事件让人感觉拜登对伊朗持有相当强硬的立场，并且有可能对叙利亚局势采取积极的干预政策。但事后证明，拜登政府对叙利亚问题并无太大兴趣，基本上与特朗普时期的政策类似，甚至更为消极。而针对伊朗，拜登也并非像此次行动中展现的那样强硬。事实上，在空袭叙利亚并"警告"伊朗的前后，拜登对伊朗释放了积极的信号。2 月 12 日，美国国务卿布林肯表示，将于 16 日撤销特朗普在 1 月卸任之前把也门胡塞武装列为恐怖组织的认定。此举的意义在于拜登政府改变对沙特的政策，为恢复伊核谈判做准备。

在特朗普时期，美沙关系从奥巴马时期的紧张进入一个可以被称为"蜜月期"的阶段。特朗普和他的女婿库什纳与穆罕默德·本·萨勒曼王储建立的良好个人关系让媒体常用"亲密"一词来描绘。但拜登上任以来，美国对盟友沙特的政策发生变化。拜登政府不仅撤销对胡塞武装列为恐怖组织的认定并宣布尽快结束也门战争，同时也停止向沙特在也门的进攻性军事行动提供支持，冻结对沙特和阿联酋的军售。通过对沙特的"惩戒"，拜登政府意在向沙特的敌人伊朗传递和解信号。①

对美沙双边关系最严重的冲击是在 2 月 26 日，美国国家情报总监办公室发布了一份解密的评估报告，报告显示沙特王储穆罕默德·本·萨勒曼批

---

① 唐志超：《拜登政府翻旧账，美沙关系进入"疼痛期"》，《世界知识》2021 年第 8 期。

准了 2018 年 10 月 "俘获或杀死"《华盛顿邮报》记者贾迈勒·卡舒吉 (Jamal Khashoggi) 的行动。2018 年 10 月 2 日，卡舒吉在进入沙特驻土耳其伊斯坦布尔领事馆后 "人间蒸发"。报告中，美方直接点名指控穆罕默德·本·萨勒曼王储下令杀害了卡舒吉，并宣布对 76 名参与暗杀行动的沙特人实施制裁。该报告在特朗普任期内就已完成，虽然国会和舆论一直要求公布，但特朗普拒绝承认该报告的结论，拒绝将之公布于世。而拜登一上任就公布报告，这无疑对于美沙关系造成巨大冲击。因为仅仅一个月之前的 1 月 23 日，据阿拉伯新闻报道，沙特外交大臣费萨尔亲王对与美国新一届政府建立 "良好关系" 感到乐观，他表示："沙特已经与各届美国政府建立了牢固的关系，我们还将继续与拜登总统合作，两国之间的'共同利益'没有改变，拜登政府将发现沙特阿拉伯和美国在也门局势方面有着共同目标。"显然局势没有朝向沙特所希望的方向发展。

对沙特的政策调整显示出拜登政府对美国在阿拉伯世界的最主要盟友采取强硬立场，看上去与特朗普政府的政策截然相反，但究其本质，拜登的政策不过是回到奥巴马时期的做法，希望沙特与伊朗 "共享地区权力"。拜登的这些做法既是为了与特朗普切割，也是在向沙特政府特别沙特王储发出警告，以此来敲打沙特、阿联酋等盟国，迫使它们降低同伊朗的对抗烈度，让整个中东的紧张局势得以缓解，从而共同建立过渡性的地区安全机制。①

在巴以问题上，拜登在竞选期间表示，上任后将与巴勒斯坦恢复外交关系，并恢复美国对巴勒斯坦人民的援助。拜登上任后，巴勒斯坦领导人表示欢迎拜登的这些计划。但事后的发展证明，拜登对巴以问题并无太大兴趣，也无意改变特朗普时期的一些重要举措。拜登宣布美国重新支持 "两国方案"，恢复对巴勒斯坦、联合国难民署的资助。这个表态看起来是对特朗普政策的否定，但事实上是道义性质的，因为现实政治中 "两国方案" 成功的希望越来越渺茫，拜登不会也没有能力采取实质性行动去改变这一事实。相反，特朗普任内促成阿联酋、巴林、苏丹、摩洛哥同以色列关系正常化，

---

① 牛新春：《拜登的中东政策粉墨登场》，《世界知识》2021 年第 8 期。

美国民主党普遍承认这是一个重大的外交成就，符合美国的利益。

2021 年 9 月 18 日，美国国务卿布林肯与以色列和一些阿拉伯国家首脑同行举行了一次虚拟会议，以纪念一年前以《亚伯拉罕协议》（即以色列与阿拉伯国家关系正常化协议）为标志的一系列具有里程碑意义的外交协议的签署。会议中，布林肯承诺鼓励更多的阿拉伯国家与以色列实现关系正常化。10 月 14 日，布林肯在国务院分别会见以色列外长亚伊尔·拉皮德和阿联酋外长谢赫阿卜杜拉·本·扎耶德·阿勒纳哈扬，随后主持三方会议。这些举动是拜登政府对《亚伯拉罕协议》最高调的支持，显示出拜登团队对特朗普此问题的外交遗产的承认。① 尽管美方宣称，致力于扩大《亚伯拉罕协议》范围的协议不会取代"两国方案"，但其接续特朗普遗产的立场暴露无遗，必不会用"两国方案"来反对这些成果，而是会继续推动阿拉伯国家与以色列建交，特别是劝说沙特采取"大胆行动"。区别在于，拜登不会像特朗普那样投入巨大资源和精力，更不会采取类似的鲁莽、离经叛道的方式方法。②

以上罗列的几个议题几乎涵盖了拜登政府第一年任内所有重要的中东政策内容，而其他一些曾经被美国中东外交政策关注的议题，例如伊拉克、利比亚、土耳其与希腊在东地中海的油气资源争夺等，几乎没有得到拜登政府多少关注。2021 年 7 月 26 日，拜登与伊拉克总理卡迪米签署协议，承诺到 2021 年底正式结束美国在伊拉克的作战任务。而此项协议的签署几乎没有引起太多关注，足见美国在伊拉克的存在早已可有可无。即便以上所列的一些主要议题，基本上也没有超越奥巴马和特朗普政府的框架，更多是对此前政策的延续，无论是内容还是处理方式，鲜有拜登政府的独特之处。

通过以上描述可以判断，一年来拜登政府的中东政策虽然高调开始，但终究鲜有创建，更多显示出随波逐流的特点。很难说拜登团队入主白宫时没有开拓的野心，但现实情况显示，至少在一年之后，我们很难看出这个团队

---

① 《美方称将继续"说合"以色列与阿拉伯国家》，新华网，2021 年 10 月 14 日，http: //www. news. cn/world/2021-10/14/c_1211403470. htm，最后访问日期：2021 年 11 月 2 日。
② 牛新春：《拜登的中东政策粉墨登场》，《世界知识》2021 年第 8 期。

有足够的雄心和魄力改变以往政府的既有框架。下文将详述拜登政府最核心的两项中东政策——阿富汗问题和伊核问题——以详细了解团队决策和行动的特点，以期对其未来任期内的政策走向有所预判。

二 阿富汗问题：尽早脱身

2021年美国外交最引人注目之处无过于阿富汗撤军。没有人预料到会有8月仓皇撤退的狼狈过程。这个过程是如何演变的？该过程反映出拜登团队的哪些特点？

（一）政策动因

早在奥巴马上任后，美军撤出阿富汗就已经成为一个必然趋势。美军在阿富汗付出高昂代价，而阿富汗本身除了地缘政治的价值之外并不会给美国带来太多实际利益。经历了将近20年，美国已经被深深拖入这场没有赢家的战争，对美国内政外交都产生巨大负面影响。但对于如何撤军，奥巴马和特朗普政府有着不同的策略。奥巴马曾为撤军设定了明确期限，以此表明撤军的决心。但是撤军可能引起的后遗症非常明显，故尽管特朗普同样急于撤军，但在军方的压力下，特朗普于2017年8月下旬出台了不同于奥巴马的阿富汗新战略，其核心是避免仓促撤军带来的巨大的不确定性，防止"基地"组织、"伊斯兰国"等国际恐怖组织趁机填补由此产生的安全真空，甚至重演"9·11"恐怖袭击。此前，美国从伊拉克撤军导致其安全形势迅速恶化，"伊斯兰国"由此做大，美国必须避免在阿富汗重蹈覆辙。[1]

在这种思路的指导下，特朗普认为奥巴马政府人为制定从阿富汗撤军的时间表脱离实际，未来在阿富汗采取什么措施、增加多少兵力等均将依据阿富汗的具体情况而定。美国将不会公布对阿富汗具体增兵人数及在阿富汗军

---

① 王世达：《特朗普出台阿富汗新战略》，《北京周报》2017年9月8日，第4版。

事行动的具体计划，以避免被阿富汗塔利班等利用。相反，他提出将采取"基于条件"而非"基于时间表"的政策，以此应对包括阿富汗在内的地区面临的广泛的安全威胁。

但特朗普本人对于延缓撤军缺乏耐心，因为显然美军滞留在阿富汗不符合他的"美国优先"原则。所以在 2020 年 10 月，特朗普宣布要在圣诞节前撤回驻扎在阿富汗的美军。尽管这个声明在很大程度上是特朗普为了即将到来的总统大选造势，但也确实是为了兑现他的竞选承诺。但在各方掣肘之下，特朗普没有在其任内完成撤军。即便如此，在特朗普的执政后期，美国已经与塔利班进行了长期的谈判，撤军日程表事实上已经大致浮出水面，双方定于 2022 年 5 月 1 日开始撤军。

2020 年底 2021 年初，原设于在多哈举行的与阿富汗塔利班的谈判陷入僵局，多月来未有进展，特朗普的总统败选也在一定程度上影响了谈判进程。2021 年 3 月初，拜登的国务卿布林肯致信土耳其政府，希望土耳其政府愿意在 4 月将原设于多哈的谈判地址改在土耳其进行，此后，谈判进一步向前迈进，拜登于 4 月 14 日在白宫发表讲话称，美军将于 5 月 1 日开始有序撤离，美军和北约盟友军队将于 9 月 11 日前撤出。4 月 25 日，驻阿富汗美军和北约部队挥指官斯科特·米勒在阿富汗喀布尔举行的会议上表示，美国和北约开始从阿富汗多个基地撤军。7 月 13 日，美国中央司令部发表声明称，美国从阿富汗撤军的工作已完成 95% 以上。

（二）政策执行

以上分析显示，拜登政府的阿富汗撤军计划是对特朗普政府的即有方案的落实，除了在 2022 年 9 月 11 日前全部撤离以纪念"9·11"事件外，拜登的政策并无太多新意。但是此后事情的发展出乎大部分人的意料，确实应验了 2017 年初军方对于撤军后果的警告。

就在美国以及北约盟国撤军的过程中，阿富汗内部局势也在发生变化。美国政府显然低估了阿富汗内部和谈的难度以及各方合作的难度。很显然，阿富汗内部各方对美军撤退后如何重建并无一致意见，塔利班更是不打算按照谈判内容来组建联合政府。在一段时间的谈判僵持之后，7月17日，由阿富汗民族和解高级委员会主席阿卜杜拉·阿卜杜拉、前总统卡尔扎伊等重要政界人士组成的阿富汗政府代表团，在卡塔尔首都多哈与以塔利班分管政治事务的领导人巴拉达尔为首的塔利班代表团展开谈判。此次谈判被媒体称为阿富汗内部和谈的"升级版"，有助于打破谈判僵局。但事后来看，所有的谈判对于塔利班来讲都是为了等待美国撤军而进行的障眼法。一旦美军在7月中旬基本撤离后，塔利班立即开始了军事占领行动，让此后的局势发展大大出乎国际社会的预期。

2021年8月9日，美国国防部发言人柯比在五角大楼表示，阿富汗安全局势"显然未朝正确方向发展"，美方对此表示担忧，但依然相信阿富汗政府军有能力在战场上发挥重大作用。但是不到一周之后塔利班已经攻陷首都喀布尔，让依然处于撤离状态的美国大使馆工作人员陷入恐慌。8月12日，美国政府表示，由于阿富汗安全形势迅速恶化，美方将进一步撤离驻阿外交人员，并宣布增派数千名美军至阿首都喀布尔国际机场，以确保外交人员安全撤离。8月13日，美国国防部表示，阿富汗塔利班正在设法孤立阿首都喀布尔，美方对阿富汗安全局势"深感担忧"。8月14日，拜登通过白宫网站发表声明称，他已授权向阿富汗部署约5000名美军士兵，以确保驻阿富汗美国人员和其他盟国人员安全撤离，并疏散帮助过美国的、受到特殊安全威胁的阿富汗人。8月15日，在塔利班武装组织进入喀布尔的当天，美国国务院发言人普莱斯证实，所有美国驻喀布尔大使馆的人员都已从使馆撤离。但是直到8月31日，美国政府才宣布，阿富汗撤军全部完成。

（三）影响

被国际媒体大肆宣传的"喀布尔时刻"让美国颜面扫尽。8月16日，美国国会参议院共和党竞选委员会主席斯科特呼吁国会对拜登处理阿富汗问题的方式进行调查，他还提及了动用宪法第25修正案罢免拜登的可能性。8月17日，白宫承认有相当数量的美国军事装备已经落入塔利班手中。对于这些混乱和指责，拜登并没有表示任何内疚。他在 16 日称，尽管阿局势恶化快于美方预期，美军撤出阿富汗是正确的决定。18 日，他在接受媒体专访时表示，美国撤军行动"混乱是无法避免的"，没有完美的处理方式可以让美国完全脱身。8 月 22 日，他再一次在接受媒体采访时反驳了那些质疑他从阿富汗撤军时机的言论，并强调了美国从阿富汗撤军的必要性。

从以上描述可以看出，拜登团队对撤军的态度是非常坚决的，而这种态度基本上承接了奥巴马和特朗普，并且有过之无不及，在一定程度上反映了拜登团队急于求成的冒进特点。从行动策略上来讲，拜登团队显然是不合格的，撤军行动既缺乏协调，也没有备案，对于阿富汗政府军抱着不切实际的期望，完全没有认识到阿富汗内部复杂的关系，以至于让整个阿富汗战争在最后一刻变成大溃败。在缺少内幕消息的情况下，我们无从得知这样的政策如何出台和执行。但结果是明显的——拜登团队撤军心切而能力不足，导致美国 20 年的"大中东战争"以惨败结束。①

但此事的影响并不止于此。如评论者所言，美国在阿富汗的溃败不仅对美国自身外交政策产生负面冲击，而且对整个世界格局产生深远影响。作为当今世界的第一大国，美国的阿富汗溃败使世界各国不同程度地感受到美国的战略意图与战略力量以及执行能力之间的明显差距。美国的"力不从心"撼动了其霸权的根基，进而导致各国调整自身的战略站位和政策取向。② 如果说奥巴马和特朗普已经在这方面显露出迹象，但两届政府终究在行动上保持谨慎，而拜登的草率行为无疑让美国霸权彻底失信。

对美国撤军溃败的最强烈批评恰恰来自美国的盟友，尤其是始终跟随美国加入阿富汗战争的北约国家。根据一些评论所述，美国在阿富汗撤军问题

---

① 王鹏：《"大中东战争"20 年祭：美国该学到什么?》，北京语言大学《国别和区域研究简报》2021 年 8 月。
② 黄靖：《美国阿富汗撤军将对世界格局产生难以逆转的重大影响》，北京语言大学《国别和区域研究简报》2021 年 8 月。

上自始至终都没有与盟友协商，更不听盟友的劝告。欧洲各国一致批评美国撤军阿富汗，英法德等主要国家更是斥之为"背叛"行为。这显然会让早已经"丧失领导能力"的美国再次受到盟友的质疑。欧盟主导下的欧洲寻求政治、外交、经济以至安全上的自主独立已经是势在必行。①

在中东地区，美国撤军阿富汗也让地区盟友或伙伴心存忧虑，将来难以盲目紧随美国之后。拜登希望退出阿富汗以便抽身处理大国竞争，但是此次撤军显露出的自私草率让地区伙伴更加对美国的领导力产生怀疑，明白了与美国的关系中必须"保持选项"，避免在大国竞争中选边站队。如此一来，美国在中东地区针对伊朗和俄罗斯的战略和政策势必会更加艰难。

此外，美国在中东面临着一定程度的被边缘化。在美国仓皇撤军的前后，一个令人关注的现象是土耳其、卡塔尔等地区国家的活跃表现。在撤军之前，卡塔尔和土耳其已经成为美国与塔利班谈判的不可或缺的助手。临近8月15日"喀布尔时刻"之时，随着局势陷入混乱，美国忙于撤军而无暇他顾，卡塔尔和土耳其活跃的身影尤为突出。

在临近塔利班占领喀布尔的8月12日，阿富汗和平进程多边会议在卡塔尔首都多哈闭幕。来自中国、美国、联合国以及有关涉阿攸关方的代表就阿富汗形势、推进阿富汗和平进程等议题交换了意见。与会各方敦促阿富汗政府和塔利班采取措施建立互信，尽快实现全面停火，达成政治和解。当天，卡塔尔副首相兼外交大臣穆罕默德·本·阿卜杜勒拉赫曼·阿勒萨尼到访阿富汗，并会见阿富汗民族和解高级委员会主席阿卜杜拉·阿卜杜拉和阿富汗前总统卡尔扎伊。双方就阿富汗目前局势及如何组建一个包容性政府等问题举行了会谈。喀布尔沦陷后的8月17日，阿富汗塔利班政治副领导人巴拉达尔在卡塔尔首都多哈会见了卡塔尔副首相兼外交大臣穆罕默德。双方讨论了阿富汗当前的政治和安全局势，共同强调保护平民

---

① 黄靖：《美国阿富汗撤军将对世界格局产生难以逆转的重大影响》，北京语言大学《国别和区域研究简报》2021年8月。

安全的必要性，并表示将努力推动阿富汗内部和解，达成全面的政治和解，实现政权的平稳过渡和国家权力的和平交接。阿富汗塔利班向卡塔尔寻求技术援助，以运营喀布尔国际机场，并表示土耳其方面已同意塔利班关于在 8 月 31 日后运营喀布尔国际机场的请求。9 月 21 日，卡塔尔埃米尔谢赫塔米姆·本·哈马德·阿勒萨尼在第 76 届联合国大会上，呼吁世界领导人继续与阿富汗塔利班保持接触，强调国际社会应在这个关键阶段继续给予阿富汗人民支持，在提供人道主义援助时搁置政治分歧。10 月 9 日，阿富汗塔利班和美国政府代表团在卡塔尔首都多哈举行会晤，这是双方自美国从阿富汗撤军之后首次举行会晤。在当天的会谈中，双方重点讨论了阿富汗人道主义局势。

土耳其也在此次撤军过程中表现得异常活跃，积极与中、俄、美等国就阿富汗问题开展外交磋商，让土耳其和埃尔多安总统的国际形象获得极大提升。如前所述，2021 年 3 月，土耳其和美国宣布与阿富汗塔利班的谈判地址将由多哈改在土耳其进行，以推进陷入停顿的谈判，确保美国在 2021 年 9 月 1 日前撤出最后一批 2500 名驻阿美军。此事显示出美国对作为伊斯兰国家的土耳其在阿富汗问题以及地区安全方面的特殊地位的重视①，也显示出拜登政府有意改善与土耳其关系；而埃尔多安也明显认识到此事既有利于改善与美国近年来日益紧张的双边关系，也可以提升土耳其的国际地位，同时也有助于提升土耳其在北约盟国中的地位。2021 年 6 月，随着美军的撤退，埃尔多安宣布土耳其军队将继续留守阿富汗首都喀布尔国际机场，协助美国和其他北约盟国完成善后工作，并在声明中高调宣扬土耳其有意维护北约的责任、团结。②尽管塔利班最终拒绝了任何外国驻军以任何方式驻扎在阿富汗境内，但是依然称土耳其为阿富汗的 "兄弟

---

① Hamoon Khelghat-Dooost, "Road to Afghan Peace Is through Turkish Mediation," Daily Sabah, April 21, 2021, https：//www.dailysabah.com/opinion/op－ed/road－to－afghan－peace－is－through-turkish-mediation, accessed：2021-09-12.

② Abdul Basit and Zahid Shahab Ahmed, "Why Turkey Wants to Be in Charge of Securing Kabul Airport?" Al Jazeera, August 2, 2021, https：//www.aljazeera.com/opinions/2021/8/2/why－is-turkey-eager-to-remain-in-afghanistan-after-the-us-exit, accessed：2021-10-02.

国家"。

反观美国在撤军前后的行为，不仅指挥混乱，而且因为一心忙于撤军，对遗留给阿富汗的问题缺乏足够的责任感。塔利班接管喀布尔的第二天即8月16日，美国政府呼吁阿富汗建立一个包容各方的新政府，尊重人权，包括妇女权利，并表示塔利班的行为将决定美国是否会承认喀布尔的任何新政府。美国国务院发言人普莱斯表示，美国及其国际盟国将"密切关注"塔利班发动猛烈攻势占领该国，夺取首都的控制权。8月26日，美国总统拜登称，美方将打击在阿富汗首都喀布尔发动袭击的"伊斯兰国"阿富汗分支，同时将继续按计划撤离阿富汗。

以上内容基本上是美国撤军前后与阿富汗相关的所有声明和行动。从中可见，美国对于阿富汗的善后工作基本上没有任何作为和兴趣。据美国国家公共电台9月3日报道，塔利班接管阿富汗后，美国外交人员撤离其驻喀布尔大使馆，随后在卡塔尔多哈设立办事处。美国驻多哈办事处将负责领事事务、人道主义援助、与塔利班的接触和反恐等工作。在11月12日，美国国务卿布林肯与到访的卡塔尔副首相兼外交大臣穆罕默德举行会谈，随后在联合记者会上宣布，根据双方签署的协议，卡塔尔将成为美国在阿富汗的利益代理国，卡塔尔驻阿富汗大使馆内将设立一个部门，负责提供美国领事服务并监控美在阿外交设施的安全。此外，卡塔尔将继续为持有美国特殊移民签证的阿富汗人提供旅行协助。布林肯在记者会上对卡塔尔2021年8月协助美方人员从阿富汗撤离表示感谢。穆罕默德表示，卡塔尔愿继续为地区和平与稳定发挥作用。

从这些描述可以看出，拜登政府已经完全将自己置身于阿富汗局势之外，把善后工作外包给卡塔尔。这样的行为看似精明，有利于降低美国的成本，但事实上凸显了美国在地区事务中的无能和不负责任。地区国家的介入和接管让美国相当大程度上被边缘化，不仅在阿富汗问题上美国的形象和发言权已经受到极大损害，而且未来波及其他地区事务上的影响力也很有可能受到削弱。

三　伊核问题：有心无力

拜登政府在阿富汗问题上寻求的是"退"——希望甩掉这个包袱，把精力集中在其他领域；在伊核问题上寻求的是"进"——希望能够重启伊核协议，解决中东地区的安全问题。如果说拜登政府在阿富汗问题上退得狼狈，那么在伊核问题上进得也毫无起色。

（一）上半年的观望和试探

作为奥巴马政府的副总统，拜登上台后重启伊核谈判在意料之中。但事实上拜登上台后并没有如预期中那样积极寻求合作，而是持续释放各种耐人寻味的信息。2021年1月27日，美国国务卿布林肯透露，拜登政府有意在"伊朗完全履行其义务"的前提下重返核协议，但同时表示美伊重返核协议仍尚需时日。1月29日，国家安全事务助理沙利文提出"放核于盒"理念，意味着已经承认伊朗已接近制造出核武器，当务之急是优先把伊朗核计划放入"盒中"，再寻求其他问题的解决之道，不再预设前提条件。2月2日，美国国务院发言人普莱斯表示，美国在与盟友就伊朗核问题完成协商与沟通前，不会轻易同伊方展开接触，并建议将核协议作为多方对话平台，在此基础上达成一项议题涵盖范围更广的协议。2月7日，拜登表示，美国不会为了使伊朗回到谈判桌而解除对该国的制裁。伊朗想要解除制裁必须先遵守伊核协议。这一立场在3月初被美常驻联合国代表格林菲尔德重申，称如果伊方愿意履行核协议规定的义务，美方愿意重返该协议。3月5日，拜登签署了一项行政命令，延长对伊朗制裁令为期一年，并指责伊朗对美国家安全、外交和经济构成"非同寻常的特别威胁"。

伊朗方面对于重启谈判则态度坚决，一方面伊朗督促拜登重返核协议，另一方面伊朗为谈判设定了强硬的前提条件。1月29日，针对美国国务卿布林肯关于伊朗必须先于美国重新遵守伊核协议的言论，伊朗总统办公厅主任瓦埃齐回应称，伊朗根本没有退出伊核协议，又何谈重返。瓦埃齐强调，当伊朗确定美国和欧洲履行义务时，伊朗也会履行自身义务。2月6日，伊朗外长敦促华盛顿迅速采取行动，重返2015年核协议，并指出，如果美国在2月21日之前不放松制裁，国会通过的立法将迫使政府加强其核立场。伊朗外长扎里夫则说："美国人的时间已经不多了。"2月7日，伊朗最高领袖哈梅内伊表示，德黑兰的"最终且不可逆转的"决定是，只有华盛顿解除对伊朗的制裁，德黑兰才会恢复遵守2015年达成的核协议。据迈赫尔通讯社3月10日报道，一名伊朗高级安全官员表示，伊朗拒绝美国逐步恢复全面协议，伊朗只接受以可核查的方式解除制裁，然后才能完全遵守多边协议。

从以上双方的口气可以看出，双方都无意主动为了谈判而放弃各自的前提条件和立场，因此谈判前景不会乐观。美方的各种言行显示出一定程度上的模糊甚至自相矛盾——美方愿意却又不急于重启伊朗核协议谈判，并有意将伊朗核问题作为美伊关系中的核心要素，纳入一个涉及多领域的多边对话协商机制，以实现"伊朗问题"的所谓全面彻底解决。[①] 采取这种"拖延"战术既有一定的客观条件的约束，也反映出拜登团队的策略。

首先是关于2015年奥巴马版的协议内容，美国国内争议颇多，特别是协议中未能对2025年后限制伊朗研发核武做出针对性安排；伊朗弹道导弹项目未被纳入协议文本，对美国及中东地区盟友安全造成"重大隐患"；伊朗摆脱经济制裁束缚后会对叙利亚、也门、伊拉克等国影响力显著提升，与美塑造有利于自身的中东安全格局的初衷相悖。围绕这些协议本身存在的问题，美国内部仍未达成广泛共识，重启谈判时机尚不成熟，导致拜登团队不敢轻易出手。

其次是需要考虑美国盟友伙伴的安全关切，其中最为重要的是以色列的态度。对于美方重返核协议的意愿，以色列方面在拜登上任之前就已经释放出明确警告。1月15日，以色列区域合作部部长扎奇·哈内比（Tzachi Hanegbi）称，美国当选总统拜登不能重新加入伊核协议，并警告以色列不

---

① 季澄：《美伊博弈持续，重启谈判不易》，《世界知识》2021年第8期。

会容忍伊朗的核项目和弹道导弹项目。以色列《海耶姆日报》15 日在一篇头版文章中说，以色列军方正在制定打击伊朗核计划的方案。沙特等美地区盟友也对美重返伊朗核协议多持保留态度。在拜登政府重拾多边主义、升级联盟伙伴关系网等外交理念牵引下，美国如果忽视这些盟友的声音，势必难以团结拉拢地区大国制衡伊朗，实现其全面彻底解决"伊朗问题"的多边对话协商机制，很有可能陷入奥巴马时期与地区盟友的紧张关系中。

最后，拜登团队很有可能认为，通过拖延战术可以赢得对伊谈判优势与主动权。受制裁影响，伊朗经济长期处于低迷状态。新冠疫情的暴发更加剧了伊朗的经济困境，导致伊国内生产总值收缩约 6.8%，关乎其经济命脉的石油部门萎缩比例更是高达 40%。而且伊朗在 2021 年 6 月迎来总统选举，重启谈判、解除制裁、恢复经济成为伊国内温和派领导人急需考虑的优先事项。拜登团队很有可能希望抓住伊方急于复苏经济的心理，使用拖延战术逼迫对手做出更多让步。

面对美方的言论，伊朗方面坚持要求美首先"全面、无条件、有效"取消对伊制裁，并将谈判议题严格限定在"核问题"上。同时，伊朗也对外展示军力，积极寻求第三方协助，为重启谈判留足回旋余地。伊朗时任总统鲁哈尼在拜登就职后不久便表态建议美"回归法律，信守承诺，消除过往四年对伊政策污点"。伊时任外长扎里夫 2021 年 2 月初提议，由欧盟作为协调方，通过成立某种机制来"同步"协调伊美双方需采取的行动，但同时警告美欧不得在伊朗核协议中增加"新条款"，以免重启谈判进程功亏一篑。为增强话语分量，以实力促美重返协议，自 2 月初，伊朗采取了多项以"展示实力"为目的的行动，包括发射一枚使用"最强固体燃料发动机"的新型卫星运载火箭，在纳坦兹和福尔多核设施安装数量可观的 IR-2m 型和 IR-6 型离心机，对外公开革命卫队用于存储各型导弹及电子战设备的最新地下导弹基地图像。伊方还以中止自愿履行《不扩散核武器条约》附加议定书、限制国际原子能机构在伊部分核查活动为条件，为美解除对伊经济制裁划设"时间红线"。

综上所述，年初双方的博弈显示出双方都在观望并试探对方的底线，在伊朗大选之前都不急于达成任何结论。但与此同时,伊朗也在加紧生产浓缩铀。早在 2 月 22 日,伊朗最高领袖哈梅内伊表示,伊朗没有追求生产核武器,但伊朗不会局限于 20% 的铀浓缩,有可能根据国家的需要将铀浓缩程度提高至 60%。5 月 12 日,国际原子能机构在一份报告中宣布,伊朗纳坦兹核浓缩设施的铀浓缩水平已达到 63% 的纯度。该报告显然有可能使在维也纳就重启伊朗核协议展开的新谈判复杂化。5 月 20 日,伊朗时任总统鲁哈尼表示,参与维也纳核协议重启谈判的各方一致同意,将终止对伊朗的所有主要制裁。他指出,伊核协议会谈进展顺利,称维也纳的谈判各方已同意解除对伊朗的全部主要制裁。但是很快,布林肯在 6 月 8 日的美国国会参议院拨款委员会的听证会上表示,即便伊朗重新履行伊朗核问题全面协议,美国仍将继续维持与伊核协议无关的"数百项"对伊制裁,直至伊朗"改变其行为"。他还称美方目前仍不确定伊朗是否准备采取措施重新履行伊核协议。

(二)下半年的博弈

2021 年 6 月 19 日,易卜拉欣·莱希当选伊朗总统。7 月 7 日,伊朗外交部发言人赛义德·哈蒂布扎德称,伊朗对全面协议和取消制裁的原则政策没有改变,下届总统将遵守重启全面协议的最终决定。他强调,伊朗对全面协议的立场以及终止制裁的必要性是伊朗建制派的原则战略之一,这些战略不会在历届政府中发生改变。他强调,如果在重启全面协议的谈判过程中达成协议,莱希政府将遵守协议。与此同时,伊朗也在不断强化其军事力量。同一天,伊朗革命卫队地面部队接受了一系列现代武器的交付,包括地面发射版本的反坦克导弹,射程为 8 公里。伊朗官员一再强调,伊朗将毫不犹豫地加强其军事能力,包括导弹能力,并称,伊朗的防御能力永远不会受制于谈判。当天,伊朗常驻国际原子能机构代表卡齐姆·加里巴巴迪(Kazem Gharibabadi)说,伊朗计划开始生产浓缩铀,并已经通知国际原子能机构。7 月 19 日,伊朗外交部发言人哈提卜扎德在例行记者会上就维也纳恢复履行伊核协议相关会谈表示,由于美国的做法,重启伊核全面协议的进程被推迟,下一轮会谈要等待伊朗新一届政府成立后再举行。

8 月初，国际原子能机构发布了一份新报告，称伊朗已经生产了 200 克浓度高达 20% 的金属铀。对此，美国国务院发言人普莱斯在 8 月 17 日表示，伊朗应该停止其核升级活动，回到全面协议的谈判中去。普莱斯声称，伊朗没有生产铀金属的可靠需要，而铀金属与核武器的发展直接相关。对此，伊朗外交部在 17 日回应称，伊朗所有核项目和核活动"完全遵守《不扩散核武器条约》"，受到国际原子能机构的监督，而且伊方已事先告知国际原子能机构。

在与美国喊话的同时，伊朗也在积极寻求第三方的助力。8 月 9 日，伊朗总统莱希与法国总统埃马纽埃尔·马克龙（Emmanuel Macron）进行了长达一个小时的电话交谈，称伊朗欢迎在共同利益和相互尊重的基础上扩大与法国的关系，推动两国经贸往来。莱希强调，美国和欧洲必须履行它们在全面协议下的承诺。针对全面协议问题，马克龙表示法国正在权衡解决方案，希望重启全面协议的谈判。他强调，法国希望与伊朗合作，为在阿拉伯国家建立稳定和解决问题铺平道路。8 月 11 日报道，德国外长海科·马斯（Heiko Maas）敦促尽快恢复维也纳谈判，以重启伊朗核协议。

除了寻求美国的北约盟友的支持外，伊朗也强化与俄罗斯的关系来制约美国。8 月 19 日，莱希总统在与俄罗斯总统普京的电话交谈中称，努力加强与俄罗斯的关系是本届政府外交政策的首要任务，并向俄罗斯总统保证伊朗决心与俄罗斯达成全面合作协议。他强调，伊朗决心推动两国友好全面的关系，尽快敲定伊俄合作的全面文件，使之成为构建睦邻友好关系的成功典范。他还感谢俄罗斯提出的启动伊朗加入上海合作组织进程的倡议，称这是加强两国密切关系的一环。8 月 25 日，伊朗新任外长阿卜杜拉希扬在社交媒体上表示，与伊朗邻国和亚洲国家的关系是他任内第一优先事项。这些言行都显示出伊朗以"向东看"策略来制衡美国的压力。而在中东地区，伊朗也积极寻求与沙特改善关系。到 10 月，双方在年内已经围绕双边和地区问题在伊拉克首都巴格达举行了四轮会谈，海湾和也门问题是会谈重点。伊朗外长称，包括伊朗和沙特在内的地区各方间会谈可以成为海湾地区和平与稳定的支柱之一。显然，伊朗针对的是美国在中东地区的影响力。通过改善与沙特的关系，为地区安全稳定提供更多资源，将有利于伊朗与美国在核谈判上的博弈。

9月21日，莱希总统在第76届联合国大会一般性辩论上表示，伊朗的国防规划中没有核武器的位置，伊朗国防方针应禁止核武器的生产和储备。美国退出伊朗核协议是在与伊朗人民为敌，美国的"极限施压"政策已经彻底失败但拜登政府仍在继续这个政策。他还表示，国际原子能机构的多份报告已经能够证明伊朗遵守了核协议的要求，有关各方也应该全面履行其义务。其中，美国尚未遵守承诺取消制裁，因此伊朗不再对美国的任何承诺抱有信心。

进入10月后，双方依旧处在僵持之中。10月4日，伊朗原子能组织发言人贝洛兹·卡马万迪在采访中表示，伊朗以有原则的方式追求其核工业的发展，破坏行为不能阻止其核项目的发展。他同时批评国际原子能机构与伊朗的和平核计划缺乏合作。第二天，伊朗石油部部长贾瓦德·奥吉呼吁美国和欧洲国家解除对伊朗的制裁，以缓解全球能源危机。10月10日，伊朗原子能机构总干事穆罕默德·埃斯拉米表示，伊朗20%的浓缩铀库存超过了120公斤，20%和60%的浓缩铀燃料生产已经完成，铀金属生产计划已经开始，IR-2m型离心机已经安装，IR-6型离心机正在建造中。10月18日，莱希发表了上任以来的第二次电视直播讲话，表示伊朗对于旨在美国解除制裁、各方重新履行伊朗核协议的维也纳会谈态度是认真的，但谈判必须以结果为导向，即结果符合伊朗的国家利益。他还表示，伊朗将恢复维也纳谈判，但需要考虑的一个最为重要的问题是，谈判必须维护所有伊朗人的利益，伊朗将继续坚持"抵抗型经济"政策，即扩大国内生产，降低对原油和天然气出口的依赖，提升经济自主能力。美国等方面则应展现诚意，解除对伊朗的非法制裁。

10月27日，伊朗副外长巴盖里在比利时首都布鲁塞尔与欧盟对外行动署副秘书长莫拉就伊核谈判举行磋商后在社交媒体上透露，伊朗同意在11月底前重启伊核谈判。他与莫拉"就成功谈判的基本要素进行了非常认真和建设性的对话"。伊朗此时同意谈判是有原因的。11月4日，伊朗原子能组织发言人卡马万迪表示，伊朗丰度为 20% 的浓缩铀储量已经达到 210 公斤，丰度为 60% 的浓缩铀储量已经达到 25 公斤。除了目前拥有核武器的国家，还没有其他国家能做到这一点。同时卡马万迪表示，20% 浓缩铀的储量已经超过了伊朗《反制裁战略法》的要求。除了高调显示浓缩铀外，伊朗继续展示军事实力。11 月 7 日，伊朗军队在该国东南部海域及沿岸地区举行了代号为"祖尔法加尔－1400"（Zolfaghar－1400）的联合军事演习。演习发言人马哈茂德·穆萨维表示，当天演习中演练了电子战设备以及萨迪克、斯摩尔格等多种伊朗国产无人机。他强调，本次演习向地区国家传递出一个信息，即应通过地区国家间的团结、依靠地区国家能力维护该地区安全。这些言论很明显在试图边缘化美国在中东的影响力，以此来增强伊朗的谈判砝码。

在这些铺垫工作准备好之后，伊朗宣布于 11 月 29 日在奥地利首都维也纳重启伊核问题多边会谈，旨在恢复伊核协议。伊朗外交部副部长巴盖里在社交平台上写道："我们同意于 11 月 29 日在维也纳启动谈判，这一谈判旨在取消非法与不人道的制裁"，意指特朗普政府于 2018 年 5 月单方面退出谈判后对伊朗采取的"极限施压"政策。会谈结束之后，伊朗外交部在会后发表的官方声明中表示，伊朗强调要把解除对伊制裁作为本轮谈判的主要议题，只要美国对伊朗的极限制裁存在，恢复遵守核协议就是一句口号而已。美国显然对于谈判也不满意。12 月 7 日，美国财政部宣布将伊朗 8 名个人和 4 个实体列入美国海外资产控制办公室的制裁名单，包括伊朗治安部队特种部队、治安部队反恐怖特种部队、伊斯法罕中央监狱和扎黑丹监狱 4 个实体以及治安部队特种部队司令哈桑·卡拉米、治安部队反恐怖特种部队司令穆赫森·易卜拉欣米等 8 名个人。面对美国财政部的最新制裁，伊朗外交部发言人哈提卜扎德在社交媒体上发文回应称，即使维也纳谈判正在进行，美国也未能停止对伊朗实施制裁，华盛顿没能明白"极限失败"与外交突破是相互矛盾的。他强调，升级制裁不会为谈判创造筹码，也绝不是严肃的态度和善意。

尽管如此，双方并无意让谈判彻底流产。12 月 27 日，伊朗核问题全面协议联合委员会在维也纳举行第八轮谈判。尽管此前 7 轮谈判都未达成一致意见，但伊朗外长阿卜杜拉希扬第二天表示，新一轮谈判正朝着好的方向发展。他说，在第八轮美伊恢复履约谈判中，伊朗谈判小组把重点放在统一的"共同案文"上。参与谈判的其他各方也关注于"伊朗在案文中提出的问题"，主要讨论各方存在分歧的问题。阿卜杜拉希扬表示，如果相关各方表现出决心和善意，有可能在不久的将来达成协议。欧盟对外行动署副秘书长莫拉表示，尽管时间有限，但是所有代表团都希望成功结束会谈。根据一些媒体的评论，第八轮谈判是在"谨慎而充满希望"的气氛中开始的。谈判已经取得了一定进展，但若要达成协议，双方仍需要做出"艰难的决定"。①

该轮谈判于 2022 年 1 月 28 日休会，供各方代表回国征求意见，于 2 月 8 日重新开始。总体而言，此轮谈判中双方显示出一定程度的诚意。拜登于 2022 年 1 月 19 日表示，目前形势不容放弃，此次谈判已经有些成果。白宫发言人于 2 月 23 日称，谈判获得重要进展，接近于达成协议。布林肯在 3 月 6 日采访中也表示不可以放弃谈判，也认为谈判取得了一定进展，有望重启伊核协议谈判。但是他同时又强调，对伊朗的制裁与谈判并不冲突。②

总体而言，伊核问题在 2021 年取得的成果极为有限，充其量是为未来的谈判做了一些基本铺垫。考虑到双方在 2021 年都面临政府更替，这样的谨慎行为可以理解。而且考虑到问题本身的复杂性，期待双方在 2021 年能够达成任何实质性结果并不现实。但是从整个过程的发展趋势来看，美国相对而言较为被动，没有显示出足够的实力迫使伊朗就范，也缺乏取得谈判成果的主观意愿，确实给人以随波逐流之感。反观伊朗，这一年来在浓缩铀方面取得显著进展，军事方面咄咄逼人，在地区和大国博弈中都游刃有余，已经迫使美国意识到"时间已经不在自己一边"，承认目前的选择不再是逼伊

---

① 《"谨慎而充满希望"新一轮伊核谈判在维也纳开启》，中国新闻网，2021 年 12 月 28 日，https：//m. gmw. cn/2021－12/28/content_1302739800. htm，最后访问日期：2022 年 1 月 2 日。

② The Iran Premier, "U. S. & Iran on Eighth Round of Nuclear Talks," https：//iranprimer. usip. org/blog/2022/feb/01/summary-eighth-round-talks-vienna, accessed：2022－04－02.

朗弃核，而是如布林肯等人反复强调的，如何"将核武器放进'盒子'里"。就此而言，美国在伊核问题上已经处于下风，伊核谈判注定将是一条漫漫长路。认识到这一点，拜登团队的心态恐怕更多是"有心无力"，不会把期望值设得太高。

结　语

为什么美国中东政策显得越来越被动甚至有被边缘化的趋势？首先有必要指出，拜登政策的结构性制约在于美国的全球战略与其中东政策间的内在冲突。近十多年来，历届美国政府都想把美国的全球战略重心从中东转移出去，但都没有成功。中东不再属于美国核心利益，相反却成为美国全球战略的累赘，同美国全球战略越来越不协调。无论是特朗普的"美国优先"还是拜登的"美国回来了"，美国近年来的外交战略已经很明显不再愿意把精力浪费在中东。换言之，美国在全球层面"回来了"的同时，在中东这个方向上却明确显示"美国要走了"。拜登在全球战略上反对特朗普的单边主义做法，认为其损害了美国在国际组织、盟国体系和全球事务中的领导地位，因此反复强调"美国回来了"，希望恢复美国的全球领导地位。拜登上台后快速重返世界卫生组织、巴黎气候变化协议，承诺向"新冠肺炎疫苗实施计划"（COVAX）捐款40亿美元。但是在中东问题上，拜登政府则与特朗普的政策没有实质性区别——不让中东成为美国外交的负资产，把目标设低，尽量缓解紧张局势，想方设法找到撤出中东的路径。[①]

这样的思路符合美国战略原则，但是不能由此判定拜登政府的中东政策是成功的。如果不把拜登团队的特点考虑进去，就无法完整理解其中东政策，尤其难以理解其中一些困惑之处，例如阿富汗撤军的狼狈、伊核协议的缓慢，或者美国在其他中东事务上快速撤出等问题。这些问题不仅导致美国

---

① 牛新春：《极简主义：拜登中东政策的关键词》，北京语言大学《国别和区域研究简报》2021年11月。

在中东的领导力快速丧失，甚至进而影响到美国的全球战略地位和影响力。

阿富汗撤军最能体现出拜登团队协调和行动能力的不足，最终沦为外交笑柄；而在伊核问题上，拜登团队也没有显示出足够的决断力和决心，既没决心做出实质性让步，回到核协议，也没有胆量加大对抗伊朗的强度，结果导致在原则和妥协之间欲进又止，左右为难。对于这些问题的根源很难给出明确的答案，但拜登本人及其核心团队成员都难辞其咎。无论如何，美国总体战略上的收缩和拜登团队本身的行动力不足，两个问题结合在一起，导致拜登政府的中东政策不仅是在 2021 年，甚至在拜登任内的余下时间，也很难期待有多少亮点。也许拜登很快就会意识到，就像他的前任一样，找到一个既能保护美国领导力而又不耗费太多精力和资源的策略，在中东地区根本不存在。最终的结果，很有可能会让美国变成中东的一个"被忽略的巨人"。事实上，过去一年当中，中东局势变幻莫测，中东各国掀起"两面下注"的外交浪潮，各国立场瞬息万变，军备竞赛远超以往，域内外各种力量此起彼伏。而在这个群雄逐鹿的新时代，美国在中东地区的身影似乎变得越来越模糊。

Y.21
2021年俄罗斯中东政策及其效果评估

李静雅[*]

摘 要： 中东地区紧邻高加索和中亚地区，与俄安全、经济和地缘政治利益密切相关，是俄实现强国目标的重要发力点之一。2015年俄成功介入叙利亚局势后，俄中东外交愈加自信、成熟。俄利用中东国家之间的复杂关系，主动塑造公正、务实的"协调者"形象，与土耳其、伊朗、以色列、埃及、沙特等地区主要国家保持建设性对话关系。鉴于俄能为中东各国提供的政治和经济资源有限，以及在中东复杂关系中长期保持脆弱平衡的难度较大，俄中东政策仍具有一定局限性。

关键词： 俄罗斯 中东 大国博弈 地缘政治

俄罗斯与中东地区关系悠久，不论是在俄罗斯帝国、苏联时期，还是在俄联邦时代，中东都是其外交政策的重要组成部分。2014年乌克兰危机后，俄罗斯与西方关系难见转圜，俄加快步伐重塑与东方世界及其他地区的关系。正是在该背景下，俄以叙利亚为跳板，通过灵活务实的中东政策逐步跻身于该地区最具影响力的域外大国之列。2021年俄虽未在中东地区采取大型行动，但仍在中东地区扮演重要角色。

---

* 李静雅，中国现代国际关系研究院助理研究员，主要从事俄罗斯问题研究。

一 俄中东布局重点

2021年，中东地区整体局势出现趋缓信号。拜登上台后不再继续坚持对伊朗的"极限施压"政策，重新回归伊核谈判主线。2022年伊始，美国便宣布恢复对伊朗的制裁豁免，允许其开展国际核合作项目。地区国家间矛盾和国内紧张局势同样出现缓和。地区内主要国家之间曾有的对立出现松动。2021年8月，伊朗、土耳其、沙特、阿联酋、埃及、卡塔尔、约旦等国共同出席"巴格达合作与伙伴关系会议"，实现中东地区难得一见的"大和解"。5月，在叙利亚总统大选之际，叙利亚旅游部部长穆罕默德·马提尼率领的叙官方代表团十年来首次对沙特进行正式访问。地区热点也逐步降温，叙利亚、利比亚等战局难见大规模战斗场景。此外，美国从中东收缩的趋势愈加明显，阿富汗塔利班时隔数十年后重新掌权。阿富汗局势的重大变化对地区内各国影响深远。针对以上中东地区出现的新情况，俄中东政策整体以捍卫既得利益和影响力为主。

俄罗斯在中东地区的利益目标主要有三。一是打击恐怖主义，保障国家安全。二是经济利益，包括团结重点石油供给国，稳定国际油价，使其位于俄舒适区间；争取中东市场，扩大俄与地区国家的投资和贸易合作，其中包括军售合作。三是巩固和提升俄在中东地区的政治影响力，在全球大国地缘政治竞争中争取优势。

2021年俄在中东的布局继续围绕上述三大利益诉求展开。在安全问题上，阿富汗局势突变成为俄在2021年最为关注的安全风险点。美宣布撤军后，阿局势急剧恶化，阿富汗塔利班在短时间内攻城略地，掌控多个与中亚接壤的北方省份，上千名阿富汗政府军和难民进入塔吉克斯坦、乌兹别克斯坦和土库曼斯坦，中亚与阿边境安全局势堪忧。普京警告称，"伊斯兰激进分子"可能借机渗透到中亚国家。鉴于阿富汗局势不容乐观，俄加大与中亚国家的军事合作，密集组织系列军演。8月初，俄、乌军队在乌境内与阿接壤地区举行"南部-2021"联合军演。同期，俄、乌、塔三国在塔阿边境地区也开启大规模联合军演。塔利班掌权后，俄对阿富汗塔利班拉压并举，一方面鼓励阿富汗塔利班在阿内部和解进程中发挥主导作用，支持其在国际上发出的合理诉求，呼吁阿富汗塔利班尽快与恐怖主义切割，推动其做出"不允许任何势力利用阿土地攻击他国"的承诺。另一方面，俄表态不承认阿富汗塔利班政府的合法性，敦促其组建一个包括阿富汗所有民族和政治力量的包容性政府。美冻结阿在美资产后，俄担心阿富汗塔利班缺乏资金，无力解决恐怖主义及毒品泛滥等问题，届时，阿局势动荡风险或再次影响地区稳定。在俄推动下，2021年10月召开"莫斯科模式"阿富汗问题磋商会议，参会十国表示愿意为阿提供帮助，避免阿出现经济崩溃或人道主义灾难。11月，阿富汗问题"中美俄+"磋商机制扩大会议在巴基斯坦召开，各方再次要求塔利班切实同所有国际恐怖组织划清界限，彻底清除恐怖组织在阿富汗境内的生存空间。同时，该会议强调，需对阿富汗可能出现经济崩溃、明显恶化的人道主义危机和新一轮难民潮表示严重关切。[1]

在经济合作上，俄与中东产油国同样面临全球新能源浪潮的危机，都在寻找"后油气时代"的出路。俄、沙特、阿联酋等国均开始制订本国的能源转型计划，并在新能源领域展开合作。2021年5月，俄副总理诺瓦克在俄罗斯-沙特政府间委员会会议上提议俄沙组建氢能工作组。10月，诺瓦克访问沙特，再次提出就可再生能源、核能和氢能项目开展合作。诺瓦克还特别表示，"俄罗斯和沙特作为能源大国，应谨慎处理'脱碳'问题，防止以牺牲国家能源部门的可持续性为代价，人为加速'绿色化'国际议程"[2]。土耳其阿克库尤核电站由俄罗斯国家原子能公司承建，包括4座反应堆，总装机容量4800兆瓦，预计耗资超200亿美元，第一座反应堆则将于2023年

---

[1] 《阿富汗问题"中美俄+"磋商机制扩大会议联合声明》，https://www.fmprc.gov.cn/web/ziliao_674904/1179_674909/202111/t20211112_10447445.shtml，最后访问日期：2021年12月27日。

[2] "Russian Deputy PM Novak Discusses Decarbonization, Oil Cooperation with Saudi Officials," https://www.spglobal.com/commodity-insights/en/market-insights/latest-news/energy-transition/102521-russian-deputy-pm-novak-discusses-decarbonization-oil-cooperation-with-saudi-official, accessed: 2022-01-04.

投入运行。约旦、埃及均已选定俄罗斯为其建造首座核电站。① 尽管俄与中东产油国都在努力适应新能源转型，但它们均认为在完成新能源转型之前，传统能源仍发挥重要作用。俄能源部部长在2020年世界能源周表示，尽管对可再生能源的需求有所增长，但石油和天然气至少在未来30年内还将在全球能源市场中占据最大份额。② 因此，俄与中东产油国在短期内都将致力于尽快将手中的油气资源变现，以期在新能源转型的过渡期内获得最大利益。当前，俄与中东都将市场瞄准亚太地区，这将导致双方存在一定竞争关系，但为保持油价稳定，俄仍将与中东产油国保持对话。

根据斯德哥尔摩国际和平研究所数据，中东国家2016～2020年武器进口比前五年（2011～2015年）增加了25%。其中，沙特为世界上最大的武器进口国，2016～2020年武器进口增加61%，埃及增加136%、卡塔尔增加361%。同一时间段内，由于印度进口减少，俄罗斯武器出口的全球份额呈下降趋势。③ 近年来，中东国家约占俄武器出口总额的1/3。随着美将"爱国者"防空系统、"萨德"反导系统撤出中东国家，俄迎来与中东国家开展军事合作的机遇期。

在地缘政治层面，叙利亚依旧是俄中东政策的基本盘。2020年俄罗斯和土耳其签署伊德利卜备忘录以来，叙利亚国内的军事行动烈度下降。2021年，叙利亚国内仅有数次小规模的有限军事行动，其结果也未能改变叙利亚各方的控制范围。鉴于叙利亚国内局势已基本稳定，各方力量之间逐渐达成相对稳定的平衡，俄在叙利亚的主要任务从打击恐怖主义、维护巴沙尔·阿萨德政权已逐渐转为主导叙利亚问题政治进程，巩固俄在地区取得的外交成果。2021年5月，叙总统巴沙尔·阿萨德成功连任。9月，其便出访俄罗斯，与普京详细讨论叙可持续稳定发展事宜。同月，叙利亚民主委员会执行

---

① 唐恬波：《中东能源转型的新进展》，《现代国际关系》2021年第8期。

② Россия осталась львинаядоля，https：//rg.ru/2020/10/11/novak-neft-i-gaz-ne-poteriaiut-svoego-znacheniia-eshche-kak-minimum-30-let.html，accessed：2021-12-27.

③ "International Arms Transfers Level off after Years of Sharp Growth," https：//www.sipri.org/media/press-release/2021/international-arms-transfers-level-after-years-sharp-growth-middle-eastern-arms-imports-grow-most，accessed：2022-01-04.

委员会（the Executive Committee of the Syrian Democratic Council）主席伊尔哈姆·艾哈迈德同样访问莫斯科。该委员会代表着由库尔德力量控制的叙东北部，其希望俄能帮助劝阻土耳其停止打击叙利亚库尔德势力。

除叙利亚之外，土耳其、伊朗、以色列、埃及都是俄在中东地区合作的重点国家。土耳其和以色列是地区内的关键大国，也是北约、美国的盟友。这意味着俄土、俄以关系的发展不仅有助于提升俄地区影响力，也能在大国竞争中发挥一定作用。2021年9月，普京与埃尔多安在俄索契会晤，这是两国元首在俄疫情大规模暴发后首次面对面会谈，也是普京结束自我隔离后会见的第一位国家领导人。同样在索契，以色列总理贝内特在上任仅4个月后抵俄与普京就伊核协议、双边关系等进行首次会谈。贝内特特别提到俄在该地区的特殊地位及国际作用，强调俄以两国将加强中东地区"和平、安全和稳定"的合作。伊朗奉行的反美立场与俄不谋而合，是俄构建非西方国际秩序的重要地区合作伙伴。2021年，在俄大力支持下，伊朗快步加入上合组织。2022年伊始，伊新任总统莱希便开启任后首次访俄旅程，双方对将两国关系提升至更高水平达成共识。莱希称，此次访问或将成为两国关系的"转折点"。① 埃及则长期与俄保持友好关系，被俄视为在中东地区的传统合作伙伴。2021年，俄在2015年客机爆炸事件后，首次确认全面恢复与埃及各地的直航。11月，普京同埃及总统塞西通话，双方强调在解决中东和非洲的各种危机上进一步进行协调的重要性。

二 俄中东外交特点

俄罗斯中东外交政策反思和继承了苏联时期的部分特点。在经过独立初期短暂的低迷期后，俄利用其丰富的中东外交经验，以主动谋划、控制成本、灵活行事等特点，力争取得更多战略优势，重新成为在中东地区具有重

---

① 《俄罗斯、中国和伊朗将演练共同捍卫海上利益的能力》，https://sputniknews.cn/20220119/1037178978.html，最后访问日期：2022年2月18日。

要影响力的大国。

以谨慎投入实现积极作为。受苏联解体影响，俄在独立初期的外交政策基本保持被动。普京任内，俄总体实现国家"由乱到治"，但与苏联时期不同，俄不再具有大举投入某一地区与美形成大规模竞争的必要性和实力。为改善俄与中东国家的整体关系，俄密切关注地区局势。美国卡内基国际和平基金会的报告认为，俄的中东定位非常高明。其并非要当该地区的霸主，但却表现出有能力挑战该地区主导者的姿态。这使俄能以较小前期投入享受更多成果。① 普京上台后，俄开始通过恢复与中东国家的合作修复冷战结束后趋冷的俄与中东各国关系，并通过出兵介入叙利亚局势实现俄在中东地位的逆转。在叙利亚问题上，俄看似在军事上大举投入，实际上，俄投入的军事人员并不多，且在军事作战上选择尽量减少伤亡风险的方式。在达到既定目标后，俄大部分军事人员分批撤离，只保留在叙军事基地和部分人员，保持对局势的掌控力。在阿富汗问题上，俄改变苏联时期的直接军事介入模式，转为调集资源严打恐怖主义。局势紧张期间，俄副外长谢洛莫洛托夫仍坚称，俄无意向阿富汗派遣军队。俄缺乏对阿富汗塔利班的决定性影响力，但其游走于阿各方之间，既不做出严肃承诺，又避免过度干涉阿国内局势发展，防止介入过深卷入阿国内冲突。

以实用主义政策实现利益目标。冷战时期，苏联曾在中东地区积极打造盟友圈，但最终结果并不理想，反而陷入阿富汗战争，加快苏联走向衰落。当前，俄外交政策充分吸取苏联的经验，更加的灵活务实，其政策和行动主要基于地区利益或全球目标。2000 年版俄外交构想就提出"俄外交政策基于连续性、可预测性和实用主义"，类似说法直到 2016 年版外交构想中仍在沿用。美智库兰德公司将俄外交政策的特点概括为世俗的、交易性的和非意

---

① Eugene Rumer, Andrew S. Weiss, "A Brief Guide to Russia's Return to the Middle East," https://carnegieendowment.org/2019/10/24/brief-guide-to-russia-s-return-to-middle-east-pub-8013, accessed: 2022-02-18.

识形态的。[①]

中东地区各国之间的关系涉及历史、宗教、现实利益、大国博弈等因素，相当复杂。俄所奉行的实用主义外交策略恰能更好地适应中东复杂的政治环境。正因俄不持特定立场，其反而可以利用该优势，与存在竞争关系，甚至对立关系的中东各国保持建设性关系。俄通过实用主义政策成功增加地区国家与其合作的意愿，同时减少了特定立场带来的外交成本。除叙利亚外（叙利亚政府对俄依赖度较高，短期内将与俄绑定），俄在中东并无完全绑定的盟友关系。

在俄实用主义政策指导下，俄虽与地区主要合作伙伴存在不同程度的分歧，但这并不影响双方在其他领域的合作。以叙利亚问题为基础，俄罗斯、土耳其、伊朗通过多次磨合，在利益与分歧的平衡中逐渐形成以俄罗斯为核心的地区冲突调解模式。由上述三国主导的阿斯塔纳进程在促进叙利亚国内停火、确定政治解决议程等方面展现出相当大的影响力。有叙利亚的成功经验在前，土利益虽常与俄不一致，但其已成为俄在其他地区问题上的重要对话伙伴。在阿富汗问题上，出于加强地区影响力和担心难民问题的考虑，土耳其积极发声，与俄就阿富汗问题保持密切沟通。在利比亚问题上，俄土分别支持战场中的敌对双方，但仍在分歧中寻找共识。普京在与埃尔多安会谈时称，"俄土在国际问题上的合作很成功，包括利比亚问题和叙利亚问题"[②]。在地区问题上，俄秉持的实用主义原则同样为俄提供了独特的外交优势。比如，在阿富汗问题上，俄根据联合国文件将阿富汗塔利班认定为恐怖组织，但俄在地区局势出现变化后主动调整政策，与阿富汗塔利班保持必要沟通，这使得俄在 8 月阿富汗变局后能快速形成外交优势，成为各方围绕阿富汗问题进行有效协调的主要对话国。

军事和外交手段相互促进。俄外交手段和军事成就是俄大国梦的重要基

① Becca Wasser, "The Limits of Russian Strategy in the Middle East," RAND Center for Middle East Public Policy（CMEPP），2019 November, p. 5.

② 《普京称与土耳其在国际问题上的合作很成功》，https：//sputniknews.cn/20210929/1034564717.html，最后访问日期：2022 年 4 月 8 日。

础。对俄而言，军事也可作为特殊的外交手段之一。特别在中东地区，俄在战场上的成功使其在外交上获得更多主动权；外交上的成功又反过来进一步巩固俄取得的战果。美国国际战略研究中心（CSIS）认为，俄武装部队总参谋部制定了俄罗斯的叙利亚政策，而俄外交部巧妙地通过外交手段利用和促进战场上的军事成功。[1] 在阿富汗变局中，俄军事和安全能力为其外交发力护航。2015年以来，俄情报机构一直在密切关注阿境内恐怖组织动态，并与阿富汗塔利班分享相关情报。[2] 阿富汗塔利班如此快速夺权虽在俄意料之外，但俄对外情报局对阿局势发展的整体趋势早有预判。在情报支撑下，俄对阿变局可能产生的影响做出提前部署，这也使俄在变局发生后能快速反应，成为少数几个"处变不惊"的大国，为俄主导阿富汗问题外交协调奠定基础。阿政局出现变化前后，俄多次连同中亚国家举行军演，不仅在军事上施压，防止阿变局风险外溢，外交上还借此进一步巩固与中亚国家的关系。阿富汗变局期间，中亚国家与俄的合作意愿明显上升。除中亚国家外，随着阿富汗局势的进一步发展，俄借势开展新一轮近邻外交，通过阿富汗问题会议和阿富汗邻国外长会议等平台与中、俄、伊、巴（巴基斯坦）等保持必要协调，同时也将反对阿富汗塔利班、立场尴尬的印度同样纳入对话国。

大国博弈与地区外交同频共振。俄加大对中东地区的外交经营既是出于与美西方全球博弈的政治需求，也是俄在西方挤压下维护自身利益的客观需要。长期以来，中东地区便是美苏（俄）竞争的主舞台之一。冷战时期，美苏各显身手，不断在中东上演攻防战，1948年的阿以战争、1956年的苏伊士运河危机、1967年的"六日战争"、1973年的"赎罪日战争"以及20世纪80年代的两伊战争背后均能看见美苏背影。冷战后初期，美成为中东

---

① The Center for Strategic and International Studies（CSIS），"The Evolution of Russian and Iranian Cooperation in Syria," https：//www. csis. org/analysis/evolution – russian – and – iranian – cooperation–syria, accessed：2022-02-18.

② Dara Massicot，" Can a Pragmatic Relationship with the Taliban Help Russia Counter Terrorism?" https：//nationalinterest. org/feature/can–pragmatic–relationship–taliban–help–russia–counter–terrorism-193101, accessed：2021-11-01.

地区唯一的外部主导国。随着俄国家实力逐步恢复，俄再次重回中东地区，与美西方展开利益争夺和合作。

拜登上台后，美俄博弈的底色未变，体现在中东地区则是双方继续围绕军事、外交等议题展开缠斗。拜登虽有意减少对中东地区的投入，但任何一个大国都不敢在中东地区一走了之。就像一位美国学者指出的，"如果你不在餐桌上，那你就会在菜单上"①。美从阿富汗撤军后，俄利用与阿富汗塔利班长期接触的优势，迅速提升其在阿富汗问题上的话语权。美俄在博弈的同时，两国仍在寻求最基本的安全对话。2021 年 6 月，普京与拜登就战略稳定和双边关系等问题举行会晤。会议未能取得令人鼓舞的成果，但双方均强调建立"稳定和可预测"的双边关系。俄专家认为，中东议题是此次会晤的话题之一。两国在中东问题上的不同优先级，对双方相互摸清底线、建立合作和稳定对话有所助益。② 实际上，在此次会议后，美俄外交官达成妥协，提出联合国安理会关于向叙利亚提供人道主义援助的联合决议案。在此之前，人道主义物资运送路线问题多年来一直是俄与西方之间的矛盾点。③

总体看，当前俄美中东博弈态势是俄主动谋划，美加速收缩。在美后撤背景下，俄将获得更多机会，但美国的战略收缩并不意味着美中东政策的失败，或美国在中东地区影响力迅速下降，美俄在中东的影响力仍是美强俄弱的不对称结构。此外，中东也为俄打破西方孤立，突破西方经济制裁，拓展战略空间提供良好机会。从地区本身看，俄与中东的能源、军售等贸易关系并未受到西方对俄制裁不断加码的严重影响。甚至是北约国家土耳其也继续保持与俄合作，在美压力下仍未放弃从俄购买 S-400 防空系统。从俄欧关系看，欧洲国家深受中东动荡的影响，在中东问题上愿意与俄协调，防止中东无序进一步损害欧洲国家利益。特别在伊核问题上，特

---

① 牛新春：《如何看中东地区的"美退俄进"》，《世界知识》2020 年第 2 期。

② Дмитрий Поляков, Тень Ближнего Востока над《Женевой》, https://russiancouncil.ru/blogs/Dmitry_ Polyakov/35519/? sphrase_ id = 89972200, accessed：2022-04-12.

③ Зачем Асад и сирийская оппозиция приезжали в Москву, https://carnegie.ru/commentary/8536, accessed：2021-12-29.

朗普任内美退出伊核协议给欧洲国家带来新的不确定性，反而促使欧洲国家就该问题与俄加强沟通。

三 评估

从俄当前中东外交成果看，俄中东政策效果不仅体现在地区内，还对俄全盘外交产生影响。

俄中东"调解人"经验被广泛应用。俄经济发展速度和体量虽未能排在全球前列，但其大国雄心始终未变。近年来，俄与西方国家的交往并不顺利，反而在东方和其他方向屡获进展，特别是通过参与地区热点，以冲突调停人形象获得好评。中东地区正是俄树立全球冲突"调解人"的舞台。在中东国家眼中，俄是全球政治最主要参与国之一。俄在叙利亚、利比亚、阿富汗等诸多中东地区的热点问题上，成功通过"调解人"角色彰显大国形象。

对俄而言，调解人地位既有助于节约外交成本，可进可退，又可避免得罪矛盾双方，反可借助俄灵活外交政策，打造俄外交亮点。因此，近年来，俄对自己"调解人"的身份多加强调。如在纳卡问题上，俄与立场不同的土耳其进行协商，并最终推动阿塞拜疆和亚美尼亚达成停火协议。普京称，"俄罗斯只是纳卡问题有关协议的调解人"[①]。如此一来，俄能较大程度维护与阿、亚双方关系，并在该问题上保持影响力。乌东问题虽与俄密切相关，但俄多次指出，俄不是乌克兰问题的冲突方，而是明斯克协议规定的协调人。除地区问题外，随着中美矛盾加剧，俄试图将其调解人的协调范围进一步扩大。俄外长拉夫罗夫表示，"若收到提议，俄不反对在中美之间扮演

---

① Путин：Россия была только посредником при заключении договора по Карабаху, https：//www.gazeta.ru/politics/news/2020/11/22/n_15261805.shtml? updated，accessed：2022 - 04 - 08.

协调人角色"①。

俄中东外交对俄其他外交关系产生互动式影响。其一，土耳其积极介入协调俄乌矛盾。土耳其一面支持乌对克里米亚的领土主张，一面不放弃与俄保持友好关系，这使土能够得到俄乌双方的不同政治资源。为证明土作为地区崛起强国对世界政治和外交的影响力，同时也为在俄与西方之间收获更多筹码，土积极参与俄乌调停，并提议于2021年11月在伊斯坦布尔举行俄乌峰会。其二，提高俄在亚非拉小国中的影响力。俄知名期刊《全球政治中的俄罗斯》刊文指出，俄罗斯在叙利亚的成功，以及近年其不断加强与埃及高质量伙伴关系、提高对利比亚事务的参与度等均为俄"打开"非洲大门创造机会。非洲地区国家从俄身上看到了一个不放弃盟友、自主独立的地区外交参与者。对非洲国家而言，俄没有足够的资源在中东或非洲建立霸权国地位，其行为也不以成为霸权国为目的。总体看，与俄开展外交关系可助非洲国家捍卫主权、实行多元化外交政策和削弱地区国家对域外大国的过度依赖。② 事实上，俄近年与非洲国家的整体关系不断升温。俄非洲政策的实施手段与俄中东政策落实亦有相似之处。

俄式治理观宣传借机发力。美俄在中东竞争的另一侧面是软实力竞争。美在中东传播美式民主概念，支持多国反对派以街头革命方式推翻原政府，从而建立亲美的中东国家集群，但这导致中东部分国家长期陷入内战和混乱。与美不同，俄以协调人身份出现，宣传民主不可从外部强加，国家有权根据本国的历史、文化、传统和现实情况选择自身发展道路，美国"民主、自由"等概念并不具有普适性。美国智库昆西负责任治国研究会研究员阿纳托尔·利文分析认为，俄对民主的"特殊"认知可能基于其90年代改革混乱的痛苦记忆，是对当时国家脆弱性的恐惧，因此对"快速改革"抱有

① Россия не откажется от роли посредника между США и Китаем, https：//ria.ru/20200710/1574161086.html，accessed：2022-04-10.

② Возвращение в Африку Как сделать его приоритетом российской политики, https：//globalaffairs.ru/articles/vozvrashhenie-v-afriku/，accessed：2022-01-27.

深切怀疑。① 而在 21 世纪初期，美在俄周边地区策动多起"颜色革命"使俄坚信民主制度必须与国家历史和现实相适应。近年来，随着俄保守主义思潮愈重，俄国内强调保护俄传统文化和道德观的重要性，对外则重视从领土主权到文化主权等的不可侵犯性。

从现实看，中东乱局无疑是体现俄民主价值观正确性的最好平台。俄支持叙利亚巴沙尔政府，谴责外国军队在"未经联合国决定"和大马士革批准的情况下驻扎叙利亚，称它们阻碍该国的团结和重建。② 俄罗斯外长拉夫罗夫也曾表示，美国在叙利亚的存在是一种占领，其行为是非法的。③ 俄瓦尔代国际辩论俱乐部知名学者博尔达切夫直言，"俄罗斯和西方国家的中东战略在现代世界最重要的问题上发生冲突，即关于违反联合国系统框架下国家主权平等原则的问题"④。

2021 年的阿富汗变局更是为"俄式民主观"提供真实案例。在俄看来，美对阿富汗政策的最终目标是将阿富汗改造为符合西方审美的民主国家。20 年来，美在阿富汗投入颇多，但阿富汗社会和经济固有的问题未能妥善解决，美国的价值观在阿社会，特别是阿乡村地区出现明显的不适性。阿富汗塔利班上台掌权意味着美民主实践全面落败。普京在与德国时任总理默克尔会晤后的新闻发布会上提到阿富汗问题时表示，"须停止从外部强加价值观的不负责任政策；停止在不考虑历史、民族、宗教特殊性和当地传统特征的情况下，按照他人'模式'塑造民主……此类社会政治'实验'从未取得成功，只会导致国家毁灭，政治和社会制度退化"⑤。

① Anatol Lieven, "Russia Is Right on the Middle East," https：//foreignpolicy. com/2021/11/30/ russia-is-right-on-the-middle-east/, accessed：2021-12-28.

② Встреча с Президентом Сирии Башаром Асадомб, http：//kremlin. ru/catalog/persons/120/ events/66678 accessed：2021-12-27.

③ Это предлог：Лавров раскритиковал США за планы по Сирии, https：//www. gazeta. ru/ army/2019/10/30/12784472. shtml, accessed：2022-01-04.

④ Россия на Ближнем Востоке：десять лет после арабской весны, https：//ru. valdaiclub. com/ a/highlights/desyat-let-posle-arabskoy-vesny/, accessed：2022-01-02.

⑤ Пресс - конференция по итогам российско - германских переговоров, http：//www. kremlin. ru/catalog/persons/55/events/66418, accessed：2021-10-29.

中东地区是俄自 20 世纪 90 年代以来外交经营最为成功的地区之一。但同时也要看到，目前，俄与中东国家的各领域合作尚不足以撼动美与大多地区国家的亲密关系，彻底改变地区国家的地缘政治选择。俄罗斯中东政策本身也具有一定局限性。

首先，中东地区是俄外交重要方向，但并非俄外交核心。随着新冠疫情持续、大国博弈日趋激烈，俄外交谋略更趋整体化，其对疫后全球未来秩序、格局和规则进行了更深入的思考。在该背景下，俄欲抓住世界大变局的契机，为俄未来发展创造更有利的外交环境。2021 年，俄外交关注重点之一是俄与西方关系。不论是普京首次疫后外访与拜登会晤，还是乌克兰局势两次严重加剧，俄西关系都是俄 2021 年外交的最重要主题。俄西关系长期困难已严重影响俄西部安全，特别是 2021 年末，俄西围绕乌克兰问题紧张对峙，双方不断造牌出牌，双方大军压境。俄亟待与西方通过安全保障谈判解决俄长期面临的安全困境。尽管俄西对话未能取得突破，但拜登上台后，双方对话频率明显提高。2021 年期间，俄美在首脑、外交、军事等级别均在开展对话。俄国际事务理事会主任科尔图诺夫在文章中表示，"尽管中东局势对俄来说意义重大，但该地区仍不比乌克兰一般是俄外交和国内政策的核心问题。因此，与当今俄西关系分裂等其他国际问题相比，俄在中东问题上的策略甚至战略转变更有可能发生"①。俄另一外交重点在独联体地区。独联体地区被认为是俄视为跻身全球强国的必备基本盘和安全保障区。阿富汗变局后，俄率先与中亚地区加紧互动，并突出发挥集安组织作用。在 2022 年初的哈萨克斯坦动荡的局势中，俄亦扮演重要角色，为哈政局维稳提供重要力量。在俄美围绕乌克兰的博弈中，白俄罗斯坚定地站在俄一方，同俄共同举办军演，允许俄在其境内部署防空系统。白俄总统卢卡申科甚至警告，白俄可能会决定接纳俄罗斯在其领土上部署核武器。中东问题与上述两个重点方向相比，其重要性和优先级显然要次一级。

---

① Россия на Ближнем Востоке：тактические победы и стратегические вызовы，https：// russiancouncil. ru/analytics-and-comments/analytics/rossiya-na-blizhnem-vostoke-takticheskie- pobedy-i-strategicheskie-vyzovy/，accessed：2021-12-29.

其次，俄中东政策效果渐已触摸到"天花板"。2015年后，俄在中东影响力的提升有目共睹，但未来在此基础上进一步拔高关系的难度较大。其一，苏联解体后，俄罗斯在中东立足的"第一枪"是通过为叙利亚政府提供"保护"而打响，不论是之后的利比亚战争，还是2021年突发的阿富汗局势，俄军事实力都在其中发挥重要作用。但当前叙利亚等国局势不再以战争为主线，在国家重建过程中，俄最具有优势的军事实力和"保护者"角色不再发挥如战时般重要的作用。而俄经济力量的薄弱则使其在后续的发力中存在短板。从俄在中东的经济利益看，俄近年来不断受到西方制裁为中东对俄投资增加不确定性。2021年末，乌克兰局势恶化后，美欧多次威胁对俄实施严厉制裁，以给予其经济"巨大打击"。俄希望寻求与海湾国家主权财富基金（SWF）进行投资交易，为俄工业发展和基础设施建设提供急需的资金，并以此作为规避制裁的手段。海湾国家恰可利用此类投资作为筹码，使俄在其外交和政治的优先项上做出妥协。① 其二，尽管俄务实性外交政策将最大程度灵活处理中东地区的各类关系，但隐藏在友好对话下的风险和隐患并未消失。特别是土耳其仍是北约国家，还在近年越来越显露出对俄周边地区的兴趣，在南高加索地区、中亚地区和乌克兰问题上频频动作和发声。一旦俄与地区国家之间的脆弱关系网难以维持平衡，俄就很难继续充当各国都认可的"协调人"。此外，中东地区国家之间"时紧时松"的关系也考验俄的应对水平。

---

① Becca Wasser, "The Limits of Russian Strategy in the Middle East," RAND Center for Middle East Public Policy（CMEPP）, 2019 November, p. 6.

中 阿 关 系
Sino-Arab Relations

Y.22
中阿经贸合作的现状和展望

罗 林*

摘　要： 在百年变局和世纪疫情交织叠加的背景下，中阿双方比以往任何时候都更需要加强合作、共谋发展。当前，中国与阿拉伯国家政治领域互动频繁，经贸合作日趋密切，围绕"一带一路"合作日趋深化。从长远看，促进中阿战略伙伴关系实现新跨越，推动中阿命运共同体建设不断走深走实，可更好造福中阿双方人民。

关键词： 中阿　经贸合作　命运共同体

　　当前，中国与阿拉伯国家处于历史上最好时期。中阿双方在政治领域互动频繁，经贸合作日趋密切，"一带一路"合作日趋深化。

* 罗林，教授、博士生导师，教育部高校国别和区域研究工作秘书处主任，教育部国别和区域研究基地北京语言大学阿拉伯研究中心主任，北京语言大学中东学院院长、国别和区域研究院院长，主要研究领域为阿拉伯-伊斯兰文化和中东问题等。

一 中阿政治交往日趋密切

中国与阿拉伯国家交往源远流长，友谊深厚。双方在许多重大国际问题上立场相近，在国际舞台上相互尊重、相互支持。阿拉伯国家在恢复新中国在联合国合法席位和台湾问题上给予了中方有力的支持。中国坚定支持阿拉伯民族解放运动，坚决支持阿拉伯国家捍卫国家主权和领土完整，争取和维护民族权益，反对外来干涉和侵略，支持阿拉伯国家发展经济、建设国家的事业。习近平总书记指出，中国同阿拉伯国家是共建"一带一路"的天然合作伙伴，双方应该坚持共商共建共享原则，打造中阿利益共同体和命运共同体。中东动荡，根源出在发展，出路最终也要靠发展。中阿双方要做中东和平的建设者、中东发展的推动者、中东工业化的助推者、中东稳定的支持者、中东民心交融的合作伙伴。中阿建立全面合作、共同发展、面向未来的战略伙伴关系，双方为增进战略互信、实现复兴梦想、实现互利共赢、促进包容互鉴而共同努力，携手推进"一带一路"建设，努力打造中阿命运共同体，为推动构建人类命运共同体做出贡献。

中国同阿拉伯国家关系逆势前行，以鲜明的稳定性应对各种不确定性，继续焕发出生机与活力，成为国家间关系的典范和南南合作的样板。中阿双方往来密切，习近平主席同多位阿拉伯国家元首多次通话、互致信函，为中阿关系发展指明方向、定下道路。2022年开年以来，双方高层克服新冠疫情影响，互访频繁。2月5日，国家主席习近平在人民大会堂会见出席北京2022年冬奥会开幕式的埃及总统塞西、阿联酋阿布扎比王储穆罕默德和卡塔尔埃米尔塔米姆。

2022年1月10日至14日，国务委员兼外长王毅先后同来访的沙特外交大臣费萨尔、巴林外交大臣扎耶尼、科威特外交大臣兼内阁事务国务大臣艾哈迈德、阿曼外交大臣巴德尔、海合会秘书长纳伊夫举行会谈，同阿联酋外交与国际合作部部长阿卜杜拉举行电话会晤。

2022年3月13日至25日，中国政府中东问题特使翟隽先后访问沙特、约旦、巴勒斯坦、埃及、苏丹和摩洛哥，分别会见沙特外交国务大臣朱贝尔、沙特外交部政治经济事务次大臣萨提、沙特国家安全委员会前秘书长班达尔亲王，伊斯兰合作组织秘书长塔哈，约旦副首相兼外交大臣萨法迪，巴勒斯坦总统阿巴斯，埃及国家情报总局局长阿巴斯、外交部阿拉伯事务部部长助理穆萨、阿盟秘书长盖特，苏丹主权委员会主席布尔汉、苏丹乌玛党主席法德勒拉，摩洛哥外交大臣布里达。

3月20日，国务委员兼外长王毅在安徽屯溪同到访的阿尔及利亚外长拉马拉举行会谈。3月22日，国务委员兼外长王毅在应邀出席伊斯兰合作组织外长会期间在伊斯兰堡会见沙特外交大臣费萨尔、埃及外长舒克里、索马里外长阿卜迪赛义德。3月30日，国务委员兼外长王毅在安徽屯溪会见出席"阿富汗邻国+阿富汗"外长对话的卡塔尔副首相兼外交大臣穆罕默德。

中国还积极支持并参与阿联酋迪拜世博会。迪拜世博会是在中东、非洲和南亚（MEASA）地区举办的首届世博会，迪拜世博会于2022年3月31日圆满闭幕。本届世博会共有192个国家和多个国际组织参展，中国馆"华夏之光"是本届迪拜世博会最受欢迎的展馆之一，累计接待参观者超176万人次。此外，中国馆还获得国际展览局颁发的迪拜世博会大型和超大型自建馆建筑类"世博会奖"铜奖，这也是中国馆连续4次获得世博会重要奖项。

随着中阿战略伙伴关系基础更加牢固，人民友谊更加深厚，合作前景更加光明，中阿经贸合作也将不断走向深入。

二 经济合作不断深化

（一）经贸合作持续增长

中阿双方加强经贸合作机制建设，持续深化贸易、投资和金融等领域合作，贸易规模不断扩大。2021年，中国同阿拉伯国家整体贸易额达3302.6

亿美元，同比增长 37.7%，其中，我进口额达到 1827.9 亿美元，同比增长 56.6%，我出口额达到 1474.7 亿美元，同比增长 19.8%，中国稳居阿拉伯国家第一大贸易伙伴国地位。

海湾 6 国（沙特、阿联酋、阿曼、科威特、卡塔尔和巴林）对华贸易额增长最为迅速，对华贸易额达到 2328.8 亿美元，同比增长 44.1%，其中我国进口额达到 1454.4 亿美元，同比增长 60.3%，我国出口额达到 874.4 亿美元，同比增长 23.3%。北非 10 国（埃及、阿尔及利亚、摩洛哥、利比亚、毛里塔尼亚、吉布提、苏丹、突尼斯、索马里和科摩罗）对华贸易额达到 504.6 亿美元，同比增长 29.9%，其中我国进口额达到 98 亿美元，同比增长 74.9%，我国出口额达到 406.6 亿美元，同比增长 22.3%。

按照国别来看，沙特阿拉伯对华贸易额长期位列阿拉伯国家榜首，2021 年对华贸易额达到 873.1 亿美元，同比增长 30%，我国进口额达到 569.9 亿美元，同比增长 45.9%，我国出口额达到 303.2 亿美元，同比增长 7.9%。第二名是阿联酋，对华贸易额达到 723.6 亿美元，同比增长 46.6%，其中我国进口额达到 285.4 亿美元，同比增长 67.3%，我国出口额达到 438.2 亿美元，同比增长 35.6%。第三名是伊拉克，对华贸易额达到 373 亿美元，同比增长 23.4%，其中我国进口额达到 266.1 亿美元，同比增长 37.8%，我国出口额达到 106.9 亿美元，同比下降 2.1%。其他对华贸易额超过 100 亿美元的国家有：阿曼（对华贸易额达到 321.4 亿美元，同比增长 71.5%，其中我国进口额达到 285.7 亿美元，同比增长 82.4%，我国出口额达到 35.7 亿美元，同比增长 15.9%）、科威特（对华贸易额达到 221.3 亿美元，同比增长 54.9%，其中我国进口额达到 177.4 亿美元，同比增长 65.2%，我国出口额达到 43.9 亿美元，同比增长 23.6%）、埃及（对华贸易额达到 199.8 亿美元，同比增长 37.3%，其中我国进口额达到 17.1 亿美元，同比增长 84.8%，我国出口额达到 182.7 亿美元，同比增长 34%）和卡塔尔（对华贸易额达到 171.7 亿美元，同比增长 57%，其中我国进口额达到 132.1 亿美元，同比增长 59%，我国出口额达到 39.6 亿美元，同比增长 50.5%）。

所有阿拉伯国家中，除也门（对华贸易额 30.4 亿美元，同比下降

14.4%）、苏丹（对华贸易额 26 亿美元，同比下降 20.8%）和叙利亚（对华贸易额 4.8 亿美元，同比下降 42.1%）外，其他国家的贸易额都有所增长。

投资合作稳步发展。截至 2020 年底，中国对阿拉伯国家直接投资存量达 201 亿美元，阿拉伯国家来华投资累计 38 亿美元，2021 年 1~12 月，我对阿盟 22 国非金融类直接投资达到 20 亿 2713 万美元；金融类直接投资额达到 2 亿 8313 万美元；全行业直接投资达到 23 亿 1026 万美元，同比增长 103.28%。双方的投资范围越来越广，涵盖油气、建筑、制造、物流、电力等众多领域，持续助推阿拉伯国家工业化发展和经济转型。

中信戴卡铝车轮项目是中国对摩投资规模最大的项目，是中摩两国现代化工业合作的标志性工程，也是中摩投资合作的典范。该项目 2019 年建成投产以来，为摩汽车行业发展做出了积极贡献。2022 年，中信戴卡决定继续加大投资建设铸件工厂，计划总投资 18 亿迪拉姆，将为当地创造 760 个就业岗位。项目分两期进行，其中一期年产铸件 500 万只。中信戴卡在工业数字化和智能化方面的先进技术，将有利于提高摩汽车制造业国际竞争力。

（二）油气合作始终是中阿合作的重要内容

石油贸易是中阿经贸合作的重要领域。在全球能源转型加速的大背景下，中阿油气开发与石油炼化合作持续深化拓展，中国与多个产油产气国的合作不断升级。

目前中国石油化工股份有限公司（以下简称"中国石化"）与沙特阿拉伯国家石油公司（以下简称"沙特阿美"）的合资企业共有 3 家，分别是位于中国境内的福建联合石油化工有限公司（以下简称"福建联合石化"）、中石化森美（福建）石油公司，以及位于沙特的延布阿美中石化炼油公司。2022 年初，双方签署谅解备忘录，进一步强化长期合作关系，将合作范围拓展至包括中国石化现有炼油化工和未来扩建项目，同时双方还将共同优化合资企业福建联合石化的运营。

2021 年 3 月，中国石化和卡塔尔能源公司签署了为期 10 年、每年 200 万吨的液化天然气（LNG）长期购销协议。青岛 LNG 接收站是中国石化首座 LNG 接收站，也是连续 3 年保供体量位列全国前三的华北地区主力气站。目前，青岛 LNG 接收站正加速推进世界最大、国内首台 27 万立方米储罐和双泊位 LNG 码头建设，进一步提升资源接转效率和能源保障能力，为华北、华中地区社会经济高质量发展提供更加安全、清洁、低碳的能源，为保障国家能源安全、优化地区能源结构贡献力量。4 月 3 日，青岛 LNG 接收站首次接收来自卡塔尔的 20.5 万立方米液化天然气，这些天然气资源可供 20 多万户家庭使用一年，可相较煤减排二氧化碳约 35 万吨。

2022 年初，中石化广州（洛阳）工程公司与阿尔及利亚国家石油公司签署 LNG 储罐项目合同，这是该集团成立以来在非洲承担的首个工程总承包项目。该项目位于阿尔及利亚斯基克达港，建设内容包括拆除两个原有的 7.6 万立方米 LNG 储罐，在原址新建一座容量为 15 万立方米的 LNG 储罐及配套设施。该项目建成投用后，将进一步提高阿尔及利亚国家石油公司 LNG 出口能力。

（三）合作领域持续拓宽

中阿双方持续构建以能源合作为主轴，以基础设施建设、贸易和投资便利化为两翼，以核能、航天卫星、新能源三大高新领域为新的突破口的"1+2+3"合作格局，致力于建立"油气和低碳能源"双轮驱动、"金融与高新技术"两翼齐飞的合作新机制。中国与阿拉伯国家间各领域合作愈加密切深入，在传统领域合作不断深化的同时，还进一步拓宽了合作的范围，主要体现在以下几个方面。

1. 物流合作快速发展

阿拉伯地区地缘优势突出，在洲际贸易中的地理位置十分优越，各国政府都高度重视物流业的发展，在道路、港口、铁路和机场等项目上的投入力度加大，将其作为经济转型的重要组成部分，以增加跨境贸易。

中国港湾工程有限责任公司（以下简称"中国港湾"）承建了埃及第

二大城市亚历山大的阿布基尔集装箱码头项目，该项目施工内容包括码头、疏浚、吹填、航道整治、护岸、防波堤，以及消防、水电、钢网等相关配套设施。该项目将建设 1.2 公里的集装箱码头岸线和 60 多万平方米的堆场，建成后阿布基尔港的年吞吐量可达 200 万标准集装箱。预计该项目开工后 3 个月内，将为当地提供 1800 多个就业岗位，建成后也将极大促进当地经济社会发展，辐射周边经济生活圈，持续带动就业。

2021 年 4 月 30 日，中国铁建中国土木与当地企业共同建设的阿联酋联邦铁路二期项目开始正式铺轨，该项目地质条件复杂，穿越广袤沙漠、戈壁，以及多个阿联酋国家重地。建设团队在项目执行欧美标准、工期紧张、疫情防控等压力下，采用了全套"中国制造"的施工生产设备进行铺轨作业。建成通车后，阿布扎比与迪拜两大酋长国将实现铁路"双线连接"，覆盖阿联酋主要工业中心、制造中心、物流中心、人口密集区和重要港口口岸，未来将助力阿联酋经济建设和民生事业发展，造福当地社会和人民。

2. 农业合作提质升级

农业合作是深化中阿多领域合作的重要路径，埃及、摩洛哥和苏丹等国是传统农业大国，有着强烈的农业发展需求，中国具有农业治理经验，双方对开展农业合作有着共同意愿。中阿农业技术转移中心 2015 年在宁夏设立，该中心是加强中阿农业多领域交流合作的重要平台。近年来，宁夏已分别在毛里塔尼亚、吉尔吉斯斯坦、约旦建立了海外分中心，加强与这些国家在农业管理及科技等方面的交流合作。

农业是苏丹重要的经济部门，约占国内生产总值的 30%。棉花合作种植项目是苏中农业合作的代表性项目之一，为苏丹经济社会发展做出了贡献，由山东新纪元农业发展有限公司运营的中国-苏丹棉花合作种植项目已成为中苏农业合作的重点项目之一。公司通过改善棉花品种、自主农户种植、打通销售渠道，根据当地的土地、水源、光照等情况给予技术指导等方式，帮助当地农民脱贫致富。同时，在当地推行"公司+灌区+农户"的合作种植模式，对解决当地民众就业、提高苏丹棉花种植和加工水平产生了积极影响。目前，当地棉花种植面积超过 20 万亩，每年可创造 4 万多个就业岗位，有效改善了当地人民的生活条件。

中国-埃及农业合作亮点纷呈。随着共建"一带一路"倡议与埃及"2030愿景"的深度对接，双方不断创新合作形式、拓宽合作领域，在科技园与孵化器、人员交流、联合实验室等方面开展了密切合作，呈现持续合作的良好势头。针对埃及高温干旱、水资源短缺，以及水资源利用效率低的问题，宁夏大学与埃及艾因沙姆斯大学合作建立智能节水灌溉实验室，在埃及国家研究中心农场和埃及沙漠研究中心农场共建总面积320亩的两个风光智能节水灌溉试验基地，并与当地企业合作，示范推广3万多亩。共建智能节水灌溉实验室是近年来中埃科技合作的一个缩影。较当地技术节水20%以上，对埃及发展节水农林业、提高农林业综合生产能力具有推动和支撑作用。埃及农业研究中心沙漠农场里的青芒果试验田安装了中国的地下渗灌管道灌溉系统，不受紫外线照射，使用寿命长。地下管道与风能、太阳能提水设备和手机智能控制灌溉设备一起组成了智能风光互补节水灌溉系统，可以将水分直接送到植物根部，比传统灌溉更加绿色环保高效，通过手机就能实现远程控制。

为当地民众带来希望的是中埃两国合作的荒漠钻井项目。埃及的可耕地面积约占国土总面积的3.7%。为扩大农田面积，改变粮食大量依赖进口的局面，2015年，埃及提出"百万费丹"（1费丹约合4200平方米）土地开垦计划。而要开垦土地，水利灌溉是关键。4年前，中国企业中曼石油埃及分公司承担了在荒漠中钻探300口水井的工作。截至2020年10月，中方已完成154口水井的钻探，单井出水量最高可达1000立方米每小时。使用井水改造的土地中，已有30%投入使用。在沙漠中成功打出水井，为持续推进"百万费丹"土地开垦计划提供了保障。

3. 高新技术合作全面开花

中阿"5G"、大数据、人工智能、航空航天等高新技术合作方兴未艾，中国产品、中国技术、中国标准在阿拉伯世界的认可度不断提升，也越来越多地参与到当地的高科技项目中。

阿联酋在20世纪70年代开始大规模引入海水淡化技术。根据其"2030

海水淡化规划"，到 2030 年阿联酋的海水淡化日产水量将超过 340 万立方米。在阿联酋全国 700 多公里的海岸线上，分布着众多使用不同工艺的海水淡化厂。其中，中国能源建设集团有限公司负责建造的乌姆盖万海水淡化厂是阿联酋全国最大的淡化厂之一，是全球第二大膜法海水淡化厂，也是中企在全球承揽的最大海水淡化工程之一，将惠及阿联酋 220 万居民。该项目在 2022 年 8 月顺利实现商业运行。

由中国电建所属山东电建三公司承建的世界最大单体反渗透海水淡化项目——沙特拉比格三期海水淡化项目于 2022 年竣工投产。该项目采用世界先进反渗透技术，日产水量 60 万立方米，每天可向吉达、麦加等沙特主要城市 200 多万户居民提供基本生活用水。项目工程建设期间，为当地提供工作岗位 3500 余个，采购当地设备、材料占总物资的 40%，为当地 GDP 直接贡献约 2 亿美元，带动了沙特经济增长。作为世界最大单体反渗透海水淡化项目，该项目已载入吉尼斯世界纪录，并获沙特麦加省 2021 年度经济卓越奖和建设创新奖提名。

中国能建葛洲坝集团搭建科威特穆特拉新城雨水收集项目。300 多万块"绿色积木"是科威特首次从中国引进的雨水收集模块，具有性价比高、稳定性好、过滤性强的特点。建设者们正在用这些"绿色积木"搭建 52 个超大型雨水收集池，总体容积约为 65 万立方米，其中超过 1 万立方米的收集池 39 个，最大可达 2 万立方米，为超大型雨水收集池。项目进展迅速，截至 2020 年 2 月，已完成 39 个雨水渗透池，将有效收集地表雨水、回灌地下水、丰富城市生活及灌溉用水，提升科威特绿化面积，为建设绿色、环保、高端的现代化新城发挥巨大作用。

4. 抗疫合作带来新亮点

截至 2021 年 8 月，中方已经向阿拉伯国家援助和出口了近 1 亿剂中国产的新冠疫苗，与阿联酋、埃及等国开展联合灌装生产合作，有力支援了阿拉伯国家抗疫工作。华大基因与巴林阿拉伯海湾大学签订框架协议，将以此为基础加强医疗和学术服务、培训和技术许可使用授权方面的合作，同时也将为巴林基因健康相关项目提供支持和帮助。协议签订后，双方将建立公共卫生服务领域及其相关培训、教育和研究领域等多方面的合作关系，并制定机构合作框架，以增强可以满足区域需求的基因组测序和临床服务能力。

4月14日，中国科兴公司援建埃及疫苗冷库项目举行开工仪式。该项目占地面积2800平方米，建成后可储存约1.5亿剂疫苗。中国科兴公司援建的现代化疫苗冷库将大大提升埃及的疫苗本地化生产和疫苗储存分配能力，助力埃及实现2022年年中接种70%人口的目标。中国驻埃及大使廖力强表示，这一项目的成功启动是中埃抗疫合作的又一历史性时刻。新冠疫情暴发以来，中埃两国始终并肩抗疫，在卫生健康领域开展了卓有成效的合作，深化了两国传统友谊和政治互信，树立了国际合作抗疫的典范。中方将积极落实两国元首达成的重要共识，继续加强同埃方在卫生健康领域的合作。

三　高质量共建"一带一路"深入推进

共建"一带一路"是习近平总书记深刻思考人类前途命运以及中国和世界发展大势，推动中国和世界合作共赢、共同发展做出的重大决策。坚持以共商共建共享为原则推动"一带一路"建设，既对新时代我国开放空间布局进行了统筹谋划，又对中国与世界实现开放共赢的路径进行了顶层设计，是新时代中国特色大国外交的重大创举，是我国今后相当长时期对外开放和对外合作的总规划，是我们党关于对外开放理论和实践的重大创新。

进入21世纪以来，面对各种全球性挑战，要和平、谋发展、促合作日益成为世界各国的共同关切和强烈愿望。加强政策对接，形成发展合力，日益成为破解发展难题的现实选择。习近平总书记洞察这一历史趋势，顺应时代潮流，创造性地传承弘扬古丝绸之路这一人类历史文明发展成果，并赋予其新的时代精神和人文内涵，提出了共建"一带一路"重大倡议。

共建"一带一路"搭建了广泛参与的国际合作平台，为全球治理体系改革提供了中国方案，成为推动构建人类命运共同体的生动实践，受到国际社会普遍欢迎，在世界发展史上具有重要里程碑意义。阿拉伯国家身处

"一带一路"的交汇地带，是共建"一带一路"天然的合作伙伴。阿拉伯国家积极支持和响应"一带一路"倡议，除阿盟作为地区组织外，已有19个阿拉伯国家与中国签署共建"一带一路"合作文件，很多重点项目成功落地。

2021年是"一带一路"倡议提出8周年。8年来，中国坚持共商共建共享原则，把基础设施"硬联通"作为重要方向，把规则标准"软联通"作为重要支撑，把同共建国家人民"心联通"作为重要基础，推动共建"一带一路"高质量发展，取得实打实、沉甸甸的成就。8年来，一批批"一带一路"重点工程在中东地区取得实质进展，为当地稳经济、惠民生做出重要贡献。习近平主席在给第五届中国－阿拉伯国家博览会的贺信中指出，中国愿同阿拉伯国家一道，共谋合作发展，共促和平发展，实现互利共赢，高质量共建"一带一路"，推动中阿战略伙伴关系迈上更高水平，携手打造面向新时代的中阿命运共同体！

2022年1月5日，国家发展改革委副主任宁吉喆与摩洛哥外交、非洲合作与海外侨民部大臣纳赛尔·布里达分别代表中、摩两国政府签署了《中华人民共和国政府与摩洛哥王国政府关于共同推进"一带一路"建设的合作规划》，国家发展改革委副秘书长苏伟主持签署仪式。摩洛哥是北非地区首个与我签署共建"一带一路"合作规划的国家。合作规划描绘了中摩共建"一带一路"路线图，明确了合作原则、重点任务和协调机制，不断深化两国基础设施建设和物流、贸易和投资、产业、农业和渔业、能源、财政和金融、文化体育和旅游、教育科技和绿色发展、健康、安全、非政府等领域务实合作，更好推动共建"一带一路"倡议和摩"经济起飞计划""工业发展战略"等对接。

中阿共建"一带一路"项目成就突出，各个项目团队克服疫情影响，取得了丰硕的成果。由中国建筑股份有限公司埃及分公司（以下简称"中建埃及"）承建的埃及新行政首都CBD项目位于首都开罗以东约50公里处，总占地面积约50.5万平方米，包含20个高层建筑单体及配套市政工程，其中的标志塔项目以技术要求高、象征意义大等特点引人关注。新首都

CBD 项目是象征中埃友谊的地标工程，代表着中、埃两国实现共同发展的美好愿望，截至 2022 年 2 月，埃及新行政首都 CBD 项目已完成大部分主体结构施工，机电、内装和市政等作业加速推进。3 月 9 日，中建埃及承建的埃及新行政首都 CBD 项目举行中区酒店 PK08 标段主体结构封顶仪式，这是中埃建筑承包商在 CBD 项目中共同建设、完成封顶的首栋建筑。

综上可知，虽然受新冠疫情的严重冲击，但中国与阿拉伯国家间的经贸合作依然取得较好成绩。在很多领域甚至展现出了新潜力，中国产品、中国技术、中国标准的认可度不断提升。可见疫情并没有改变中阿深化合作的内在动力，反而凸显了中阿经贸合作具有足够的韧性，展望未来，中阿依然互为重要的合作伙伴。

首先，中阿是好朋友、好伙伴、好兄弟，深厚的传统友谊是双方经贸合作的牢固纽带。60 多年前的万隆会议上，中国向尚未建交的阿拉伯国家承诺支持巴勒斯坦人民的斗争；50 年前，13 个阿拉伯国家和非洲朋友一道，投票赞成新中国恢复联合国席位。几十年来，近万名中国医生奔走在阿拉伯国家田野乡间，救死扶伤；在四川汶川特大地震灾害发生后，阿拉伯兄弟慷慨援助。面对疫情挑战，中国和阿拉伯国家风雨同舟、守望相助，坚定相互支持，开展密切合作。

沙特国王萨勒曼是第一个致电习近平主席支持中国抗疫的外国元首；阿联酋全球第一高楼哈利法塔打出"武汉加油"等鼓劲标语，令中国人民倍感温暖。中东出现疫情后，中方紧急驰援，及时迅速向地区国家提供了呼吸机、检测试剂、额温枪、口罩、眼罩、防护服等大量抗疫物资。2014 年 6 月，习近平主席在中阿合作论坛第六届部长级会议上提出，中阿共建"一带一路"，构建以能源合作为主轴，以基础设施建设、贸易和投资便利化为两翼，以核能、航天卫星、新能源三大高新领域为突破口的"1+2+3"合作格局，为中阿合作指明方向。2016 年初，习近平主席对中东三国进行历史性访问，特别是在阿盟总部发表重要演讲，针对"中东向何处去"，围绕和平与发展两大主题，提出"化解分歧，关键要加强对话""破解难题，关键要加快发展""道路选择，关键要符合国情"标本兼治、综合施策的中国方案，在阿拉伯世界引起热烈反响。2018年，中阿合作论坛第八届部长级会议开幕式上，习近平主席站在发展中国家团结振兴的历史高度，着眼中阿双方的长远利益，为中阿关系的未来发展描绘新的蓝图，倡议从增进战略互信、实现复兴梦想、实现互利共赢、促进包容互鉴四方面努力打造中阿命运共同体，为推动构建人类命运共同体做出贡献；呼吁各方准确把握历史大势，真诚回应人民呼声，一起推动中东地区走出一条全面振兴的新路。近一年多来，习近平主席同多位阿拉伯国家元首10余次通话、近20次互致信函，为中阿关系发展定向指路。中阿双方相互坚定支持，共同捍卫《联合国宪章》宗旨原则，共同维护多边主义和公平正义。在联合国人权理事会上，21个阿拉伯国家和众多发展中国家一起，共同发出支持中国的正义之声。

其次，中阿经贸合作互补性强，优势互补是实现合作共赢的重要条件。阿拉伯国家拥有丰富的自然和人力资源，正抓紧推进工业化进程，一向视中国发展为自身重要机遇，中国企业希望扩大对阿经贸合作的基本面从未改变，阿拉伯国家推进工业化进程是中国维护产业链、供应链稳定的重要一环，也是中国企业国际化发展不可或缺的重要市场，对中国企业仍具有较强的投资吸引力。中方将自身发展规划与阿拉伯国家发展诉求有机结合，促进中阿市场和产业的联通和融合发展，利益交集不断扩大，资源要素循环流转更加畅通，形成更有针对性、更加顺畅的中阿经济良性互动。

近年来，中国和海合会国家的高层领导在积极推动重启中国-海合会自贸区谈判。2022年1月，中国国务委员兼外长王毅在中国江苏省无锡市同海湾阿拉伯国家合作委员会秘书长纳伊夫·本·法拉赫·本·穆巴拉克·哈吉拉夫举行会谈，双方就中海关系及共同关心的国际和地区问题友好、深入地交换意见，达成广泛共识。声明指出，双方对中海关系发展水平感到满意，认为加强中海合作符合双方根本和长远利益，期待进一步推动双方关系提质升级，加强相互支持，更好维护共同利益。双方一致同意：尽快建立中海战略伙伴关系，进一步拓宽双边合作领域，提升务实合作水平，应对当前挑战，实现共同发展，服务共同利益；尽快签署中海战略对话2022年至

2025 年行动计划，为双方合作开辟新的前景、拓宽更多领域；尽快完成中海自由贸易协定谈判，建立中海自由贸易区，提升贸易自由化、便利化水平，统筹推进双方经贸利益；适时在沙特首都利雅得召开第四轮中海战略对话，加强双方战略沟通，落实双方发展规划，规划中海关系与未来合作发展。

中国–海合会自贸区的建立具有重大意义，将产生互利共赢的效应。从经济发展结构来看，双方近年来的经济转型为中国与海合会国家创造巨大的合作空间，中海双方合作将迎来重大机遇。长期以来海合会国家的经济结构单一，低油价及全球石油需求的减少使得以石化业为主导的整个海合会国家经济面临风险，加强与中国的经济合作，有助于海合会国家获得中国的技术支持与知识产权等，从而尽早摆脱单一经济发展的约束。对于中国而言，可以扩大中国的商品出口市场，转移产能，促进中国经济结构合理化。中国在轨道交通、电力、通信、港口、电子信息、民用核能等领域的设备技术、建设运营能力，都有很强的国际竞争力，在改善海合会国家经济产业结构的同时，可以为中国培育一批具有国际知名度的跨国公司。从能源经贸合作来看，随着中国经济的快速发展，对能源的需求日益增多，加强与海合会国家的合作，可以使我们获得更加稳定的原油等资源，以满足自身发展的需要。因此，重启并致力于建成中国–海合会自贸区对双方均具有重大的战略意义。

2021 年，中国经济增长国际领先，经济实力显著增强。全年国内生产总值比上年增长 8.1%，经济增速在全球主要经济体中名列前茅；经济总量达 114.367 万亿元，突破 110 万亿元，稳居世界第二，占全球经济的比重预计超过 18%；人均国内生产总值 80976 元，按年平均汇率折算，达 12551 美元，突破了 1.2 万美元，为疫情冲击下的全球经济和贸易复苏做出了重要贡献。中国经济长期向好的基本面没有改变。中国的市场主体已经增长到 1.5 亿个，带动了 7 亿多人就业，这是中国经济的韧性和活力所在，也有力支撑了就业的基本盘。

4 月 21 日，习近平在博鳌亚洲论坛 2022 年会开幕式主旨演讲中指出，中国经济韧性强、潜力足、回旋余地广、长期向好的基本面不会改变，将为世界经济企稳复苏提供强大动能，为各国提供更广阔的市场机会。中国将全面贯彻新发展理念，加快构建新发展格局，着力推动高质量发展。不论世界发生什么样的变化，中国改革开放的信心和意志都不会动摇。中国将始终不渝坚持走和平发展道路，始终做世界和平的建设者、全球发展的贡献者、国际秩序的维护者。这将为阿拉伯国家对华合作提供更加广阔的发展空间。

当前，百年变局和世纪疫情交织叠加，带来深远影响。中阿双方比以往任何时候都更需要加强合作、共谋发展。中阿工商界应继续发挥各自优势，大力拓展多领域、深层次合作，不断向世界传递推进互利合作、实现共同繁荣的坚定声音，不断夯实伙伴关系、创造合作机会、释放合作潜能。促进中阿战略伙伴关系实现新跨越，推动中阿命运共同体建设不断走深走实，更好造福中阿双方人民。

Y.23
中国与海湾国家战略合作的
新态势、挑战及应对[*]

王丽影[**]

摘　要： 当前，中国与海湾国家的战略合作日益紧密，特别是海湾各国为
应对疫情带来的冲击，积极加强与中国的贸易和投资合作，以实
现经济复苏，促进经济转型。中国与海湾各国战略互信增强，各
领域合作进入新阶段。同时，中国与海湾国家的合作也面临新的
挑战，美国将中国与海湾国家的战略合作视为对其的威胁。同
时，处理好海湾地区安全与自主发展的关系是中国与地区国家进
行战略合作要面临的重要考验。应探索中国与海湾国家构建发展
共同体，破解海湾地区安全治理困境，保障我国在海湾地区的能
源与投资安全。

关键词： 中国　海湾国家　经贸合作　自主发展　能源安全

　　当前，中国正在加快构建新发展格局，以积极开放的姿态与海湾各国进
行战略对接。中国与海湾各国在应对气候变化等全球性问题，推动以科技创
新为驱动力的能源结构、产业结构的转型升级，促进可再生能源发展等方面
有广阔的合作空间。与此同时，受新冠疫情的冲击，海湾各国更加注重本国

---

　　* 本文系河北省社会科学基金项目"中国与海湾国家构建发展共同体的战略对接研究"（项目
批准号：HB21GJ003）的阶段性研究成果。
　　** 王丽影，河北师范大学法政与公共管理学院讲师，博士，研究方向为中东政治与中东国际
关系。

经济复苏，在经济转型方面向可再生能源、高科技领域发展。海湾各国对发展的诉求愈加强烈，在寻求经济合作伙伴方面"东向"趋势明显，中国与海湾国家的经济发展目标更加契合，中国已成为海湾地区经济社会发展的参与者和助推者。可以说，双方迎来了重要的合作机遇期，中国与海湾国家合作呈现新的态势。

一 中国与海湾国家战略互信增强，战略对接加快

当前，国际新秩序正在孕育，随着中国提出"一带一路"倡议和构建人类命运共同体理念，中东国家（特别是海湾国家）更加注重"向东看"，希望加强与中国的战略合作，促进非能源产业发展。这为新时期中国与海湾国家增强战略互信、加快战略对接提供了有利契机。

首先，从国际层面看，双方在国际事务中相互支持，推动国际体系朝着更加公平合理的方向发展。

一是中国与海湾国家的互动明显增加。拜登执政以来，美国联合西方国家在民主、人权、涉港、涉疆、涉台等议题上肆意干涉中国内政，意在全方位打压、遏制、围堵中国的发展。中国在国际和地区事务中明确提出反对单边主义、霸权主义，反对外部力量的干涉。在此背景下，中国国务委员兼外长王毅于2021年3月24日至30日，访问沙特、土耳其、伊朗、阿联酋、阿曼、巴林六国。值得注意的是这六国中有五个是海湾国家。中国与海湾各国在反对意识形态划线、反对干涉内政、维护国际正义方面达成共识，增强了战略互信。

二是海湾国家看重中国的大国地位，希望借助中国的力量平衡外部大国对地区事务的干涉。海湾国家支持中国多边主义主张，反对以人权为名干涉别国内政。伊朗多次旗帜鲜明地支持中国的正义主张。同样，以沙特为首的海湾阿拉伯国家也没有跟随美国诋毁和批评中国的涉疆政策，而是独立自主地发出了公正的、理解中国的声音。对于海湾国家来说，它们希望与一个不依赖西方的东方大国发展双边关系，这会给它们带来长期战略利益和政治保障。

三是海湾国家期待中国就地区事务发出更多的声音，增强双方战略互信，实现互信互利的双边关系。中国国务委员兼外长王毅在 2021 年初访问中东六国时，提出了实现中东安全稳定的五点倡议，这表明中国正以更加积极的态度参与中东安全事务。海湾各国与中国的战略互信进一步加强，有利于减少美国对中海双边关系的干扰性和破坏性因素。

其次，从地区层面看，2021 年以来海湾地区国家间关系的缓和对中国与海湾国家战略合作的深入开展起到积极作用。在美国将战略重心转向亚太后，海湾各国实行自主外交的意愿更加明显，而且各国之间的关系向和解的方向发展。特别是沙特与伊朗在前两年奉行激进的对抗政策无果的情况下，两国的对外政策开始回调。2021 年伊朗与沙特已经展开多次对话。同时，海湾阿拉伯国家合作委员会首脑会议的召开促进了沙特与卡塔尔之间的和解。这表明各国试图通过接触、对话找寻维护地区长治久安的有效途径。这使中国与海湾国家的战略沟通与政策协调更加畅通，而且稳定的地区环境更有助于双边开展广泛的投资和贸易合作。

最后，从国家层面看，新时期海湾各国致力于将本国发展愿景或规划与中国的"一带一路"倡议对接。2011 年以来，绝大多数海湾国家经受住了"阿拉伯之春"的冲击保持了国内稳定，以沙特为首的君主制国家为维护政权稳定注重经济社会转型，纷纷制定中长期发展规划，例如沙特的"2030愿景"、阿联酋的"2071 百年规划"、科威特的"2035 愿景"、卡塔尔的"2030 国家愿景"、阿曼的"2040 愿景"，其核心都是致力于发展本国非能源产业，推动经济可持续性发展。中国与海湾各国在战略对接过程中，不仅在能源领域有较强的互补性，而且双方在光伏发电、5G 技术等领域都有很多利益交汇点。特别是双方在战略对接中，中国不谋求输出自身的价值观和政治制度，得到海湾各国的认可，双方战略互信进一步增强。

二 中国与海湾国家的经贸合作进入新阶段

在全球经济增长放缓的形势下，中国成为全球经济增长的重要引擎，海湾国家看重中国在推动全球经济复苏和多边贸易合作方面发挥的积极作用,主动与中国开展经贸合作,这将有助于该地区摆脱疫情的影响,重获经济发展的动力,为实现各国经济转型带来更多机遇。

(一)疫情冲击下海湾各国更注重加强与中国的贸易和投资合作

2020年,受新冠肺炎疫情对经济的冲击和地区局势的影响,海湾国家旅游业、交通和餐饮业受到的影响较大,大多数海湾国家经济出现负增长(见表1)。

表1　海湾国家2016~2021年GDP增长情况

单位:%

国家	2016年	2017年	2018年	2019年	2020年	2021年
沙特阿拉伯	1.7	−0.7	2.4	0.3	−4.1	2.2
巴林	3.6	4.3	2.1	2.1	−5.1	2.2
科威特	2.9	−4.7	2.4	−0.6	−8.9	2.7
卡塔尔	3.1	−1.5	1.2	0.8	−3.6	2.7
阿联酋	3.0	2.4	1.2	3.4	−6.1	4.0
阿曼	5.1	0.3	0.9	−0.8	−2.8	1.7
伊朗	13.4	3.8	−6.0	−6.8	3.4	2.0
伊拉克	13.8	−1.8	−1.2	4.4	−10.4	1.7

注:加粗的数据是实际数据,非加粗的是估算数据。
资料来源:作者根据EIU国家数据统计库整理得出。

在此背景下,中国与海湾国家扩大双边投资和贸易,有助于海湾国家经济快速回暖。据统计,2020年,中国首次取代欧盟成为海湾阿拉伯国家合作委员会(以下简称"海合会")的最大贸易伙伴,双方贸易额达1800亿美元,占海合会总体贸易的11%以上。① 目前双方的自贸区谈判已进入最后阶段。另外,双方在石化领域的合作日益紧密,中国已成为海合会国家石化

---

① 《2020年中沙贸易关系进一步巩固》,中华人民共和国驻沙特阿拉伯王国大使馆经济商务处网站,http://sa.mofcom.gov.cn/article/i/202101/20210103033744.shtml,最后访问日期:2021年11月25日。

产品和化学品的主要出口目的地，约占其总出口量的 25%。中国与海湾国家特别是与沙特和阿联酋之间的商品和服务贸易日益增多，双边投资也蓬勃发展。据中国海关总署的数据统计，"2021 年中国与沙特的贸易额达到 873 亿美元，其中中国进口 570 亿美元，出口 303 亿美元，分别同比增长 30.0%、45.9% 和 7.9%。"[1] 中国与阿联酋的贸易额已超过 500 亿美元，预计 2030 年将达到 2000 亿美元。阿联酋已经成为中国在西亚北非地区最大的非石油贸易伙伴。为营造更便利的投资环境，阿联酋为中国企业提供了优惠的投资政策，包括缩短经商许可证的签发时间等，以吸引中国的企业到该国进行商业投资。

近年来，中国与海湾各国在制造业、工程机械、工业互联网平台进行全方位的产业对接，同时双方在数字经济、电子商务、人工智能、5G 等领域也开展了全方位合作。特别是阿联酋与中国在高科技领域的合作展现了积极态势。与此同时，中国有一大批项目落地海湾各国。2019 年，中国与沙特在中国-沙特投资合作论坛上签署了 35 项合作协议，涉及能源、制造业、石化、信息技术等多个领域，总价超过 280 亿美元。2021 年 10 月，中国与阿联酋签署了关于新能源汽车产业合作的备忘录，这不仅促进双方在新能源领域的合作，而且有利于发展阿联酋的制造业，为该国创造了更多就业岗位。阿联酋灵活、务实的多边外交政策在中阿合作中独树一帜，为中国与其他海湾阿拉伯国家的合作树立了典范。

另外，在"一带一路"框架下，中国进一步扩大了对海湾国家港口、基础设施建设和交通运输领域的投资。随着中国与海湾各国之间的贸易往来日益增多，为方便中国出口到该地区的产品及时销往海湾各国及全世界，中国与阿联酋共同建设了哈利法港二期集装箱码头，使之成为海湾地区重要的枢纽港之一，成为中国与海湾国家合作的标志性工程。2021 年正值中国与科威特建交 50 周年之际，中国为科威特建设的穆特拉住房基础设施项目主

---

[1] 中华人民共和国海关总署，http://www.customs.gov.cn/customs/302249/zfxxgk/2799825/302274/302277/302276/4127455/index.html，最后访问日期：2022 年 1 月 20 日。

体工程全部移交完成。2020 年 4 月，中国船舶集团有限公司与卡塔尔石油公司签署了总额达 200 亿元人民币液化天然气（LNG）运输船建造项目协议，2021 年 10 月中国船舶集团有限公司获得卡塔尔的首批 4 艘运输船订单。同时，伊拉克的国家重建仍在进行中，为支持该国重建，中国在基础设施，包括电力、水利、交通和通信设施等方面增加了对伊拉克的投资。中国于 2021 年 12 月 16 日与伊拉克政府签订协议帮助伊拉克援建 1000 所学校，由此双方的合作更加紧密。总体而言，中国与海湾各国的经贸合作为海湾国家的经济复苏和转型提供了更多动力支持。

（二）中国与海湾国家在能源领域的合作是双方贸易的基础

中国原油进口的一半来自中东国家，其中绝大部分来自海湾国家。中国与海湾国家的油气合作领域已经扩展到油气勘探、开采、运输、加工炼化全产业链。中国与海湾国家在能源领域的合作助力双方成为能源安全共同体。双方在巩固化石能源合作的基础上，注重天然气等清洁能源的合作。

具体而言，中国进口的 30% 的原油和 10% 的天然气都来自海湾阿拉伯国家。当前，沙特阿美石油公司已经成为中国在海湾地区最大原油供应商，双方在油气深加工方面的合作也逐步深化。海湾阿拉伯国家大约有 25% 的石化产品或化工产品出口到中国。2019 年 2 月，沙特阿拉伯王国王储穆罕默德·本·萨勒曼访问中国时，双方达成了一项 100 亿美元的炼油和石化项目协议。中国与伊朗的能源合作也日益密切，2019 年 12 月至 2021 年 3 月，伊朗累计向中国输送了约 1780 万吨原油。另外，伊拉克作为中国在阿拉伯国家的第三大贸易伙伴，2020 年，双边贸易额达 301.77 亿美元，中国从伊拉克进口原油 6012 万吨，同比增长 16.1%。[①] 现在中国已成为伊拉克石油的最大买家，而且中国也是伊拉克石油的主要投资国，2021 年初更是中标了伊拉克 20 亿元人民币石油大单。中国与伊拉克的能源合作实现了真正的

---

① 《2020 年中国原油进口 54238.6 万吨价格震荡修复》，人民网，2021 年 1 月 27 日，https：//energy.people.com.cn/n1/2021/0127/c71661-32013215.html，最后访问日期：2021 年 11 月 16 日。

互利共赢。

此外,卡塔尔是全球天然气储量第三大国,中国与卡塔尔的天然气贸易额逐年增加,有助于增加中国与海湾国家在清洁能源领域的合作。在油气资源开发和利用方面中国与科威特也展开了深入合作。中国的杰瑞石油服务集团股份有限公司中标并承接了科威特石油公司总额达 27 亿元人民币的油、气、水大型综合处理项目,该项目的实施有助于科威特实现利用天然气发电,一方面促进了该国天然气资源的开发和利用,另一方面也加速科威特向清洁能源转型。总之,中国与海湾各国在能源领域的合作实现了互利共赢,既有利于保障中国能源供应安全,也促进了海湾各国的经济复苏。

(三)中国与海湾国家在可再生能源领域的合作推动地区可持续发展

在全球倡导"碳中和"、清洁能源的大背景下,新一轮能源革命已经到来,世界能源格局正在改变。从长期来看,可再生能源将逐步成为化石能源的主要替代品。目前,中国致力于构建新的发展格局,在保障自身能源供应安全的基础上,正大力推动能源低碳转型。中国作为能源转型的排头兵,正成为新一轮世界能源变革的重要推动者和引领者。[1] 而海湾产油国在确保石油收入持续增加以维持国家和社会稳定的同时,也在关注数万亿美元的绿色能源的开发,同时规划后石油时代的到来。[2] 当前,中国已经成为世界最大的风电市场,且中国在用于制造风机的原材料(钢等其他材料)的价格方面拥有优势,这都将促进海湾国家与中国在可再生能源领域的深入合作。2021 年 8 月,伊拉克与中国电建签署了建设 2000 兆瓦光伏电站的协议。

中国与沙特在非化石能源领域有广泛的合作空间。沙特王储穆罕默德·本·萨勒曼 2021 年 10 月 22 日宣布,将在 2060 年前力争实现温室气体净零排放的目标,并发起了两项"绿色倡议",旨在应对国内和整个中东地区的气候变化问题,这意味着沙特将着力发展新能源和可再生能源,进而摆脱对

---

[1] 吴磊:《新能源发展对能源转型及地缘政治的影响》,《太平洋学报》2021 年第 1 期。

[2] Sebastian Castelier, "Gulf Rethinks Climate Diplomacy," https://www.al-monitor.com/originals/2021/12/gulf-rethinks-climate-diplomacy,accessed:2021-12-15.

化石能源的依赖。这与中国制定的到 2060 年实现"碳中和"的目标一致，双方都将致力于实现经济的低碳发展和向非化石能源转型。中国与沙特等海湾国家进行能源转型的政策不仅给本国的经济社会带来更多的变化，同时也为双方的合作带来新的动力。

正如当年石油和天然气的开发使中东地缘政治地位发生了重大改变一样，能源转型也将产生巨大的经济影响，给世界能源版图带来重大变化，也表明中国与海湾国家在新能源领域的合作有更广阔的空间。中海在绿色能源领域的发展目标高度契合，双方在光伏发电、智能电网等新一代清洁能源技术领域的合作既有助于中国构建新发展格局，也有助于海湾国家步入全球绿色经济发展的轨道。

（四）中国与海湾国家在人工智能和数字技术领域的合作进入新阶段

当前，海湾各国致力于发展方式的转变，而科技创新在经济转型升级中起着越来越重要的作用。为了实现这一长期战略，海湾一些国家提出了以科技创新促发展的长期目标。这与中国提出的科技创新促进产业升级的发展战略相一致。当前，中国与海湾国家的合作已经由传统的能源领域扩展至人工智能、电子商务、生命科学，以及北斗卫星等更广阔的领域。而且，海湾各国纷纷加快了与中国在数字基础设施建设方面的合作。"华为作为全球主要的数字基础设施供应商，在 5G 领域帮助海湾国家建立 14 张 5G 网络，覆盖了海湾 95%以上的人口；在人工智能领域联合沙特阿拉伯数据和人工智能管理局（SDAIA），为沙特建立首个国家人工智能中心。"[1]

2021 年 8 月召开的第五届中阿博览会网上丝绸之路大会，便以"数字经济·创新引领"为主题，推动了中国与沙特、阿联酋等国在智慧城市、数字产业等互联网领域的信息技术合作，促进双方构建网上丝绸之路经济合作试验区，加快海湾国家数字经济发展。目前，沙特最大电信运营商——沙

---

[1] 《第五届中国-阿拉伯国家博览会在宁夏银川开幕——深化经贸合作 共建"一带一路"》，https://www.chinanews.com/cj/2021/08-19/9546925.shtml，最后访问日期：2021 年 11 月 7 日。

特电信公司（STC）与中国的阿里云开展密切合作，阿里云将运用最新的技术为沙特提供高性能的公共云服务，同时向沙特投资 5 亿美元用以平台培训和技术管理等，以完善沙特技术生态系统的建设①，助力沙特的云数据中心成为中东地区数字基础设施的门户。同时，腾讯云在巴林设立了数据中心，2021 年底上线，提升了该国云计算技术和数据中心产业的发展水平。

此外，在高科技产能合作方面，2020 年以来中国企业加大了对沙特皇家委员会朱拜勒工业城的投资，双方合作由石油炼化向航空、智能汽车、AI 控制模块、塑胶新材料、电子光学等高科技领域扩展，"预计项目总投资约为 8.92 亿美元，建成后年产值约为 22.09 亿美元，增加就业约 1 万人"②。中沙双方的合作也表明中国"十四五"规划和沙特"2030 愿景"计划正在进一步对接，这为双方的合作创造更多机会。因此，海湾国家要想实现经济多元化仅仅依靠自身力量无法顺利完成，需要与像中国这样工业体系齐全、产业配套设施完善、产业规模庞大的经济体合作，以真正摆脱对能源的依赖。中国与海湾国家的高科技产业合作迎来新的发展阶段。

综上所述，中国构建新发展格局与海湾国家发展目标战略对接更加紧密。中国的发展需要以能源作为依托，这也是中国与海湾国家合作的基础。同时海湾国家能源转型、技术升级、绿色发展等同样需要中国的参与。近两年中国与海湾国家的能源经济和产业经济合作日趋紧密。海湾各国搭乘中国开放、发展的经济快车，不仅有助于实现自身能源结构的调整，更有助于实现经济发展方式的转变。

此外，中国与海湾各国携手抗疫，深化疫苗试验合作。中国与海湾国家在抗击新冠疫情方面守望相助，共克难关。在 2020 年中国暴发疫情最艰难时，阿联酋向中国及时提供了医疗物资帮助。在西方试图将疫情政治化、污名化时，阿联酋、沙特等海湾国家最先声援中国。同样，海湾国家在应对新

---

① 《沙特最大电信运营商与阿里云合作在当地提供云服务》，http：//sa. mofcom. gov. cn/ article/i/202012/20201203027986. shtml，最后访问日期：2021 年 12 月 11 日。

② 《中沙国际产能合作迎来高科技项目落地》，http：//www. gov. cn/xinwen/2020 – 11/19/ content_5562751. htm，最后访问日期：2021 年 12 月 11 日。

冠疫情危机时，中国第一时间向海湾各国，如伊拉克、阿联酋、伊朗等提供援助。为帮助海湾国家抗击疫情，中国最早承诺将新冠疫苗作为公共产品援助给发展中国家，并展开积极行动，除援助疫苗外，还提供抗疫物资（检测试剂、防护物资）、派遣专业医务人员、举行线上抗疫培训、分享防控经验等。双方在信息共享、疫苗研发、医疗保障等领域开展了务实有效的合作。

另外，为防控疫情扩散，海湾地区各国政府正努力提高本国疫苗接种率。2020 年 12 月底，阿联酋批准使用中国国药集团新冠灭活疫苗，这将进一步增进双方的战略互信。中国为伊拉克、伊朗等海湾国家提供了多批疫苗。伊拉克卫生部的数据显示，截至 2021 年 8 月 12 日该国累计确诊达到 1751176 例。中国援助的疫苗不仅有效减缓伊拉克国内疫情蔓延，而且还增进了中伊双方间的信任。在 2020 年初中国疫情最严重的时候，伊朗政府向中国捐赠了 200 万个口罩。在此后，中国在全力应对疫情防控时，也向伊朗提供力所能及的帮助，派出了一支由 5 名专家组成的医疗专家小组前往伊朗，协助防疫，还带去了口罩、核酸检测试剂等抗疫物资和防控经验。2021 年 2 月 28 日，中国首批援助伊朗的 25 万剂新冠疫苗运抵伊朗。中伊（朗）双方在医疗卫生方面分享经验和信息，共同建立疫情防控保障体系。

同时，中国与海湾国家在新冠疫苗临床试验方面展开了务实合作。值得一提的是，2020 年 6 月起中国国药集团在阿联酋开展全球首个新冠灭活疫苗国际临床三期试验，2021 年 3 月，中国疫苗灌装生产线项目在阿联酋启动。7 月 12 日，中国、阿联酋和塞尔维亚三方签署《新冠疫苗生产合作谅解备忘录》，这将有助于阿联酋成为海湾地区疫苗生产和转运的枢纽。中国与阿联酋在制药领域特别是疫苗研发方面的合作成为共同抗疫的典范。

三　中国与海湾国家战略对接面临的挑战

随着美国战略东移，海湾地区秩序正处于重构过程中。在海湾国家与中国经贸合作逐步深化的新态势下，海湾国家期待中国在该地区安全事务中发挥更大的作用，处理好海湾地区安全与自主发展的关系是中国与该地区国家进行战略合作面临的重要考验，具体表现为以下四个方面。

（一）从国际层面看，中国与海湾国家的战略合作仍受制于大国博弈

海湾地区长期以来是大国博弈的核心地带。虽然美国强调战略东移，但"在美国从中东撤军、抛弃阿富汗等一系列的表象之下，真实情况却是，华盛顿仍旧在整个地区运作着一个庞大的军事基地网络"①。美国在该地区拥有持久的利益，从其在海湾的军事部署和对沙特及阿联酋的军事援助看，其与海湾盟友的关系没有发生根本性变化。而且美国对中国与海湾国家在"一带一路"背景下的战略对接时刻防范甚至阻挠。第一，美国长期秉持传统安全观，并借此指责中国与海湾国家的战略合作会威胁美国在海湾地区的利益。例如，美国声称中国与阿联酋的港口建设威胁其与盟友关系，阿联酋迫于美国的压力已停止中国在阿布扎比的港口建设。第二，虽然美国在中东奉行战略收缩政策，但其仍竭力挑拨地区国家与中国的正常合作。美国惯用"离岸平衡"战略，在沙特与伊朗争夺地区主导权的背景下，肆意歪曲中国和伊朗签署全面合作计划是对海湾阿拉伯国家的威胁。第三，美国借助自身和其他大国在安全和军事方面的影响力分化海湾国家与中国开展战略合作。一方面，2021 年 10 月美国联合印度、以色列、阿联酋组建中东版"四方安全对话"机制反映出美国正拉拢印度加入应对中国的行动中。而且印度与阿联酋在贸易、能源和军事领域的合作十分紧密，这将进一步扩大印度在中东的影响力。另一方面，美国甚至威胁暂停出售 F-35 战机给阿联酋，要求阿联酋终止与华为的 5G 合作。以上都足以表明美国并没有在中东撤离，而且美国在海湾地区对其盟友的安全承诺和控制力不但不会降低，还会因遏制

---

① Dalia Dassa Kaye，"America Is Not Withdrawing from the Middle East，"https：//www.foreignaffairs.com/articles/united-states，accessed：2021-12-10.

中国而增强。美国挑拨和阻碍中国与海湾各国合作也表明美国对海湾地区的控制力犹存，从而制约中国与海湾国家战略合作深入开展。

总之，大国的战略争夺使海湾局势更加复杂，也为中国与海湾各国的交往增加了更多的不确定性。

（二）从话语权看，西方传统安全观对中国与海湾国家战略合作的干扰有待化解

由于海湾君主国家对自身政权的不安全感，加之根深蒂固的传统安全观的干扰，各国习惯于借助域外大国的力量维护自身安全。随着中国与海湾各国贸易合作的日益紧密，海湾国家期待中国在地区安全事务方面发挥更大作用。

在海湾地区格局调整过程中，围绕海湾地区的安全问题出现两种不同的声音。一种声音是一些海湾国家长期受西方大国传统安全观和西方的话语体系的影响，认为中国在该地区只注重经贸合作，在维护地区安全方面没有承担相应的责任。有西方学者声称，"海湾阿拉伯国家需要一个共享战略利益且实力强大的域外盟友来保障海湾安全"[1]。这种认为海湾地区需要一个域外大国来维护地区稳定和安全的言论无疑对海湾各国的安全政策构成影响。另一种声音则是认为由于中东地区长期动荡，中国需要保护其在中东的投资和本国公民的安全，不能对该地区冲突无动于衷。[2] 这种观点认为中国应越来越多地介入海湾地区的安全事务，以维护中国在该地区的利益，同时增加中国在海湾地区的影响力。面对上述两种声音，中国在海湾安全事务中有自己鲜明的立场。一方面，相对而言，中国虽然作为世界大国，愿意做海湾地区和平与安全的维护者，但这不意味着中国会像传统的西方大国一样，动辄

---

[1] Dr. Roby C. Barrett, "Gulf Security: Past as Present-Present as Future," https://manaramagazine.org/2021/09/gulf-security-past-as-present-present-as-future/, accessed: 2021-12-10.

[2] James M. Dorsey, "China and the Middle East: Venturing into the Maelstrom," *Asian Journal of Middle Eastern and Islamic Studies*, Vol. 11 No. 1, 2017.

对地区国家的内政进行干预，甚至派兵强行改变一国的政权——这既不符合中国的外交政策，也不符合海湾国家的长治久安。另一方面，中国主张海湾各国建立双边或多边安全对话机制，通过沟通协商增进彼此信任，提高海湾国家地区安全治理能力。从本质上来讲，中国与海湾国家深入合作不能回避在战略层面如何平衡经贸合作与地区安全治理之间的关系问题。

（三）从地区层面看，中国在平衡地区大国间关系时面临一定挑战

对于沙特和阿联酋等阿拉伯君主制国家来说，伊朗是它们在海湾地区的安全竞争对手，特别是在阿联酋等阿拉伯国家与以色列达成《亚伯拉罕协议》并实现关系正常化以后。尽管伊朗和沙特等海湾阿拉伯国家关系出现一定缓和，但双方关系中的结构性矛盾并没有从根本上改变。而 2021 年中国与伊朗的关系又取得了突破性进展。两国签署 25 年的全面合作协议，中国承诺将向伊朗累计投资 4000 亿美元，包括建设恰巴哈尔港。这让以沙特为首的海湾君主国家心生忌惮。中国与伊朗长期以来在国际事务和能源等领域有着共同的战略利益。中伊双方都面临美国的打压与遏制，双方在涉及国家核心利益方面能相互支持。

面对中国与伊朗开展广泛深入的战略合作，以沙特、阿联酋为首的海湾阿拉伯国家出于地缘政治的考虑，担心伊朗更强大会威胁自身安全。这对中国平衡地区大国间关系构成挑战。因此，中国在处理伊朗与海湾阿拉伯国家的关系时需要释放更多的信息，消除对方的疑虑。

（四）从国家层面看，个别海湾国家仍面临恐怖主义、教派冲突等安全问题，这对中国的投资构成潜在风险

近两年，中国与伊拉克的战略合作日益紧密，但是中国在伊拉克的投资也面临着诸多挑战和风险。伊拉克是中国第二大石油供应国，同时中国是伊拉克最大的贸易伙伴。2018 年双方的贸易额就超过 300 亿美元。为支持伊拉克重建，2019 年 10 月中国与伊拉克达成了"每天 10 万桶石油换重建"的协议。值得注意的是，中国在该国的投资仍存在安全风险。2021 年 12 月

28 日，据俄罗斯卫星通讯社报道，中国在伊拉克阿尔加拉夫油田运营的中曼石油天然气集团股份有限公司遭到火箭弹袭击。袭击虽然没有造成伤亡或大的损失，但表明伊拉克的安全困境仍未得到解决。在该地区，中国面临保护中资企业及设施的安全问题。

在该国特别是在伊拉克与叙利亚的边境地区，"伊斯兰国"的残余势力还时常发动恐怖袭击活动，这也无形中增加了中国企业在该地投资的风险。而且伊拉克国内什叶派和逊尼派之间教派矛盾仍存，加之伊拉克处于局势纷繁复杂的海湾地区，牵涉大国博弈，极端恐怖主义组织活动频繁，造成国内局势动荡。伊拉克新上任的总理卡迪米在上任前的 2021 年 3 月 4 日和上任后的 2021 年 11 月 7 日，两度被无人机袭击，说明该国的安全局势一直不稳定。

总体而言，中国与海湾国家所面临的上述挑战从根本上看主要体现在内外两方面因素。从外部看，美国在海湾地区肆意干扰和围堵中国与海湾国家在"一带一路"框架下的经贸合作，甚至不惜干涉地区国家政权的更迭。从内部看，中海双方在平衡发展与安全两个战略目标的侧重点有所不同，沙特与伊朗对地区主导权之争是地区大国追求绝对安全的体现，这从客观上成为制约中国与海湾国家加强地区战略合作的一个重要因素。

四　相关对策建议

至今海湾国家仍未能找到解决地区安全与发展不平衡问题的钥匙。对此，习近平主席在亚洲相互协作与信任措施会议第四次峰会上就曾指出："对亚洲大多数国家来说，发展就是最大安全，也是解决地区安全问题的'总钥匙'。"[1] 在海湾地区推动新发展观、地区安全治理观，不仅有助于地区稳定发展，更能促进中海共同发展，破解安全与发展不平衡的困局。

---

[1] 习近平：《积极树立亚洲安全观 共创安全合作新局面——在亚洲相互协作与信任措施会议第四次峰会上的讲话》，《人民日报》2014 年 5 月 22 日，第 1 版。

（一）避免陷入与域外大国在海湾地区地缘竞争的陷阱

海湾地区呈现的域外大国之间的博弈表明该地区尚未形成有效的大国协调机制。海湾各国非常关注当前中美竞争的态势给地区秩序带来的挑战。中国作为负责任的大国首先强调域外大国的干涉并不会真正给地区带来和平与稳定，同时不会卷入大国在海湾地区的地缘争夺，不谋求取代美国在中东的地位。正如中国国务委员兼外长王毅在 2021 年初访问中东六国时所强调的，中国在中东不搞地缘争夺、不划分势力范围，支持地区国家以主人翁的姿态化解地区内矛盾分歧，摆脱大国地缘争夺阴影。① 中国不要求海湾国家选边站队，支持海湾各国独立自主的外交政策，可以避免陷入大国间在海湾地区的地缘争夺之中。

（二）努力构建大国协调机制和地区安全机制

在地区安全上，特别是在伊朗核问题上，中国与美国有共同的利益，都反对大规模杀伤性武器的扩散，主张地区无核化。另外，在应对地区极端主义和教派冲突方面，双方都致力于海湾地区稳定与和平。在这些共同利益下，中国与美国双方存在合作的可能性。同时，随着俄罗斯和印度在该地区的影响力日益增强，不排除中国与俄罗斯、美国与印度等其他域外国家在海湾地区建立大国协调机制。由此，中国有必要就地区安全和稳定加强与大国之间的沟通与协调，谨慎处理好中国与美国、印度等大国在该地区的关系。随着时间的推移海湾各国安全自主能力会逐步增强，地区的安全机制有望逐步建立，中国的地区安全主张会被越来越多的海湾国家所认同。

（三）提升中国"以合作促安全"的地区治理理念的话语影响力

减少西方传统安全观对中海战略合作干扰的关键在于增强中国话语在海

---

① 《中国是中东国家长期可靠的战略伙伴——王毅国务委员兼外长在结束访问中东六国后接受媒体采访》，新华网，2021 年 3 月 31 日，http：//www.xinhuanet.com/world/2021-03/31/c_1127275266.htm，最后访问时间：2021 年 11 月 16 日。

湾国家的影响力，以应对中国与海湾国家的安全认知差异。长期以来海湾地区大国往往寻求绝对安全。为实现这个目标，其不得不依靠外部大国的力量增强或保护自身安全，然而却忽视了这样一个基本的事实，即地区国家间的合作和自主安全治理能力的提升更容易促进地区的安全与稳定。这就是我们所倡导的"以合作促安全"的理念。目前，我们亟待提升中国的地区安全治理观和地区安全理念的影响力和接受力，以增进中海彼此之间的信任和理解。一方面，要支持海湾国家提高安全治理的自主性；另一方面，更重要的是践行"以合作促安全"的新安全观，协调伊朗和沙特等海湾阿拉伯国家的关系，促进地区国家的和解，为中国与海湾各国的战略合作创造稳定的地区环境。鉴于此，建立一个契合双方利益的新型地区安全合作机制尤为必要，例如，就海湾国家关切的安全问题，建立反恐对话磋商机制，从而保障我国在该地区的权益，提升中国在海湾地区的话语影响力。

（四）以经贸合作为先导，践行"以共同发展促进地区安全"的治理观

一方面，中海双方对平衡发展与安全两个战略目标的侧重点不同是影响中海深化合作的不利因素。海湾国家在应对经济转型与安全治理问题时往往割裂两者的关系，甚至过于强调地缘安全。而实际上，增强安全治理自主能力建设更需要依托海湾国家经济可持续发展。伊朗与沙特等海湾国家关系紧张的根本原因在于它们往往优先考虑安全问题，强调地区主导权和意识形态输出（例如沙特输出瓦哈比主义），人为地强化了教派矛盾。这不仅不利于地区稳定，也影响中国与海湾国家的战略合作。因此解决这一问题的核心在于重新思考安全与发展二者的优先顺序。我们主张将经济合作置于优先位置，搁置安全方面的分歧，弱化地区国家间教派矛盾。在处理伊朗和沙特地区争端问题上，可通过促进双边或多边经贸合作，创造致力于双边和解的良好氛围，进而实现中国与海湾国家共同发展的目标。以经济合作为先导，不仅能够推动构建中国与海湾国家发展与安全合作机制，也有助于破解地区安全与发展不平衡的问题。

另一方面，将"以共同发展促进地区安全"的理念转化为具体行动，推动中国与海湾国家逐步建立开放、包容、合作共赢的地区经济发展共同体。当前，中国与海湾国家在能源、经贸投资、高科技领域的合作日益加深，从保障我国在海湾地区能源和投资安全的现实出发，双方迫切需要在共同利益的基础上，以共同发展促进地区和平的理念为指引，构建中海发展共同体。而且，"以共同发展促进地区安全"的合作理念，有别于美国以保护地区国家安全为由主导地区事务的传统地区治理观。在构建中海发展共同体的过程中，中国可为海湾各国的发展提供更多公共产品和先进的技术支持。例如：在抗击疫情方面体现大国的责任担当，为海湾国家提供更多的卫生防疫产品；在帮助伊拉克重建方面提供电力、基础设施、通信技术等全方位的支持。通过中海发展共同体建设，增加海湾国家的青年人的就业机会，让青年人远离极端势力和恐怖主义，促进地区和平与发展。

综上所述，随着中国与海湾国家经贸合作不断深化，海湾国家倡导的经济多元化与科技为构建新发展格局提供支撑。虽然双方在"一带一路"框架下进行的战略对接仍面临内部和外部的诸多挑战，但"以共同发展促地区安全"作为中海战略合作的基本路径，探索中国与海湾国家构建发展共同体，对破解海湾地区安全治理困境、保障我国在海湾地区的能源与投资安全、促进海湾国家经济发展与转型都有积极的作用。

附　　录
Appendix

Y.24
2021年阿拉伯国家大事记

李赫男　马秉文

1月

1月3日　叙利亚中部哈马省一个车队遭武装分子袭击，至少9人死亡。

1月4日　科威特外交大臣艾哈迈德·纳赛尔·穆罕默德·萨巴赫宣布，沙特阿拉伯和卡塔尔从当晚开始相互开放陆海空边境。

1月5日　第41届海湾阿拉伯国家合作委员会（海合会）首脑会议在沙特西部城市欧拉举行，与会领导人在峰会上签署了《欧拉宣言》。

1月5日　黎巴嫩政府宣布，为了应对日益严重的疫情，从星期四（7日）至2月1日全国全面封锁。

1月12日　埃及正式向卡塔尔民航航班开放领空，标志着埃及结束了为期3年多的针对卡塔尔的航班禁令。

1月12日　埃及新一届议会下院举行第一次会议，新当选的596名议员宣誓就职并选举新一届议长。

1月14日 阿尔及利亚国防部发表声明说，该国东北部泰贝萨省当天发生一起炸弹爆炸事件，造成5名平民死亡、3人受伤。

1月15日 巴勒斯坦总统阿巴斯在约旦河西岸城市拉姆安拉签署总统令，确定举行全面大选的时间表。全面大选包括巴勒斯坦立法委员会选举、总统选举和巴勒斯坦解放组织最高权力机构巴勒斯坦全国委员会选举。

1月17日 埃及一支联合考古队宣布，在吉萨省塞加拉地区发掘出4300年前古埃及第六王朝开国法老朱塞尔·特提一名王后的陵庙。

1月17日 据苏丹通讯社报道，苏丹西达尔富尔州首府朱奈纳地区16日以来持续发生暴力冲突事件，目前已造成至少48人死亡、97人受伤。

1月18日 科威特埃米尔纳瓦夫批准内阁集体辞职，并要求内阁继续处理紧急事务直至新内阁产生。

1月20日 埃及外交部发表声明称，埃及和卡塔尔两国当天交换了正式照会，同意恢复外交关系。

1月21日 伊拉克首都巴格达市区发生两起自杀式爆炸袭击事件，已造成32人死亡，另有110人受伤。

1月24日 以色列总理办公室发表声明说，以色列内阁当天批准以色列与摩洛哥关系正常化协议。

1月26日 以色列外交部26日宣布，以色列驻摩洛哥联络处当天在摩洛哥首都拉巴特正式开放，以色列驻阿拉伯联合酋长国城市迪拜的总领事馆也于当天正式开放。

1月28日 伊拉克总理卡迪米宣布，伊拉克安全部队根据情报采取军事行动，打死"伊斯兰国"指挥官艾萨维。卡迪米没有透露行动的具体时间和地点。

1月28日 突尼斯总统府疑似收到投毒信，28日总统府发表声明说，总统府日前收到一封匿名信，拆信人员随后感到身体不适并被送医治疗。

2月

2月2日 联合国西亚经济社会委员会发布的报告显示，受新冠疫情影响，2020 年黎巴嫩经济萎缩 20%。

2 月 5 日 利比亚政治对话论坛会议在瑞士日内瓦结束，会议选举产生了利比亚过渡政府总理和总统委员会。

2 月 9 日 经过约 7 个月、近 5 亿公里的"太空旅行"，阿拉伯联合酋长国首个火星探测器"希望"号成功进入火星轨道，开始对火星大气层的监测和研究。

2 月 18 日 阿尔及利亚总统特本宣布，解散该国国民议会（众议院）并对政府进行改组。

2 月 23 日 阿曼政府宣布，为有效防止新冠疫情传播，从本月 25 日起，禁止苏丹、黎巴嫩、巴西、南非等 10 个国家公民入境。

2 月 25 日 沙特国王萨勒曼与美国总统拜登通电话，双方讨论了双边关系和地区安全问题。

3月

3 月 2 日 科威特埃米尔纳瓦夫颁布法令，组成以萨巴赫·哈立德为首相的新一届内阁。

3 月 5 日 索马里首都摩加迪沙一家餐馆外当晚发生一起自杀式汽车炸弹袭击事件，造成至少 10 人死亡、30 人受伤。

3 月 9 日 位于摩加迪沙的亚丁·阿代国际机场遭迫击炮袭击，联合国秘书长索马里问题特别代表詹姆斯·斯万发表声明，强烈谴责索马里"青年党"对机场袭击的行为。

3 月 10 日 国家主席习近平致电叙利亚总统巴沙尔，就巴沙尔总统夫妇感染新冠病毒致以慰问。

3 月 10 日 利比亚国民代表大会在利中部城市苏尔特批准新的民族团结政府（即过渡政府）成立，并表示对这一政府有信心。

3 月 16 日 数十名抗议者当天闯入位于也门亚丁的总统府，并迫使在此办公的也门总理赛义德和其他内阁成员临时撤离。

3月16日 利比亚新民族团结政府（即过渡政府）与卸任的利比亚民族团结政府举行了交接仪式。

3月19日 沙特首都利雅得一处炼油厂遭遇多架无人机袭击并起火，火势得到控制，没有人员伤亡，燃油供应没有受到影响。

3月22日 沙特外交大臣费萨尔在利雅得宣布，沙特提出一项旨在结束也门危机的也门和平倡议。也门联合政府对这一倡议表示欢迎。

3月22日 国家主席习近平同科威特埃米尔纳瓦夫互致贺电，庆祝两国建交50周年。

3月23日 "长赐"号货轮在苏伊士运河搁浅，严重堵塞了河道航线。

3月25日 美国常驻联合国代表琳达·托马斯-格林菲尔德（Linda Thomas-Greenfield）表示，美国将恢复在特朗普执政期间与巴勒斯坦断绝的外交关系。

3月26日 埃及两列客运列车在埃及南部索哈杰省境内相撞，造成至少19人死亡、185人受伤。

3月27日 国家主席习近平就埃及发生火车碰撞事故向埃及总统塞西致慰问电。

3月29日 中国国务委员兼外长王毅在马斯喀特会见阿曼副首相法赫德。

3月30日 沙特王储穆罕默德·本·萨勒曼宣布启动一项旨在促进该国私营部门投资的计划，以实现经济多元化目标。

4月

4月2日 苏丹主权委员会主席布尔汉与反政府武装苏丹人民解放运动北方局赫卢派领导人，在南苏丹首都朱巴签署原则性宣言，双方同意开展和平谈判，消除分歧。

4月3日晚 埃及政府将目前保存在开罗市中心解放广场埃及博物馆的18位国王、1位女王和3位王后的木乃伊搬迁到位于开罗城南的埃及国家文明博物馆。这一隆重的搬迁活动被命名为"法老的金色游行",吸引了埃及和世界各地媒体的广泛关注和报道。

4月4日 约旦副首相兼外交与侨务大臣萨法迪说,约旦日前挫败一起亲王哈姆扎·本·侯赛因等人参与、与境外势力相勾连的危害国家安全活动。

4月6日 极端组织"伊斯兰国"在叙利亚中部哈马省对平民发动袭击,导致多人伤亡。

4月7日 约旦国王阿卜杜拉二世发表公开信宣布,煽动活动已被平息,国家安全而稳定。

4月10日 吉布提内政部部长谢赫10日说,现任总统盖莱在9日举行的大选中胜出,成功连任。这是盖莱第五次当选吉布提总统。

4月10日 政府军和胡塞武装在中部马里卜省激烈战斗,过去24小时,至少20名政府军士兵和27名胡塞武装人员丧生。

4月12日 吉布提附近海域当天发生一起移民坠海溺水事件,造成34人死亡。

4月13日 土耳其-利比亚高级战略合作委员会会议于12日至13日在土耳其首都安卡拉举行。双方达成多项协议,包括建设利比亚电厂和机场,并重申对东地中海海事协议的承诺。

4月14日 一辆小型公交车在索马里南部中谢贝利州行驶途中触发一个简易爆炸装置,造成至少17人死亡,另有2人受伤。

4月15日 伊拉克首都巴格达发生一起汽车炸弹袭击事件,造成5人死亡、21人受伤。

4月15日 黎巴嫩总统米歇尔·奥恩与到访的美国副国务卿戴维·黑尔举行会谈时表示,希望恢复黎巴嫩和以色列海上边界谈判。

4月18日 埃及发生客运列车脱轨事故,造成至少20多人死亡、90多人受伤。

4月19日 俄罗斯空军空袭叙利亚境内巴尔米拉附近一个极端组织基地,消灭约200名武装人员。

4月19日　苏丹主权委员会和部长委员会批准一项法案，废除20世纪颁布的有关抵制以色列的法律。

4月21日　索马里首都摩加迪沙当天遭到炮击，炮击造成4人死亡、多人受伤。

4月22日　利比亚沿海发生一起沉船事故，造成至少100名企图偷渡到欧洲的人员溺水身亡。

4月24日　伊拉克首都巴格达一新冠定点医院氧气罐爆炸引发大火，造成82人死亡、110人受伤。

4月27日　国家主席习近平就伊拉克医院火灾事故造成重大人员伤亡向伊拉克总统巴尔哈姆致慰问电。

4月30日　巴勒斯坦总统阿巴斯发表电视讲话，宣布推迟原定于2021年5月22日开始的全面大选。

5月

5月4日　埃及军方发表声明称，埃及军方与法国飞机制造商达索公司签署协议，埃及将从这家公司采购30架"阵风"战斗机。此次采购资金来自法国方面的贷款，期限为10年。

5月5日　以色列空袭了叙利亚沿海地区多个目标，致1人死亡、6人受伤。

5月6日　埃及与土耳其发表联合声明，两国就双边关系正常化在开罗举行了为期两天的"探索性会谈"。

5月9日　索马里首都摩加迪沙一警察局9日晚遭自杀式炸弹袭击，袭击造成6人死亡、6人受伤。

5月10日　应沙特阿拉伯国王萨勒曼邀请，卡塔尔埃米尔塔米姆抵达沙特开始对沙特进行访问。沙特王储穆罕默德到机场迎接。访问期间，两国领导人就海湾地区局势的最新发展以及巴勒斯坦与以色列冲突等共同关心的问题进行讨论。

5月10日 以色列与巴勒斯坦加沙地带武装组织之间爆发严重冲突。

5月12日 伊朗外长扎里夫一行抵达叙利亚首都大马士革,就地区局势和双边关系等问题与叙利亚总统巴沙尔及叙利亚外长等叙政府高级别官员进行了会谈。

5月15日 埃及苏伊士运河管理局发表声明说,苏伊士运河南段航道已开始挖泥作业,以拓宽该段航道,使其拥有双向通航能力。

5月17日 以色列国防军发表声明说,作为对黎方向以方发射火箭弹的回应,以军当晚向黎巴嫩境内开炮。

5月18日 法国总统马克龙与正在法国访问的埃及总统塞西通过视频方式和约旦国王阿卜杜拉二世举行三方会谈,讨论巴勒斯坦和以色列冲突问题。

5月20日 哈马斯已与以色列达成停火协议。截至20日晚,冲突已致以方12人死亡、300余人受伤,巴方有232人死亡、1900余人受伤。

5月21日 埃及总统塞西决定派两个安全代表团,分别前往以色列和巴勒斯坦地区监督停火协议落实情况和商定可永久维持局势稳定的后续措施。

5月26日 叙利亚新一届总统选举境内投票正式启动。这也是叙利亚2011年爆发内战后的第二场总统选举。

5月27日 叙利亚人民议会议长哈穆达·萨巴格宣布,现任总统巴沙尔·阿萨德在叙总统选举中以95.1%的得票率获胜,成功连任。

5月31日 国家主席习近平致电巴沙尔·阿萨德总统,祝贺他当选连任阿拉伯叙利亚共和国总统。

6月

6月1日 隶属于摩洛哥海军的海岸警卫队当天凌晨在地中海截获近5吨大麻制品。

6月4日 阿联酋经济部发布报告称,2020年阿联酋外国直接投资比上年增长44.2%,达到198.8亿美元。阿联酋经济部部长阿卜杜拉表示,阿联酋将采取更多措施改善营商环境，提高外资吸引力，增强全球投资者信心。

6月5日 土耳其方面跨境空袭了伊拉克北部的一处难民营地，造成3人死亡、数人受伤。

6月9日 伊拉克北部萨拉赫丁省拜莱德空军基地遭3枚"喀秋莎"火箭弹袭击，袭击未造成人员伤亡。

6月12日 叙利亚北部城市阿夫林发生炮弹袭击事件，造成至少18人死亡、20多人受伤。

6月15日 位于索马里首都摩加迪沙南部的一处军营当日遭到袭击。目前，袭击已造成至少15名士兵死亡，另有多人受伤。

6月15日 科摩罗总统阿扎利在科摩罗总统府隆重举行仪式，向12位中国援科摩罗短期抗疫医疗队队员授予"科摩罗绿新月骑士勋章"和荣誉证书。

6月17日 索马里政府军17日在南部中谢贝利地区打死30名极端组织"青年党"武装分子。

6月18日 巴勒斯坦政府宣布，取消与以色列达成的一项新冠疫苗交换协议，因为以方移交的疫苗"不符合技术指标"。

6月23日 利比亚问题国际会议在德国首都柏林召开，与会各方呼吁外部势力停止干预利比亚局势、要求外国武装及雇佣军撤出利比亚，以推动该国实现和平稳定。

6月24日 阿尔及利亚总理杰拉德宣布已向总统特本递交辞呈，辞去总理职务。

6月27日 美国总统拜登命令美军对伊拉克和叙利亚边境地区实施新一轮空袭，以遏制并报复针对"美国在伊拉克利益"的一系列袭击。

6月27日 伊拉克、埃及和约旦领导人在伊拉克首都巴格达举行三方会议，讨论抗击新冠疫情、提振经济、加强能源合作、打击恐怖主义等问题。

7月

7月3日 埃及总统府发言人巴萨姆·拉迪发表声明说，位于埃及西北海岸加古布地区的"7月3日"海军基地当天举行启用仪式，埃及总统塞西出席了仪式。

7月3日 一艘载有非法移民的船只在突尼斯附近海域沉没，突尼斯海岸警卫队救起96人，另有43人失踪。

7月9日 阿尔及利亚发生两起重大交通事故，共造成27人死亡、12人受伤。

7月11日 以色列安全内阁决定，将冻结向巴勒斯坦转交5.97亿新谢克尔（约合1.83亿美元）代收税款，按月从以色列转给巴勒斯坦的代收税款中扣除这一金额。

7月12日 伊拉克南部济加尔省一新冠定点医院发生严重火灾，导致64人死亡，另有50人受伤。伊拉克政府下令举行全国哀悼。

7月14日 阿拉伯联合酋长国驻以色列大使馆在以色列海滨城市特拉维夫举行开馆仪式。

7月15日 国家主席习近平就伊拉克医院火灾事故造成重大人员伤亡向伊拉克总统巴尔哈姆致慰问电，代表中国政府和中国人民，对遇难者表示深切的哀悼，向遇难者家属和伤者致以诚挚的慰问。

7月15日 黎巴嫩候任总理萨阿德·哈里里宣布，由于未能在新政府组成问题上与总统米歇尔·奥恩达成一致，他决定放弃组建新一届内阁。

7月17日 叙利亚总统巴沙尔·阿萨德在首都大马士革宣誓就职，开启他的第四个总统任期。

7月19日 伊拉克首都巴格达东郊一市场发生一起爆炸事件，造成19人死亡、54人受伤。

7月22日 埃及总统塞西于当日发布总统令，宣布自24日起再次延长全国范围内的紧急状态3个月。

7月24日 也门政府军与胡塞武装在也门中部马里卜省发生激烈交火，双方至少17人死亡、35人受伤。

7月25日 突尼斯总统赛义德宣布，根据宪法相关条款，他决定解除总理迈希希的职务，并暂停议会活动。

7月26日　黎巴嫩总统米歇尔·奥恩任命前总理纳吉布·米卡提为新总理，并授权其组阁。米卡提在获得任命后呼吁所有政党与其合作，为消除国家所面临的危机找到正确的解决办法。

7月26日　一艘载有非法移民的船只在利比亚附近海域倾覆，造成至少57人死亡，其中包括20名女性和2名儿童。

7月26日　美国总统拜登与伊拉克总理卡迪米签署一项协议，到2021年底时正式结束美国在伊拉克的作战任务。

7月28日　黎巴嫩看守政府总理哈桑·迪亚卜办公室发表声明说，为纪念贝鲁特港爆炸悲剧一周年，宣布8月4日为全国哀悼日。

7月28日　巴勒斯坦卫生部部长马伊·凯拉与以色列卫生部部长利兹曼、环境保护部部长塔马尔在耶路撒冷举行直接会谈，这是多年来的第一次。

8月

8月1日　叙利亚总统巴沙尔·阿萨德颁布总统令，授权现总理侯赛因·阿尔努斯组建新内阁。

8月1日　黎巴嫩首都贝鲁特南部一滨海小镇发生武装冲突，造成至少5人死亡、10多人受伤。

8月9日　阿尔及利亚北部地区发生多起森林火灾，截至10日火灾已造成42人死亡、数十人受伤。

8月10日　叙利亚总统巴沙尔·阿萨德签署法令，批准由总理侯赛因·阿尔努斯组建的新内阁成员名单，原内阁大部分成员留任。

8月12日　埃及军方发表声明说，埃及军方日前在北西奈省的反恐行动中打死13名恐怖分子。

8月26日　卡塔尔埃米尔塔米姆在卡塔尔首都多哈会见到访的阿联酋国家安全顾问阿勒纳哈扬。这是2017年卡塔尔和阿联酋断交以来，阿联酋高级官员首次访问卡塔尔。

8月29日　胡塞武装当日上午发射导弹袭击了也门政府军位于南部省份拉赫季的阿纳德空军基地，导致至少8名政府军士兵死亡，20多人受伤。

8月29日　以色列士兵再次与巴勒斯坦示威者在以色列与加沙地带边境爆发冲突，造成18名巴勒斯坦人受伤。这是以巴连续第二天爆发冲突。

8月30日　巴勒斯坦总统阿巴斯在拉姆安拉的总统办公室会见了以色列国防部部长甘茨，双方讨论了安全、外交以及经济等事务。

9月

9月2日　埃及、约旦和巴勒斯坦三国领导人在埃及首都开罗举行会议，商讨恢复巴勒斯坦和以色列和平进程，推动解决双方长期冲突等事宜。

9月4日　叙利亚同意经叙领土向黎巴嫩输送来自埃及的天然气和来自约旦的电力，以缓解黎能源短缺问题。

9月4日　以色列总统府发表声明说，应约旦国王阿卜杜拉二世邀请，以色列总统赫尔佐格上周与阿卜杜拉二世在约旦首都安曼会面，双方讨论了"双边和地区层面"的战略性问题。

9月6日　卡塔尔埃米尔塔米姆在卡塔尔首都多哈会见到访的美国国务卿布林肯和国防部部长奥斯汀，双方讨论了美国撤军后阿富汗局势、美国从阿富汗撤侨行动等。

9月8日　约旦、埃及、叙利亚和黎巴嫩四国能源部部长在约旦首都安曼达成协议，同意将埃及天然气经由约旦、叙利亚输送至黎巴嫩，以缓解黎能源短缺危机。

9月11日　伊拉克库尔德自治区首府埃尔比勒的国际机场遭两架无人机袭击，但未造成人员伤亡。

9月11日　叙利亚石油和矿产资源部部长巴萨姆·图赫米表示，作为埃及向黎巴嫩输送天然气过境叙利亚的条件，叙利亚将获得一定量的天然气。

9月12日　阿富汗塔利班临时政府代理总理穆罕默德·哈桑·阿洪德

在首都喀布尔与到访的卡塔尔副首相兼外交大臣穆罕默德·本·阿卜杜勒拉赫曼举行会谈，双方讨论了双边关系、人道主义援助、阿富汗未来经济发展等问题。

9月17日 阿尔及利亚前总统布特弗利卡于当日晚去世，享年84岁。

9月19日 阿尔及利亚为去世的前总统布特弗利卡举行葬礼。阿尔及利亚总统特本、总理阿卜杜拉赫曼，以及阿议会领导人和布特弗利卡的家人等出席葬礼。

9月20日 国家主席习近平就阿尔及利亚前总统布特弗利卡逝世向阿尔及利亚总统特本致唁电。

9月21日 苏丹安全与防卫委员会表示，涉嫌参与未遂政变的高级军官和多名官兵已于当天被捕，包括未遂政变头目奥斯曼少将、22名不同级别军官和一些士兵。

9月21日 利比亚国民代表大会投票，决定撤回对利比亚民族团结政府（过渡政府）的信任。

9月25日 位于索马里首都摩加迪沙的总统官邸附近当天发生一起自杀式汽车炸弹袭击，已造成7人死亡、9人受伤。

9月25日 也门胡塞武装发射导弹袭击了该国西北部哈杰省米迪市的一场民众集会，造成至少5人死亡、20多人受伤。

9月27日 叙利亚外长梅克达德在第76届联合国大会一般性辩论中发言，敦促美国及其西方盟友停止实施"经济恐怖主义"。

9月28日 约旦交通大臣瓦吉赫·阿扎伊泽宣布，允许约旦皇家航空公司自10月3日起恢复约首都安曼到叙利亚首都大马士革的往返航班，该航班由于叙利亚爆发内战已暂停运营近十年。

9月29日 突尼斯总统府发表声明说，突总统赛义德当天任命娜杰拉·布登·鲁姆赞为新总理。鲁姆赞成为突尼斯历史上第一位女总理。

9月30日 黎巴嫩领导人与到访的约旦首相贝希尔·哈苏奈举行会谈，重点讨论了约旦如何向黎巴嫩提供电力和输送埃及天然气，以帮助长期深受停电困扰的黎巴嫩摆脱能源危机。

10月

10月2日 阿尔及利亚总统府发表声明称，因法国总统马克龙发表对阿不当言论，阿政府决定召回驻法大使。

10月5日 也门政府军与胡塞武装在也门中部马里卜省发生激烈交火，导致双方至少82人死亡。

10月7日 伊拉克新一届国民议会选举投票正式开始。

10月7日 黎巴嫩总统米歇尔·奥恩会见到访的伊朗外长阿卜杜拉希扬，双方就加强双边关系深入交换了意见。

10月8日 沙特西南部港口城市吉赞一座机场遭装载爆炸物的无人机袭击，10人受伤。

10月10日 以"新目的地，新的篇章"为主题的利雅得国际书展在沙特利雅得落下帷幕。本次书展吸引了来自30个国家和地区的1000多家展商参展。

10月11日 伊拉克总理穆斯塔法·卡迪米宣布，在"边境外情报行动"中逮捕了"伊斯兰国"组织负责财务的头目萨米·贾西姆·朱布里，此人曾是该组织最高头目巴格达迪的助手。

10月11日 突尼斯总理娜杰拉·布登·拉马丹当日宣布组建新政府，并向总统赛义德宣誓就职。娜杰拉的新政府由24名部长和1名外交国务秘书组成，其中包括9名女性。

10月14日 苏丹中央统计局发布的数据显示，该国9月通货膨胀率为365.82%，与8月相比略有下降。

10月14日 黎巴嫩真主党和阿迈勒运动的支持者们前往黎司法部举行抗议活动，遭到狙击手枪击，已造成5人死亡，另有30多人受伤。

10月19日 卡塔尔埃米尔塔米姆发布内阁改组训令，对部分内阁成员和机构进行调整，包括将市政与环境部拆分为市政部、环境与气候变化部。

10月20日 突尼斯总统赛义德与到访的阿拉伯国家联盟秘书长盖特举

行会谈。赛义德在会谈时表示，突尼斯反对任何形式的外来干涉。

10月20日 叙利亚首都大马士革发生一起针对军方车辆的炸弹袭击事件，造成13人死亡、3人受伤。

10月22日 为期5天的叙利亚宪法委员会小组第六轮会议在瑞士日内瓦结束。联合国秘书长叙利亚问题特使裴凯儒表示，此轮会议未能实现预期目标。

10月22日 伊拉克政府宣布，为加强对极端武装组织"IS"残余势力的围攻，在与叙利亚边界建成了650公里的安全堤。

10月23日 苏丹"自由与变革联盟"表示，该组织支持由哈姆杜克领导的过渡政府，拒绝有关解散过渡政府的要求。

10月24日 以色列卫生部宣布，该国与阿联酋签署新冠疫苗接种证书互认协议。

10月24日 利比亚国家高级选举委员会公布将于2021年底至2022年1月期间举行的总统及议会选举具体安排。

10月24日 考古人员宣布，在伊拉克发现约2700年前的酿酒厂遗址，以及同期的灌溉渠装饰用石制浮雕。

10月25日 苏丹局势发生突变，过渡政府总理被"绑架"，政府部长被军方抓捕，苏丹主权委员会主席兼苏丹武装部队总司令布尔汉宣布解散主权委员会和过渡政府，并解除所有州长的职务，国家进入紧急状态。大量民众走上街头对军方行动进行抗议，已有7人在抗议活动中死亡，140人受伤。

10月26日 苏丹武装部队总司令布尔汉当日表示，将组建新的文职政府管理国家。

10月27日 非洲联盟（非盟）和平与安全理事会宣布，即日起暂停苏丹的非盟成员国资格。

10月27日 沙特阿拉伯主导的多国联军在也门中部马里卜省的空中打击行动中打死至少95名也门胡塞武装人员。

10月28日 世界银行宣布，世行执行董事会已批准向埃及提供3.6亿美元贷款，以支持埃及经济改革，增强其经济可持续性和包容性增长的前景。

10 月 29 日　因为黎巴嫩新闻部部长在上任前的访谈中指认沙特阿拉伯带领盟友"侵略"也门的言论引发外交纠纷，沙特政府于 29 日要求黎巴嫩驻沙特大使 48 小时内离境，同时召回驻黎巴嫩大使并暂停进口黎巴嫩商品。同日，巴林外交部也以同样理由要求黎巴嫩驻巴林大使在 48 小时内离境。

10 月 30 日　科威特外交部宣布召回本国驻黎巴嫩大使，同时要求黎驻科使馆代办在 48 小时内离境。

10 月 30 日　利比亚"5+5"联合军事委员会在埃及首都开罗开始新一轮会谈，就外国军队和雇佣军撤出利比亚问题进行讨论。

10 月 31 日　也门胡塞武装发射导弹袭击了该国中部马里卜省一座清真寺，造成至少 25 人死亡、10 人受伤。

11月

11 月 1 日　由沙特阿拉伯主导的多国联军对位于马里卜省的胡塞武装目标实施了多次空袭，打死至少 115 名胡塞武装人员，并摧毁 14 辆军车。

11 月 3 号　埃及总统塞西表示，他决定不再延长国家紧急状态。

11 月 4 日　苏丹武装部队总司令布尔汉当天发布命令，释放此前被扣押的 4 名过渡政府部长。

11 月 5 日　国家主席习近平同叙利亚总统巴沙尔通电话，就双方关心的问题深入交换了意见。

11 月 5 日　伊拉克首都巴格达市中心"绿区"遭数百名示威者冲击，示威者与伊安全部队人员发生冲突，造成 2 名示威者死亡，另有数十人不同程度受伤。

11 月 6 日　利比亚总统委员会宣布，利比亚民族团结政府（过渡政府）外交部部长曼古什因管理不善问题被停职。

11 月 7 日　苏丹武装部队总司令布尔汉在苏丹首都喀土穆会见到访的

阿拉伯国家联盟（阿盟）副秘书长胡萨姆·扎基时表示，苏丹武装部队将致力于国家的民主过渡，直到成立一个民选政府。

11月7日 联合国秘书长也门问题特使格里菲思抵达也门临时首都亚丁，与也门政府总理马利克就当前该国局势进行会谈。

11月7日 伊拉克总理卡迪米位于巴格达"绿区"内的住所遭无人机袭击，卡迪米躲过袭击未受伤害。

11月7日 索马里军方发表声明说，国家武装部队在南部和中部对索马里极端武装组织"青年党"发动了大规模军事行动，摧毁了该组织在南部图克勒和达尔萨拉姆地区的据点。

11月8日 阿拉伯国家联盟副秘书长扎基访问黎巴嫩首都贝鲁特，会见多位黎领导人，讨论解决该国与沙特阿拉伯等国之间的外交风波。

11月9日 叙利亚总统巴沙尔在首都大马士革会见来访的阿拉伯联合酋长国外长阿卜杜拉，双方讨论了双边关系与合作。这是2011年叙利亚危机爆发以来，访叙的最高级别阿联酋代表团。

11月9日 国家主席习近平同黎巴嫩总统米歇尔·奥恩互致贺电，庆祝两国建交50周年。

11月12日 利比亚问题国际会议在法国巴黎举行，与会各方支持利比亚推进政治进程，寻求持久解决利比亚危机的方案，并要求外国军队和雇佣军从利比亚撤出。

11月15日 阿尔及利亚总统府发表声明，阿尔及利亚总统特本已在德国完成针对其感染新冠病毒的治疗。

11月16日 利比亚"国民军"领导人哈夫塔尔宣布将参加定于12月举行的总统选举。

11月20日 也门胡塞武装使用载有炸弹的无人机对沙特阿拉伯境内多个目标发动袭击。

11月21日 苏丹军方领导人布尔汉与原过渡政府总理哈姆杜克在苏丹总统府举行会晤并签署政治协议，哈姆杜克将继续出任新过渡政府总理。

11月24日 以色列空袭叙利亚中部地区，造成2人死亡、7人受伤。

11 月 25 日　索马里首都摩加迪沙的一所学校附近当天早上发生一起自杀式汽车炸弹袭击，已造成 8 人死亡、17 人受伤。

11 月 30 日　伊拉克独立高等选举委员会公布国民议会选举正式结果，什叶派宗教领袖萨德尔领导的"萨德尔运动"获得 73 个议席，居首位。

12月

12 月 2 日　极端组织"伊斯兰国"在叙利亚东部代尔祖尔省对两辆搭载油田工人的小巴车发动袭击，造成 10 人死亡，另有多人受伤。

12 月 3 日　联合国安理会一致通过第 2608 号决议，将各国及区域组织在索马里沿海与索当局合作打击海盗和海上武装抢劫行为的相关授权再延长 3 个月。

12 月 6 日　苏丹西达尔富尔州近日持续发生暴力冲突，已造成至少 48 人死亡。

12 月 7 日　阿曼苏丹海赛姆在首都马斯喀特会见到访的沙特王储穆罕默德。双方在会后发表联合声明，同意以政治方式全面解决也门危机。

12 月 9 日　伊拉克国家安全顾问卡西姆·阿拉吉宣布，驻伊外国军队作战人员已结束任务并将全部撤离伊拉克。

12 月 14 日　联合国世界粮食计划署发布报告称，持续的战火造成也门超过一半以上的人口面临严重饥荒，5 岁以下的儿童有一半人营养不良，也门局势发展令人担忧。

12 月 16 日　以色列对叙利亚南部地区发动导弹袭击，造成当地 1 名士兵死亡。

12 月 19 日　伊拉克首都巴格达市中心"绿区"遭两枚"喀秋莎"火箭弹袭击，美国驻伊拉克大使馆启动防空系统对其实施拦截。

12 月 22 日　巴勒斯坦总统阿巴斯在约旦河西岸城市拉姆安拉会见到访的美国总统国家安全事务助理沙利文，双方就巴以问题、巴美关系等进行了讨论。

12 月 22 日　阿联酋宣布暂停与美国一项 230 亿美元军火交易的谈判。阿联酋官员表示，美国要求过于苛刻，威胁到阿联酋对本国主权的行使，考虑到成本和效益分析等因素，阿联酋需重新考虑这笔交易。

12 月 23 日　伊朗外长阿卜杜拉希扬在德黑兰与到访的伊拉克外长侯赛因会谈后对记者发表谈话说，伊朗和沙特近期将就两国关系问题在巴格达举行直接会谈。

12 月 27 日　索马里总统穆罕默德发表声明说，总理罗布莱因涉嫌参与腐败和滥用公共土地已被停职。

12 月 28 日　科威特王储米沙勒颁布法令，组成以萨巴赫·哈立德为首相的新一届内阁。

12 月 28 日　据叙利亚官方媒体报道，以色列空袭了叙西北部拉塔基亚港，导致港口内集装箱堆场起火，造成重大财产损失。

12 月 29 日　埃及第二届防务展在首都开罗国际会展中心开幕，埃及总统塞西为展会揭幕。

12 月 29 日　以萨巴赫·哈立德为首相的科威特新一届政府宣誓就职。

Abstract

Annual report on development of Arab (2022) represents a systematic analysis of the situation in the Middle East in 2021. The year 2011 saw a major upheaval in the Middle East unprecedented in a century, and in the past couple of years, there is the Covid-19 pandemic also unseen in a century. Under the combined effect of multiple crises, it has always been difficult for the Middle East to achieve stability and development. The Middle East in 2021 can be characterized as still struggling for a breakthrough in a difficult situation.

Firstly, the economic situation is in a period of recession, and it has shown no sign of fundamental improvement as of today. Since 2020, the spread of Covid-19 and the slump in oil prices caused by the global economic downturn have made the already weak economic situation in the Middle East even worse. In the second half of 2021, the Middle East economy started to bottom out due to the positive news of oil price rebound and epidemic control. But given the unresolved structural, cyclical and epidemic crises and the superimposition of many unfavorable factors, the overall economic situation of Middle East countries is still in a period of recession and shock.

Secondly, the Middle East governance model is still at the exploration stage. The Middle East region is facing no universally accepted model or pattern, and its political transformation is still in a difficult period of exploration. For one thing, the debate over the direction of secularization and Islamization remains inconclusive. For the other, the trend of centralization and decentralization goes hand in hand, swaying the political transformation of the Middle East.

Thirdly, the Middle East is in a period of transition between "détente and turbulence". After a decade-long intense game, the regional powers are generally losing steam for their expansionary policies. Year 2021 has seen a rare trend of crisis de-escalation in the Middle East, but many parts are still mired in humanitarian disasters, complicated by the threat of extremist terrorist groups that cannot be underestimated.

Finally, the U. S. Middle East policy is in adjustment. Since the Biden administration took office in 2021, the U. S. Middle East policy seems very different from that of the Trump administration, but in fact, the main theme remains to be strategic contraction, with increased differences in strategy and means only.

Annual report on development of Arab (2022) is divided into six parts. Part I is a general report, which focuses on the political and economic situation of Arab countries in 2021, the regional game situation, the U. S. Middle East policy and other major issues. Part II are country reports, which mainly assesses the annual situation in Afghanistan, Iraq, Tunisia, Yemen, Egypt, etc. Part III are special reports, analyzing and discussing the issues of the camping of the Middle East, the Arab oil and gas market, the economic recovery of the Middle East, the Shiite Crescent and Iran's regional policy, the latest development in the Palestinian-Israeli issue, the territorial dispute between Algeria and Morocco, and the return of the Taliban to power in Afghanistan. Part IV are Great powers and the Middle East, mainly discussing the competition and game situation of the United States, Russia and other foreign powers in the Middle East. Part V concerns Sino-Arab relations, which focuses on Sino-Arab economic and trade cooperation, China-GCC cooperation. Part VI is the appendix, which organizes the annual memorabilia of Arab countries.

Keywords: Arab Countries; Political Transformation; Camp Orientation; Regional Gaming; Economic Situation

Contents

I General Report

Abstract: The world today is undergoing profound changes unprecedented in a century, which is further complicated by a major pandemic also unseen in a century. Under the combined effect of multiple crises, the Middle East has found it difficult to achieve stability and development. The 2021 situation in the Middle East presents several new trends. First, the Middle East governance model is still at a stage of exploration for two reasons, Mainty manifested as the debate on the direction of secularization or Islamization is still inconclusive, the trends of centralization and decentralization go hand in hand. Second, the economic situation is in a period of depression. The economic performance of transition countries is poor, and serious economic crises have broken out in some countries. Third, the regional pattern is undergoing a transformation of relaration and turbulence. The regional situation is showing a clear trend of easing, and factors of instability cannot be ignored. Finally, the U. S. Middle East policy is in adjustment. The Middle East policy of the Biden administration seems to be completely different from that of the Trump administration, but in fact the main theme is still strategic contraction, which has multiple effects: the Iranian nuclear issue is in danger of " nuclear Weaponization"; the U. S. withdrawal from Afghanistan has turned into a complete rout, the allies becoming ever more alienated.

Keywords: Middle East; Governance Model; Economic Situation; Regional Pattern; U. S. A.

II   Country Reports

Y. 2   Afghanistan in the "Post-U. S. Era"   *Wang Zhen* / 027

Abstract: The withdrawal of U. S. troops from Afghanistan in August 2021 is undoubtedly a milestone event in the global war on terrorism since the September 11 attacks. It not only represents a major adjustment of the U. S. global war on terrorism and Afghanistan strategy, but also means that Afghanistan has entered the "post-U. S. era" or "post-U. S. military era" after the Taliban regained power. The global war on terrorism and the geopolitical landscape formed in Central Asia in the past two decades has also changed accordingly. Many countries have doubts about the future of Taliban rule in Afghanistan based on historical inertia, cultural bias, foreign policy and domestic political constraints. Although Afghanistan is currently facing a series of difficulties in politics, economy, diplomacy and security, the difficulties do not originate from the Taliban's policy mistakes after its returning to power, but are related to the serious natural disasters, the interruption of foreign aid and the perennial military scourge. In the long run, as the Taliban gradually restores its domestic order and fulfills its anti-terrorism commitments to the international community, Afghanistan is expected to enter a period of genuine peace and reconstruction in the future.

Keywords: Afghanistan; Taliban; "Post-U. S. Era"; Situation in Central Asia

Y. 3   An Assessment of Iraq's Situation in 2021   *Shi Linfei* / 046

Abstract: In order to ease the pressure of the massive protest movement that erupted in October 2019, Iraq held an early Parliamentary election in October 2021, when the "Sadrist movement" led by Muqtada al-Sadr won the most seats, highlighting the rising nationalist sentiment in Iraq. Sunni forces have risen, and pro-Iranian Shiite parties have suffered electoral setbacks. The trend of fragmentation is obvious in the political arena, on account of the serious differences among parties and the great difficulties in forming a new government. In the meantime, there are frequent protest movements in Iraq, and the early election has brought no fundamental changes to the situation, with some of the losing parties resorting to violence and triggering new unrest due to their dissatisfaction with the election results. Finally, the U. S. has announced the end of combat operations in Iraq by the end of 2021. Against the backdrop of the reduction of U. S. investment and the decline of Iran's influence, new diplomatic trends have emerged in Iraq.

Keywords: Iraq; Parliamentary Election; Protest Movement; "Sadrist Movement"

Y. 4 Democratic Transition in Crisis Again: An Assessment of Tunisia's Situation in 2021 *Sun Lei* / 061

Abstract: The "Jasmine Revolution" broke out in Tunisia at the and of 2010, ended with the fall of the then regime and the departure of President Ben Ali. In the past ten years, Tunisia completed the promulgation of a new constitution and experienced three democratic elections, and was once hailed by the Western media as a "model country" for democratic transformation. But today Tunisia has once again plunged into a political crisis. The power struggle between the president, the prime minister and the speaker has intensified, and the democratization process is facing unprecedented challenges. In 2021, Tunisia was turbulent in the political arena, political crisis renewed and the prospect of democratic transition in doubt. Although tourism has rebounded, the overall economic development remains weak due to prominent structural problems and inadequate economic reforms. Unemployment rate remains high, people's livelihood is difficult, terrorism and crimes occur from time to time, which, coupled with the serious domestic epidemic, has jointly led to increasingly prominent social conflicts. Nonetheless, thanks to balanced and diversified foreign policies, its foreign relations are developing steadily. With increasing international cooperation, Tunisia is playing an active role in regional and international affairs.

Keywords: Tunisia; Democratic Transition; Political Crisis; Economic Reform; Terrorism

Y.5　An Assessment of the Situation in Yemen and the Prospects

Bai Ye / 079

Abstract: The year 2021 marks the ten year of the ongoing crisis in Yemen. During this period, Yemen has undergone rounds of military conflicts and political changes, gradually becoming an "arena" for major power game. At present, the situation in Yemen remains in a comprehensive stalemate, with the North-South divide becoming ever more conspicuous; the warring parties continue to engage in a "war of attrition", with fierce competition for strategic locations in the country and no hope for a ceasefire in the near future. Since Biden came to power, the U. S. has begun to adjust its Middle East policy under Trump, and its support for Saudi Arabia, no longer high-profile, has begun to "turn cold", but the policy of supporting Saudi Arabia against the Houthis and Iran remains unchanged. Britain, France, Germany and other Western countries also maintain arms sales to Saudi Arabia. In 2021, Yemen, faced with a triple blow of continuous war, natural disasters and COVID-19, saw a declining economy, a high unemployment rate, and serious famines in many places. More than half of its population is threatened by hunger and Social crisis are being increasngly acute.

Keywords: Yemen Crisis; External Intervention; War of Attrition; COVID-19

Y.6   A Report on Lebanon's Situation in 2021   *Li Yajuan* / 091

Abstract: Lebanon's political stability and economic development in 2021 are strongly impacted by the combined effects of the Beirut explosion, a large-scale economic collapse and the COVID-19 epidemic. Moreover, because of the long-standing political corruption, state dysfunction, and poor management of crisis response, its political ecological chaos continues to escalate. Sectarian conflicts and conflicts between religion and secularism give the political situation of the country the basic characteristics of continued pattern imbalance and superimposition of internal and external crises. On the economic front, the country's public finances and balance of payments have deteriorated, exchange rate stability has been lost, hyperinflation has erupted repeatedly, the banking sector has become insolvent, and unemployment and poverty have risen sharply, exacerbating the overall collapse of the country's economy. Various crises are accumulating, posing serious constraints to the country's development. Deteriorating economic conditions and political instability have sparked thousands of demonstrations across the country, plunging the country into an unprecedented humanitarian crisis. The diplomatic crisis with Saudi Arabia in 2020 has made the situation in Lebanon even worse, and its diplomatic dilemma with the Gulf countries has become a major challenge for Lebanese diplomats.

Keywords: Lebanon; Political Situation; Economic Situation; Foreign Relations

Y.7   Morocco's Domestic Situation in 2021

Pang Bo, Chen Binjie / 110

Abstract: Morocco's overall situation in 2021 can be characterized as stable. Morocco prevents and controls the COVID-19 epidemic through vaccination, vaccine production, dynamic promulgation of epidemic prevention measures, as well as airspace closure. After the economic recession in 2020, the Moroccan economy has shown signs of recovery in primary, secondary and tertiary sectors, and in foreign trade, with the overall economic and trade situation showing an upward trend. However, the issue of Western Sahara, which is of core interest to Morocco, remains unresolved, inducing a migration and diplomatic crisis with Spain, even with the European Union. After ten years in power, Islamic parties were defeated in the parliamentary elections, and Aziz Ahnoush, General Secretary of "the National Union of Liberals", became Prime Minister, symbolizing the completion of Morocco's political reshuffle. In addition, both the new development model proposed by the Moroccan royal family and the governing platform of the new government point to alleviating the social and livelihood problems in the development process and restructuring the economy.

Keywords: Morocco; COVID-19; "The National Union of Liberals"

Y.8   An Assessment of Egypt's General Situatio in 2021

Nan Beibao / 126

Abstract: 2021 is the tenth anniversary of the "Arab spring" and the tenth year after the outbreak of the "1 · 25 Revolution" in Egypt. In the face of the continuous rebound of the COVID-19 epidemic, the imbalanced global economic recovery, and the complex and turbulent international and regional situation, the domestic political situation in Egypt continues to remain stable, and the new administrative capital project has entered the "trial operation" stage. The national structural reform plan has been launched and the economy has maintained a relatively strong momentum. Egypt's ability to mediate regional conflicts has been significantly enhanced, and it has maintained good relations with world powers and regional countries. However, affected by the uncertainties and instabilities in various fields at home and abroad, Egypt still faces many risks and challenges, such as insufficient political democratization, unresolved economic problems, and intensified geopolitical games.

Keywords: Egypt; Sisi; Strongman Politics; National Structural Reform Plan; Pluralistic Diplomacy

Ⅲ   Special Reports

Y . 9   An Assessment of the Economic Recovery Prospects in the Middle East   *Jiang Yingmei* / 147

Abstract: The economic recovery of many countries in the Middle East has accelerated under the effect of factors such as accelerated vaccination progress, economic stimulus policies, economic structural transformation and global economic recovery. The overall high international oil prices have provided strong support for the economic recovery of oil export-led economies and produced spillover effects on oil-importing countries. The overall economic recovery in the Middle East will continue in 2022, but the economic recovery process will see accelerated divergence among countries due to different vaccination levels as well as other factors, and there will be imbalances in the economic recovery of different countries. The economic recovery of Middle East countries is still affected by multiple factors such as geopolitical environment, unbalanced development, unreasonable economic structure and vaccination rate, which jointly increase the uncertainty of its future economic growth.

Keywords: COVID-19; Middle East Economy; Ukraine Crisis; Economic Recovery

Y . 10   Adjustment and Mitigation: New Trends in the Camping of the Middle East   *Shao Yuzhuo* / 163

Abstract: Camp confrontation in the Middle East is weakening, and the overall trend is slowing down and stabilizing. The Biden administration has adjusted its Middle East strategy, by reducing the investment of military resources in the Middle East and avoiding excessive commitment in regional security issues, and instead returning to multilateralism to help turn the fundamentals, and increasing the investment of diplomatic resources on the issue of returning to the Iranian nuclear deal, so that Saudi Arabia, the UAE and other regional countries can assume the responsibility of jointly maintaining the regional security order. Saudi Arabia, the UAE and other regional countries have shifted their attitudes toward camp confrontation, and on the basis of seeking common security and economic interests, are bridging the differences within the GCC, expanding dialogue with Iran, seeking to achieve a ceasefire in the battlefield of Yemen, and repairing diplomatic relations with Syria. At the same time, non-state actors are increasingly influential in camp confrontation, manifesting themselves in the increased asymmetry of military confrontation and strategic competitive advantages in the field of digital technology. The weakening intensity of the camp confrontation in the Middle East does not mean the disappearance of the camps, and the risk of renewed conflict will remain before the structural contradictions in the Middle East are fully resolved.

Keywords: Camping; Middle East Strategy; Iranian Nuclear Deal; Saudi Arabia; Houthis

Y.11 Progress and Prospects of the Israeli-Palestinian Issue in 2021

Liu Fenghua / 182

Abstract: 2021 saw no breakthrough in the Palestinian-Israeli issue; in its stead, it has shown signs of intensification. The most violent exchange of fire since the Gaza War in 2014 has erupted, which has brought the Palestinian-Israeli issue back to the core from a marginalized position, making it once again the focus of international attention. As a root problem in the Middle East, the Palestinian-Israeli issue has been influencing the development and direction of international and regional relations. When it is coupled with the fragmentation trend in the Arab world and the continuation of the U.S. government's biased policy toward Israel, a variety of factors have hindered the development of the Palestinian-Israeli peace process. Despite the growing awareness of the international community to participate in the mediation of the Israeli-Palestinian conflict, and the efforts made to ease the Israeli-Palestinian situation and achieve peace in the Middle East, the actual results have been minimal, and there has been no breakthrough change or development in Israeli-Palestinian relations, and the peace process has even regressed. The present article summarizes the major events in the evolution of the Palestinian-Israeli issue between 2021 and 2022, and analyzes the important factors affecting and hindering the Palestinian-Israeli peace process, and on this basis, makes an outlook on the future of the Palestinian-Israeli issue in 2022.

Keywords: Palestinian-Israeli Conflict; U. S. ; Arab World; Fragmentation

Y . 12   The "Shiite Crescent" and Iran's Regional Policy

Wang Guangyuan / 193

Abstract: The "Shiite Crescent" is a slogan-like concept that reflects the multiple implications of the changing regional landscape in the Middle East and the rise of Iran, but it has ignored the basic facts of intra-Shiite relations and population distribution. Iran's choice to expand its influence in countries such as Iraq, Syria and Lebanon is both a subjective and rational choice to make full use of Shia transnational networks and the result of objective factors such as geopolitical circumstances and comprehensive national power. Iran's regional policy of using Shiite militias and building a proxy network has brought some gains for the country, but its negative impact has also begun to emerge. As a result of the unrest in Iraq and the civil war in Syria, the influence of the "Shiite Crescent" in the region has been declining. The relationship between Iran and other countries in the "Shiite Crescent" is also plagued with uncertainty.

Keywords: Iran; "Shiite Crescent"; Middle East Pattern; Iraq; Syria

Abstract: Since the Raisi government took office in August 2021, it has focused on developing good-neighborly and friendly relations with neighboring countries, Arab countries and non-Arab countries in the region, and actively developing economic and trade cooperation, which shows the moderation, pragmatism and flexibility of the Raisi government's foreign policy toward the region. Looking ahead, the government's diplomacy in the region will be characterized by " change in the midst of unchange and unchange in the midst of change". While strengthening its interaction with the neighbors and seeking greater economic and trade cooperation with the Gulf countries, Iran will continue to adhere to the traditional general principle of "national security and the interests of the Muslim community first" as well as its religious characteristics based on "Shiite identity". The internal and external environment facing Iran will also bring a certain degree of uncertainty to the Raisi government's future regional policies.

Keywords: Iran' Diplomacy; President Raisi; Middle East Policy

Abstract: This paper aims to sort out the EU's policies towards Afghanistan in different periods and assess the effects produced by the policies, and then analyze the EU's policy adjustments in the context of the U. S. withdrawal from Afghanistan. Europe has been the largest humanitarian donor to Afghanistan since the 1990s and is committed to the modernization and development of Afghanistan. After the 9. 11 attacks, the EU realized that the humanitarian approach had little effect, which forced it to adjust its approach to Afghanistan. The 2001 *Bonn*

Agreement identifies Europe's main goals in Afghanistan as reconstruction and democratization. This policy, however, has actually become a fig leaf to cover up the EU's lack of autonomy. With the withdrawal of U. S. troops from Afghanistan in 2021, the EU has to readjust its policy to resolve its diplomatic dilemma in Afghanistan.

Keywords: EU; Afghanistan; Aid Policy

Y.15　Regime Security and Roots of Qatar's State Behavior

Bao Chengzhang , Huang Yaoman / 238

Abstract: During the period of Hamad and Tamim, problems such as internal and external security threats, insufficient regime legitimacy and lack of national identity have impacted Qatar's regime security to varying degrees. Regime security is the core goal of Qatar's national security. Changes in the domestic and regional security environment have caused the rulers' deep-seated regime insecurity. Maintaining regime security constitutes the logical starting point and main driving force for Qatar's state behavior and its transformation. Qatar has responded to external shocks and threats to the regime's security by supporting political Islamic ideology, practicing radical foreign policies, reshaping the country's image, strengthening nationalist narratives, and deflecting domestic pressure. Through a series of state behavior, Qatar has successfully resisted external security threats such as the "Arab Spring" and the crisis of breaking diplomatic relations, solved the national identity dilemma of groups such as domestic tribes, immigrants and foreign workers, and effectively maintained the security of its own regime.

Keywords: Qatar; Regime Security; State Behavior; Hamad bin Khalifa; Tamim bin Hamad

Abstract: With the fermentation of hot issues such as the Iranian nuclear deal and the Ukraine crisis conflict, the Syrian issue is being marginalized. The "Geneva Peace Talks", "Astana Process" or other solutions have failed to play the expected role, but are more conducive to the division of spheres of influence in Syria by the relevant forces. The U. S. ¬led sanctions once profoundly affected the fate of Syria, but starting from 2021, the sanctions have gradually lost their effectiveness; even the U. S. itself has begun to "forget" this ill-fated country. Syria crisis have proved that either the U. S. policy towards Syria and its overall Middle East policy have failed, or the U. S. strategic goals and its accusations against the Assad regime are untrue. In any case, in the context of the weakening U. S. intervention, the mutual "running-in" of forces related to the Syrian issue has instead promoted the formation of a relatively stable situation in the region. Although it is not enough to bring Syria complete peace and unity, a qualitative change is seen to work as the basis for the development in the direction of solving the problem. Taking this opportunity, the Sino-Syrian relationship has reached a consensus based on the tone set by the two heads of state, and is steadily developing toward the goal of building a community of human destiny.

Keywords: Syria; U. S. − Syrian Relation; Bashar Regime

Abstract: Since the founding of Algeria, and its relationship with Morocco had seen ups and downs before it finally broke off in August 2021. There were many factors that had triggered the fluctuations in their bilateral relation, but geopolitical factors were the most prominent. Algeria and Morocco are both the focus of major powers' geopolitical competition and game. Since the difference in "geographical weight" between the two countries is small, the two sides maintain nothing but a fragile and delicate geopolitical balance. Once there are major changes within one party, when the changes may affect the development strategy of the other party, or one is induced by an ambitious "big power" to make extraordinary moves that affect the balance, the other party will inevitably take measures to maintain the original state. In order to get rid of the "curse" of geopolitical competition, the two countries should take the road of cooperation; otherwise, the relationship between the two countries will go back and forth out of the historical inertia.

Keywords: Algeria; Morocco; Geopolitics; Bilateral Relation

Y.18 The Motivation and Influence of Sudan's "10 · 25 Coup"

Zhou Hua, Huang Yuanpeng / 288

Abstract: On October 25, 2021, the Sudanese military staged a coup, declaring a state of emergency and taking over the affairs of the country. However, amid strong domestic and international opposition, the military was forced to make concessions and the transitional government Prime Minister Hamdouk was reinstated and proceeded to reorganize the civilian government. This coup has exerted strong impacts on Sudan's transitional political reconstruction and aroused great concern of the international community. This paper tries to analyze the main factors of the coup by the Sudanese military, explore the positions and roles of various forces in Sudan in the evolution of the situation, analyze the influence of regional and extra-territorial countries on the development of the situation in Sudan, and on this basis make a preliminary estimate of the post-coup situation in Sudan.

Keywords: Sudan; "10 · 25 Coup"; Political Reconstruction

Abstract: In 2020, due to the spread of the Covid-19 epidemic and other factors, the world oil and gas market was bleak, the oil price hovering at a low level throughout the year. As Covid-19 eased in 2021, global production and the economy gradually recovered. In this context, major oil-producing countries use oil production to conduct price games, thereby affecting oil prices. At the same time, the trend towards diversified and clean energy resources has remained unchanged. Various factors have caused international oil prices to rise amid volatility. This article analyzes the changes in the Arab oil and gas market in 2021, as well as its impact on Arab countries in terms of politics, economy, and people's livelihood. By analyzing and expounding the possible development ideas and countermeasures of different Arab countries in the future, it is believed that only from the perspective of regional integration can Arab countries shape a more sustainable Arab oil and gas market to cope with the ever-changing energy field in the future.

Keywords: International Oil Price; Arab; Oil and Gas Market; COVID-19; Energy Structure

Ⅳ Great Powers and the Middle East

Abstract: Since Biden moved into the White House at the beginning of 2021, U. S. Middle East policy is generally considered to have undergone a major change, which means that the chaos and uncertainty created during the four years of the Trump administration are likely to come to an end, that U. S. Middle East policy will return to rationality and multilateralism, and that a more robust policymaking team that is more in line with traditional diplomatic concepts is likely to bring some promise to the U. S. Middle East policy that has lost ground in recent years. But one year after Biden entered the White House, his Middle East policy can be seen as largely unchanged from Trump's framework and policy philosophy. Compared with previous administrations, the Biden team seems to be less enthusiastic about Middle East affairs, except for the Iranian nuclear issue and Afghanistan, and appears to be more reluctant than aggressive in other Middle East affairs. Even on the key Iranian nuclear issue, the Biden team is neither as aggressive as the Obama administration in demanding cooperation in a multilateralist manner, nor as aggressive as the Trump administration in its unilateralist approach to contain Iran's nuclear development. When it comes to the Afghan withdrawal, the Biden team is essentially following through on completing the established policy lines and goals of both the Obama and Trump administrations without trying to do as much as the previous two administrations to maintain local stability as well as U. S. influence after the withdrawal. In short, the Biden administration's Middle East policy in its first year gives the impression of being unmotivated and ineffective, with a sense of "going with the flow". While this situation reflects the irreversibility of the overall strategic trend of U. S. contraction in the Middle East, it is also related to the Biden administration's own characteristics and policy orientation.

Keywords: U. S. ; Middle East; Biden; Iran; Afghanistan

Y . 21 An Assessment of Russia's Middle East Policy and Its Effects in 2021 *Li Jingya* / 348

Abstract: The Middle East, adjacent to the Caucasus and Central Asia, is closely related to Russia's security, economic and geopolitical interests, and is one of the important launching points for Russia to achieve its goal of becoming a strong country. Since Russia's successful intervention in Syria in 2015, Russia's Middle East diplomacy has become increasingly confident and mature. Russia has taken advantage of the complex relations among Middle Eastern countries to actively portray itself as a fair and pragmatic "facilitator" and maintain constructive dialogue with Turkey, Iran, Israel, Egypt, Saudi Arabia and other major regional countries. Given the limited political and economic resources that Russia can provide to the Middle East countries and the difficulty in maintaining a fragile balance in the complex relations in the Middle East in the long term, there are still limitations in Russia's Middle East policy.

Keywords: Russia; Middle East; Great Power Game; Geopolitical

Ⅴ Sino-Arab Relations

Abstract: Against the background of drastic changes and the superimposed Covid-19 epidemic, China and Arab countries need to strengthen cooperation and seek common development more than ever before. At present, China and Arab countries have frequent political interactions, increasingly close economic and trade cooperation, and progressively deepened cooperation around the "Belt and Road". In the long run, promoting the Sino-Arab strategic partnership to achieve a new leap forward and the building of a community of shared future will bring more benefits to the Chinese and Arab peoples alike.

Keywords: Sino-Arab; Economic and Trade Cooperation; Community of Shared Future

Abstract: At present, the strategic cooperation between China and the Gulf countries is getting closer and closer. The Gulf countries are actively strengthening trade and investment cooperation with China in order to achieve economic recovery and promote economic transformation in response to the impact brought by the Covid-19 epidemic. The strategic mutual trust between China and the Gulf countries has increased, and cooperation in various fields has entered a new stage. Meanwhile, China's cooperation with the Gulf countries is facing new challenges, because the U.S. views it as a threat. Moreover, dealing with the relationship between security and autonomous development in the Gulf is also an important test for China's strategic cooperation with regional countries. China can explore constructing a development community with the Gulf countries to resolve the dilemma of security governance in the Gulf region and guarantee China's energy and investment security in the region.

Keywords: China; Gulf Countries; Economic and Trade Cooperation; Self-development; Energy Security

Ⅵ   Appendix

权威报告·连续出版·独家资源

皮书数据库
ANNUAL REPORT(YEARBOOK)
DATABASE

分析解读当下中国发展变迁的高端智库平台

所获荣誉

- 2020年，入选全国新闻出版深度融合发展创新案例
- 2019年，入选国家新闻出版署数字出版精品遴选推荐计划
- 2016年，入选"十三五"国家重点电子出版物出版规划骨干工程
- 2013年，荣获"中国出版政府奖·网络出版物奖"提名奖
- 连续多年荣获中国数字出版博览会"数字出版·优秀品牌"奖

皮书数据库　　"社科数托邦"
　　　　　　　微信公众号

成为用户

登录网址www.pishu.com.cn访问皮书数据库网站或下载皮书数据库APP，通过手机号码验证或邮箱验证即可成为皮书数据库用户。

用户福利

- 已注册用户购书后可免费获赠100元皮书数据库充值卡。刮开充值卡涂层获取充值密码，登录并进入"会员中心"—"在线充值"—"充值卡充值"，充值成功即可购买和查看数据库内容。
- 用户福利最终解释权归社会科学文献出版社所有。

数据库服务热线：400-008-6695
数据库服务QQ：2475522410
数据库服务邮箱：database@ssap.cn
图书销售热线：010-59367070/7028
图书服务QQ：1265056568
图书服务邮箱：duzhe@ssap.cn

社会科学文献出版社　皮书系列
SOCIAL SCIENCES ACADEMIC PRESS (CHINA)
卡号：348149691743
密码：

S 基本子库
SUB DATABASE

中国社会发展数据库（下设 12 个专题子库）

紧扣人口、政治、外交、法律、教育、医疗卫生、资源环境等 12 个社会发展领域的前沿和热点，全面整合专业著作、智库报告、学术资讯、调研数据等类型资源，帮助用户追踪中国社会发展动态、研究社会发展战略与政策、了解社会热点问题、分析社会发展趋势。

中国经济发展数据库（下设 12 专题子库）

内容涵盖宏观经济、产业经济、工业经济、农业经济、财政金融、房地产经济、城市经济、商业贸易等 12 个重点经济领域，为把握经济运行态势、洞察经济发展规律、研判经济发展趋势、进行经济调控决策提供参考和依据。

中国行业发展数据库（下设 17 个专题子库）

以中国国民经济行业分类为依据，覆盖金融业、旅游业、交通运输业、能源矿产业、制造业等 100 多个行业，跟踪分析国民经济相关行业市场运行状况和政策导向，汇集行业发展前沿资讯，为投资、从业及各种经济决策提供理论支撑和实践指导。

中国区域发展数据库（下设 4 个专题子库）

对中国特定区域内的经济、社会、文化等领域现状与发展情况进行深度分析和预测，涉及省级行政区、城市群、城市、农村等不同维度，研究层级至县及县以下行政区，为学者研究地方经济社会宏观态势、经验模式、发展案例提供支撑，为地方政府决策提供参考。

中国文化传媒数据库（下设 18 个专题子库）

内容覆盖文化产业、新闻传播、电影娱乐、文学艺术、群众文化、图书情报等 18 个重点研究领域，聚焦文化传媒领域发展前沿、热点话题、行业实践，服务用户的教学科研、文化投资、企业规划等需要。

世界经济与国际关系数据库（下设 6 个专题子库）

整合世界经济、国际政治、世界文化与科技、全球性问题、国际组织与国际法、区域研究 6 大领域研究成果，对世界经济形势、国际形势进行连续性深度分析，对年度热点问题进行专题解读，为研判全球发展趋势提供事实和数据支持。

法律声明

"皮书系列"（含蓝皮书、绿皮书、黄皮书）之品牌由社会科学文献出版社最早使用并持续至今，现已被中国图书行业所熟知。"皮书系列"的相关商标已在国家商标管理部门商标局注册，包括但不限于LOGO（▉）、皮书、Pishu、经济蓝皮书、社会蓝皮书等。"皮书系列"图书的注册商标专用权及封面设计、版式设计的著作权均为社会科学文献出版社所有。未经社会科学文献出版社书面授权许可，任何使用与"皮书系列"图书注册商标、封面设计、版式设计相同或者近似的文字、图形或其组合的行为均系侵权行为。

经作者授权，本书的专有出版权及信息网络传播权等为社会科学文献出版社享有。未经社会科学文献出版社书面授权许可，任何就本书内容的复制、发行或以数字形式进行网络传播的行为均系侵权行为。

社会科学文献出版社将通过法律途径追究上述侵权行为的法律责任，维护自身合法权益。

欢迎社会各界人士对侵犯社会科学文献出版社上述权利的侵权行为进行举报。电话：010-59367121，电子邮箱：fawubu@ssap.cn。

社会科学文献出版社